CONTABILIDADE
AVANÇADA

DE ACORDO COM AS NORMAS BRASILEIRAS DE
CONTABILIDADE (NBC) E NORMAS INTERNACIONAIS
DE CONTABILIDADE (IFRS)

O GEN | Grupo Editorial Nacional – maior plataforma editorial brasileira no segmento científico, técnico e profissional – publica conteúdos nas áreas de ciências sociais aplicadas, exatas, humanas, jurídicas e da saúde, além de prover serviços direcionados à educação continuada e à preparação para concursos.

As editoras que integram o GEN, das mais respeitadas no mercado editorial, construíram catálogos inigualáveis, com obras decisivas para a formação acadêmica e o aperfeiçoamento de várias gerações de profissionais e estudantes, tendo se tornado sinônimo de qualidade e seriedade.

A missão do GEN e dos núcleos de conteúdo que o compõem é prover a melhor informação científica e distribuí-la de maneira flexível e conveniente, a preços justos, gerando benefícios e servindo a autores, docentes, livreiros, funcionários, colaboradores e acionistas.

Nosso comportamento ético incondicional e nossa responsabilidade social e ambiental são reforçados pela natureza educacional de nossa atividade e dão sustentabilidade ao crescimento contínuo e à rentabilidade do grupo.

RICARDO PEREIRA **RIOS**
JOSÉ CARLOS **MARION**

3ª EDIÇÃO

CONTABILIDADE
AVANÇADA

DE ACORDO COM AS NORMAS BRASILEIRAS DE
CONTABILIDADE (NBC) E NORMAS INTERNACIONAIS
DE CONTABILIDADE (IFRS)

→ CONTEMPLA A NOVA
  ESTRUTURA CONCEITUAL
  PARA RELATÓRIO
  FINANCEIRO – CPC 00 (R2)

→ ATUALIZADO COM O
  NOVO REGULAMENTO DO
  IMPOSTO DE RENDA –
  DECRETO Nº 9.580/2018 E
  IN Nº 1.700/2017

- Os autores deste livro e a editora empenharam seus melhores esforços para assegurar que as informações e os procedimentos apresentados no texto estejam em acordo com os padrões aceitos à época da publicação, *e todos os dados foram atualizados pelos autores até a data de fechamento do livro.* Entretanto, tendo em conta a evolução das ciências, as atualizações legislativas, as mudanças regulamentares governamentais e o constante fluxo de novas informações sobre os temas que constam do livro, recomendamos enfaticamente que os leitores consultem sempre outras fontes fidedignas, de modo a se certificarem de que as informações contidas no texto estão corretas e de que não houve alterações nas recomendações ou na legislação regulamentadora.
- Data do fechamento do livro: 31/10/2023
- Os autores e a editora se empenharam para citar adequadamente e dar o devido crédito a todos os detentores de direitos autorais de qualquer material utilizado neste livro, dispondo-se a possíveis acertos posteriores caso, inadvertida e involuntariamente, a identificação de algum deles tenha sido omitida.
- **Atendimento ao cliente:** (11) 5080-0751 | faleconosco@grupogen.com.br
- Direitos exclusivos para a língua portuguesa
  Copyright © 2024 by
  Editora Atlas Ltda.
  Uma editora integrante do GEN | Grupo Editorial Nacional
  Travessa do Ouvidor, 11
  Rio de Janeiro – RJ – 20040-040
  www.grupogen.com.br
- Reservados todos os direitos. É proibida a duplicação ou reprodução deste volume, no todo ou em parte, em quaisquer formas ou por quaisquer meios (eletrônico, mecânico, gravação, fotocópia, distribuição pela Internet ou outros), sem permissão, por escrito, da Editora Atlas Ltda.
- Capa: Manu | OFÁ Design
- Imagem de capa: Tetiana Lazunova | iStockphoto
- Editoração eletrônica: Set-up Time Artes Gráficas
- Ficha catalográfica

CIP-BRASIL. CATALOGAÇÃO NA PUBLICAÇÃO
SINDICATO NACIONAL DOS EDITORES DE LIVROS, RJ

R453c
3. ed.

Rios, Ricardo Pereira
Contabilidade avançada: de acordo com as Normas Brasileiras de Contabilidade (NBC) e Normas Internacionais de Contabilidade (IFRS) / Ricardo Pereira Rios, José Carlos Marion. - 3. ed. - Barueri [SP] : Atlas, 2024.
il.

Inclui bibliografia e índice
ISBN 978-65-5977-547-7

1. Contabilidade. 2. Investimentos. I. Marion, José Carlos. II. Título.

23-85264   CDD: 657
                                        CDU: 657

Gabriela Faray Ferreira Lopes - Bibliotecária - CRB-7/6643

SOBRE OS AUTORES

Ricardo Pereira Rios atua na área Contábil Tributária há 25 anos. Doutor em Educação e mestre em Ciências Contábeis pela Pontifícia Universidade Católica de São Paulo (PUC-SP). Pós-graduado em Gestão Empresarial pela Universidade Nove de Julho (UNINOVE) e bacharel em Ciências Contábeis pela Faculdade de Administração e Ciências Contábeis de São Roque (FACCSR). Professor universitário, coordenador do curso de Ciências Contábeis e diretor acadêmico do Centro Universitário de São Roque (UNISR). Participa e participou como dirigente de diversas entidades da classe contábil.

José Carlos Marion é mestre, doutor e livre-docente em Contabilidade pela Faculdade de Economia, Administração, Contabilidade e Atuária da Universidade de São Paulo (FEA/USP). É professor e pesquisador do Mestrado em Contabilidade na Pontifícia Universidade Católica de São Paulo (PUC-SP). Autor e coautor de 29 livros na área contábil, a maioria publicada pelo GEN | Atlas.

APRESENTAÇÃO

Recebi o convite para escrever esta apresentação com alegria e satisfação. Escrevi com entusiasmo por se tratar de uma obra notável e de valor, que oferece grande perspectiva de crescimento e evolução aos leitores.

Escrever um livro é um grande desafio, desde escolher a ideia certa entre as que vão surgindo, até concluí-la com o êxito pretendido, aplicando horas de tensão e de atenção nos mínimos detalhes. E encontramos neste livro todo esse carinho e cuidado, em que os brilhantes professores e autores Ricardo Pereira Rios e José Carlos Marion desenvolveram com competência cada capítulo de forma comentada e explicativa, demonstrando efeitos práticos na aplicação e adoção de políticas contábeis, levando os leitores a fortalecerem seu conhecimento por meio das definições e dos exemplos apresentados, com muita didática e desenvoltura.

Além disso, as atividades aplicadas em cada capítulo, assim como os testes e as questões dos materiais suplementares, constituem excelente treinamento para melhor entendimento, autoavaliação e capacitação sobre cada tema abordado.

Os autores desenvolveram todo o trabalho demonstrando, de forma objetiva, que o produto final da contabilidade são os demonstrativos contábeis, fundamentais na avaliação dos usuários na tomada de decisão, seja qual for o objetivo pretendido, inclusive o fiscal.

Alertam os autores que esse desenvolvimento deve estar calcado nos pronunciamentos técnicos do Comitê de Pronunciamentos Contábeis (CPC), base de todo o conteúdo apresentado, servindo como guia de recomendações técnicas.

O CPC tem como objetivo "o estudo, o preparo e a emissão de Pronunciamentos Técnicos sobre procedimentos de Contabilidade e a divulgação de informações dessa natureza, para permitir a emissão de normas pela entidade reguladora brasileira, visando à centralização e uniformização do seu processo de produção, levando sempre em conta a convergência da Contabilidade Brasileira aos padrões internacionais". E este livro traz um conteúdo interessante e de qualidade, sendo fonte de aprendizado e inspiração, sempre necessários aos estudantes e profissionais, no desenvolvimento permanente para o presente e o futuro.

Ótima leitura!

Gildo Freire de Araújo
Presidente do Conselho Regional de Contabilidade
do Estado de São Paulo – CRC/SP
(Gestão 2016/2017)

PREFÁCIO À TERCEIRA EDIÇÃO

É com imensa satisfação que apresentamos aos leitores de *Contabilidade Avançada* sua terceira edição. Por se tratar de um livro de normas que, além destas, contempla aspectos das legislações societária e tributária, é normal que, de tempos em tempos, a obra seja revisitada para que se mantenha atualizada, em razão das alterações decorrentes das normas e da legislação, além, é claro, de buscar sempre inovar sua apresentação, didática e recursos para o leitor.

Nesta edição, atualizamos todos os capítulos com as mudanças ocorridas nos CPCs, nos anos depois do lançamento da segunda edição. Algumas alterações são simples e pequenas, outras mais profundas.

Destaca-se a revogação de praticamente todas as Deliberações da CVM sobre normas com substituições por Resoluções CVM, aprovando os pronunciamentos técnicos e ajustando, assim, suas últimas atualizações ao longo do tempo. Vale destacar a Resolução CVM nº 2/2020, que revogou uma série de instruções normativas, inclusive a nº 247/1996.

Outro ponto importante foi a mudança nas normas para microempresas e empresas de pequeno porte, que entraram em vigor a partir de 2023, simplificando ainda mais essas normas e fazendo uma segregação para empresas que faturam até R$ 4,8 milhões, agora denominadas microentidades, com uma nova norma, a NBC TG 1002; as que faturam acima de R$ 4,8 milhões e abaixo de R$ 78 milhões, com aplicação da NBC TG 1001; e as que faturam acima de R$ 78 milhões e abaixo de R$ 300 milhões, com a NBC TG 1000.

Esperamos que todos aproveitem!

Os autores

PREFÁCIO À SEGUNDA EDIÇÃO

Com muita alegria, apresentamos aos leitores de *Contabilidade Avançada* sua segunda edição. Passados mais de dez anos da implementação das novas normas contábeis, harmonizadas às normas internacionais do *International Accounting Standards Board* (IASB) – as chamadas *International Financial Reporting Standards* (IFRS) –, ainda há, por parte de profissionais da contabilidade, docentes e estudantes, dúvidas quanto à aplicação de tais normas, o que reforça o sentido da obra, que apresenta diversos exemplos práticos, casos e exercícios.

Passados apenas dois anos do lançamento da primeira edição de *Contabilidade Avançada*, diversas normas sofreram alterações, algumas simples, outras nem tanto.

Dois novos capítulos foram introduzidos no livro impresso. O primeiro chama-se **Ativo intangível**, temática de suma importância em um mundo que caminha para o digital, para a inteligência artificial e para o valor de serviços que usam a tecnologia e agregam valor às organizações e aos negócios. O segundo, **Receita de contrato com cliente** (temática nova que modificou o reconhecimento de receitas), consolidando em um só pronunciamento técnico diversos outros, vigente desde 2018, a nova norma traz em seu bojo uma complexidade de aplicação no reconhecimento de receitas.

Outra mudança significativa foi a reestruturação do Capítulo 9 – Operações de arrendamento mercantil, necessária em razão da nova norma de *leasing* que entrou em vigor em janeiro de 2019 e modificou novamente o tratamento contábil para os contratos de arrendamento mercantil. Para o arrendatário, apenas um modelo de contabilização passa a existir, reconhecendo nos balanços das companhias direito de uso de ativos e passivos desses contratos. Para o arrendador, continuam existindo dois modelos, o financeiro e o operacional.

Mudanças na legislação tributária também estão contempladas nesta segunda edição, como a do Decreto nº 9.580/2018, que substituiu o Decreto nº 3.000/99, que regulamentava o Imposto de Renda, e da Instrução Normativa nº 1.700/2017, que dispõe sobre a determinação e o pagamento do imposto sobre a renda e da contribuição social sobre o lucro líquido das pessoas jurídicas.

Além das novas temáticas incluídas, das revisões de normas e da legislação tributária, o livro ainda apresenta outra inovação: para cada capítulo do livro, há um vídeo que detalha e explica o texto e apresenta exemplos práticos de aplicação.

Esperamos que todos aproveitem ao máximo esta nova edição de *Contabilidade Avançada*.

Os autores

SUMÁRIO

Introdução, 1

1 Estrutura Conceitual para Relatório Financeiro e Apresentação das Demonstrações Contábeis, 3
- 1.1 Introdução, 3
    - 1.1.1 Nova revisão 2019, 4
- 1.2 Mudanças na Estrutura Conceitual, 5
- 1.3 Finalidade da Estrutura Conceitual, 6
- 1.4 Objetivo do relatório financeiro para fins gerais, 7
- 1.5 Conjunto completo de demonstrações contábeis, 8
    - 1.5.1 Pequenas e médias empresas e micro e pequenas empresas – Contexto histórico, 9
    - 1.5.2 Pequenas e médias empresas e micro e pequenas empresas – Mudanças a partir de 2023, 9
- 1.6 Considerações gerais para apresentação de demonstrações contábeis, 10
- 1.7 Características qualitativas de informações financeiras úteis, 12
    - 1.7.1 Características qualitativas fundamentais, 12
    - 1.7.2 Características qualitativas de melhoria, 14
    - 1.7.3 Restrição do custo sobre relatórios financeiros úteis, 15
- 1.8 Demais características, 15
    - 1.8.1 Continuidade, 15
    - 1.8.2 Regime de competência, 15
    - 1.8.3 Materialidade e agregação, 16
    - 1.8.4 Compensação de valores, 16
    - 1.8.5 Frequência de apresentação das demonstrações contábeis, 16
    - 1.8.6 Informação comparativa, 17
    - 1.8.7 Consistência de apresentação, 17

1.9 Identificação das demonstrações contábeis, 17
1.10 Balanço patrimonial, 18
    1.10.1 Elementos do balanço patrimonial, 18
    1.10.2 Informações constantes no balanço patrimonial, 21
    1.10.3 Classificação entre circulante e não circulante, 22
    1.10.4 Modelo de balanço patrimonial, 25
    1.10.5 Informações e divulgações, 26
1.11 Demonstração do resultado do exercício e do resultado abrangente, 27
    1.11.1 Receitas e ganhos, 27
    1.11.2 Despesas e perdas, 28
    1.11.3 Apresentação da demonstração do resultado do exercício, 28
    1.11.4 Apresentação da demonstração do resultado abrangente, 33
1.12 Reconhecimento e desreconhecimento dos elementos das demonstrações contábeis, 35
    1.12.1 Critérios para o reconhecimento, 36
    1.12.2 Desreconhecimento, 37
1.13 Mensuração, 37
    1.13.1 Custo histórico, 37
    1.13.2 Valor atual, 38
    1.13.3 Valor justo, 38
    1.13.4 Valor em uso e valor de cumprimento, 38
    1.13.5 Custo corrente, 38
1.14 Apresentação e divulgação, 42
1.15 Demonstração das mutações do patrimônio líquido, 43
1.16 Demonstração dos fluxos de caixa e demonstração do valor adicionado, 47
1.17 Notas explicativas, 47
    1.17.1 Ordem, 47
    1.17.2 Divulgação de políticas contábeis, 48
    1.17.3 Fontes de incerteza na estimativa, 49
    1.17.4 Informações sobre o capital, 49
    1.17.5 Instrumentos financeiros com opção de venda classificados no patrimônio líquido, 50
    1.17.6 Outras divulgações, 50

2 Investimentos, 53
2.1 Conceito, 53
    2.1.1 Conceito "amplo", 53
    2.1.2 Conceito "restrito", 53
2.2 Investimentos temporários, 53
    2.2.1 Conceito, 53
    2.2.2 Classificação, 54
    2.2.3 Instrumentos financeiros, 54
    2.2.4 Critérios de avaliação, 55

    2.2.5 Classificação e contabilização de investimentos temporários, 55
  2.3 Investimentos permanentes, 58
    2.3.1 Conceito, 58
    2.3.2 Critérios de avaliação, 58
    2.3.3 Propriedades para investimentos, 58
    2.3.4 Participação permanente em outras sociedades, 59

3 Ativo intangível, 71
  3.1 Introdução, 71
  3.2 Alcance, 72
  3.3 Intangíveis, 72
  3.4 Intangíveis com elementos físicos, 73
  3.5 Identificação, 73
  3.6 Reconhecimento, 73
    3.6.1 Mensuração no momento inicial, 73
    3.6.2 Mensuração após o reconhecimento, 74
  3.7 Ativo intangível gerado internamente, 74
    3.7.1 Custo de ativo intangível gerado internamente, 75
  3.8 Vida útil, 75
    3.8.1 Valor residual, 76
    3.8.2 Revisão do período e do método de amortização, 76
  3.9 Baixa e alienação, 77
  3.10 Divulgação, 77
  3.11 Exemplos práticos, 78

4 Combinação de Negócios, 81
  4.1 Introdução, 81
  4.2 Formas, conceitos e aspectos legais, 82
    4.2.1 Formas e conceitos, 82
    4.2.2 Aspectos legais, 83
    4.2.3 Relação de substituição, 88
    4.2.4 Prejuízo em casos de fusões, incorporações e cisões, 88
    4.2.5 Formas de extinção e dissolução, 89
  4.3 Combinação de negócios, 92
    4.3.1 Identificação, 92
    4.3.2 Método a ser aplicado, 92
    4.3.3 Identificação do adquirente, 92
    4.3.4 Data de aquisição, 93
    4.3.5 Reconhecimento, 93
    4.3.6 Mensuração, 95
    4.3.7 Exceções, 95
    4.3.8 Ágio por expectativa de rentabilidade futura (*goodwill*), 96
    4.3.9 Compra vantajosa, 97

4.3.10 Combinações de negócios realizada em estágios, 97
4.3.11 Combinações de negócios realizada sem a transferência de contraprestação, 97
4.3.12 Período de mensuração, 98
4.3.13 Determinação do que é parte da operação da combinação de negócios, 98
4.3.14 Custos de aquisição, 99
4.3.15 Mensuração e contabilização subsequentes, 99
4.3.16 Divulgação, 100
4.3.17 Exemplo prático, 103

5 Consolidação das Demonstrações Contábeis, 109
5.1 Introdução, 109
5.2 Conceito, 109
5.3 Aplicabilidade, 110
    5.3.1 Controle, 110
5.4 Não aplicabilidade, 111
5.5 Perda de controle, 111
5.6 Requisitos contábeis para elaboração, 112
5.7 Data-base e período de abrangência, 112
5.8 Técnicas de elaboração da consolidação, 112
    5.8.1 Exemplos de consolidação, 113
5.9 Tratamento dos resultados não realizados, 115
    5.9.1 Conceito de lucro não realizado, 115
    5.9.2 Tratamento contábil, 115
    5.9.3 Transações com mercadorias, 115
    5.9.4 Lucro ou prejuízo na venda de ativo imobilizado, 121
    5.9.5 Lucro ou prejuízo em investimentos, 123
5.10 Tratamento de impostos, 130
    5.10.1 Tributos e lucros não realizados, 130
    5.10.2 Impostos recuperáveis (ICMS, IPI, PIS e Cofins), 130
    5.10.3 Impostos não recuperáveis (Cofins, ISS...), 132
    5.10.4 Imposto de Renda e Contribuição Social sobre o Lucro, 134
5.11 Tratamento das partes minoritárias, 136
    5.11.1 No balanço patrimonial, 136
    5.11.2 Na demonstração do resultado do exercício, 138
5.12 Sociedades controladas em conjunto, 139

6 Receita de Contrato com Cliente, 141
6.1 Introdução, 141
6.2 Contratos com clientes não abrangidos pela nova norma, 142
6.3 Reconhecimento da receita, 142
    6.3.1 Primeira etapa: identificar o contrato, 143
    6.3.2 Segunda etapa: identificar as obrigações de desempenho, 144

6.3.3 Terceira etapa: determinar o preço da transação, 146
6.3.4 Quarta etapa: alocar o preço da transação, 147
6.3.5 Quinta etapa: reconhecer a receita, 148
6.3.6 Modificações no contrato, 148
6.3.7 Custos do contrato, 149
6.3.8 Apresentação no balanço patrimonial, 149
6.3.9 Divulgação, 149
6.4 Exemplos práticos, 150

7 Tributos sobre o Lucro, 155
7.1 Introdução, 155
7.2 Lucro antes do imposto de renda, 156
7.3 Breve contexto sobre a apuração de imposto de renda e contribuição social no Brasil, 156
7.3.1 Simples Nacional, 157
7.3.2 Lucro presumido, 157
7.3.3 Lucro real, 157
7.3.4 Regime Tributário de Transição Escrituração Contábil Fiscal, 158
7.4 Base fiscal × base contábil, 159
7.4.1 Impostos correntes, 159
7.4.2 Diferenças permanentes entre bases fiscal e contábil, 160
7.4.3 Diferenças temporárias entre bases fiscal e contábil, 160
7.5 Imposto diferido passivo, 160
7.5.1 Ativo contábil maior do que ativo fiscal, 160
7.5.2 Passivo contábil menor do que passivo fiscal, 165
7.6 Imposto diferido ativo, 166
7.6.1 Ativo contábil menor do que ativo fiscal, 166
7.6.2 Passivo contábil maior do que passivo fiscal, 170
7.6.3 Compensação de prejuízos fiscais, 172
7.7 Compensação de ativos fiscais diferidos com passivos fiscais diferidos, 173
7.8 Divulgação, 173

8 Mudanças nas Taxas de Câmbio e Conversão das Demonstrações Contábeis, 177
8.1 Introdução, 177
8.2 Moeda funcional, 178
8.3 Apresentação de transação em moeda estrangeira na moeda funcional, 179
8.3.1 Reconhecimento inicial, 179
8.3.2 Apresentação ao término de períodos subsequentes, 180
8.3.3 Reconhecimento de variação cambial, 183
8.3.4 Alteração na moeda funcional, 183
8.4 Conversão das demonstrações contábeis, 183
8.4.1 Baixa total ou parcial de entidade no exterior, 184
8.4.2 Efeitos fiscais das variações cambiais, 185

8.4.3 Ajuste acumulado de conversão, 185
8.5 Divulgação, 185
8.6 Exemplo de conversão de demonstrações contábeis, 186

9 Arrendamentos, 193
9.1 Introdução, 193
9.2 Conceito, 194
9.3 O que muda?, 194
9.4 Identificação de arrendamento, 194
    9.4.1 Pontos de atenção, 195
9.5 Separação de componentes do contrato, 196
    9.5.1 No arrendatário, 196
    9.5.2 No arrendador, 196
9.6 Reconhecimento no arrendatário, 196
    9.6.1 Reconhecimento inicial do arrendamento no arrendatário, 196
    9.6.2 Mensuração subsequente, 197
    9.6.3 Outros pontos importantes, 198
    9.6.4 Divulgação para o arrendatário, 199
    9.6.5 Exemplo prático, 200
9.7 Reconhecimento no arrendador, 203
    9.7.1 Classificação dos arrendamentos, 203
    9.7.2 Reconhecimento inicial do arrendamento no arrendador, 205
    9.7.3 Mensuração subsequente do arrendamento no arrendador, 206
    9.7.4 Divulgação no arrendador, 207
9.8 Transações de venda e *leaseback*, 208
9.9 Caso prático, 209

10 *Impairment Test* (Redução ao Valor Recuperável de Ativos), 217
10.1 Introdução, 217
10.2 Conceito, 217
10.3 Não aplicabilidade, 218
10.4 Aplicação em ativos financeiros, 218
10.5 Aplicação do teste de recuperabilidade, 218
    10.5.1 Indicadores externos de desvalorização do ativo, 219
    10.5.2 Indicadores internos de desvalorização do ativo, 219
10.6 Determinação do valor recuperável, 219
    10.6.1 Valor justo líquido de despesas de um ativo, 220
    10.6.2 Valor em uso, 220
10.7 Unidade geradora de caixa, 223
10.8 Reconhecimento e mensuração da perda por desvalorização, 224
10.9 Periodicidade, 225
10.10 Reversão da perda por desvalorização, 226
10.11 Ativos intangíveis, 226

10.12 Ágio por expectativa de rentabilidade futura (*goodwill*), 227
10.13 Divulgação em notas explicativas, 229
10.14 Caso prático, 233

11 Ajuste a Valor Presente, 239
11.1 Introdução, 239
11.2 Conceito, 239
11.3 Mensuração, 240
11.4 Inaplicabilidade, 241
11.5 Taxa de desconto, 242
11.6 Relevância e confiabilidade, 242
11.7 Custo × benefícios, 243
11.8 Passivos não contratuais, 244
11.9 Fórmula, 244
11.10 Ajuste a valor presente de contas ativas, 245
11.11 Ajuste a valor presente de contas passivas, 247
11.12 Alguns exemplos práticos, 249
11.13 Divulgação, 253

12 Ajuste de Avaliação Patrimonial, 255
12.1 Introdução, 255
12.2 Conceito, 256
12.3 Instrumentos financeiros, 257
12.4 Variação cambial, 258
12.5 Recomposição do custo do imobilizado (*deemed cost*), 259
12.6 Combinação de negócios, 261

13 Subvenção e Assistência Governamentais, 265
13.1 Introdução, 265
13.2 Subvenção governamental, 266
    13.2.1 Subsídios em empréstimos, 266
    13.2.2 Tratamento contábil, 266
    13.2.3 Ativos não monetários obtidos como subvenção governamental, 268
    13.2.4 Apresentação da subvenção no balanço patrimonial, 268
    13.2.5 Apresentação da subvenção na demonstração do resultado, 268
    13.2.6 Perda da subvenção governamental, 270
    13.2.7 Exemplos práticos, 270
13.3 Assistência governamental, 274
    13.3.1 Aplicação de parcela do imposto de renda devido em fundos de investimento regionais, 274
    13.3.2 Redução ou isenção de tributo em área incentivada, 274
13.4 Divulgações, 276

14 Demonstração dos Fluxos de Caixa, 277
- 14.1 Introdução, 277
- 14.2 Equivalentes de caixa, 278
- 14.3 Objetivos, 278
- 14.4 Segregação dos fluxos, 279
  - 14.4.1 Tratamentos especiais, 282
- 14.5 Transações que não afetam o caixa ou equivalentes de caixa, 284
- 14.6 Esquema geral do demonstrativo, 284
- 14.7 Formas de apresentação, 286
  - 14.7.1 Método direto, 286
  - 14.7.2 Método indireto, 286
  - 14.7.3 Diferenças e semelhanças, 286
- 14.8 Modelo do método direto, 287
  - 14.8.1 Demonstrativos básicos, 287
  - 14.8.2 Fluxos de caixa: método direto, 289
- 14.9 Modelo do método indireto, 289
- 14.10 Divulgações, 290
- 14.11 Caso prático, 291

15 Demonstração do Valor Adicionado e Balanço Social, 303
- 15.1 Introdução, 303
- 15.2 Demonstração do valor adicionado, 304
  - 15.2.1 Conceito e objetivos, 304
  - 15.2.2 Custo externo, 304
  - 15.2.3 Insumos, 304
  - 15.2.4 Remuneração de fatores, 304
  - 15.2.5 Valor adicionado, 305
  - 15.2.6 Produto Interno Bruto, 305
  - 15.2.7 Valor de venda do produto, 305
  - 15.2.8 Depreciação, 305
  - 15.2.9 Impostos indiretos, 306
  - 15.2.10 Receitas externas, 306
  - 15.2.11 Conceito de valor adicionado, 306
  - 15.2.12 Demonstração do valor adicionado – modelo, 307
  - 15.2.13 Considerações sobre alguns itens da demonstração do valor adicionado, 307
  - 15.2.14 Exemplo de demonstração do valor adicionado, 308
  - 15.2.15 Casos práticos, 310
- 15.3 Balanço social, 320
  - 15.3.1 Conceito e objetivos, 320
  - 15.3.2 Natureza e evidenciação das informações, 321
  - 15.3.3 Beneficiários, 321
  - 15.3.4 Informações a serem divulgadas, 321

15.3.5 Informações contábeis e auditoria, 324
15.3.6 Modelo Ibase, 324

16 Políticas Contábeis, Mudança de Estimativa e Retificação de Erro, 333
16.1 Introdução, 333
16.2 Políticas contábeis, 333
16.2.1 Seleção e aplicação, 334
16.2.2 Uniformidade, 334
16.2.3 Mudanças nas políticas contábeis, 334
16.2.4 Divulgações, 335
16.3 Mudança nas estimativas contábeis, 337
16.3.1 Divulgações, 338
16.4 Erros e omissões, 338
16.4.1 Limitação à reapresentação retrospectiva, 338
16.4.2 Divulgações, 339
16.5 Exemplo prático, 339

Bibliografia, 345

Índice alfabético, 353

INTRODUÇÃO

Com a adoção e implementação das normas internacionais de contabilidade *International Financial Reporting Standards* (IFRS), em 2008, no Brasil, um "tsunami" se espalhou na vida de profissionais e professores da área. Assuntos complexos, temáticas e procedimentos novos fazem com que esses profissionais sejam obrigados a rever conceitos, ideias e abrirem a mente para o "novo".

As IFRS emitidas pelo *International Accounting Standards Board* (IASB – Conselho de Normas Contábeis Internacionais) representam a prática contábil escolhida para essa harmonização em termos mundiais.

Essa atualização deve ser constante e começar já em sala de aula. Daí o reforço para que professores de contabilidade adaptem-se a essa realidade e, mais do que isso, consigam envolver seus alunos nessas novas temáticas de uma forma didática, que estimule a pesquisa e o exercício de reflexão e julgamento.

A publicação apresenta uma linguagem didática e de fácil compreensão, com assuntos escolhidos por sua relevância, buscando contribuir para simplificar seu entendimento, por meio de estudos de casos resolvidos e atividades.

Os autores

ESTRUTURA CONCEITUAL PARA RELATÓRIO FINANCEIRO E APRESENTAÇÃO DAS DEMONSTRAÇÕES CONTÁBEIS

1.1 INTRODUÇÃO

O produto final da contabilidade são os demonstrativos contábeis. É por meio deles que os usuários poderão realizar análises, tomar decisões etc. Embora determinados grupos de usuários possam ter necessidades de informações específicas, não é objetivo da contabilidade atual, calcada nos pronunciamentos técnicos do Comitê de Pronunciamentos Contábeis (CPC), atender a esse tipo de interesse, e sim atender às necessidades comuns da maioria dos usuários. Esses interesses de grupos específicos não podem, portanto, afetar as demonstrações contábeis de uso geral. Um exemplo muito comum desses interesses, no Brasil, é o caso do Fisco. Suas regras tributárias para recolhimento de impostos acabam influenciando a elaboração e a divulgação das demonstrações contábeis.

A exemplo das normas internacionais, o CPC divulgou o pronunciamento conceitual básico em 2008, contemplando a Estrutura Conceitual básica para a elaboração e a apresentação das demonstrações contábeis. Como o próprio pronunciamento explica, esta não é propriamente uma norma contábil, e sim uma espécie de guia de recomendações. Portanto, se em determinadas situações seu conteúdo conflitar com algum outro pronunciamento técnico (CPC), interpretação técnica (ICPC) ou orientação técnica (OCPC), as exigências destes devem prevalecer em relação ao pronunciamento conceitual.

O pronunciamento conceitual passou por uma grande revisão em 2011, contemplada na primeira edição desta obra. A revisão promovida em 2011 denominou o pronunciamento "Estrutura Conceitual para Elaboração e Divulgação de Relatório Contábil-Financeiro" e incluiu dois capítulos que o International Accounting Standards Board (IASB) aprovou na primeira fase do projeto Estrutura: o Capítulo 1, que versa sobre "o objetivo da elaboração e divulgação de relatório contábil-financeiro de propósito geral", e o Capítulo 3, que trata das "características qualitativas da informação contábil-financeira útil". O Capítulo 2, que aborda a "entidade que reporta a informação", não havia sido contemplado na revisão de 2011.

Os objetivos da revisão e emissão de uma nova versão da Estrutura Conceitual são justificados no Capítulo 1 do pronunciamento:

(a) posicionamento mais claro de que as informações contidas nos relatórios contábil-financeiros se destinam primariamente aos seguintes usuários externos: investidores, financiadores e outros credores, sem hierarquia de prioridade;

(b) não foram aceitas as sugestões enviadas durante a audiência pública, feita por aqueles órgãos, no sentido de que caberia, na Estrutura Conceitual, com o objetivo da denominada 'manutenção da estabilidade econômica', a possibilidade de postergação de informações sobre certas alterações nos ativos ou nos passivos. Pelo contrário, ficou firmada a posição de que prover prontamente informação fidedigna e relevante pode melhorar a confiança do usuário e assim contribuir para a promoção da estabilidade econômica. (CPC 00 (R1), Prefácio.)

De acordo com o CPC 00 (R1), outras mudanças também efetuadas nas bases para conclusões são:

Divisão das características qualitativas da informação contábil-financeira em:

(a) características qualitativas fundamentais (*fundamental qualitative characteristics* – relevância e representação fidedigna), as mais críticas; e

(b) características qualitativas de melhoria (*enhancing qualitative characteristics* – comparabilidade, verificabilidade, tempestividade e compreensibilidade), menos críticas, mas ainda assim altamente desejáveis.

A característica qualitativa da "confiabilidade" recebeu nova denominação: "representação fidedigna". A característica "essência sobre a forma" não é mais um componente separado da "representação fidedigna", já que isso criava uma redundância, uma vez que, se as demonstrações contábeis não representarem a substância das transações, não representam fidedignamente a situação financeira e patrimonial da entidade.

Outro ponto também modificado foi a retirada da característica da prudência ou conservadorismo, porque esta era incompatível com a neutralidade, atributo que determina que as demonstrações não podem conter viés e devem ter neutralidade nas mensurações de ativos e passivos.

A Estrutura Conceitual aborda:

(a) o objetivo da elaboração e divulgação de relatório contábil-financeiro;
(b) as características qualitativas da informação contábil-financeira útil;
(c) a definição, o reconhecimento e a mensuração dos elementos a partir dos quais as demonstrações contábeis são elaboradas; e
(d) os conceitos de capital e de manutenção de capital. (CPC 00 (R1), Introdução.)

O pronunciamento foi aprovado pela Deliberação CVM nº 675/2011 e pela Resolução CFC nº 1.374/2011.

1.1.1 Nova revisão 2019

Preferimos manter o relato anterior da revisão da Estrutura Conceitual realizada em 2011, para fins de registro histórico. O IASB promoveu uma revisão em março de 2018 no pronunciamento conceitual básico, realizando diversas modificações, tanto em estrutura dos capítulos quanto em conceitos e objetivos.

No Brasil, a revisão foi igualmente feita e aprovada em novembro de 2019 e divulgada em dezembro de 2019, dando origem à segunda revisão denominada CPC 00 (R2).

O pronunciamento foi aprovado pela Deliberação CVM nº 835, de 10/12/2019, que foi revogada pela Resolução CVM nº 136, de 15 de junho de 2022 e pela Resolução CFC nº 2019/NBC TG EC. Neste capítulo, abordaremos as mudanças ocorridas nessa norma e seus impactos nos relatórios financeiros.

Outro pronunciamento que trata da apresentação das demonstrações contábeis é o Pronunciamento Técnico CPC 26, aprovado em 2009. O pronunciamento foi revisto em 2011, resultando no CPC 26 (R1), aprovado em 2 de dezembro de 2011. A CVM referendou o CPC 26 (R1) por meio da Deliberação CVM nº 676/2011, revogada pela Resolução CVM nº 106/2022, e o Conselho Federal de Contabilidade (CFC) e por meio da Resolução CFC nº 1.376/2011. Neste capítulo, abordaremos tanto o pronunciamento conceitual básico quanto o Pronunciamento 26 (R1) sobre a apresentação das demonstrações contábeis. Os pronunciamentos acabam se complementando na medida em que o CPC 26 (R1) utiliza como base a Estrutura Conceitual básica e a completa em diversos pontos, além de trazer a estrutura das demonstrações.

1.2 MUDANÇAS NA ESTRUTURA CONCEITUAL

A primeira mudança realizada na norma, em 2019, foi o seu nome, que mudou de "Estrutura Conceitual para Elaboração e Divulgação de Relatório Contábil-Financeiro" para "Estrutura Conceitual para Relatório Financeiro". Em toda a norma, o termo Relatório Contábil-Financeiro foi alterado para Relatório Financeiro.

As principais mudanças realizadas na segunda revisão do CPC referem-se aos seus objetivos, à descrição da entidade que relata e ao seu limite, alterações nas definições de ativo, passivo, patrimônio líquido, receitas e despesas, estabelecimento de critérios para inclusão de ativos e passivos nas demonstrações contábeis e orientações de como removê-los, bases de mensuração e orientação de como usá-las e conceitos e orientações sobre apresentação e divulgação.

As alterações ocorreram em razão da consulta da agenda de 2011, na qual foram identificadas prioridades dos *stakeholders*.

A nova revisão vem para preencher lacunas, por exemplo, proporcionar um guia de mensuração e apresentação. Vem também para atualizar assuntos como o caso das definições de ativos e passivos e para esclarecer alguns pontos, como, o papel da incerteza na mensuração.

A norma anterior tinha três capítulos e um quarto trazendo a Estrutura Conceitual de 1989, e com a nova revisão passam a ser oito capítulos. Vejamos a mudança na estrutura da norma no Quadro 1.1.

Quadro 1.1 Relação de mudanças na estrutura da norma

CPC 00 (R1) – 2011	CPC 00 (R2) – 2019
Capítulo 1 - Objetivos	Capítulo 1 - Objetivos
Capítulo 2 - Entidade que Reporta a Informação (sem conteúdo)	Capítulo 2 - Características Qualitativas de Informações Financeiras Úteis
Capítulo 3 - Características Qualitativas da Informação Contábil Financeira Útil	Capítulo 3 - Demonstrações Contábeis e a Entidade que Reporta
Capítulo 4 - Estrutura Conceitual (1989): Texto Remanescente	Capítulo 4 - Elementos das Demonstrações Contábeis
	Capítulo 5 - Reconhecimento e Desreconhecimento
	Capítulo 6 - Mensuração
	Capítulo 7 - Apresentação e Divulgação
	Capítulo 8 - Conceitos de Capital e Manutenção de Capital

Apresentaremos as mudanças no pronunciamento da Estrutura Conceitual nas próximas seções deste capítulo.

1.3 FINALIDADE DA ESTRUTURA CONCEITUAL

A finalidade da Estrutura Conceitual é descrever os conceitos e o objetivo do relatório financeiro para fins gerais.

O CPC Estrutura Conceitual elenca várias de suas finalidades, as quais reproduzimos a seguir:

(a) auxiliar o desenvolvimento das Normas Internacionais de Contabilidade (IFRS) para que tenham base em conceitos consistentes;

(b) auxiliar os responsáveis pela elaboração (preparadores) dos relatórios financeiros a desenvolver políticas contábeis consistentes quando nenhum pronunciamento se aplica à determinada transação ou outro evento, ou quando o pronunciamento permite uma escolha de política contábil; e

(c) auxiliar todas as partes a entender e interpretar os Pronunciamentos. (CPC 00 (R2), SP1.1.)

Importante ressaltar que a Estrutura Conceitual não é uma norma, e sim um guia. Portanto, não se sobrepõe a nenhum outro pronunciamento ou requisito contido em pronunciamento.

A Estrutura Conceitual auxilia na missão da IFRS Foundation e do IASB, que é a de atender ao interesse público. O pronunciamento elenca as formas em que contribui para isso:

(a) contribuem para a transparência ao melhorar a comparabilidade internacional e a qualidade de informações financeiras, permitindo que os investidores e outros participantes do mercado tomem decisões econômicas fundamentadas;

(b) reforçam a prestação de contas, reduzindo a lacuna de informações entre os provedores de capital e as pessoas a quem confiaram o seu dinheiro. Os pronunciamentos baseados nesta Estrutura Conceitual fornecem informações necessárias para responsabilizar a administração. Como fonte de informações mundialmente comparáveis, esses Pronunciamentos também são de vital importância para os reguladores em todo o mundo;

(c) contribuem para a eficiência econômica, ajudando os investidores a identificar oportunidades e riscos em todo o mundo, melhorando assim a alocação de capital. Para os negócios, o uso de uma linguagem de contabilidade única e confiável derivada dos Pronunciamentos com base nesta Estrutura Conceitual diminui o custo do capital e reduz os custos de relatórios internacionais. (CPC 00 (R2), SP1.5.)

1.4 OBJETIVO DO RELATÓRIO FINANCEIRO PARA FINS GERAIS

A nova Estrutura Conceitual classifica o objetivo da elaboração e da divulgação de relatório financeiro como um de seus pilares. De acordo com ela, o objetivo é fornecer informações financeiras sobre a entidade que está reportando e que estas sejam úteis aos seus usuários, como investidores existentes e potenciais, credores por empréstimos e outros credores, quando da tomada de decisão ligada ao fornecimento de recursos para a entidade.

As decisões mencionadas referem-se às incertezas quanto à geração de fluxos de caixa futuros pela entidade. Portanto, esses usuários precisam da informação contábil para que possam avaliar as perspectivas em termos de entrada de fluxos de caixa futuros para a entidade.

Além dessas análises, é possível também, com as informações recebidas, verificar as reivindicações contra a entidade e o quão eficiente e efetivamente a administração da entidade e seu conselho de administração têm cumprido com suas responsabilidades no uso dos recursos da entidade. Por exemplo, a Estrutura Conceitual menciona a proteção de recursos da entidade de efeitos desfavoráveis advindos de fatos econômicos, como mudanças de preço e de tecnologia, e a garantia de que a entidade tem cumprido as leis, com a regulação e com as disposições contratuais vigentes.

De qualquer maneira, os relatórios financeiros são de atendimento ao propósito geral e, portanto, esses investidores não são usuários primários desses relatórios e devem confiar neles para o atendimento de seus propósitos.

Assim, são muitos os usuários dos relatórios financeiros e cada qual com sua necessidade específica de informação. No entanto, não é possível chegar a esse nível múltiplo de características e necessidades de informação diferentes. A intenção do CPC é proporcionar um conjunto de informações que atenda às necessidades do número máximo de usuários primários.

Outro ponto importante considerado pelo CPC é que, em larga extensão, os relatórios são baseados em estimativas, julgamentos e modelos, e não em descrições e retratos exatos. A Estrutura Conceitual estabelece os conceitos que devem amparar tais estimativas, julgamentos e modelos.

O CPC 26 (R1) determina que o objetivo das demonstrações contábeis consiste em proporcionar informação acerca da posição patrimonial e financeira, do desempenho e dos fluxos de caixa da entidade que seja útil a um grande número de usuários em suas avaliações e tomada de decisões econômicas. As demonstrações contábeis proporcionam informação da entidade acerca de ativos, passivos, patrimônio líquido, receitas e despesas – incluindo ganhos e perdas –, alterações no capital próprio mediante integralizações dos proprietários e distribuições a eles e fluxos de caixa.

Essas informações, somadas a outras constantes em notas explicativas, proporcionam ao usuário da informação uma previsão dos fluxos de caixa da entidade, bem como a época e o grau de certeza de sua geração.

1.5 CONJUNTO COMPLETO DE DEMONSTRAÇÕES CONTÁBEIS

O CPC 26 (R1) define que a finalidade das demonstrações contábeis é representar, de forma estruturada, a posição patrimonial e financeira e do desempenho da entidade.

Elenca como conjunto completo de demonstrações contábeis as seguintes:

(a) balanço patrimonial ao final do período;
(b) demonstrações do resultado:
   (i) do período;
   (ii) abrangente do período;
(c) demonstração das mutações do patrimônio líquido do período;
(d) demonstração dos fluxos de caixa do período;
(e) notas explicativas, informação de política contábil material e outras informações explicativas;
(f) o balanço patrimonial do início do período mais antigo, comparativamente apresentado, quando a entidade aplica uma política contábil retrospectivamente ou procede à republicação ou à reapresentação retrospectiva de itens das demonstrações contábeis, ou ainda quando procede à reclassificação de itens de suas demonstrações contábeis; e
(g) demonstração do valor adicionado do período, conforme Pronunciamento Técnico CPC 09, se exigido legalmente ou por algum órgão regulador ou mesmo se apresentada voluntariamente. (CPC 21 (R1), item 5.)

Diversas entidades apresentam, adicionalmente, comentários da administração que descrevem e explicam as características principais do desempenho e da posição financeira e patrimonial da entidade e as incertezas mais relevantes às quais está sujeita. Esse relatório pode incluir análises como:

(a) dos principais fatores e influências que determinam o desempenho, incluindo alterações no ambiente em que a entidade opera, a resposta da entidade a essas alterações e o seu efeito e a política de investimento da entidade para manter e melhorar o desempenho, incluindo a sua política de dividendos;
(b) das fontes de financiamento da entidade e a respectiva relação pretendida entre passivos e o patrimônio líquido; e
(c) dos recursos da entidade não reconhecidos nas demonstrações contábeis de acordo com os Pronunciamentos Técnicos, Interpretações e Orientações do CPC. (CPC 26 (R1), item 13.)

Este é o conjunto completo de demonstrações contábeis. Esse conjunto deve ser aplicado para as sociedades anônimas de capital aberto e de capital fechado e, também, para as sociedades de grande porte.[1]

---

[1] Entende-se por sociedade de grande porte aquela que fatura mais de R$ 300 milhões por ano ou que possua ativos com valor superior a R$ 240 milhões.

1.5.1 Pequenas e médias empresas e micro e pequenas empresas – Contexto histórico

Em 2009, o CPC emitiu o pronunciamento técnico denominado CPC PME – Contabilidade para Pequenas e Médias Empresas. O pronunciamento foi referendado pela Resolução CFC nº 1.255/2009. São denominadas pequenas e médias empresas aquelas que não se enquadram como sociedades anônimas de capital aberto ou fechado e como sociedades de grande porte. Dessa maneira, simplificaram-se um pouco as normas para essas empresas. Na questão do conjunto de demonstrações contábeis obrigatórias, praticamente foram mantidas as mesmas normas do CPC 26 (R1) elencadas anteriormente, com exceção da demonstração do valor adicionado (DVA).

Em 2012, o CFC entendeu que deveria haver uma norma mais simplificada ainda para microempresas e empresas de pequeno porte. Dessa forma, foi publicada a Resolução nº 1.418/2012, que disciplinou a matéria e determinou que se consideram microempresas e empresas de pequeno porte aquelas que faturam até os mesmos limites estipulados pela legislação do Simples Nacional, ou seja, atualmente, R$ 360.000,00 por ano, ou proporcional ao número de meses de atividade, e R$ 4.800.000,00 por ano, ou proporcional ao número de meses de atividade, respectivamente. Para esse grupo de empresas, a contabilidade ficou mais simples. O conjunto de demonstrações contábeis obrigatórias são: (a) o balanço patrimonial; (b) a demonstração do resultado do exercício; e (c) as notas explicativas.

Quadro 1.2 Modelos de aplicação

MODELOS DE APLICAÇÃO DAS NORMAS CONTÁBEIS	
Sociedades Anônimas de Capital Aberto Sociedades Anônimas de Capital Fechado Sociedades de Grande Porte	Aplicação completa dos CPCs
Pequenas e Médias Empresas (aquelas que não estão compreendidas nas modalidades acima)	Aplicação do CPC PME Resolução CFC nº 1.255/2009
Microempresas e Empresas de Pequeno Porte	Aplicação ITG 1000 Resolução CFC nº 1.418/2012

1.5.2 Pequenas e médias empresas e micro e pequenas empresas – Mudanças a partir de 2023

Como podemos verificar no Quadro 1.2, as empresas que faturam até R$ 4,8 milhões podem se beneficiar de uma contabilidade mais simplificada. Contudo, acima disso e até R$ 299.999.999,99, a norma a ser seguida era o CPC PME. Portanto, não havia um "degrau intermediário". Então, se uma empresa faturasse pouco acima dos R$ 4,8 milhões, por exemplo, utilizaria a mesma norma de uma que faturasse pouco menos de R$ 300 milhões. Não parece muito justo e coerente.

A partir de 2023, novas normas entraram em vigor para essas empresas. Vejamos:

Para as entidades que faturam até R$ 4,8 milhões (limite do Simples Nacional) por ano, ou proporcional ao número de meses de atividade, uma nova norma foi criada, a ITG 1002 (NBC TG 1002) – Contabilidade para microentidades.

Para as entidades que faturam de R$ 4.800.000,01 a R$ 78 milhões por ano, ou proporcional ao número de meses de atividade, foi criada a ITG 1001 (NBC TG 1001) – Contabilidade para pequenas empresas.

Para as entidades que faturam de R$ 78.000.000,01 a R$ 299.999.999,99 por ano, ou proporcional aos meses de atividade, foi criada a ITG 1000 (NBC TG 1000) – Contabilidade para pequenas e médias empresas, correspondente ao CPC PME.

Essa adequação torna mais justo o sistema de normas para as menores empresas e cria um novo patamar entre aquelas com faturamento acima de R$ 4,8 milhões até R$ 78 milhões.

Como mencionamos, a vigência dessas novas normas foi a partir de 2023, mas as empresas poderiam, opcionalmente, ter adotado a partir de 2022.

Outro ponto é que a empresa só precisa mudar de faixa e, portanto, de conjunto de norma se, durante 2 anos seguidos, permanecer no faturamento correspondente à faixa superior ou, se por opção, quiser utilizar a norma da faixa superior.

☛ EXEMPLO:

Uma empresa faturava até R$ 4,8 milhões e utilizava a NBC TG 1002 de microentidade. No ano seguinte, ela faturou R$ 5 milhões, mas pôde continuar na mesma faixa. Se no ano seguinte, no entanto, ela ultrapassar novamente os R$ 4,8 milhões, então deverá, no outro ano, passar à aplicação da NBC TG 1001 de pequenas empresas

Portanto, com as alterações, os modelos de aplicação de normas ficaram de acordo com o apresentado no Quadro 1.3.

Quadro 1.3 Modelos de aplicação

MODELOS DE APLICAÇÃO DAS NORMAS CONTÁBEIS	
Sociedades Anônimas de Capital Aberto	Aplicação completa dos CPCs
Sociedades Anônimas de Capital Fechado	Sociedades de Grande Porte
Pequenas e Médias Empresas (aquelas que não estão compreendidas nas modalidades acima de R$ 78.000.000,01 até R$ 299.999.999,99)	Aplicação do CPC PME NBC TG 1000 (R1)
Pequenas Empresas (faturamento de R$ 4.800.000,01 até R$ 78 milhões)	Aplicação NBC TG 1001 – Contabilidade para pequenas empresas
Microentidades (faturamento até R$ 4,8 milhões)	Aplicação NBC TG 1002 – Contabilidade para microentidades

1.6 CONSIDERAÇÕES GERAIS PARA APRESENTAÇÃO DE DEMONSTRAÇÕES CONTÁBEIS

Como já mencionado anteriormente neste capítulo, as demonstrações contábeis devem representar fidedignamente os efeitos das transações ocorridas. Para essa correta representação, é necessária a aplicação de pronunciamentos, interpretações e orientações do CPC. Dessa maneira, a entidade deve declarar, de forma explícita, em nota explicativa, a conformidade com as normas.

No entanto, a entidade não poderá fazer essa declaração se não cumprir todos os requisitos das normas. Nesse caso, deverá explicitar em nota explicativa a razão por que não cumpriu determinado requisito.

A representação apropriada dos demonstrativos contábeis exige que a entidade:

(a) selecione e aplique políticas contábeis de acordo com o Pronunciamento Técnico CPC 23 – Políticas Contábeis, Mudança de Estimativa e Retificação de Erro. Esse Pronunciamento estabelece uma hierarquia na orientação que a administração deve seguir na ausência de Pronunciamento Técnico, Interpretação e Orientação que se aplique especificamente a um item;

(b) apresente informação, incluindo suas políticas contábeis, de forma que proporcione informação relevante, confiável, comparável e compreensível;

(c) proporcione divulgações adicionais quando o cumprimento dos requisitos específicos contidos nos Pronunciamentos Técnicos, Interpretações e Orientações do CPC for insuficiente para permitir que os usuários compreendam o impacto de determinadas transações, outros eventos e condições sobre a posição financeira e patrimonial e o desempenho da entidade. (CPC 26 (R1), item 17.)

Outro ponto importante é que, quando a aplicação de qualquer norma conduzir a uma apresentação enganosa que conflite com o objetivo das demonstrações contábeis, a entidade não deve fazê-lo. No entanto, essas situações são raras. Nas normas internacionais de contabilidade, esse procedimento é chamado *True and Fair Override*, contido na norma IAS 1.

De acordo com o CPC 26 (R1), quando a entidade deixar de aplicar qualquer norma, deverá divulgar:

(a) que a administração concluiu que as demonstrações contábeis apresentam de forma apropriada a posição financeira e patrimonial, o desempenho e os fluxos de caixa da entidade;

(b) que aplicou os Pronunciamentos Técnicos, Interpretações e Orientações do CPC aplicáveis, exceto pela não aplicação de um requisito específico com o propósito de obter representação apropriada;

(c) o título do Pronunciamento Técnico, Interpretação ou Orientação do CPC que a entidade não aplicou, a natureza dessa exceção, incluindo o tratamento que o Pronunciamento Técnico, Interpretação ou Orientação do CPC exigiria, a razão pela qual esse tratamento seria tão enganoso e entraria em conflito com o objetivo das demonstrações contábeis, estabelecido na Estrutura Conceitual para Elaboração e Divulgação de Relatório Contábil-Financeiro e o tratamento efetivamente adotado; e

(d) para cada período apresentado, o impacto financeiro da não aplicação do Pronunciamento Técnico, Interpretação ou Orientação do CPC vigente em cada item nas demonstrações contábeis que teria sido informado caso tivesse sido cumprido o requisito não aplicado. (CPC 26 (R1), item 20.)

Se a entidade não tiver aplicado as normas do CPC em período anterior e isso afetar os montantes reconhecidos nas demonstrações contábeis do período corrente, ela deverá também divulgar os itens (c) e (d), apresentados anteriormente.

1.7 CARACTERÍSTICAS QUALITATIVAS DE INFORMAÇÕES FINANCEIRAS ÚTEIS

Para que as informações financeiras sejam úteis, elas precisam ser relevantes e representar fidedignamente aquilo que pretendem representar. A Estrutura Conceitual compreende várias características qualitativas que melhoram a utilidade da informação.

A Estrutura Conceitual apresenta dois tipos de características qualitativas: as fundamentais e as de melhoria.

1.7.1 Características qualitativas fundamentais

As características qualitativas fundamentais são a relevância e a representação fidedigna.

1.7.1.1 *Relevância*

A informação financeira, para ser considerada relevante, tem que ser capaz de fazer a diferença em decisões que possam ser tomadas pelos usuários das demonstrações contábeis.

Normalmente, uma informação faz a diferença nas decisões quando tem um valor preditivo ou confirmatório, ou ambos. Ou seja, o valor preditivo consiste em utilizar a informação contábil para projetar cenários futuros e, assim, tomar decisões mais precisas. Já o valor confirmatório consiste no fato de a informação servir de *feedback* em avaliações prévias, confirmando-as ou alterando-as.

1.7.1.2 *Materialidade*

A materialidade será abordada nesta seção, porque se trata de um aspecto da relevância.

A informação é considerada material se sua omissão ou divulgação distorcida ou obscura tiver o poder de influenciar, razoavelmente, as decisões que os principais usuários tomam com base nessa informação.

1.7.1.3 *Representação fidedigna*

A representação fidedigna, como já mencionamos ao longo deste capítulo, corresponde à representação justa e verdadeira da situação patrimonial e financeira das entidades. De acordo com a Estrutura Conceitual, os relatórios financeiros representam um fenômeno econômico em palavras e números. A informação financeira deve não apenas representar um fenômeno relevante, mas representá-lo de maneira fidedigna a essência do fenômeno.

Para se ter uma representação fidedigna, são necessários três atributos: (a) que seja completa; (b) que seja neutra; e (c) isenta de erros.

A Estrutura Conceitual menciona que o objetivo da representação fidedigna é maximizar esses três atributos.

Informação completa

Deve-se, portanto, fornecer ao usuário um retrato completo da realidade econômica. Para isso, toda informação, descrição e explicação que sejam necessárias para tornar o retrato completo devem ser fornecidas.

Neutralidade

Em relação à neutralidade, sua representação deve ser livre de viés, ou seja, não deve ser tendenciosa na seleção ou na apresentação de informações financeiras. Portanto, é fundamental que não se dê mais ênfase a este ou aquele elemento e que não se realize nenhum tipo de manipulação. Caso contrário, a informação contábil chegará distorcida ao usuário, e isso aumenta a probabilidade de a informação contábil ser recebida por eles de modo favorável ou desfavorável.

Dois aspectos muito importantes são trazidos pelo pronunciamento, que reproduzimos a seguir:

> 2.16 A neutralidade é apoiada pelo exercício da prudência. Prudência é o exercício de cautela ao fazer julgamentos sob condições de incerteza. O exercício de prudência significa que ativos e receitas não estão superavaliados e passivos e despesas não estão subavaliados. Da mesma forma, o exercício de prudência não permite a subavaliação de ativos ou receitas ou a superavaliação de passivos ou despesas. Essas divulgações distorcidas podem levar à superavaliação ou subavaliação de receitas ou despesas em períodos futuros.
>
> 2.17 O exercício de prudência não implica necessidade de assimetria, por exemplo, a necessidade sistemática de evidência mais convincente para dar suporte ao reconhecimento de ativos ou receitas do que ao reconhecimento de passivos ou despesas. Essa assimetria não é característica qualitativa de informações financeiras úteis. Não obstante, determinados pronunciamentos podem conter requisitos assimétricos se isso for consequência de decisões que se destinam a selecionar as informações mais relevantes que representam fidedignamente o que pretendem representar.

Fica claro que o pronunciamento invoca a prudência como cautela diante de incertezas de julgamentos, diferentemente de como tratávamos antes das normas do CPC, utilizando-a de uma forma que acabava distorcendo a realidade econômica da entidade, uma vez que, sempre que se apresentavam alternativas igualmente válidas para a quantificação das mutações patrimoniais que alteravam o patrimônio líquido, adotávamos o menor valor para os componentes do ativo e o maior para os do passivo.

Livre de erros

Uma informação financeira livre de erros significa que não há erros ou omissões no fenômeno retratado, e que o processo utilizado, para produzir a informação reportada, foi selecionado e aplicado livre de erros. Contudo, isso não significa algo perfeitamente exato em todos os aspectos. Por exemplo, a Estrutura Conceitual comenta sobre a estimativa de preço ou valor não observável; estes não podem ser qualificados como algo exato ou inexato, no entanto, a representação dessa estimativa pode ser considerada fidedigna se o montante for descrito clara e precisamente como uma estimativa, se a natureza e as limitações do processo forem devidamente reveladas e nenhum erro tiver sido cometido na seleção e aplicação do processo apropriado para o desenvolvimento da estimativa (ver item 2.18 – Estrutura Conceitual).

A forma de aplicação das características qualitativas fundamentais deve seguir um processo:

- será necessário constatar o fenômeno econômico que tenha o potencial de ser útil para os usuários das informações financeiras da entidade que reporta;
- reconhecer o tipo de informação sobre o fenômeno que seria mais relevante; e
- determinar se a informação está à disposição e representa de forma fidedigna o fenômeno econômico.

Realizadas essas etapas, o processo de satisfazer as características qualitativas fundamentais termina. Caso contrário, deverá ser repetido a partir do próximo tipo de informação mais relevante.

1.7.2 Características qualitativas de melhoria

Características qualitativas de melhoria são aquelas que melhoram a utilidade da informação que é relevante e apresentada com fidedignidade. Entre elas, estão a comparabilidade, a verificabilidade, a tempestividade e a compreensibilidade.

As características qualitativas de melhoria podem ajudar a escolher uma entre duas alternativas que sejam consideradas equivalentes em termos de relevância e fidedignidade de representação, que deve ser usada para retratar um fenômeno.

1.7.2.1 *Comparabilidade*

A informação financeira deve ter como característica qualitativa a comparabilidade, ou seja, deve permitir aos usuários compará-la com informação similar de outras entidades e, também, na mesma entidade em relação a outros períodos ou datas.

A comparabilidade da informação auxilia o usuário nas suas escolhas entre alternativas, enriquece substancialmente a análise das demonstrações contábeis e permite identificar tendências da própria entidade como desta em relação a seu segmento.

1.7.2.2 *Capacidade de verificação*

A característica da verificabilidade tem por objetivo assegurar que a informação financeira representa fidedignamente o fenômeno econômico a que diz respeito.

Dessa maneira, diferentes observadores, bem informados e independentes, podem chegar a um consenso – embora possam não chegar a um acordo completo – quanto ao retrato de uma realidade econômica em particular ser uma representação fidedigna.

A verificabilidade pode ser direta ou indireta. A direta é quando há uma checagem diretamente sobre um montante ou outra representação por meio de observação, por exemplo, a verificação do montante constante em caixa. Já a verificação indireta consiste em analisar os modelos utilizados e refazer os cálculos para se tentar chegar aos resultados apresentados.

1.7.2.3 *Tempestividade*

A informação financeira deve ser útil para que possa influenciar as decisões dos usuários. Para isso, ela deve estar disponível no tempo certo. Quanto mais antiga for a informação, menor será sua utilidade.

1.7.2.4 *Compreensibilidade*

As informações financeiras têm que ser compreensíveis pelos usuários das demonstrações contábeis. Classificar, caracterizar e apresentar a informação com clareza e concisão a torna compreensível.

Muitos fenômenos econômicos são complexos e dificultam o entendimento, até para usuários que já têm conhecimento razoável de negócios e de atividades econômicas. Portanto, divulgações adicionais podem dar mais clareza a esses fenômenos e ajudar em sua compreensão.

1.7.3 Restrição do custo sobre relatórios financeiros úteis

O custo para gerar a informação financeira deve ser justificado pelo benefício econômico que esta produzirá. Portanto, o custo sempre será uma restrição presente no processo de elaboração e divulgação das demonstrações contábeis.

Os usuários, em última instância, pagam por essas informações, por meio da redução de seus retornos. Os usuários também podem incorrer em custos de análise e interpretação das informações fornecidas. Se não houver informação que atenda à demanda dos usuários, estes incorrerão em custos adicionais de obtenção da informação por outras fontes ou por estimativas.

Se os demonstrativos contábeis forem elaborados e divulgados com fidedignidade, isso auxilia os usuários a tomarem decisões com grau de confiança maior, o que resulta em um custo menor de capital.

Investidores, credores etc. também se beneficiam em razão de tomarem decisões mais acertadas, porque se basearam em uma informação de melhor qualidade.

1.8 DEMAIS CARACTERÍSTICAS

As características qualitativas mencionadas na seção anterior estão descritas na Estrutura Conceitual. No entanto, o CPC 26 (R1) faz outras considerações que também devemos observar na elaboração e na apresentação das demonstrações contábeis. A seguir, discorreremos sobre cada uma delas.

1.8.1 Continuidade

A "continuidade" constava como pressuposto básico na Estrutura Conceitual, antes da revisão de 2010; depois passou a constar, na versão de 2010, como texto remanescente, denominada "premissa subjacente". Na versão de 2019, passa a integrar o Capítulo 3 – Demonstrações Contábeis e a Entidade que Reporta, intitulada "Premissa de continuidade operacional".

Consiste na presunção de que a entidade está posta em marcha (*going concern*), ou seja, está em continuidade. Dessa maneira, a administração deve fazer a avaliação da continuidade de sua operação no futuro previsível.

As demonstrações contábeis deverão ser preparadas sempre considerando o pressuposto de continuidade, a menos que haja por parte da administração a intenção de liquidar a entidade ou cessar seus negócios. Se isso ocorrer, a entidade deverá divulgar o fato, bem como as bases sobre as quais as demonstrações contábeis foram elaboradas e a razão pela qual não se pressupõe sua continuidade.

1.8.2 Regime de competência

A entidade deverá elaborar suas demonstrações contábeis com base no regime de competência, com exceção da demonstração dos fluxos de caixa.

A aplicação do regime de competência implica o reconhecimento de ativos, passivos, patrimônio líquido, receitas e despesas quando estes satisfazem as definições e os critérios para tal, de acordo com a Estrutura Conceitual para Elaboração e Divulgação de Relatório Contábil-Financeiro.

1.8.3 Materialidade e agregação

A entidade deverá apresentar de forma separada nas demonstrações contábeis cada classe material de itens semelhantes. Deverá também apresentar separadamente itens de natureza ou função distintas, salvo se forem imateriais.

A agregação consiste em juntar itens imateriais com outros, nas demonstrações contábeis ou em notas explicativas. Muitas vezes, um item pode não ser material para ser apresentado de forma individual nas demonstrações contábeis, mas pode ser material para ser apresentado separado em notas explicativas.

1.8.4 Compensação de valores

A entidade não deverá compensar ativos e passivos ou receitas e despesas, salvo se algum pronunciamento técnico, orientação ou interpretação assim exigir.

Isso ocorre porque a compensação desses itens pode prejudicar a capacidade de os usuários entenderem as transações, os eventos e as condições que tenham ocorrido e de avaliar os futuros fluxos de caixa da entidade.

No caso de provisões de ajustes de ativos, por exemplo, provisões para obsolescência de estoques e provisão para liquidação de créditos duvidosos, essas não são consideradas compensações.

As receitas de contratos com clientes devem ser mensuradas ao seu valor justo do montante recebido ou a receber, levando em consideração a quantia de quaisquer descontos comerciais e abatimentos concedidos. Por exemplo, uma operação comercial na qual é concedido um desconto para o cliente, se este pagar o boleto até o vencimento: como é provável que ele exercerá esse benefício, a receita a ser reconhecida será a líquida desse desconto, mesmo ainda não sabendo se ele será de fato concedido.

A entidade pode incorrer em outras circunstâncias que não geram propriamente receitas, mas que são ligadas às atividades principais geradoras de receitas. Nesses casos, os resultados dessas transações devem ser apresentados compensando-se quaisquer receitas com as despesas relacionadas resultantes da mesma transação. Vamos verificar exemplos constantes no CPC 26 (R1):

(a) ganhos e perdas na alienação de ativos não circulantes, incluindo investimentos e ativos operacionais, devem ser apresentados de forma líquida, deduzindo-se da contrapartida da alienação o valor contábil do ativo e reconhecendo-se as despesas de venda relacionadas; e

(b) despesas relacionadas com uma provisão reconhecida de acordo com o Pronunciamento Técnico CPC 25 – Provisões, Passivos Contingentes e Ativos Contingentes e que tiveram reembolso segundo acordo contratual com terceiros (por exemplo, acordo de garantia do fornecedor) podem ser compensadas com o respectivo reembolso. (CPC 26 (R1), item 34.)

Também devem ser apresentados em base líquida ganhos e perdas de grupo de transações semelhantes.

1.8.5 Frequência de apresentação das demonstrações contábeis

As demonstrações contábeis deverão ser apresentadas pelo menos anualmente. Se houver alteração na data de encerramento das demonstrações contábeis e estas forem apresentadas em um período mais longo ou mais curto do que um ano, a entidade deverá divulgar o período abrangido pelas demonstrações e:

(a) a razão para usar um período mais longo ou mais curto; e
(b) o fato de que não são inteiramente comparáveis os montantes comparativos apresentados nessas demonstrações. (CPC 26 (R1), item 36.)

1.8.6 Informação comparativa

A entidade deverá divulgar informação comparativa com respeito ao período anterior em todas as demonstrações contábeis. Esse procedimento aplica-se também às notas explicativas.

Deverão ser apresentados como informação mínima dois balanços patrimoniais, duas demonstrações do resultado do exercício e do resultado abrangente (caso sejam apresentadas separadamente, duas para cada), duas demonstrações dos fluxos de caixa, duas demonstrações das mutações do patrimônio líquido, duas demonstrações do valor adicionado (caso obrigado) e notas explicativas.

A comparabilidade deve ser sempre buscada. Assim, quando houver mudanças de políticas contábeis, reclassificação de itens etc., por exemplo, a entidade deverá divulgar, pelo menos, três balanços patrimoniais e duas de cada uma das demais demonstrações. Pode ser que em determinados momentos o período atual não seja comparável ao período anterior, em função, por exemplo, de situações econômicas diversas etc. Nesses casos, é recomendável a publicação do período atual, do anterior e de um período que possa servir de base comparativa com o atual. Dessa maneira, em análises de tendência, o usuário poderá avaliar melhor os dados da entidade.

Algumas informações contidas em notas explicativas podem ser interessantes para análise em mais de um período, por exemplo, informações sobre disputas judiciais etc. Nesses casos, é recomendado que também sejam republicadas essas informações.

1.8.7 Consistência de apresentação

De acordo com o CPC 26 (R1), a apresentação e a classificação de itens nas demonstrações contábeis devem ser mantidas de um período para outro, exceto quando:

(a) for evidente, após uma alteração significativa na natureza das operações da entidade ou uma revisão das respectivas demonstrações contábeis, que outra apresentação ou classificação seja mais apropriada, tendo em vista os critérios para a seleção e aplicação de políticas contábeis contidos no Pronunciamento Técnico CPC 23; ou
(b) outro Pronunciamento Técnico, Interpretação ou Orientação do CPC requerer alteração na apresentação. (CPC 26 (R1), item 45.)

1.9 IDENTIFICAÇÃO DAS DEMONSTRAÇÕES CONTÁBEIS

As demonstrações contábeis têm por objetivo o fornecimento de informações financeiras sobre ativos, passivos, patrimônio líquido, receitas e despesas da entidade que reporta, e que estas sejam úteis aos seus usuários para suas análises e avaliações.

Essas informações são fornecidas:

(a) no balanço patrimonial, ao reconhecer ativos, passivos e patrimônio líquido;
(b) na demonstração do resultado e na demonstração do resultado abrangente, ao reconhecer receitas e despesas; e
(c) em outras demonstrações e notas explicativas, ao apresentar e divulgar informações sobre:
  (i) ativos, passivos, patrimônio líquido, receitas e despesas reconhecidos, incluindo informações sobre sua natureza e sobre os riscos resultantes desses ativos e passivos reconhecidos;
  (ii) ativos e passivos que não foram reconhecidos, incluindo informações sobre sua natureza e sobre os riscos resultantes deles;
  (iii) fluxos de caixa;
  (iv) contribuições de detentores de direitos sobre o patrimônio e distribuições a eles; e
  (v) os métodos, premissas e julgamentos utilizados na estimativa dos valores apresentados ou divulgados, e mudanças nesses métodos, premissas e julgamentos. (CPC 00 (R2), item 3.3.)

As demonstrações contábeis devem divulgar de forma clara e destacada os seguintes itens:

(a) o nome da entidade às quais as demonstrações contábeis dizem respeito ou outro meio que permita sua identificação, bem como qualquer alteração que possa ter ocorrido nessa identificação desde o término do período anterior;
(b) se as demonstrações contábeis se referem a uma entidade individual ou a um grupo de entidades;
(c) a data de encerramento do período de reporte ou o período coberto pelo conjunto de demonstrações contábeis ou notas explicativas;
(d) a moeda de apresentação, tal como definido no Pronunciamento Técnico CPC 02 – Efeitos das Mudanças nas Taxas de Câmbio e Conversão de Demonstrações Contábeis; e
(e) o nível de arredondamento usado na apresentação dos valores nas demonstrações contábeis. (CPC 26 (R1), item 51.)

1.10 BALANÇO PATRIMONIAL

O balanço patrimonial, denominado nas novas normas demonstração da posição financeira, procura evidenciar, em determinada data, a natureza dos valores que compõem o patrimônio da empresa – bens e direitos – e a origem desses valores – obrigações e patrimônio líquido. Evidencia, assim, a posição patrimonial e a posição financeira da empresa. É levantado, no mínimo, ao final de cada exercício.

1.10.1 Elementos do balanço patrimonial

Os elementos do balanço patrimonial são os ativos, os passivos e o patrimônio líquido.
  A nova revisão do CPC 00 modificou as definições de ativos, passivos e patrimônio líquido, conferindo, assim, um refinamento aos conceitos. Vejamos o antes e o depois no Quadro 1.4.

Estrutura Conceitual para Relatório Financeiro e Apresentação das Demonstrações Contábeis **19**

Quadro 1.4   CPC 00: antes e depois

ANTES	AGORA
Ativos: são recursos controlados pela entidade como resultado de eventos passados e do qual se espera que fluam futuros benefícios econômicos para a entidade	**Ativos:** são recursos econômicos presentes controlados pela entidade como resultado de eventos passados
Passivos: são obrigações presentes da entidade, resultante de eventos passados, cuja liquidação se espera que resulte na saída de recursos da entidade capazes de gerar benefícios econômicos	**Passivos:** são obrigações presentes da entidade de transferir um recurso econômico como resultado de eventos passados
Patrimônio líquido: é o interesse residual nos ativos da entidade depois de deduzidos todos os seus passivos	**Patrimônio líquido:** é a participação residual nos ativos da entidade após a dedução de todos os seus passivos

Vejamos no Quadro 1.5 as modificações realizadas.

Quadro 1.5   Relação de modificações no CPC 00

	MODIFICAÇÕES
Ativos	• Um recurso econômico é um direito que tem potencial para produzir benefícios econômicos • Definição separada de recurso econômico – para esclarecer que um ativo é o recurso econômico, não a entrada final de benefícios econômicos • Exclusão do "fluxo esperado" – não é necessário ter certeza, nem mesmo provável, de que benefícios econômicos surgirão • Baixa probabilidade de benefício econômico pode afetar as decisões de reconhecimento e a mensuração do ativo
Passivos	• Uma obrigação é um dever ou uma responsabilidade que a entidade não possui capacidade prática de evitar • Definição separada de recurso econômico – para esclarecer que um passivo é a obrigação de transferir o recurso econômico, não a saída final de benefícios econômicos • Exclusão do "fluxo esperado" – com as mesmas implicações definidas acima para um ativo • Introdução do critério "nenhuma capacidade prática de evitar" na definição de obrigação

Como podemos notar, as novas normas trouxeram definições mais consistentes sobre ativos e passivos que ficam alinhados à teoria da contabilidade. Os ativos, por exemplo, deixam a definição simplista de bens e direitos para uma definição mais abrangente, considerando como tal um recurso sob controle da entidade, resultante de eventos passados.

Agora, ao avaliarmos se um item se enquadra na definição de ativo, passivo ou patrimônio líquido, devemos considerar a sua essência e realidade econômica, e não a sua forma legal.

1.10.1.1 Ativos

Como vimos na definição de ativo, este é um direito e, como tal, tem que ter o potencial de gerar benefícios econômicos. O CPC 00 (R2) traz várias formas de que isso aconteça. Vejamos:

(a) direitos que correspondem à obrigação de outra parte, por exemplo:
  (i) direitos de receber caixa;
  (ii) direitos de receber produtos ou serviços;

(iii) direitos de trocar recursos econômicos com outra parte em condições favoráveis. Esses direitos incluem, por exemplo, contrato a termo para comprar um recurso econômico em condições que são atualmente favoráveis ou a opção de comprar um recurso econômico;
(iv) direitos de beneficiar-se de obrigação de outra parte para transferir um recurso econômico se ocorrer evento futuro incerto especificado;
(b) direitos que não correspondem à obrigação de outra parte, por exemplo:
(i) direitos sobre bens corpóreos, tais como imobilizado ou estoques. Exemplos desses direitos são direito de utilizar bens corpóreos ou direito de beneficiar-se do valor residual de objeto arrendado;
(ii) direitos de utilizar propriedade intelectual.

Os ativos podem ter forma física; são os denominados ativos corpóreos ou tangíveis. Porém, podem também não ter forma física; são os denominados ativos incorpóreos ou intangíveis.

Outros recursos podem atender aos critérios para reconhecimento de um ativo, mesmo que a entidade não seja sua proprietária, como é o caso de bens provenientes de arrendamento mercantil financeiro.[2] Nesse caso, a entidade não tem a propriedade do bem, mas tem os riscos e os benefícios desse bem transferidos a ela pelo arrendador. Em sua essência, esse bem arrendado é um legítimo ativo, já que se trata de um recurso controlado pela entidade.

Existem também outros casos, como bens recebidos pelo governo, por meio de doação.

1.10.1.2 *Passivos*

Para que exista um passivo, deve necessariamente haver uma obrigação presente. As obrigações podem ser legalmente exigíveis, como as estabelecidas por contrato, como é o caso da maioria dos passivos, e podem também surgir de usos e costumes e do desejo de manter boas relações comerciais ou agir de maneira equitativa, como o caso de políticas mercadológicas ou de imagem em que a entidade decida retificar defeitos em seus produtos, mesmo depois do prazo da garantia. Nesse caso, as importâncias que se espera gastar com os produtos já vendidos constituem um passivo.

Não devem ser confundidos a obrigação presente e o compromisso futuro. Por exemplo, a intenção de adquirir ativos futuros não gera uma obrigação presente. Mas se o ativo for entregue ou houver um acordo irrevogável para a aquisição deste, então o passivo deve ser reconhecido.

Para que exista passivo, é preciso que três critérios sejam satisfeitos, de acordo com o CPC:

1. A entidade tem uma obrigação, que é o dever ou a responsabilidade que ela não tem a capacidade prática de evitar.
2. A obrigação é de transferir um recurso econômico, que, para satisfazer, deve ter o potencial de exigir que a entidade transfira um recurso econômico para outra parte.
3. A obrigação é uma obrigação presente que existe como resultado de eventos passados, e isso só acontece se:
   ❯ a entidade já tiver obtido os benefícios econômicos ou tomado uma ação; e
   ❯ como consequência, ela terá ou poderá ter que transferir um recurso econômico que, de outro modo, não teria que transferir.

---

[2] Para mais detalhes sobre arrendamento mercantil financeiro, ver Capítulo 9 – Arrendamentos.

1.10.1.3 *Patrimônio líquido*

A revisão de 2019 da Estrutura Conceitual apresenta a definição de patrimônio líquido como "a participação residual nos ativos da entidade após a dedução de todos os seus passivos".

Embora o patrimônio líquido seja denominado o valor residual de ativos, ele poderá ter classificações que são de grande relevância, especialmente no caso de sociedades anônimas.

A constituição de reservas pode atender a quesitos legais ou estatutários. A existência e o tamanho dessas reservas legais, estatutárias e fiscais representam informações que podem ser importantes para a tomada de decisão dos usuários. A transferência para tais reservas são apropriações de lucros acumulados; dessa forma, não constituem despesa.

O montante pelo qual o patrimônio líquido é apresentado no balanço patrimonial depende da mensuração de ativos e passivos. Dificilmente ele corresponderá ao valor de mercado das ações da entidade, ou da soma que poderia ser obtida pela venda dos seus ativos líquidos em uma base de item por item, ou da entidade como um todo, tomando por base a premissa da continuidade.

1.10.2 Informações constantes no balanço patrimonial

De acordo com o CPC 26 (R1), o balanço patrimonial deve apresentar, respeitada a legislação, as seguintes contas:

- (a) caixa e equivalentes de caixa;
- (b) clientes e outros recebíveis;
- (c) estoques;
- (d) ativos financeiros (exceto os mencionados nas alíneas "a", "b" e "g");
- (da) carteiras de contratos dentro do alcance do CPC 50 que sejam ativos, desagregados conforme requerido pelo item 78 do CPC 50;
- (e) total de ativos classificados como disponíveis para venda (Pronunciamento Técnico CPC 38 – Instrumentos Financeiros: Reconhecimento e Mensuração) e ativos à disposição para venda de acordo com o Pronunciamento Técnico CPC 31 – Ativo Não Circulante Mantido para Venda e Operação Descontinuada;
- (f) ativos biológicos dentro do alcance do CPC 29;
- (g) investimentos avaliados pelo método da equivalência patrimonial;
- (h) propriedades para investimento;
- (i) imobilizado;
- (j) intangível;
- (k) contas a pagar comerciais e outras;
- (l) provisões;
- (m) obrigações financeiras (exceto as referidas nas alíneas "k" e "l");
- (ma) carteiras de contratos dentro do alcance do CPC 50 que sejam passivos, desagregados conforme requerido pelo item 78 do CPC 50;
- (n) obrigações e ativos relativos à tributação corrente, conforme definido no Pronunciamento Técnico CPC 32 – Tributos sobre o Lucro;
- (o) impostos diferidos ativos e passivos, como definido no Pronunciamento Técnico CPC 32;
- (p) obrigações associadas a ativos à disposição para venda de acordo com o Pronunciamento Técnico CPC 31;

(q) participação de não controladores apresentada de forma destacada dentro do patrimônio líquido; e
(r) capital integralizado e reservas e outras contas atribuíveis aos proprietários da entidade. (CPC 26 (R1), item 54.)

A entidade deverá apresentar contas adicionais, cabeçalho e subtotais nos balanços patrimoniais sempre que achar relevante para o entendimento da posição financeira e patrimonial da entidade.

1.10.3 Classificação entre circulante e não circulante

De maneira geral, os ativos e passivos devem ser separados e classificados em circulante e não circulante. No entanto, o CPC 26 (R1) prevê, em seu item 60, que, em circunstâncias em que uma apresentação baseada na liquidez proporcionar informação confiável e mais relevante, todos os ativos e passivos devem ser apresentados em ordem de liquidez.

Independentemente do método utilizado, a entidade deve divulgar o montante esperado a ser recuperado ou liquidado em até 12 meses ou mais do que 12 meses, após o período de reporte, para cada item de ativo ou passivo.

No Brasil, a classificação do ativo deve seguir a ordem de liquidez, dentro dos grupos de circulante e não circulante para os ativos, e a ordem de exigibilidade, dentro dos grupos de circulante e não circulante para os passivos.

1.10.3.1 *Ativo circulante*

A classificação como ativo circulante deve ser feita quando satisfizer qualquer um dos critérios a seguir:

(a) espera-se que seja realizado, ou pretende-se que seja vendido ou consumido no decurso normal do ciclo operacional da entidade;
(b) está mantido essencialmente com o propósito de ser negociado;
(c) espera-se que seja realizado até doze meses após a data do balanço; ou
(d) é caixa ou equivalente de caixa (conforme definido no Pronunciamento Técnico CPC 03 – Demonstração dos Fluxos de Caixa), a menos que sua troca ou uso para liquidação de passivo se encontre vedada durante pelo menos doze meses após a data do balanço. (CPC 26 (R1), item 66.)

O ciclo operacional da entidade, descrito na alínea (a), apresentada anteriormente, é entendido como o prazo entre produzir, vender e receber. Assim, em uma indústria, por exemplo, o ciclo operacional é o tempo entre a compra de matérias-primas, seu processamento, sua venda e seu efetivo recebimento financeiro. Na maioria das empresas, o ciclo fica dentro dos 12 meses previstos na norma, mas, em alguns tipos de atividade, o ciclo pode ser muito maior, como é o caso de fabricação de navios. Dessa maneira, a classificação em circulante poderá seguir o ciclo econômico da entidade. Caso não seja possível a determinação do ciclo, deve-se assumir o período de 12 meses.

As principais contas mantidas no ativo circulante são:

a1. Disponibilidades (caixa e equivalentes de caixa)
› caixa;

› depósitos bancários à vista;
› aplicações financeiras de livre movimentação.

a2. Créditos
› duplicatas a receber (clientes);
› (−) provisão para créditos de liquidação duvidosa;
› adiantamentos (a empregados, viajantes, fornecedores etc.).

a3. Estoques
› mercadorias para revenda;
› produtos acabados;
› produtos em elaboração;
› matérias-primas;
› materiais de consumo (embalagem, lubrificantes etc.);
› (−) provisão para ajuste de estoques.

a4. Aplicações financeiras
› CDB (certificado de depósito bancário);
› RDB (recibo de depósito bancário);
› fundos bancários de renda fixa, variável ou mista;[3]
› ações cotadas em bolsa;
› títulos da dívida pública;
› (−) provisão para ajuste de títulos e valores mobiliários.

a5. Despesas do exercício seguinte
› despesas pagas antecipadamente (juros, seguros, aluguéis etc., antecipados, diferidos ou a vencer).

1.10.3.2 Ativo não circulante

Todos aqueles ativos que não satisfaçam os critérios de um ativo circulante devem ser classificados como ativo não circulante.

Os subgrupos do ativo circulante são os seguintes:

a. Realizável a longo prazo

Engloba os valores realizáveis em prazo superior a 12 meses da data do balanço, assim como os valores cujo prazo de realização seja considerado duvidoso ou incerto.

a1. Valores realizáveis em prazo superior a 12 meses da data do balanço
› os mesmos do circulante (menos as disponibilidades).

a2. Valores com prazo de realização duvidoso ou incerto
› depósitos judiciais (para recursos fiscais, trabalhistas etc.);
› débitos de sócios, diretores, firmas coligadas ou controladas.

---

[3] Esses valores, quando forem livremente movimentáveis, com prazo de resgate de até três meses, deverão ser considerados equivalentes de caixa.

b. Investimentos

Aplicações permanentes em outras empresas e em bens destinados a produzir renda. Ao contrário do imobilizado (item "c", a seguir), são valores desnecessários à manutenção das atividades da empresa.

- Participações em interligadas:[4]
  - controladas, subsidiárias e coligadas.
- Participações decorrentes de incentivos fiscais:
  - Nordeste (Finor), Amazônia (Fidam), turismo, pesca etc.;
  - participações permanentes em outras empresas;
  - bens destinados à renda (principalmente imóveis).

c. Imobilizado

Aplicações em valores necessários à manutenção da atividade. A alienação de qualquer um desses valores (sem reposição imediata) prejudicaria ou, até mesmo, paralisaria a atividade normal da empresa:

- imóveis;
- móveis e utensílios;
- máquinas e equipamentos;
- veículos etc.;
- (–) depreciação acumulada.

d. Intangíveis

Intangíveis são bens ou direitos incorpóreos, ou seja, não é possível vê-los e/ou tocá-los:

- marcas e patentes;
- ágio por expectativa futura ou *goodwill*;
- franquias;
- (–) amortização acumulada;
- direitos de exploração (mineral ou florestal);
- (–) exaustão acumulada.

1.10.3.3 *Passivo circulante*

A classificação como passivo circulante deve ser feita quando satisfizer qualquer um dos critérios a seguir:

(a) espera-se que seja liquidado durante o ciclo operacional normal da entidade;
(b) está mantido essencialmente para a finalidade de ser negociado;
(c) deve ser liquidado no período de até doze meses após a data do balanço; ou
(d) a entidade não tem direito incondicional de diferir a liquidação do passivo durante pelo menos doze meses após a data do balanço [...]. Os termos de um passivo que podem, à opção da contraparte, resultar na sua liquidação por meio da emissão de instrumentos patrimoniais não devem afetar a sua classificação. (CPC 26 (R1), item 69.)

---

[4] O conceito de interligadas será discutido em detalhes no Capítulo 2.

Exemplos de passivos circulantes:

- duplicatas a pagar (fornecedores);
- empréstimos bancários;
- impostos a pagar;
- contribuições a recolher;
- provisão para imposto de renda;
- provisão para contribuição social;
- provisão para férias;
- provisão para o décimo terceiro salário;
- adiantamentos de clientes;
- outros credores.

1.10.3.4 *Passivo não circulante*

Todos aqueles passivos que não satisfaçam os critérios de um passivo circulante devem ser classificados como passivo não circulante.

1.10.4 Modelo de balanço patrimonial

No Quadro 1.6, apresentamos uma sugestão de modelo de balanço patrimonial.

Quadro 1.6 Modelo de balanço patrimonial

EMPRESA RM S/A	
DEMONSTRAÇÃO DA POSIÇÃO FINANCEIRA EM 31/12/X1 EM MILHARES DE $	

ATIVO
 CIRCULANTE
   Caixa e equivalentes
   Clientes
   Estoques
 	
 NÃO CIRCULANTE
   Realizável a longo prazo
 	
   Investimentos
 	
   Imobilizado
 	
   Intangível
	PASSIVO
	 CIRCULANTE
	   Salários
	   Fornecedores
	   Impostos
	
	 NÃO CIRCULANTE
	
	 PATRIMÔNIO LÍQUIDO
	   Capital social
	   (–) Ações em tesouraria
	   Reservas de capital
	
	   Reservas de lucros
	
	   Ajustes de avaliação patrimonial
	   Prejuízos acumulados

TOTAL DO ATIVO	**TOTAL DO PASSIVO + PATRIMÔNIO LÍQUIDO**

1.10.5 Informações e divulgações

Informações devem ser divulgadas no balanço patrimonial ou nas notas explicativas.

De acordo com o CPC 26 (R1), as divulgações de subclassificações variam para cada item, sendo exemplos:

(a) os itens do ativo imobilizado são segregados em classes de acordo com o Pronunciamento Técnico CPC 27 – Ativo Imobilizado;
(b) as contas a receber são segregadas em montantes a receber de clientes comerciais, contas a receber de partes relacionadas, pagamentos antecipados e outros montantes;
(c) os estoques são segregados, de acordo com o Pronunciamento Técnico CPC 16 – Estoques, em classificações tais como mercadorias para revenda, insumos, materiais, produtos em processo e produtos acabados;
(d) as provisões são segregadas em provisões para benefícios dos empregados e outros itens; e
(e) o capital e as reservas são segregados em várias classes, tais como capital subscrito e integralizado, prêmios na emissão de ações e reservas. (CPC 26 (R1), item 78.)

Também deverá divulgar o seguinte, seja no balanço patrimonial, seja na demonstração das mutações do patrimônio líquido ou nas notas explicativas:

(a) para cada classe de ações do capital:
 (i) a quantidade de ações autorizadas;
 (ii) a quantidade de ações subscritas e inteiramente integralizadas, e subscritas mas não integralizadas;
 (iii) o valor nominal por ação, ou informar que as ações não têm valor nominal;
 (iv) a conciliação entre as quantidades de ações em circulação no início e no fim do período;
 (v) os direitos, preferências e restrições associados a essa classe de ações, incluindo restrições na distribuição de dividendos e no reembolso de capital;
 (vi) ações ou quotas da entidade mantidas pela própria entidade (ações ou quotas em tesouraria) ou por controladas ou coligadas; e
 (vii) ações reservadas para emissão em função de opções e contratos para a venda de ações, incluindo os prazos e respectivos montantes; e
(b) uma descrição da natureza e da finalidade de cada reserva dentro do patrimônio líquido. (CPC 26 (R1), item 79.)

As entidades que não tenham seu capital representado por ações devem divulgar informação equivalente à exigida na alínea (a), anteriormente citada, mostrando alterações durante o período em cada categoria de participação no patrimônio líquido e os direitos, preferências e restrições associados a cada categoria de instrumento patrimonial.

Se a entidade tiver reclassificado:

(a) um instrumento financeiro com opção de venda classificado como instrumento patrimonial; ou

(b) um instrumento que impõe à entidade a obrigação de entregar à contraparte um valor *pro rata* dos seus ativos líquidos (patrimônio líquido) somente na liquidação da entidade e é classificado como instrumento patrimonial entre os passivos financeiros e o patrimônio líquido, ela deve divulgar o montante reclassificado para dentro e para fora de cada categoria (passivos financeiros ou patrimônio líquido), e o momento e o motivo dessa reclassificação. (CPC 26 (R1), item 80 A.)

1.11 DEMONSTRAÇÃO DO RESULTADO DO EXERCÍCIO E DO RESULTADO ABRANGENTE

A demonstração do resultado do exercício é uma peça contábil que apresenta o resultado das operações sociais – lucro ou prejuízo. Dentro desse objetivo básico, procura evidenciar:

- o resultado operacional do período – lucro ou prejuízo apurado nas operações principais e acessórias da empresa –, provocado pela movimentação dos valores aplicados no ativo;
- o lucro líquido do período, ou seja, aquela parcela do resultado que, efetivamente, ficou à disposição dos sócios para ser retirada ou reinvestida.

Além disso, o presente demonstrativo procura mostrar, em sequência lógica e ordenada, todos os fatores que influenciaram, para mais ou para menos, o resultado do período, tornando-se, assim, valioso instrumento de análise econômico-financeira e preciosa fonte de informações para a tomada de decisões administrativas.

A demonstração do resultado termina na apuração do lucro líquido. A distribuição desse lucro vai aparecer em outro demonstrativo, no dos **lucros ou prejuízos acumulados** ou no das **mutações do patrimônio líquido**.

Deve ser informado, no final do demonstrativo em pauta, o valor do **lucro líquido por ação** do capital social (lucro líquido/número de ações). Essa informação é importantíssima para o investidor poder avaliar o rendimento obtido e o tempo de retorno do seu investimento.

A Estrutura Conceitual, em sua revisão de 2019, define os elementos de receitas e despesas da seguinte maneira:

> 4.68 Receitas são aumentos nos ativos, ou reduções nos passivos, que resultam em aumentos no patrimônio líquido, exceto aqueles referentes a contribuições de detentores de direitos sobre o patrimônio.
>
> 4.69 Despesas são reduções nos ativos, ou aumentos nos passivos, que resultam em reduções no patrimônio líquido, exceto aqueles referentes a distribuições aos detentores de direitos sobre o patrimônio. (CPC 00 (R2), itens 4.68 e 4.69.)

1.11.1 Receitas e ganhos

As receitas surgem no curso normal das atividades da entidade e podem ter várias designações, como vendas, honorários, juros, dividendos etc.

Os ganhos representam itens que estão cobertos na definição de receita, mas que podem ou não surgir no curso das atividades normais da entidade. Os ganhos incluem, por exemplo, vendas de ativos não circulantes etc. De maneira geral, os ganhos devem ser reportados líquidos das respectivas despesas.

1.11.2 Despesas e perdas

Da mesma maneira, as despesas surgem no curso normal das atividades da entidade e podem ter várias designações, como vendas, salários etc.

As perdas são consideradas na definição de despesas, porém podem ou não surgir no curso das atividades normais da entidade. São eventuais, por exemplo, sinistros etc.

1.11.3 Apresentação da demonstração do resultado do exercício

O CPC 26 (R1) determina que a DRE inclua, no mínimo, as seguintes rubricas:

(a) receitas, apresentando separadamente receita de juros calculada utilizando o método de juros efetivos e receita de seguros (CPC 50);
(aa) ganhos e perdas decorrentes do desreconhecimento de ativos financeiros mensurados pelo custo amortizado;
(ab) despesas de serviço de seguro de contratos emitidos dentro do alcance da IFRS 17 (*vide* CPC 50);
(ac) receitas ou despesas de contratos de resseguro mantidos;
(b) custo de financiamento;
(ba) perda por redução ao valor recuperável (incluindo reversões de perdas por redução ao valor recuperável ou ganho na redução ao valor recuperável), determinado de acordo com a Seção 5.5 do CPC 48;
(bb) receitas ou despesas financeiras de seguro de contratos emitidos dentro do alcance do CPC 50;
(bc) receitas ou despesas financeiras de contratos de resseguro retidos;
(c) parcela dos resultados de empresas investidas, reconhecida por meio do método da equivalência patrimonial;
(ca) se o ativo financeiro for reclassificado da categoria de mensuração ao custo amortizado de modo que seja mensurado ao valor justo por meio do resultado, qualquer ganho ou perda decorrente da diferença entre o custo amortizado anterior do ativo financeiro e seu valor justo na data da reclassificação;
(cb) se o ativo financeiro for reclassificado da categoria de mensuração ao valor justo por meio de outros resultados abrangentes de modo que seja mensurado ao valor justo por meio do resultado, qualquer ganho ou perda acumulado reconhecido anteriormente em outros resultados abrangentes que sejam reclassificados para o resultado;
(d) tributos sobre o lucro;
(e) (eliminada);
(ea) um único valor para o total de operações descontinuadas.

Além dessas rubricas (e em atendimento à legislação societária brasileira), ainda deverão constar:

(a) custo dos produtos, das mercadorias ou dos serviços vendidos;
(b) lucro bruto;
(c) despesas com vendas, gerais, administrativas e outras despesas e receitas operacionais;

(d) resultado antes das receitas e despesas financeiras;
(e) resultado antes dos tributos sobre o lucro;
(f) resultado líquido do período.

Os resultados abrangentes devem apresentar as seguintes rubricas:

(a) outros resultados abrangentes (excluindo valores previstos na alínea (b)), classificados por natureza e agrupados naquelas que, de acordo com outros pronunciamentos:
(i) não serão reclassificados subsequentemente para o resultado do período; e
(ii) serão reclassificados subsequentemente para o resultado do período, quando condições específicas forem atendidas;
(b) participação em outros resultados abrangentes de coligadas e empreendimentos controlados em conjunto contabilizados pelo método da equivalência patrimonial, separadas pela participação nas contas que, de acordo com outros pronunciamentos:
(i) não serão reclassificadas subsequentemente para o resultado do período; e
(ii) serão reclassificadas subsequentemente para o resultado do período, quando condições específicas forem atendidas. (CPC 26 (R1), item 82 A.)

A demonstração do resultado do exercício deverá ser elaborada de forma dedutível. Poderá utilizar o método por natureza do gasto ou o método por função da despesa. No Brasil, é utilizado o método por função da despesa, ou seja, a classificação das despesas é feita de acordo com sua função.

Vamos verificar passo a passo como fica a elaboração da demonstração do resultado do exercício:

a. Receita bruta
Valor bruto das receitas provenientes de vendas e/ou dos serviços.

b. Deduções
Valores que constam no total da receita bruta, mas não podem ser considerados receita efetiva:
- **cancelamentos** de receitas, por devoluções, quebras ou avarias na mercadoria vendida ou pela não efetivação ou pela má qualidade na prestação de serviços;
- **descontos** financeiros concedidos, que podem ser condicionais ou incondicionais;[5]
- **abatimentos** concedidos por defeitos, quebras, avaria ou devolução parcial da mercadoria ou por qualquer irregularidade na prestação de serviços;
- **impostos:** qualquer imposto contido no valor da venda/serviços – ICMS, PIS, Cofins, ISS.

c. Receita líquida

> receita líquida = receita bruta (–) deduções

---

[5] Descontos condicionais são aqueles em que há condicionamento para sua aplicação, por exemplo, "leve 3 e pague 2", venda à vista etc. Os incondicionais não exigem nenhuma condição ao comprador para obtê-lo. Do ponto de vista contábil, não há diferença entre eles, porém, do ponto de vista fiscal, sim. Os incondicionais podem ser excluídos da base de cálculo da maioria dos tributos.

d. Custo da receita líquida (ou CMV ou CPV)
- custo da mercadoria para revenda:
  - valor de aquisição da mercadoria;
  - seguros e transportes até o local de venda;
  - tributos devidos na aquisição ou importação.
- custo de produção dos bens ou serviços vendidos:
  - custo de aquisição de "insumos" (matérias-primas e quaisquer outros bens ou serviços de terceiros absorvidos no processo de produção);
- despesas diretas:
  - custo do pessoal aplicado na produção;
  - custos de locação, manutenção e reparos e encargos de depreciação dos bens aplicados na produção;
  - encargos de exaustão e de amortização diretamente relacionados com os recursos produtivos.

e. Lucro bruto

> lucro bruto = receita líquida (–) custo da receita líquida

f. Outras receitas operacionais
Receitas derivadas das atividades acessórias da empresa, como aplicações financeiras, participações em outras empresas, aluguéis de bens etc.:
- receitas financeiras líquidas (excesso das receitas sobre as despesas financeiras);
- variações monetárias líquidas;
- resultado da equivalência patrimonial;
- dividendos, bonificações etc.;
- aluguéis recebidos;
- reversão de provisões não utilizadas.

g. Despesas operacionais
São todas as despesas não enquadradas no "custo das mercadorias ou serviços", mas igualmente imprescindíveis para a manutenção das atividades da empresa:

g1. Despesas mercantis
- salários e comissões de vendedores;
- gastos com publicidade e pesquisa de mercado;
- brindes, amostras.

g2. Despesas administrativas
- ordenados (do pessoal do escritório);
- honorários dos diretores;
- material para expediente;
- aluguel de imóveis (uso não industrial);
- pró-labore dos sócios.

g3. Despesas financeiras líquidas
(Exclui-se o valor das receitas financeiras.)
- juros passivos;
- comissões e taxas bancárias;
- variações monetárias líquidas – contrapartida de variações monetárias de obrigações e as perdas cambiais e monetárias na realização de créditos, excluídas das receitas da mesma natureza.

g4. Despesas tributárias
Taxas e impostos não incluídos como **dedução da receita bruta**. Excluem-se, também, o **imposto de renda** e a **contribuição social sobre o lucro líquido**, que não são considerados despesas operacionais, mas sim "participação" do governo nos lucros da empresa.

g5. Depreciações e amortizações
Aplicadas sobre os valores não utilizados diretamente no processo de produção: depreciação de móveis, máquinas, veículos e instalações; amortização de despesas do ativo diferido. A provisão para exaustão, pela sua própria natureza, deve ser sempre considerada "custo da receita líquida".

g6. Outras provisões
- para créditos de realização duvidosa (devedores duvidosos);
- para ajuste de estoques;
- para ajuste de títulos e valores mobiliários.

g7. Outras despesas e receitas operacionais
São os ganhos ou as perdas vinculados à alienação (venda, doação ou baixa) de valores do ativo imobilizado e demais receitas e despesas não enquadradas no item de despesas ou receitas anteriores.[6]

☛ EXEMPLOS:
- prejuízo na venda de bens do imobilizado (bens de uso);
- prejuízo na venda de investimentos;
- baixa de bens do imobilizado (ainda não totalmente depreciados);
- amortização de ágios sobre investimentos;
- provisão para perdas em investimentos;
- lucro na venda de bens do imobilizado;
- lucro na realização de investimentos;
- amortização de deságios sobre investimentos;
- reversão da provisão para perdas em investimentos.

h. Lucro operacional
Resultado das atividades principais ou acessórias da empresa.

Diferença entre o total das receitas operacionais (inclusive o lucro bruto) e o total das despesas operacionais.

---

[6] A Lei nº 11.941/2009 eliminou a diferenciação dos resultados em operacionais e não operacionais. A Orientação Técnica OCPC 02 também define a exclusão da separação desses resultados. O argumento é que, de uma forma ou de outra, todas as transações realizadas contribuem para o incremento da operação ou do negócio da entidade.

Poderia ser considerado, também, o resultado da movimentação habitual dos valores aplicados no ativo.

i. Impostos
Corresponde à dedução do imposto de renda e da contribuição social.

j. Participações de terceiros
- administradores ou diretores;
- empregados:
  - direta: participação no lucro;
  - indireta: contribuições espontâneas da empresa para a formação de fundos assistenciais e previdenciários e para apoio financeiro às atividades culturais, sociais, recreativas e esportivas dos empregados e respectivos familiares;
- portadores de **debêntures** e de **partes beneficiárias**.

k. Lucro líquido
Corresponde ao resultado final do período, ou seja, àquela parcela que fica à disposição dos sócios para ser **retirada** ou **reinvestida**.

Dessa maneira, para melhor visualização, no Quadro 1.7 temos uma representação gráfica da DRE.

Quadro 1.7 Estrutura da demonstração do resultado do exercício (DRE)

EMPRESA RM S/A
DEMONSTRAÇÃO DO RESULTADO DO EXERCÍCIO
RECEITA BRUTA
(−) DEDUÇÕES DA RECEITA
Devoluções e cancelamentos
Abatimentos
Descontos
Impostos
(=) RECEITA LÍQUIDA
(−) CUSTO DA RECEITA LÍQUIDA
(=) RESULTADO BRUTO
(+) OUTRAS RECEITAS OPERACIONAIS
Juros, aluguéis, dividendos etc.
(−) DESPESAS OPERACIONAIS
Mercantis
Administrativas
Financeiras

(continua)

(continuação)

EMPRESA RM S/A
DEMONSTRAÇÃO DO RESULTADO DO EXERCÍCIO
Tributárias
Outras despesas e receitas
(=) RESULTADO OPERACIONAL
(−) IMPOSTOS Imposto de renda Contribuição social
(=) RESULTADO ANTES DAS PARTICIPAÇÕES
(−) PARTICIPAÇÕES Empregados e diretores Debêntures e partes beneficiárias
(=) RESULTADO LÍQUIDO

1.11.3.1 Divulgações

Quando a receita ou a despesa são consideradas materiais, sua natureza e seus montantes devem ser divulgados separadamente. As circunstâncias que dão origem à divulgação separada de itens de receita e despesa, de acordo com o CPC 26 (R1), incluem:

(a) reduções nos estoques ao seu valor realizável líquido ou no ativo imobilizado ao seu valor recuperável, bem como as reversões de tais reduções;
(b) reestruturações das atividades da entidade e reversões de quaisquer provisões para gastos de reestruturação;
(c) baixas de itens do ativo imobilizado;
(d) baixas de investimento;
(e) unidades operacionais descontinuadas;
(f) solução de litígios; e
(g) outras reversões de provisões. (CPC 26 (R1), item 98.)

1.11.4 Apresentação da demonstração do resultado abrangente

O resultado abrangente pode ser entendido como aquele resultante de mutações no patrimônio líquido, que não por incremento de recursos de sócios e acionistas, e que englobe o resultado normal do exercício e o resultado de ganhos ou perdas ainda não reconhecidos no resultado do exercício, em razão do regime de competência, e que se encontram no patrimônio líquido.

Portanto, os resultados abrangentes são acumulados no patrimônio líquido e só eram evidenciados na demonstração das mutações do patrimônio líquido (DMPL).

Como exemplos de resultados abrangentes temos:

› mudanças por reavaliação de ativos;
› ganhos ou perdas atuariais;

- ganhos ou perdas em decorrência de conversão das demonstrações contábeis em moeda estrangeira;
- ganhos ou perdas na avaliação de ativos financeiros disponíveis para venda.

A apresentação da DRA pode ser feita de duas maneiras:

- com a DRE, iniciando imediatamente após a linha do resultado líquido do exercício; ou
- apresentada separadamente.

De acordo com o CPC 26 (R1), a demonstração do resultado abrangente deverá conter as seguintes rubricas mínimas:

(a) outros resultados abrangentes (excluindo valores previstos na alínea (b)), classificados por natureza e agrupados naquelas que, de acordo com outros pronunciamentos:
(i) não serão reclassificados subsequentemente para o resultado do período; e
(ii) serão reclassificados subsequentemente para o resultado do período, quando condições específicas forem atendidas;
(b) participação em outros resultados abrangentes de coligadas e empreendimentos controlados em conjunto contabilizados pelo método da equivalência patrimonial, separadas pela participação nas contas que, de acordo com outros pronunciamentos:
(i) não serão reclassificadas subsequentemente para o resultado do período; e
(ii) serão reclassificadas subsequentemente para o resultado do período, quando condições específicas forem atendidas. (CPC 26 (R1), item 82 A.)

Apresenta-se no Quadro 1.8 um modelo da demonstração do resultado abrangente.

Quadro 1.8 Modelo da demonstração do resultado abrangente

EMPRESA RM S/A
DEMONSTRAÇÃO DO RESULTADO ABRANGENTE
RESULTADO LÍQUIDO DO PERÍODO
(+) Ganhos
Conversão em moeda estrangeira
Ajuste de valor de instrumentos financeiros disponíveis para venda
(−) Perdas
Conversão em moeda estrangeira
Ajuste de valor de instrumentos financeiros disponíveis para venda
(=) RESULTADO ABRANGENTE

O modelo apresentado no Quadro 1.8 é sucinto, servindo para fins didáticos.

1.11.4.1 *Divulgações*

A entidade deverá divulgar o montante do efeito tributário relativo a cada componente de outros resultados abrangentes, incluindo ajustes de reclassificação na DRA ou em notas explicativas.

Poderão ser apresentados:

(a) líquidos dos seus respectivos efeitos tributários; ou
(b) antes dos seus respectivos efeitos tributários, sendo apresentado em montante único o efeito tributário total relativo a esses componentes. (CPC 26 (R1), item 91.)

Os ajustes de reclassificação são cabíveis, segundo o CPC 26 (R1), nas seguintes circunstâncias:

- na baixa de investimentos em entidade no exterior;
- no desreconhecimento (baixa) de ativos financeiros disponíveis para a venda; e
- quando a transação anteriormente prevista e sujeita a *hedge* de fluxo de caixa afeta o resultado líquido do período.

1.12 RECONHECIMENTO E DESRECONHECIMENTO DOS ELEMENTOS DAS DEMONSTRAÇÕES CONTÁBEIS

A revisão de 2019 da Estrutura Conceitual muda os critérios de reconhecimento de elementos nas demonstrações contábeis, que antes eram que uma entidade deveria reconhecer um item que atendesse à definição de um elemento se fosse provável que benefícios econômicos fluiriam para a entidade e se o item tivesse um custo ou valor que pudesse ser determinado com segurança.

Os critérios de reconhecimento revisados referem-se explicitamente às características qualitativas das informações úteis. O objetivo do IASB foi desenvolver um conjunto de conceitos mais coerente para não aumentar ou diminuir o leque de ativos e passivos reconhecidos.

Desse modo, somente deverão ser reconhecidos no balanço patrimonial itens que atendam à definição de ativo, passivo ou patrimônio líquido. Da mesma maneira, somente deverão ser reconhecidas como receitas e despesas itens que satisfaçam sua definição.

De acordo com o CPC 00 (R2), o reconhecimento vincula os elementos, o balanço patrimonial, a demonstração do resultado do exercício e a demonstração do resultado abrangente da seguinte forma:

(a) no balanço patrimonial no início e no final do período de relatório, total do ativo menos total do passivo equivale ao total do patrimônio líquido; e
(b) alterações reconhecidas no patrimônio líquido durante o período de relatório compreendem:
(i) receitas menos despesas reconhecidas na demonstração do resultado e na demonstração do resultado abrangente; mais
(ii) contribuições de detentores de direitos sobre o patrimônio, menos distribuições aos detentores de direitos sobre o patrimônio. (CPC 00 (R2), item 5.3.)

O vínculo se dá porque o reconhecimento de um item exige o reconhecimento ou o desreconhecimento de outro(s). Vejamos os exemplos constantes no item 5.4 do CPC 00 (R2):

(a) o reconhecimento de receita ocorre ao mesmo tempo que:
   (i) o reconhecimento inicial do ativo, ou aumento no valor contábil do ativo; ou
   (ii) o desreconhecimento do passivo, ou diminuição no valor contábil do passivo;
(b) o reconhecimento de despesa ocorre ao mesmo tempo que:
   (i) o reconhecimento inicial do passivo, ou aumento no valor contábil do passivo; ou
   (ii) o desreconhecimento do ativo, ou diminuição no valor contábil do ativo.

1.12.1 Critérios para o reconhecimento

Alguns critérios precisam ser observados para o reconhecimento de elementos nas demonstrações contábeis. São eles:

1.12.1.1 *Relevância*

O reconhecimento de um elemento como ativo, passivo, receitas, despesas etc. – satisfazendo todas as condições para tal – nem sempre pode ser útil para os usuários das demonstrações contábeis. Isso pode ocorrer se:

- é incerto se existe ativo ou passivo; ou
- existe, mas a probabilidade de entrada ou saída de benefícios econômicos é baixa.

Mesmo no caso de baixa probabilidade de entrada ou saída de benefícios econômicos, o reconhecimento do ativo ou do passivo pode fornecer informações relevantes e isso pode depender de uma série de fatores, alguns exemplos trazidos no item 5.17 do CPC 00 (R2):

(a) se o ativo é adquirido ou o passivo é incorrido em transação de troca em termos de mercado, seu custo geralmente reflete a probabilidade de entrada ou saída de benefícios econômicos. Assim, esse custo pode ser informação relevante, e geralmente está imediatamente disponível. Além do mais, não reconhecer o ativo ou passivo resultaria no reconhecimento de despesas ou receitas no momento da troca, o que poderia não ser a representação fidedigna da transação;
(b) se o ativo ou passivo resulta de evento que não seja a transação de troca, o reconhecimento do ativo ou passivo normalmente resulta no reconhecimento de receitas ou despesas. Se existe apenas baixa probabilidade de que o ativo ou passivo resultará em entrada ou saída de benefícios econômicos, os usuários das demonstrações contábeis poderiam não considerar que o reconhecimento do ativo e da receita, ou do passivo e da despesa, forneça informações relevantes.

1.12.1.2 *Representação fidedigna*

Além de fornecer informações relevantes, o reconhecimento de ativos, passivos, receitas, despesas ou mutações do patrimônio líquido deve representar fidedignamente esse elemento.

A representação fidedigna pode ser afetada pela incerteza ao se estimar a mensuração de ativo ou passivo.

Esse nível de incerteza pode se tornar muito alto se a única forma de estimar seja utilizando técnicas de mensuração baseadas em fluxo de caixa e, além disso, houver uma ou mais circunstâncias como:

(a) o intervalo de possíveis resultados é excepcionalmente amplo e a probabilidade de cada resultado é excepcionalmente difícil de estimar;
(b) a mensuração é excepcionalmente sensível a pequenas alterações em estimativas da probabilidade de diferentes resultados – por exemplo, se a probabilidade de futuros fluxos de entrada ou fluxos de saída de caixa é excepcionalmente baixa, mas a magnitude desses fluxos de entrada ou fluxos de saída de caixa será excepcionalmente alta caso ocorram;
(c) mensurar o ativo ou passivo requer alocações excepcionalmente difíceis ou excepcionalmente subjetivas de fluxos de caixa que não se relacionam exclusivamente com o ativo ou passivo que está sendo mensurado. (CPC 00 (R2), item 5.20.)

1.12.2 Desreconhecimento

O termo soa estranho porque é uma tradução literal do inglês britânico *derecognition*. É a retirada, em parte ou na totalidade, de ativos ou passivos reconhecidos no balanço. Isso acontece porque esse(s) item(ns) não atende(m) mais a definição de ativo ou de passivo, sendo que, de acordo com o CPC 00 (R2), item 5.26:

(a) para o ativo, o desreconhecimento normalmente ocorre quando a entidade perde o controle da totalidade ou de parte do ativo reconhecido; e
(b) para o passivo, o desreconhecimento normalmente ocorre quando a entidade não possui mais uma obrigação presente pela totalidade ou parte do passivo reconhecido.

O desreconhecimento contribui para a representação fidedigna das demonstrações contábeis.

1.13 MENSURAÇÃO

De acordo com a Estrutural Conceitual, existem diversas bases de mensuração dos elementos das demonstrações contábeis. Um número variado de bases de mensuração é empregado em diferentes graus e combinações. Nessa nova revisão, o IASB ampliou as orientações sobre mensuração, descrevendo várias bases, a saber: custo histórico; valor atual; valor justo; valor em uso e valor de cumprimento; e custo corrente.

Vamos às definições apresentadas pelo pronunciamento para cada base de mensuração.

1.13.1 Custo histórico

A mensuração ao custo histórico fornece informações monetárias sobre ativos, passivos e respectivas receitas e despesas, utilizando informações derivadas, pelo menos em parte, do preço da transação ou outro evento que deu origem a eles. Diferentemente do valor atual, o custo histórico não reflete as mudanças nos valores, exceto na medida em que essas mudanças se referirem à redução ao valor recuperável de ativo ou passivo que se torna onerosa. (CPC 00 (R2), item 6.4.)

1.13.2 Valor atual

As mensurações ao valor atual fornecem informações monetárias sobre ativos, passivos e respectivas receitas e despesas, utilizando informações atualizadas para refletir condições na data de mensuração. Devido à atualização, os valores atuais de ativos e passivos refletem as mudanças, desde a data de mensuração anterior, em estimativas de fluxos de caixa e outros fatores refletidos nesses valores atuais. Diferentemente do custo histórico, o valor atual de ativo ou passivo não resulta, mesmo em parte, do preço da transação ou outro evento que deu origem ao ativo ou passivo. (CPC 00 (R2), item 6.10.)

1.13.3 Valor justo

Valor justo é o preço que seria recebido pela venda de ativo ou que seria pago pela transferência de passivo em transação ordenada entre participantes do mercado na data de mensuração. (CPC 00 (R2), item 6.12.)

1.13.4 Valor em uso e valor de cumprimento

Valor em uso é o valor presente dos fluxos de caixa, ou outros benefícios econômicos, que a entidade espera obter do uso de ativo e de sua alienação final. Valor de cumprimento é o valor presente do caixa, ou de outros recursos econômicos, que a entidade espera ser obrigada a transferir para cumprir a obrigação. Esses valores de caixa ou outros recursos econômicos incluem não somente os valores a serem transferidos à contraparte do passivo, mas também os valores que a entidade espera ser obrigada a transferir a outras partes de modo a permitir que ela cumpra a obrigação. (CPC 00 (R2), item 6.17.)

1.13.5 Custo corrente

O custo corrente de ativo é o custo de ativo equivalente na data de mensuração, compreendendo a contraprestação que seria paga na data de mensuração mais os custos de transação que seriam incorridos nessa data. O custo corrente de passivo é a contraprestação que seria recebida pelo passivo equivalente na data de mensuração menos os custos de transação que seriam incorridos nessa data. Custo corrente, como custo histórico, é o valor de entrada: reflete preços no mercado em que a entidade adquiriria o ativo ou incorreria no passivo. Assim, é diferente do valor justo, valor em uso e valor de cumprimento, que são valores de saída. Contudo, diferentemente de custo histórico, custo corrente reflete condições na data de mensuração. (CPC 00 (R2), item 6.21.)

A Estrutura Conceitual apresenta um resumo de informações por bases de mensuração, que achamos importante reproduzir aqui. O Quadro 1.9 é uma reprodução fiel da Tabela 6.1 do item 6.42.

Quadro 1.9   Resumo de informações fornecidas por bases de mensuração

ATIVOS					
BALANÇO PATRIMONIAL					
	Custo histórico	Valor justo (premissas de participantes do mercado)	Valor em uso (premissas específicas da entidade)[a]	Custo corrente	
Valor contábil	Custo histórico (incluindo custos de transação), na medida do não consumido ou não cobrado, e recuperável (inclui juros provisionados sobre qualquer componente de financiamento)	Preço que seria recebido para vender o ativo (sem deduzir custos de transação na alienação)	Valor presente de fluxos de caixa futuros do uso do ativo e de sua alienação final (após deduzir o valor presente de custos de transação na alienação)	Custo corrente (incluindo custos de transação), na medida do não consumido ou não cobrado, e recuperável	
DEMONSTRAÇÃO DO RESULTADO E DEMONSTRAÇÃO DO RESULTADO ABRANGENTE					
Evento	Custo histórico	Valor justo (premissas de participantes do mercado)	Valor em uso (premissas específicas da entidade)	Custo corrente	
Reconhecimento inicial[b]	—	Diferença entre a contraprestação paga e o valor justo do ativo adquirido[c] Custos de transação na aquisição do ativo	Diferença entre a contraprestação paga e o valor em uso do ativo adquirido Custos de transação na aquisição do ativo	—	
Venda ou consumo do ativo[d],[e]	Despesas equivalentes ao custo histórico do ativo vendido ou consumido Receita recebida (pode ser apresentada bruta ou líquida) Despesas por custos de transação na venda do ativo	Despesas equivalentes ao valor justo do ativo vendido ou consumido Receita recebida (pode ser apresentada bruta ou líquida) Despesas por custos de transação na venda do ativo	Despesas equivalentes ao valor em uso do ativo vendido ou consumido Receita recebida (pode ser apresentada bruta ou líquida)	Despesas equivalentes ao custo corrente do ativo vendido ou consumido Receita recebida (pode ser apresentada bruta ou líquida) Despesas por custos de transação na venda do ativo.	
Receita de juros	Receita de juros, a taxas históricas, atualizada se o ativo estiver sujeito à incidência de juros variáveis	Refletido em receitas e despesas de mudanças no valor justo (pode ser identificada separadamente)	Refletido em receitas e despesas de mudanças no valor em uso (pode ser identificada separadamente)	Receita de juros, a taxas correntes	

(continua)

(continuação)

	ATIVOS			
	BALANÇO PATRIMONIAL			
Redução ao valor recuperável	Despesas incorridas devido ao custo histórico não ser mais recuperável	Refletida em receitas e despesas de mudanças no valor justo (pode ser identificada separadamente)	Refletida em receitas e despesas de mudanças no valor em uso (pode ser identificada separadamente)	Despesas incorridas devido ao custo corrente não ser mais recuperável
Mudanças no valor	Não reconhecidas, exceto para refletir a redução ao valor recuperável Para ativos financeiros – receitas e despesas de mudanças nos fluxos de caixa estimados	Refletidas em receitas e despesas de mudanças no valor justo	Refletidas em receitas e despesas de mudanças no valor em uso	Receitas e despesas refletindo o efeito das mudanças nos preços (ganhos de manutenção e perdas de manutenção)

(a) Esta coluna resume as informações fornecidas se o valor em uso é utilizado como base de mensuração. Contudo, conforme observado no item 6.75, valor em uso pode não ser base de mensuração prática para remensurações regulares.
(b) Receitas ou despesas podem surgir no reconhecimento inicial de ativo não adquirido em termos de mercado.
(c) Receitas ou despesas podem surgir se o mercado em que o ativo é adquirido for diferente do mercado que é a origem dos preços utilizados ao mensurar o valor justo do ativo.
(d) O consumo do ativo normalmente é informado por meio do custo de vendas, depreciação ou amortização.
(e) A receita recebida geralmente é igual à contraprestação recebida, mas depende da base de mensuração utilizada para qualquer passivo correspondente.

	PASSIVOS			
	BALANÇO PATRIMONIAL			
	Custo histórico	**Valor justo** (premissas de participantes do mercado)	**Valor em uso** (premissas específicas da entidade)[a]	**Custo corrente**
Valor contábil	A contraprestação recebida (líquida de custos de transação) por assumir a parte não cumprida do passivo, acrescida pelo excedente de fluxos de saída de caixa estimados sobre a contraprestação recebida (inclui juros provisionados sobre qualquer componente de financiamento)	Preço que seria pago para transferir a parte não cumprida do passivo (não incluindo custos de transação que seriam incorridos na transferência)	Valor presente de fluxos de caixa futuros que surgirá no cumprimento da parte não cumprida do passivo (incluindo valor presente de custos de transação a serem incorridos no cumprimento ou transferência)	A contraprestação (líquida de custos de transação) que seria atualmente recebida por assumir a parte não cumprida do passivo, acrescida pelo excedente de fluxos de saída de caixa estimados sobre essa contraprestação

(continua)

(continuação)

	PASSIVOS			
	BALANÇO PATRIMONIAL			
	DEMONSTRAÇÃO DO RESULTADO E DEMONSTRAÇÃO DO RESULTADO ABRANGENTE			
Evento	Custo histórico	Valor justo (premissas de participantes do mercado)	Valor em uso (premissas específicas da entidade)	Custo corrente
Reconhecimento inicial[a]	–	Diferença entre a contraprestação recebida e o valor justo do passivo[b] Custos de transação ao incorrer ou assumir o passivo	Diferença entre a contraprestação recebida e o valor de cumprimento do passivo Custos de transação ao incorrer ou assumir o passivo	–
Cumprimento do passivo	Receita igual ao custo histórico do passivo cumprido (reflete a contraprestação histórica) Despesas por custos incorridos no cumprimento do passivo (podem ser apresentadas líquidas ou brutas)	Receita igual ao valor justo do passivo cumprido Despesas por custos incorridos no cumprimento do passivo (podem ser apresentadas líquidas ou brutas; se forem brutas, a contraprestação histórica pode ser apresentada separadamente)	Receita igual ao valor de cumprimento do passivo cumprido Despesas por custos incorridos no cumprimento do passivo (podem ser apresentadas líquidas ou brutas; se forem brutas, a contraprestação histórica pode ser apresentada separadamente)	Receita igual ao custo corrente do passivo cumprido (reflete a contraprestação corrente) Despesas por custos incorridos no cumprimento do passivo (podem ser apresentadas líquidas ou brutas; se forem brutas, a contraprestação histórica pode ser apresentada separadamente)
Transferência do passivo	Receita igual ao custo histórico do passivo transferido (reflete a contraprestação histórica) Despesas por custos pagos (incluindo custos de transação) para transferir o passivo (podem ser apresentadas líquidas ou brutas)	Receita igual ao valor justo do passivo transferido Despesas por custos pagos (incluindo custos de transação) para transferir o passivo (podem ser apresentadas líquidas ou brutas)	Receita igual ao valor de cumprimento do passivo transferido Despesas por custos pagos (incluindo custos de transação) para transferir o passivo (podem ser apresentadas líquidas ou brutas)	Receita igual ao custo corrente do passivo transferido (reflete a contraprestação corrente) Despesas por custos pagos (incluindo custos de transação) para transferir o passivo (podem ser apresentadas líquidas ou brutas)

(continua)

(continuação)

	PASSIVOS			
	BALANÇO PATRIMONIAL			
Despesas de juros	Despesas de juros, a taxas históricas, atualizadas se o passivo estiver sujeito à incidência de juros variáveis	Refletidas em receitas e despesas de mudanças no valor justo (podem ser identificadas separadamente)	Refletidas em receitas e despesas de mudanças no valor de cumprimento (podem ser identificadas separadamente)	Despesas de juros, a taxas correntes
Efeito de eventos que fazem com que o passivo se torne oneroso	Despesas iguais ao excedente dos fluxos de saída de caixa estimados sobre o custo histórico do passivo, ou a mudança subsequente nesse excedente	Refletidas em receitas e despesas de mudanças no valor justo (podem ser identificadas separadamente)	Refletidas em receitas e despesas de mudanças no valor de cumprimento (podem ser identificadas separadamente)	Despesas iguais ao excedente dos fluxos de saída de caixa estimados sobre o custo corrente do passivo, ou a mudança subsequente nesse excedente
Mudanças no valor	Não reconhecidas, exceto na medida em que o passivo é oneroso Para passivos financeiros – receitas e despesas de mudanças nos fluxos de caixa estimados	Refletidas em receitas e despesas de mudanças no valor justo	Refletidas em receitas e despesas de mudanças no valor de cumprimento	Receitas e despesas refletindo o efeito das mudanças nos preços (ganhos de manutenção e perdas de manutenção)

[a] Receitas ou despesas podem surgir no reconhecimento inicial de passivo incorrido ou assumido não em termos de mercado.
[b] Receitas ou despesas podem surgir se o mercado em que o passivo é incorrido ou assumido for diferente do mercado que é a origem dos preços utilizados ao mensurar o valor justo do passivo.

Portanto, é fundamental a observação dos pronunciamentos técnicos do CPC para saber de que maneira mensurar um ativo, um passivo, uma receita e uma despesa tanto no momento do seu reconhecimento inicial quanto nos demonstrativos subsequentes.

1.14 APRESENTAÇÃO E DIVULGAÇÃO

Nesta nova revisão da Estrutura Conceitual, foi incluído o Capítulo 7, sobre a apresentação e a divulgação.

Esse capítulo inclui conceitos sobre apresentação e divulgação e orientação sobre a inclusão de receitas e despesas na demonstração de resultados e outros resultados abrangentes.

As principais novidades para a demonstração de resultados são:

› Lucro ou perda pode ser uma seção de uma única demonstração do desempenho financeiro ou uma demonstração separada.

- As declarações de desempenho financeiro incluem um total (subtotal) de lucros ou perdas.
- Em princípio, todas as receitas e despesas são classificadas e incluídas na demonstração dos resultados.

As principais novidades para a demonstração de resultados abrangentes são:

- Em circunstâncias excepcionais, pode-se decidir excluir da demonstração de resultados receitas ou despesas decorrentes de uma mudança no valor atual de um ativo ou passivo e incluir essas receitas e despesas em outros resultados abrangentes. A empresa pode tomar uma decisão ao fazê-lo, resultando na demonstração dos resultados ao fornecer informações mais relevantes ou uma representação mais fiel.
- Em princípio, as receitas e despesas incluídas em outros resultados abrangentes em um período são reclassificadas para a demonstração do resultado em um período futuro, quando isso resulta na demonstração do resultado, fornecendo informações mais relevantes ou uma representação mais fiel.
- Quando a reclassificação não resultar na demonstração dos resultados, fornecendo informações mais relevantes ou uma representação mais fiel, pode-se decidir que as receitas e despesas incluídas em outros resultados abrangentes não sejam posteriormente reclassificadas.

1.15 DEMONSTRAÇÃO DAS MUTAÇÕES DO PATRIMÔNIO LÍQUIDO

A demonstração das mutações do patrimônio líquido tem por objetivo evidenciar as variações ocorridas em cada uma das contas integrantes do patrimônio líquido.

Deve incluir as seguintes informações, de acordo com o CPC 26 (R1):

(a) o resultado abrangente do período, apresentando separadamente o montante total atribuível aos proprietários da entidade controladora e o montante correspondente à participação de não controladores;

(b) para cada componente do patrimônio líquido, os efeitos da aplicação retrospectiva ou da reapresentação retrospectiva, reconhecidos de acordo com o Pronunciamento Técnico CPC 23 – Políticas Contábeis, Mudança de Estimativa e Retificação de Erro;

[...]

(c) eliminada;

(d) para cada componente do patrimônio líquido, a conciliação do saldo no início e no final do período, demonstrando-se separadamente (no mínimo) as mutações decorrentes:

(i) do resultado líquido;

(ii) de cada item dos outros resultados abrangentes; e

(iii) de transações com os proprietários realizadas na condição de proprietário, demonstrando separadamente suas integralizações e as distribuições realizadas, bem como modificações nas participações em controladas que não implicaram perda do controle. (CPC 26 (R1), item 106.)

As variações do patrimônio líquido evidenciadas pela DMPL são:

a. Quanto ao total do patrimônio líquido
a1. Operações que modificam o total do PL
- aumento da conta capital com a integralização de bens ou dinheiro;
- entrada de novas reservas de capital – ágio etc.;
- distribuição de lucros para os sócios – dividendos ou retiradas;
- ajustes de exercícios anteriores.

a2. Operações que não afetam o total do PL
- transferência das contas de reservas para a conta capital;
- transferência da conta lucros acumulados para a conta capital;
- transferência da conta lucros acumulados para as contas de reservas de lucros;
- reversões de reservas de lucros para a conta lucros acumulados.

b. Quanto à capacidade operacional da empresa
b1. Variações que aumentam a capacidade operacional
- aumento de capital com integralização em dinheiro ou em bens;
- aumento das contas de reservas de capital;
- incorporação do lucro líquido do exercício.

b2. Variações que reduzem a capacidade operacional
- destinação de lucros para remuneração dos sócios;
- redução do capital social;
- incorporação do prejuízo líquido do exercício.

b3. Variações que não afetam a capacidade operacional
- transferências entre as contas do próprio grupo;
- ajustes de exercícios anteriores.

Apresentamos, no Quadro 1.10, um modelo de demonstração das mutações do patrimônio líquido.

Quadro 1.10 Modelo de demonstração das mutações do patrimônio líquido

EMPRESA RM S/A

DEMONSTRAÇÃO DAS MUTAÇÕES DO PATRIMÔNIO LÍQUIDO

Movimentações	Capital Social			Reservas de Capital		Ajustes de Avaliação Patrimonial	Reservas de Lucro				Prejuízos Acumulados	TOTAL
	Subscrito	Realizado	Ações em Tesouraria	Ágio na emissão de ações	Produto da alienação de partes beneficiárias e bônus de subscrição		Legal	Estatutária	Orçamentária	Lucros a Realizar		
Saldo em 31-12-X0												
(+–) Ajustes de Exercícios Anteriores:												
(–) efeitos de mudanças de critérios contábeis												
(–) retificação de erros de exercícios anteriores												
Aumento de Capital: com lucros e reservas												
por subscrição realizada												
Reversões de Reservas:												
de contingências												
de lucros a realizar												
etc.												

(continua)

(continuação)

EMPRESA RM S/A
DEMONSTRAÇÃO DAS MUTAÇÕES DO PATRIMÔNIO LÍQUIDO

Movimentações	Capital Social		Reservas de Capital		Ajustes de Avaliação Patrimonial	Reservas de Lucro				Prejuízos Acumulados	TOTAL
	Subscrito / Realizado	Ações em Tesouraria	Ágio na emissão de ações	Produto da alienação de partes beneficiárias e bônus de subscrição		Legal	Estatutária	Orçamentária	Lucros Realizar		
Lucro Líquido do Exercício											
Proposta da Administração para											
Destinação do Lucro:											
Reserva Legal											
Reserva Estatutária											
Reserva Orçamentária											
Reservas para Contingências											
Reservas de Lucros a Realizar											
Dividendos											
Saldo em 31-12-X1											

1.16 DEMONSTRAÇÃO DOS FLUXOS DE CAIXA E DEMONSTRAÇÃO DO VALOR ADICIONADO

As demonstrações dos fluxos de caixa (DFC) e a demonstração do valor adicionado (DVA) estão pormenorizadas nos Capítulos 14 e 15, respectivamente.

1.17 NOTAS EXPLICATIVAS

As notas explicativas têm por finalidade complementar as demonstrações contábeis para proporcionar um maior esclarecimento da situação patrimonial e financeira da entidade.

Devem fornecer informações sobre a estrutura, as políticas contábeis utilizadas, fontes de incerteza em estimativas, sobre o capital, instrumentos financeiros com opção de venda e outras divulgações.

As notas explicativas devem, de acordo com o CPC 26 (R1):

(a) apresentar informação acerca da base para a elaboração das demonstrações contábeis e das políticas contábeis específicas utilizadas [...];
(b) divulgar a informação requerida pelos Pronunciamentos Técnicos, Orientações e Interpretações do CPC que não tenha sido apresentada nas demonstrações contábeis; e
(c) prover informação adicional que não tenha sido apresentada nas demonstrações contábeis, mas que seja relevante para sua compreensão. (CPC 26 (R1), item 112.)

1.17.1 Ordem

As notas explicativas devem seguir determinada ordem a fim de auxiliar os usuários a compreender as demonstrações contábeis e compará-las com as demonstrações de outras entidades. O CPC 26 (R1) define que a entidade deve sistematizar cada item das demonstrações contábeis, criando uma referência cruzada com a informação apresentada nas notas explicativas. Incluem-se nesta ordenação:

(a) dar destaque para as áreas de atividades que a entidade considera mais relevantes para a compreensão do seu desempenho financeiro e da posição financeira, como agrupar informações sobre determinadas atividades operacionais;
(b) agrupar informações sobre contas mensuradas de forma semelhante, como os ativos mensurados ao valor justo; ou
(c) seguir a ordem das contas das demonstrações do resultado e de outros resultados abrangentes e do balanço patrimonial, tais como:
(i) declaração de conformidade com os Pronunciamentos Técnicos, Orientações e Interpretações do CPC (ver item 16);
(ii) informação de política contábil material (ver item 117);
(iii) informação de suporte de itens apresentados nas demonstrações contábeis pela ordem em que cada demonstração e cada rubrica sejam apresentadas; e
(iv) outras divulgações, incluindo:
(1) passivos contingentes (ver Pronunciamento Técnico CPC 25) e compromissos contratuais não reconhecidos; e

(2) divulgações não financeiras, por exemplo, os objetivos e as políticas de gestão do risco financeiro da entidade (ver Pronunciamento Técnico CPC 40). (CPC 26 (R1), item 114.)

1.17.2 Divulgação de políticas contábeis

A entidade deve divulgar informações materiais da política contábil. As informações de política contábil são materiais se, quando consideradas em conjunto com outras informações incluídas nas demonstrações contábeis da entidade, pode-se razoavelmente esperar que influenciem as decisões que os principais usuários das demonstrações contábeis para fins gerais tomam com base nessas demonstrações contábeis.

As informações de política contábil que se relacionam com transações, outros eventos ou condições imateriais e não precisam ser divulgadas. As informações de política contábil podem, no entanto, ser materiais devido à natureza das transações relacionadas, outros eventos ou condições, mesmo que os valores sejam imateriais. No entanto, nem todas as informações de política contábil relacionadas a transações materiais, outros eventos ou condições são em si materiais.

Espera-se que as informações de política contábil sejam materiais se os usuários das demonstrações contábeis da entidade precisarem delas para compreender outras informações relevantes nas demonstrações contábeis. Por exemplo, é provável que a entidade considere as informações da política contábil como materiais para suas demonstrações contábeis se essas informações se relacionarem as transações, outros eventos ou condições materiais e:

(a) a entidade alterou a sua política contábil durante o período das demonstrações contábeis e esta mudança resultou numa alteração material da informação nas demonstrações contábeis;

(b) a entidade escolheu a política contábil de uma ou mais opções permitidas pelos Pronunciamentos Técnicos do CPC – tal situação poderia surgir se a entidade optasse por mensurar a propriedade para investimento pelo custo histórico em vez do valor justo;

(c) a política contábil foi desenvolvida de acordo com o CPC 23 na ausência de Pronunciamento Técnico do CPC que se aplique especificamente;

(d) a política contábil refere-se a uma área para a qual a entidade deve fazer julgamentos ou pressupostos significativos ao aplicar uma política contábil, e a entidade divulga esses julgamentos ou premissas; ou

(e) o reconhecimento contábil requerido para eles é complexo e os usuários das demonstrações contábeis da entidade não entenderiam essas transações materiais, outros eventos ou condições – tal situação poderia surgir se a entidade aplicar mais de um CPC a uma classe de transações materiais.

As informações de política contábil que se concentram em como a entidade aplicou os requisitos de outros Pronunciamentos Técnicos do CPC às suas próprias circunstâncias fornecem informações específicas da entidade, que são mais úteis para os usuários das demonstrações contábeis do que as informações padronizadas, ou informações que apenas duplicam ou resumem os requisitos dos Pronunciamentos Técnicos do CPC.

Se a entidade divulgar informações de política contábil imateriais, tais informações não devem obscurecer as informações de política contábil relevantes.

A conclusão da entidade de que as informações de política contábil são imateriais não afeta os requisitos de divulgação relacionados estabelecidos em outros Pronunciamentos Técnicos do CPC. (CPC 26 (R1), itens 117, 117A, 117B, 117C, 117D e 117E).

1.17.3 Fontes de incerteza na estimativa

Ao realizar estimativas, a entidade necessariamente parte de pressupostos que são, geralmente, apenas de seu conhecimento. Dessa maneira, deverão ser divulgadas informações acerca desses pressupostos relativos ao futuro e outras fontes de incerteza nas estimativas ao término do período de reporte que possuam risco significativo de provocar ajuste material nos valores de ativos e passivos ao longo do próximo exercício. Nesse caso, a entidade deverá divulgar, com respeito a esses ativos e passivos, detalhes acerca:

(a) da sua natureza; e
(b) do seu valor contábil ao término do período de reporte. (CPC 26 (R1), item 125.)

Os usuários devem compreender os julgamentos que a administração fez acerca do futuro e sobre as incertezas das estimativas. Alguns exemplos, mencionados no CPC 26 (R1), são:

(a) a natureza dos pressupostos ou de outras incertezas nas estimativas;
(b) a sensibilidade dos valores contábeis aos métodos, pressupostos e estimativas subjacentes ao respectivo cálculo, incluindo as razões para essa sensibilidade;
(c) a solução esperada de incerteza e a variedade de desfechos razoavelmente possíveis ao longo do próximo exercício social em relação aos valores contábeis dos ativos e passivos impactados; e
(d) uma explicação de alterações feitas nos pressupostos adotados no passado no tocante a esses ativos e passivos, caso a incerteza permaneça sem solução. (CPC 26 (R1), item 129.)

1.17.4 Informações sobre o capital

Também deverão ser disponibilizadas informações para que os usuários avaliem os objetivos, políticas e processos de gestão do capital da entidade.

A entidade deverá divulgar as seguintes informações, conforme o CPC 26 (R1):

(a) informações qualitativas sobre os seus objetivos, políticas e processos de gestão do capital, incluindo, sem a elas se limitar, as seguintes:
   (i) descrição dos elementos abrangidos pela gestão do capital;
   (ii) caso a entidade esteja sujeita a requisitos de capital impostos externamente, a natureza desses requisitos e a forma como são integrados na gestão de capital; e
   (iii) como está cumprindo os seus objetivos em matéria de gestão de capital.
(b) dados quantitativos sintéticos sobre os elementos incluídos na gestão do capital. Algumas entidades consideram alguns passivos financeiros (como, por exemplo, algumas formas de empréstimos subordinados) como fazendo parte do capital, enquanto

outras consideram que devem ser excluídos do capital alguns componentes do capital próprio (como, por exemplo, os componentes associados a operações de *hedge* de fluxos de caixa);
(c) quaisquer alterações dos elementos referidos nas alíneas (a) e (b) em relação ao período precedente;
(d) indicação do cumprimento ou não, durante o período, dos eventuais requisitos de capital impostos externamente a que a entidade estiver ou esteve sujeita;
(e) caso a entidade não tenha atendido a esses requisitos externos de capital, as consequências dessa não observância. (CPC 26 (R1), item 135.)

1.17.5 Instrumentos financeiros com opção de venda classificados no patrimônio líquido

Para esses instrumentos, a entidade deverá divulgar:

(a) dados quantitativos resumidos sobre os valores classificados no patrimônio líquido;
(b) seus objetivos, políticas e os processos de gerenciamento de sua obrigação de recompra ou resgate dos instrumentos quando requerido a fazer pelos detentores desses instrumentos, incluindo quaisquer alterações em relação a período anterior;
(c) o fluxo de caixa de saída esperado na recompra ou no resgate dessa classe de instrumentos financeiros; e
(d) informação sobre como esse fluxo de caixa esperado na recompra ou no resgate dessa classe de instrumentos financeiros foi determinado. (CPC 26 (R1), item 136A.)

1.17.6 Outras divulgações

A entidade também deverá divulgar:

(a) o montante de dividendos propostos ou declarados antes da data em que as demonstrações contábeis foram autorizadas para serem emitidas e não reconhecido como uma distribuição aos proprietários durante o período abrangido pelas demonstrações contábeis, bem como o respectivo valor por ação ou equivalente;
(b) a quantia de qualquer dividendo preferencial cumulativo não reconhecido. (CPC 26 (R1), item 137.)

E, caso não seja divulgado em outro local:

(a) o domicílio e a forma jurídica da entidade, o seu país de registro e o endereço da sede registrada (ou o local principal dos negócios, se diferente da sede registrada);
(b) a descrição da natureza das operações da entidade e das suas principais atividades; e
(c) o nome da entidade controladora e a entidade controladora do grupo em última instância;
(d) se uma entidade constituída por tempo determinado, informação a respeito do tempo de duração. (CPC 26 (R1), item 138.)

ATIVIDADES

A seguir, são apresentadas contas aleatoriamente. Elabore o balanço patrimonial, utilizando essas contas, de acordo com o CPC 26 (R1) – Apresentação das Demonstrações Contábeis. Crie todos os grupos da estrutura, mesmo que não haja contas neles. Para a correta classificação das contas, ao lado da nomenclatura existem prazos.

APLICAÇÕES FINANCEIRAS – 3 meses	21.259
DESPESAS DO EXERC. SEGUINTE	981
DESPESAS DO EXERC. SEGUINTE – 2 anos	128
MARCAS E PATENTES	1.024
CLIENTES	63.779
ESTOQUES	56.720
IMOBILIZADO	226.673
IMPOSTO DE RENDA E CSLL DIFERIDOS ATIVOS	45.983
EMPRÉSTIMOS A DIRETORES – 5 anos	2.073
IMPOSTOS RECUPERÁVEIS	6.495
AÇÕES DE OUTRAS COMPANHIAS SEM INTENÇÃO DE VENDA	56.360
AÇÕES DE OUTRAS COMPANHIAS PARA VENDA IMEDIATA	4.867
CONTAS A PAGAR – 6 anos	236.655
FINANCIAMENTOS – 10 anos	46.528
FINANCIAMENTOS BANCÁRIOS	34.666
FORNECEDORES	71.593
IMPOSTO DE RENDA E CSLL DIFERIDOS PASSIVOS	45.983
IMPOSTOS E CONTRIBUIÇÕES A PAGAR	500
FINANCIAMENTOS DIVERSOS – 3 anos	3.230
SALÁRIOS E ENCARGOS	1.656
CAPITAL SOCIAL	36.882
RESERVA DE CAPITAL	8.649

A seguir, são apresentadas contas patrimoniais e de resultado, aleatoriamente. Elabore o balanço patrimonial e a demonstração do resultado do exercício, utilizando essas contas, de acordo com o CPC 26 (R1) – Apresentação das Demonstrações Contábeis. Crie todos os grupos da estrutura, mesmo que não haja contas neles.

CONTA	VALOR $
FORNECEDORES	340.000
MÓVEIS E UTENSÍLIOS	120.000
IMPOSTOS A RECOLHER	330.000
JUROS PAGOS	120.000
JUROS RECEBIDOS	50.000
APLICAÇÕES FINANCEIRAS – 3 meses	522.000
CAIXA	53.000
CUSTO DAS MERCADORIAS VENDIDAS	45.000
SALÁRIOS DE VENDEDORES	40.000
CLIENTES	100.000
BANCOS CONTA MOVIMENTO	103.000
INVESTIMENTOS EM OBRAS DE ARTE	500.000
SALÁRIOS A PAGAR	90.000
CAPITAL SOCIAL	214.000
PREJUÍZOS ACUMULADOS	60.000
VENDAS DE MERCADORIAS	500.000
ICMS	5.000
ENCARGOS S/ SALÁRIOS DE VENDEDORES	1.000
ALUGUEL DO PRÉDIO DA ADMINISTRAÇÃO	5.000
EMPRÉSTIMOS A PAGAR – LONGO PRAZO	150.000

Além dessas informações, você deverá terminar a DRE utilizando os seguintes dados:

PARTICIPAÇÃO DE EMPREGADOS	10%
IMPOSTO DE RENDA	15%
CSLL	9%

Após terminar a DRE, alimente os dados finalizados no balanço patrimonial.

INVESTIMENTOS

2.1 CONCEITO

2.1.1 Conceito "amplo"

De forma genérica, o termo "investimentos" se confunde com o conceito de ativo, designando todas as aplicações de recursos feitas pela empresa a fim de atingir seus objetivos operacionais.

É nesse sentido que se fala em "retorno sobre o investimento" – que é a comparação do lucro operacional com o total aplicado pela empresa em seu ativo – ou, ainda, nos fluxos de caixa, quando é segregada a movimentação decorrente das atividades de "investimentos" – com base na variação dos valores do ativo.

2.1.2 Conceito "restrito"

Abrange apenas as aplicações feitas pela empresa em valores que não estejam ligados diretamente às suas atividades operacionais, especialmente em títulos e valores mobiliários, seja em caráter temporário ou permanente.

2.2 INVESTIMENTOS TEMPORÁRIOS

2.2.1 Conceito

Para a empresa que, por qualquer circunstância de mercado, passa a ter capital de giro que deverá ficar ocioso por certo período e não quer que esse capital fique parado sem lhe proporcionar rendimento, a única solução é aplicar essas disponibilidades em investimentos de natureza temporária, como: fundos e certificados de depósitos bancários, títulos públicos, ouro, dólar, ações ou quotas de outras sociedades etc.

Quando a empresa necessitar repor seu giro, basta converter em numerário essas aplicações temporárias.

2.2.2 Classificação

De modo geral, os investimentos considerados temporários são classificados no ativo circulante e, em casos especiais, no ativo não circulante, no grupo realizável a longo prazo:

- Aplicações financeiras de liquidez imediata (fundos bancários, poupança, ouro, moeda estrangeira etc.): **ativo circulante (disponível)**.
- Aplicações financeiras de curto e longo prazos (certificados de depósitos bancários, depósitos a prazo, debêntures etc.): **ativo circulante** ou **realizável a longo prazo (ativo não circulante)**.
- Participações em outras sociedades: **ativo circulante ou não circulante**.

No caso específico das participações em outras sociedades, o que vai definir a classificação no balanço é a intenção do investidor de permanecer com aquela aplicação por tempo indeterminado ou simplesmente esperar por uma elevação do preço de mercado para poder realizar lucros.

No primeiro caso, a aplicação seria considerada um investimento de natureza estável, classificável no subgrupo **investimentos do ativo não circulante**, e, no segundo, um investimento de natureza temporária e, portanto, classificável no **ativo circulante ou no não circulante – realizável a longo prazo**.

2.2.3 Instrumentos financeiros

De acordo com o item 11 do CPC 39 (Instrumentos Financeiros: Apresentação): "Instrumento financeiro é qualquer contrato que dê origem a um ativo financeiro para a entidade e a um passivo financeiro ou instrumento patrimonial para outra entidade".

São considerados ativos financeiros:

a. caixa;
b. instrumento patrimonial de outra entidade;
c. direitos contratuais de receber caixa ou outro ativo financeiro de outra entidade;
d. direitos contratuais de troca de ativos financeiros ou passivos financeiros com outra entidade, sob condições potencialmente favoráveis para a entidade;
e. um contrato que seja ou possa vir a ser liquidado por instrumentos patrimoniais da própria entidade, que não seja um derivativo no qual a entidade é ou pode ser obrigada a receber um número variável de instrumentos patrimoniais próprios, ou que seja um derivativo que será ou poderá ser liquidado de outra forma que não pela troca de um montante fixo de caixa ou outro ativo financeiro, por número fixo de instrumentos patrimoniais próprios.

São considerados passivos financeiros:

a. uma obrigação contratual, quer seja pela entrega de caixa ou outro ativo financeiro a outrem ou pela troca de ativos financeiros ou passivos financeiros com outra entidade sob condições potencialmente desfavoráveis para a entidade;
b. contrato que será ou poderá ser liquidado por instrumentos patrimoniais próprios, que não seja um derivativo no qual a entidade é ou pode ser obrigada a entregar um número variável

de instrumentos patrimoniais próprios, ou que seja um derivativo que será ou poderá ser liquidado de outra forma que não pela troca de um montante fixo de caixa ou outro ativo financeiro, por número fixo de instrumentos patrimoniais próprios.

2.2.4 Critérios de avaliação

Os critérios de avaliação de ativos estão dispostos no art. 183 da Lei nº 6.404/76, atualizada pelas Leis nºs 11.638/2007 e 11.941/2009. No caso de investimentos temporários, as aplicações em instrumentos financeiros, em direitos e títulos de crédito que se encontrem classificadas no ativo circulante ou no não circulante, realizável a longo prazo, deverão ser avaliadas:

a. pelo valor justo quando se tratar de aplicações destinadas à negociação ou disponíveis para venda;
b. pelo valor de custo de aquisição ou pelo valor de emissão, atualizado conforme disposições legais ou contratuais, ajustado ao valor de sua provável realização, quando este for inferior, no caso das demais aplicações e os direitos e títulos de crédito.

O CPC 15 (R1), no Apêndice A, define valor justo como: "[...] preço que seria recebido pela venda de um ativo ou que seria pago pela transferência de um passivo em uma transação não forçada entre participantes do mercado na data de mensuração".

O art. 183 da Lei nº 6.404/76 define como valor justo para investimentos o valor líquido pelo qual possam ser alienados a terceiros, e para instrumentos financeiros o valor que se pode obter em um mercado ativo, decorrente de transação não compulsória realizada entre partes independentes.

Se não houver um mercado ativo para esse instrumento financeiro, então deveremos considerar:

a. o valor que se possa obter, em um mercado ativo, com instrumentos similares. A similaridade aqui se refere à natureza, ao prazo e também ao risco;
b. o valor presente líquido de fluxos de caixa futuros para instrumentos financeiros similares;
c. o valor obtido por meio de modelos matemático-estatísticos de precificação de instrumentos financeiros.

No caso de aplicações financeiras de rentabilidade garantida, normalmente o valor justo corresponderá ao valor das aplicações realizadas. No entanto, em raras situações, poderá ocorrer de haver diferença entre o valor de mercado e o valor aplicado. Nesse caso, deveremos primeiramente realizar a atualização do valor pelos rendimentos para somente depois ajustar a valor justo.

2.2.5 Classificação e contabilização de investimentos temporários

Conforme já mencionado, os investimentos temporários podem ser classificados no ativo circulante ou no realizável a longo prazo (não circulante), dependendo do prazo.

As aplicações financeiras de liquidez imediata, como fundos bancários, poupança, renda fixa etc., bem como as aplicações de curto e longo prazos, como Certificados de Depósitos Bancários (CDBs) e Recibos de Depósitos Bancários (RDBs) pré e pós-fixados, deverão ser atualizadas pelos rendimentos, obedecendo ao princípio da competência. A contrapartida deverá ser o resultado do exercício.

Já as aplicações temporárias em ouro ou participações em outras companhias (ações) deverão ser atualizadas ao seu valor justo no fechamento do balanço.

O tratamento contábil para o ajuste a valor justo desses investimentos deverá obedecer aos seguintes critérios:

a. Se o investimento temporário estiver classificado no ativo circulante

a1. Se o valor justo for maior do que o valor atual do ativo, debita-se o ativo e credita-se o resultado do exercício.

a2. Se o valor justo for menor do que o valor atual do ativo, debita-se o resultado do exercício e credita-se uma conta de provisão retificadora do ativo.

Nota-se que em ambos os casos, estando no ativo circulante, a contrapartida é o resultado do exercício.

Vamos apresentar um exemplo:

Suponhamos que a Empresa X comprou em janeiro de X6 um lote de 1.000 ações da empresa RM S/A ao custo de R$ 12,00 cada e com intenção de venda rápida. Nessa data, teríamos o lançamento apresentado no Quadro 2.1.

Quadro 2.1 Exemplo de lançamento de compra de ações

LANÇAMENTO EM JAN./X6	VALOR $
Ações Empresa X (ativo circulante)	12.000
a caixa ou bancos	12.000

Ao fazer o encerramento de seu balanço em março de X6, foi realizada cotação das ações na bolsa de valores para determinação do valor justo. Verificou-se nessa data que o preço de cada ação havia subido para R$ 15,00. Dessa forma, houve uma valorização do ativo no valor de R$ 3.000,00 (1.000 ações × 3,00 aumento do valor das ações). Então, o lançamento será o apresentado no Quadro 2.2.

Quadro 2.2 Exemplo de lançamento de ajuste ao valor justo de ações

LANÇAMENTO EM MAR./X6	VALOR $
(+) Provisão para ajuste ao valor justo (subconta do ativo) (ativo circulante)	3.000
a resultado do exercício	3.000

Note que criamos uma subconta do ativo ações para controle das variações.

Caso, no mesmo exemplo, houvesse uma desvalorização, o lançamento ficaria diferente. Suponhamos que o preço de cada ação no fechamento do balanço fosse de R$ 8,00. Então, o valor justo das ações estaria valendo menos do que o valor registrado no ativo da companhia. Nesse caso, a desvalorização foi de R$ 4.000,00 (1.000 ações × 4,00 redução no valor das ações). O lançamento ficará conforme Quadro 2.3.

Quadro 2.3 Exemplo de lançamento de ajuste ao valor justo de ações

LANÇAMENTO EM MAR./X6	VALOR $
Despesas com provisão para ajuste ao valor justo	4.000
a (–) Provisão para ajuste ao valor justo (redutor do ativo)	4.000

O ativo ficaria registrado no balanço conforme Quadro 2.4.

Quadro 2.4 Ativo com ações ajustadas ao valor justo

ATIVO	VALOR $
Circulante	
[...]	
Ações da Empresa X	12.000
(–) Provisão para ajuste ao valor justo	(4.000)
Total	8.000

b. Se o investimento temporário estiver classificado no realizável a longo prazo

Nesse caso, aplica-se o mesmo critério utilizado para investimentos no ativo circulante. No entanto, a contrapartida não será o resultado do exercício, e sim a conta ajuste de avaliação patrimonial no patrimônio líquido.

A conta de ajuste de avaliação patrimonial foi criada com o intuito de registrar valores já pertencentes ao patrimônio líquido, mas, que ainda não transitaram pelo resultado do exercício.

Segundo a Lei das Sociedades por Ações, em seu art. 182, § 3º, as contrapartidas de aumento ou diminuições de valor atribuído a elementos do ativo e do passivo, decorrentes de sua avaliação a "valor justo", devem ser classificadas como ajustes de avaliação patrimonial no patrimônio líquido, até que, de acordo com o regime de competência, sejam computadas no resultado do exercício.

No exemplo anterior, teríamos o lançamento apresentado no Quadro 2.5, caso o investimento temporário estivesse classificado no realizável a longo prazo.

Quadro 2.5 Exemplo de lançamento de ajuste ao valor justo de ações

LANÇAMENTO EM MAR./X6	VALOR $
Ajuste de avaliação patrimonial (PL)	4.000
a (–) Provisão para ajuste ao valor justo	4.000

Em ambos os casos, e em se tratando de participação em outras companhias, se houvesse recebimento de dividendos, estes seriam reconhecidos diretamente no resultado do exercício.

Outros investimentos, por exemplo, o ouro, seguem o mesmo critério de classificação e contabilização.

2.3 INVESTIMENTOS PERMANENTES

2.3.1 Conceito

São, essencialmente, as aplicações efetuadas pela empresa na aquisição de quotas ou ações de sociedades com as quais mantém relação de dependência técnica, financeira ou de controle administrativo comum. Essas participações devem ser, normalmente, de natureza estável e financeiramente expressivas.

São também considerados investimentos permanentes as aplicações de recursos em bens não utilizados nas atividades da empresa: imóveis alugados para terceiros, terrenos sem destinação específica, quadros e obras de arte etc.

2.3.2 Critérios de avaliação

Os investimentos considerados permanentes podem ser avaliados pelos seguintes métodos:

a. **Participações permanentes em outras sociedades:** poderão ser avaliadas pelo método do custo de aquisição ou da equivalência patrimonial, dependendo da característica do investimento. Veremos em tópico específico deste capítulo quando aplicar um ou outro método.
b. **Propriedades para investimento:** devem ser avaliadas a valor justo, preferencialmente, ou pelo método do custo, conforme política contábil adotada pela entidade.
c. **Demais investimentos permanentes:** outros investimentos, como obras de arte, aplicações em ouro, joias etc., devem ser avaliados pelo método de custo de aquisição, deduzido de provisão para atender às perdas prováveis na realização do seu valor ou pelo valor de mercado, quando este for inferior.

2.3.3 Propriedades para investimentos

De acordo com o CPC 28, pode-se definir propriedade para investimento como a propriedade (terreno ou edifício – ou parte de edifício – ou ambos) mantida (pelo proprietário ou pelo arrendatário com ativo de direito de uso) para auferir aluguel ou para valorização do capital ou para ambas, e não para: (a) o uso na produção ou fornecimento de bens ou serviços ou para finalidades administrativas; ou (b) a venda no curso ordinário do negócio.

Vale ressaltar que terrenos que a entidade adquiriu e que ela ainda não determinou o uso futuro poderão ser classificados como propriedades para investimento.

A classificação de propriedades para investimento deve ser feita no grupo de investimentos do ativo não circulante.

Inicialmente, devem ser reconhecidas pelo valor de custo, incluindo-se todos os custos de transação, por exemplo, custos de transferência da propriedade, serviços legais etc.

Posteriormente, nos levantamentos de balanços subsequentes, a entidade poderá manter o valor de custo ou – e o que é mais recomendado – ajustar a valor justo, dependendo da política contábil adotada por ela.

Em suma, propriedades para investimento têm o intuito de trazer lucro para a entidade, seja por aluguéis, arrendamento operacional ou até mesmo mantidas apenas para valorização.

Podemos citar como exemplos de propriedades para investimento:

a. terrenos mantidos para valorização de capital a longo prazo;
b. terrenos mantidos para um uso futuro ainda indeterminado;
c. edifício que seja propriedade da entidade (ou ativo de direito de uso relativo a edifício mantido pela entidade) e que seja arrendado sob um ou mais arrendamentos operacionais;
d. edifício que esteja desocupado, mas mantido para ser arrendado sob um ou mais arrendamentos operacionais;
e. propriedade que esteja sendo construída ou desenvolvida para futura utilização como propriedade para investimento.

Não poderão ser classificados como propriedades para investimento itens como:

a. propriedade destinada à venda no decurso ordinário das atividades ou em vias de construção ou desenvolvimento para venda;
b. propriedade ocupada pelo proprietário, incluindo (entre outras coisas) propriedade mantida para uso futuro como propriedade ocupada pelo proprietário, propriedade mantida para desenvolvimento futuro e uso subsequente como propriedade ocupada pelo proprietário, propriedade ocupada por empregados (que paguem ou não aluguéis a taxas de mercado) e propriedade ocupada pelo proprietário no aguardo de alienação;
c. propriedade que é arrendada a outra entidade sob arrendamento financeiro.

Pode ocorrer também de a entidade possuir uma propriedade que em parte é utilizada para suas operações e em parte utilizada, por exemplo, para locação. Nesse caso, se as partes puderem ser vendidas separadamente, então a contabilização pode ser feita de forma separada, ou seja, mantendo a parte operacional no imobilizado e a parte para locação no grupo de investimentos. Porém, se a separação não for possível, só poderá ser classificada como propriedades para investimento se a parte que é utilizada para o operacional for insignificante; caso contrário, deverá ser mantida no imobilizado.

Como podemos ver, o uso que se fará da propriedade é o que determinará sua classificação. É possível que, com o passar do tempo, uma propriedade possa mudar de classificação no balanço, caso seu uso também mude. Por exemplo, um imóvel de propriedade da entidade utilizado por ela e classificado no imobilizado pode, no futuro, vir a ser desocupado e alugado para terceiros. Nesse caso, a classificação mudará para investimentos e vice-versa.

2.3.4 Participação permanente em outras sociedades

A entidade pode realizar investimentos em outras sociedades sem a intenção de venda, mas sim para obter ganhos por tempo indeterminado.

Conforme já mencionado, existem dois métodos a serem aplicados na avaliação de investimentos permanentes em outras sociedades:

1. **Método do custo**: mantém-se como registro o valor original do investimento, só devendo ser ajustado se ocorrerem perdas por redução do ativo ao valor recuperável. Esse método deve ser utilizado para investimentos em empresas que não sejam coligadas e controladas ou que não façam parte de um mesmo grupo e também não estejam sob controle comum.
2. **Método da equivalência patrimonial**: utilizado para investimentos em empresas coligadas e controladas, sociedades que façam parte de um mesmo grupo ou que estejam sob controle comum.

Abordaremos a seguir os critérios para aplicação do método da equivalência patrimonial.

2.3.4.1 Coligadas e controladas

Coligada

As coligadas são aquelas em que a investidora tem influência significativa.

O termo "influência significativa" pode levar a certo grau de subjetivismo. O CPC 18 (R2) o define como: "[...] o poder de participar das decisões sobre políticas financeiras e operacionais de uma investida, mas sem que haja o controle individual ou conjunto dessas políticas". A norma nos traz algumas formas de influência significativa. Vejamos:

(a) representação no conselho de administração ou na diretoria da investida;
(b) participação nos processos de elaboração de políticas, inclusive em decisões sobre dividendos e outras distribuições;
(c) operações materiais entre o investidor e a investida;
(d) intercâmbio de diretores ou gerentes;
(e) fornecimento de informação técnica essencial.

Já a Lei nº 6.404/76, no § 5º, art. 243, define:

> § 5º É presumida influência significativa quando a investidora for titular de 20% (vinte por cento) ou mais dos votos conferidos pelo capital da investida, sem controlá-la. (Redação dada pela Lei nº 14.195, de 2021)

Portanto, é preciso analisar todos esses aspectos para uma correta classificação.

Controlada — Conceito

No § 2º do art. 243 da Lei nº 6.404/76 está a definição de controlada:

> [...] a sociedade na qual a controladora, diretamente ou através de outras controladas, é titular de direitos de sócio que lhe assegurem, de modo permanente, preponderância nas deliberações sociais e o poder de eleger a maioria dos administradores.

O CPC 36 (R3) define quando o investidor controla, de fato, outra entidade:

> O investidor controla a investida quando está exposto a, ou tem direitos sobre, retornos variáveis decorrentes de seu envolvimento com a investida e tem a capacidade de afetar esses retornos por meio de seu poder sobre a investida.

2.3.4.2 Método da equivalência patrimonial

Terminologia

Para tornar mais claro o entendimento deste tópico, algumas terminologias precisam ficar explicadas. Vamos a elas:

- Investidora: é a companhia que aplica recursos no capital de outra(s) companhia(s).
- Investida: é a companhia que possui em seu capital recursos de outras companhias denominadas investidoras.

Conceito

O método da equivalência patrimonial consiste em ajustar o valor da participação em outras companhias (classificado no ativo não circulante – investimentos) da investidora de acordo com o patrimônio líquido da companhia investida.

Dessa maneira, no encerramento do balanço da investidora, esta deverá verificar o valor do patrimônio líquido da(s) investida(s) e ajustar seu investimento no ativo de acordo com o percentual de sua participação.

Obrigatoriedade

Deverão ser avaliados pelo método da equivalência patrimonial:

I. o investimento em cada controlada direta ou indireta;
II. o investimento em cada coligada ou sua equiparada, quando a investidora tenha influência significativa na administração ou quando o percentual de participação, direta ou indireta, da investidora representar 20% ou mais do capital votante;
III. o investimento em outras sociedades que façam parte de um mesmo grupo ou estejam sob controle comum.

Como podemos notar, independentemente do percentual de participação no capital de outra companhia, se houver **influência significativa** na administração, também será obrigatória a aplicação do método da equivalência patrimonial. Vejamos a seguir o que pode ser considerado influência significativa para a determinação da aplicação do método.

Casos especiais

a. Evidência de perda de continuidade

Se houver evidência efetiva e clara que a investida não continuará suas operações, ou ainda que esteja operando sob severas restrições a longo prazo que prejudicarão significativamente sua capacidade de transferir recursos à investidora, o método da equivalência patrimonial deverá deixar de ser aplicado.

No entanto, o fato de deixar de aplicar o método da equivalência patrimonial não deverá prejudicar a constituição de provisões obrigatórias no caso de perdas permanentes em investimentos avaliadas pelo método da equivalência patrimonial. Veremos sobre as provisões em item específico deste capítulo.

b. Evidência de realização

Caso haja evidência clara e efetiva de que a investidora venderá sua participação na investida em futuro próximo, o método da equivalência patrimonial continuará a ser aplicado até a data-base considerada para a venda.

c. Participação recíproca

c1. Proibição

O art. 244 da Lei nº 6.404/76 veda a participação recíproca entre a companhia e suas coligadas e controladas, exceto nos casos em que uma sociedade participa da outra nas condições em que a lei autoriza a aquisição das próprias ações (ver art. 30, § 1º, "b", da referida lei).

c2. Incorporação, fusão ou cisão e aquisição de controle

"A participação recíproca, quando ocorrer em virtude de incorporação, fusão ou cisão, ou da aquisição, pela companhia, do controle de sociedade, deverá ser mencionada nos relatórios e demonstrações financeiras de ambas as sociedades, e será eliminada no prazo máximo de 1 (um) ano; [...]." (Lei nº 6.404/76, art. 244, § 5º)

Provisão para perdas

No caso de perdas, deverá ser constituída provisão, nas situações a seguir:

a. **de perdas efetivas** em razão de eventos que resultarem em perdas não provisionadas pelas coligadas e controladas em seus demonstrativos contábeis ou em razão de responsabilidade formal ou operacional para cobertura de passivo a descoberto;
b. **de perdas potenciais** estimadas em razão de:
b1. tendência de perecimento do investimento;
b2. elevado risco de paralisação de operações de coligadas e controladas;
b3. eventos que possam prever perda parcial ou total do valor contábil do investimento ou do montante de créditos contra as coligadas e controladas;
b4. cobertura de garantias, avais, fianças, hipotecas ou penhor concedido, em favor de coligadas e controladas, referentes a obrigações vencidas ou vincendas quando caracterizada a incapacidade de pagamentos pela controlada ou coligada.

No caso de passivo a descoberto, havendo manifestação da investidora em manter apoio financeiro à investida, deverá ser constituída provisão para perdas. Nessa hipótese, a provisão deverá figurar como dedução do investimento registrado no ativo não circulante, até o limite de seu valor contábil e, caso exceda ao valor do investimento, o excedente deverá ser classificado no passivo da investidora.

Avaliação pela equivalência patrimonial

a. Cálculo

Para calcular o valor do investimento pelo método da equivalência patrimonial, deveremos:

I. aplicar a porcentagem de participação no capital social sobre o valor do patrimônio líquido da coligada e da controlada; e
II. subtrair do montante referido no item acima os lucros não realizados decorrentes de negócios com a investidora ou com outras coligadas e controladas, em determinadas situações. Veja mais detalhes adiante neste capítulo, na Seção 2.3.4.3 – Resultados não realizados.

b. Procedimentos contábeis

Para a determinação do valor da equivalência patrimonial, a investidora deverá:

I. eliminar os efeitos decorrentes da diversidade de critérios contábeis, em especial, referindo-se a investimentos no exterior;
II. excluir o montante correspondente às participações recíprocas;
III. reconhecer os efeitos decorrentes de eventos relevantes ocorridos no período intermediário, no caso de demonstrações contábeis levantadas em datas diversas; e
IV. reconhecer os efeitos decorrentes de classes de ações com direito preferencial de dividendo fixo, dividendo cumulativo e com diferenciação na participação nos lucros.

O valor apurado da equivalência patrimonial para ajuste do valor do investimento pela investidora deverá ser contabilizado da seguinte maneira:

Se o valor do patrimônio líquido da investida for maior do que o valor contábil do investimento da investidora, teremos o lançamento apresentado no Quadro 2.6.

Quadro 2.6 Lançamento de receita de equivalência patrimonial

DÉBITO: ajuste de avaliação patrimonial (subconta de investimentos em coligadas)
CRÉDITO: receita de equivalência patrimonial

Reforçamos que seja criada uma subconta para controle dos ajustes de equivalência patrimonial, para que seja preservado o valor original do investimento e para facilitar a análise, pela Receita Federal, das informações contidas na Escrita Contábil Digital – SPED Contábil.

Vamos a um exemplo prático:

A Empresa A adquire, em 20/02/X6, 22% da Empresa B, pela importância de $ 120.000.

Nesse caso, o registro inicial da operação seria o apresentado no Quadro 2.7.

Quadro 2.7 Lançamento de registro inicial de investimentos em coligadas

DÉBITO	CRÉDITO	VALOR
Investimentos em coligadas (ativo não circulante – investimentos)	Caixa/bancos	120.000

Como podemos notar, a Empresa B é uma empresa coligada da Empresa A, já que esta possui mais de 20% de seu capital. No entanto, a Empresa A não controla a Empresa B.

Dessa forma, não seria obrigatória a aplicação do método da equivalência patrimonial. Porém, vamos imaginar que a Empresa A, embora tenha apenas 22% do capital da Empresa B, demonstre evidências de influência significativa na Empresa B, já que seus administradores também administram a Empresa B e também porque a Empresa B depende das tecnologias da Empresa A (*know-how*) na elaboração de seus produtos.

Identificada a influência significativa, a Empresa A passa obrigatoriamente a ter que aplicar o método da equivalência patrimonial para avaliar seu investimento na coligada Empresa B.

Diante disso, no encerramento de seu balanço, a Empresa A deverá fazer a avaliação do investimento com base no patrimônio líquido da Empresa B. Vamos admitir que, em 31/12/X6, o patrimônio líquido da Empresa B, constante em seu balanço patrimonial, tenha valor de $ 1.500.000 e que não haja dividendos a distribuir nem resultados não realizados entre as partes.

Vejamos, no Quadro 2.8, como fica o cálculo.

Quadro 2.8 Cálculo de valor de investimento pelo método de equivalência

Valor do investimento em B constante no ativo de A	$ 120.000
Valor do patrimônio líquido de B em 31/12/X6	$ 1.500.000
Cálculo do investimento atualizado: (Valor do PL de B × Participação de A)	$ 1.500.000 × 22% = 330.000

Como podemos notar, agora o investimento em B equivale a $ 330.000. Como nos ativos da Empresa investidora A consta o valor de $ 120.000, faz-se necessário promover um ajuste elevando o investimento de A. O ajuste será de $ 210.000 (330.000 - 120.000). O lançamento contábil será o apresentado no Quadro 2.9.

Quadro 2.9 Lançamento da receita de equivalência patrimonial

DÉBITO	CRÉDITO	VALOR
Ajuste de equivalência patrimonial (subconta de Investimentos em coligadas, ativo não circulante – investimentos)	Receita de equivalência patrimonial	210.000

Se o valor do patrimônio líquido da investida for menor do que o valor contábil do investimento da investidora, teremos o lançamento apresentado no Quadro 2.10.

Quadro 2.10 Lançamento da despesa de equivalência patrimonial

DÉBITO: despesa de equivalência patrimonial
CRÉDITO: (–) ajuste de equivalência patrimonial (subconta de Investimentos em coligadas ou controladas)

Tomando como base o exemplo anterior, se, em 31/12/X6, a Empresa B apresentasse um valor de patrimônio líquido de $ 500.000 e não havendo dividendos a distribuir nem resultados não realizados entre as partes, o cenário seria o apresentado no Quadro 2.11.

Quadro 2.11 Cálculo de valor de investimento pelo método de equivalência

Valor do investimento em B constante no ativo de A	$ 120.000
Valor do patrimônio líquido de B em 31/12/X6	$ 500.000
Cálculo do investimento atualizado: (Valor do PL de B × Participação de A)	$ 500.000 × 22% = 110.000

Nesse caso, o investimento em B agora equivale apenas a $ 110.000. Como nos ativos da Empresa investidora A consta o valor de $ 120.000, faz-se necessário promover um ajuste reduzindo o investimento de A. O ajuste será de $ (10.000) (110.000 - 120.000). O lançamento contábil será o apresentado no Quadro 2.12.

Quadro 2.12 Lançamento da despesa de equivalência patrimonial

DÉBITO	CRÉDITO	VALOR
Despesa de equivalência patrimonial	(–) Ajuste de equivalência patrimonial (subconta de Investimentos em coligadas ou controladas)	10.000

Lembrando que, do ponto de vista fiscal, de acordo com a legislação atual vigente, as receitas com equivalência patrimonial não são tributadas pelo imposto de renda e devem ser excluídas no Livro de Apuração do Lucro Real (LALUR), bem como as despesas com equivalência patrimonial não podem ser deduzidas do lucro apurado para fins de tributação do imposto de renda e, portanto, devem ser adicionadas no LALUR.

Ainda neste capítulo, trataremos da contabilização quando houver dividendos a serem recebidos pela investidora.

Demonstrações contábeis

a. Data-base idêntica

Para o cálculo da equivalência patrimonial, o patrimônio líquido da coligada e controlada deverá ser determinado com base nas demonstrações contábeis levantadas na mesma data das demonstrações contábeis da investidora.

b. Defasagem – exceção

Na impossibilidade de as datas-base serem idênticas, admite-se a utilização de demonstrações contábeis da coligada e controlada em um período máximo de defasagem de até sessenta dias antes da data das demonstrações contábeis da investidora.

c. Períodos de abrangência iguais

O período de abrangência das demonstrações contábeis da coligada e controlada deverá ser idêntico ao da investidora, independentemente das respectivas datas de encerramento.

d. Períodos de abrangência diferentes

Admite-se a utilização de períodos não idênticos, nos casos em que este fato representar melhoria na qualidade de informação produzida, sendo a mudança evidenciada em nota explicativa.

2.3.4.3 Alterações no "patrimônio líquido" das investidas e reflexos na investidora

Incorporação do resultado líquido do período

Se a diferença no valor do investimento avaliado pelo método da equivalência patrimonial corresponder a aumento ou diminuição do patrimônio líquido da coligada e controlada que decorrer da apuração de lucro líquido ou de prejuízo no período, deverá ser apropriada pela investidora como receita ou despesa operacional.

Como todo lucro gerado na coligada e controlada provoca aumento no seu patrimônio líquido, é lógico que, pelo método da equivalência patrimonial, esse fato provoque, na investidora, um aumento proporcional no valor do respectivo investimento.

O lançamento contábil será o apresentado no Quadro 2.13.

Quadro 2.13   Lançamento da receita de equivalência patrimonial

DÉBITO: ajuste de equivalência patrimonial (subconta de Investimentos em coligadas, ativo não circulante – investimentos)
CRÉDITO: receita de equivalência patrimonial

Aumento do capital social na coligada e controlada

Quando o evento resultar na variação da porcentagem de participação no capital social da coligada e controlada, a diferença verificada no valor do investimento avaliado pelo método de equivalência patrimonial deverá ser apropriada na investidora como outras receitas e despesas operacionais.

Quadro 2.14 Exemplo de aumento do capital social na coligada

• A Empresa B tem um capital total de $ 250 mil • A Empresa A participa da Empresa B com 20% de seu capital total
• A Empresa B teve, posteriormente, um lucro de $ 50 mil • O patrimônio líquido da Empresa B passou a $ 300 mil • A participação da Empresa A passou para 20% de 300 mil = $ 60 mil
• A Empresa B resolveu aumentar seu capital total em $ 150 mil • A Empresa A subscreveu e integralizou apenas $ 10 mil desse aumento
• Nessa altura, o valor contábil do investimento da A na B era de $ 70 mil ($ 50 mil do investimento inicial + $ 10 mil do lucro + $ 10 mil da integralização de capital)
• O capital social da Empresa B aumentou para $ 400 mil • A participação da Empresa A no capital da B passou a $ 60 mil ($ 50 mil do investimento inicial + $ 10 mil do aumento de capital) • A participação percentual de A no capital de B baixou de 20% ($ 50 mil em $ 250 mil) para 15% ($ 60 mil em $ 400 mil)
• O patrimônio líquido da Empresa B, depois do aumento de capital, subiu de $ 300 mil para $ 450 mil ($ 250 mil + $ 50 mil + $ 150 mil)
• Aplicando o percentual de equivalência patrimonial, o valor do investimento de A em B, que era de $ 60 mil (antes do aumento de capital), passou para $ 67.500
• Como se pode notar, na aplicação da equivalência patrimonial, houve uma perda de $ 2.500 ($ 70 mil – $ 67.500) decorrente da redução do percentual de participação da Empresa A no capital total da Empresa B
• Essa perda deve ser contabilizada: a) como outras despesas operacionais, refletindo a perda de capital ocorrida b) a crédito da conta de investimentos, reduzindo-a em $ 2.500

Observação: só não ocorreria nenhum ganho ou perda se a empresa investidora subscrevesse **sempre** a mesma proporção de capital que possuía anteriormente ao aumento.

Aumento das reservas de capital

Os ganhos ou as perdas efetivos na coligada e controlada, decorrentes da entrada ou da baixa de reservas de capital, provocarão diferença, na investidora, no valor do investimento avaliado pelo método da equivalência patrimonial. Essa diferença deverá ser apropriada, pela investidora, como receita ou despesa operacional.

Ajuste de exercícios anteriores

Também deverá ser apropriada, na investidora, como despesa ou receita operacional a diferença provocada no patrimônio líquido das investidas, decorrente de ajustes de exercícios anteriores.

Distribuição de dividendos

O Decreto nº 9.580/2018 (RIR), em seu art. 425, § 1º, determina que: "Os lucros ou dividendos distribuídos pela investida deverão ser registrados pelo contribuinte como diminuição do valor do investimento, e não influenciarão as contas de resultado".

Já vimos que o lucro líquido do período na coligada e controlada foi considerado, na investidora, receita operacional e aumento do valor do respectivo investimento.

É verdade, também, que a distribuição de lucros por parte da coligada e controlada provoca redução de seu patrimônio líquido, e essa redução deve ser reconhecida no valor dos investimentos da investidora.

Assim, a investidora, ao receber os dividendos da coligada e controlada, deverá adotar os seguintes procedimentos contábeis:

- debitar caixa pela entrada do dinheiro;
- creditar a conta do investimento respectivo no ativo não circulante – investimentos, para que fique consignada a diminuição de seu valor decorrente da redução ocorrida no patrimônio líquido da coligada e controlada.

Vamos agora verificar um exemplo de contabilização, pela investidora, de dividendos recebidos ou creditados pela investida. Lembrando que a contabilização do dividendo pela investidora pode ser feita imediatamente depois do anúncio pela investida do direito de receber o dividendo.

☞ EXEMPLO:

Suponhamos que a Empresa A tem uma participação de 40% no capital da Empresa B, no valor de $ 400 mil. O patrimônio líquido da Empresa B é de $ 1 milhão.

No encerramento de seu balanço, a Empresa A verifica que o valor do patrimônio líquido constante no balanço patrimonial da investida controlada B é de $ 2 milhões e que ela anunciou que pagará dividendos aos acionistas no valor de $ 500 mil.

Nesse caso, primeiro deveremos calcular e contabilizar o ajuste no valor do investimento em B com base no método da equivalência patrimonial.

No Quadro 2.15, vamos ver como fica o cálculo.

Quadro 2.15 Cálculo da equivalência patrimonial

Valor do investimento em B constante no ativo de A	$ 400.000
Valor do patrimônio líquido de B em 31/12/X6	$ 2.000.000
Cálculo do investimento atualizado: (Valor do PL de B × Participação de A)	$ 2.000.000 × 40% = 800.000

O lançamento contábil será o apresentado no Quadro 2.16.

Quadro 2.16 Contabilização da equivalência patrimonial

DÉBITO	CRÉDITO	VALOR
Ajuste de equivalência patrimonial (subconta de Investimentos em coligadas, ativo não circulante – investimentos)	Receita de equivalência patrimonial	400.000

Agora, vamos tratar dos dividendos. Como os dividendos já estão anunciados pela investida, os acionistas já possuem direito de recebê-los e, por consequência, em breve, o patrimônio líquido da investida ficará menor com a redução dos dividendos. Portanto, é necessário reconhecer na investidora o direito ao dividendo e em contrapartida ajustar o valor do investimento que foi anteriormente atualizado pelo resultado da equivalência patrimonial. No Quadro 2.17, vamos ver como ficará o cálculo e a contabilização.

Quadro 2.17 Cálculo dos dividendos

Dividendos anunciados por B	$ 500.000
Participação de A em B 40%	$ 500.000 × 40% = 200.000

Os dividendos calculados foram de $ 200.000. No Quadro 2.18, vamos verificar como fica a contabilização.

Quadro 2.18 Contabilização dos dividendos

DÉBITO	CRÉDITO	VALOR
Dividendos a receber (ativo circulante)	(–) Dividendos (deduzindo o investimento no ativo não circulante)	200.000

Vejamos como fica o balanço patrimonial, apresentado no Quadro 2.19.

Quadro 2.19 Balanço patrimonial da investidora

ATIVO		PASSIVO	
CIRCULANTE		CIRCULANTE	
[...]		[...]	
Dividendos a receber	200.000		
NÃO CIRCULANTE		NÃO CIRCULANTE	
Realizável a longo prazo			
INVESTIMENTOS			
Participação em B	400.000		
Ajuste equivalência patrimonial	400.000		
(–) Dividendos	(200.000)	PATRIMÔNIO LÍQUIDO	
[...]		[...]	

Verifica-se que dessa forma o ajuste do dividendo no investimento corrige seu valor, tornando-o novamente equivalente ao patrimônio líquido da investida que será deduzido desses dividendos.

Vejamos o Quadro 2.20.

Quadro 2.20 Verificação do ajuste dos investimentos em decorrência dos dividendos

INVESTIDORA	$	INVESTIDA	$
Valor líquido do investimento	600.000	Patrimônio líquido depois da distribuição de dividendos	1.500.000

Verifica-se que o valor do investimento em B corrigido no balanço da investidora A fica exatamente ajustado para sua participação (40%) no valor futuro do patrimônio líquido de B após a distribuição dos dividendos já anunciados.

2.3.4.4 Investimentos em companhias no exterior

Equivalência patrimonial

Os resultados decorrentes de avaliação de investimentos no exterior, pelo método de equivalência patrimonial, terão o mesmo tratamento dado aos investimentos locais.

Variação cambial do investimento

Se a diferença verificada, ao final de cada período, no valor do investimento avaliado pelo método da equivalência patrimonial corresponder à variação cambial de investimento em coligada e controlada no exterior, deverá ser apropriada na investidora na conta de ajuste acumulado de conversão, diretamente no seu patrimônio líquido, quando corresponder a ajuste da mesma natureza no patrimônio líquido da controlada ou coligada.

Tratamento tributário

(Decreto nº 9.580/2018, art. 446; e Lei nº 9.249/95, art. 25)

Os lucros auferidos no exterior por filiais, sucursais, controladas ou coligadas de pessoas jurídicas domiciliadas no Brasil serão computados na apuração do lucro real.

Os lucros realizados pela coligada serão adicionados ao lucro líquido, na proporção da participação da pessoa jurídica no capital da coligada.

Os lucros serão convertidos em reais pela taxa de câmbio, para venda, do dia das demonstrações financeiras em que tenham sido apurados os lucros da filial, sucursal, controlada ou coligada.

Os resultados da avaliação dos investimentos no exterior, pelo método da equivalência patrimonial, continuarão a ter o mesmo tratamento previsto na legislação vigente.

ATIVIDADES

1. A Companhia A adquire, em 30/11/X1, um lote de 6.000 ações, ao custo de $ 17,80 cada, da Companhia B, com intenção de venda rápida, estando, portanto, disponível para venda. No encerramento do exercício, a cotação de cada ação da Companhia B é de $ 18,30. A Empresa A ainda não vendeu as ações. Diante do exposto, efetue os lançamentos contábeis de aquisição e de ajuste no encerramento do exercício.

2. A Companhia B mantém em seu Realizável a Longo Prazo um lote de 5.000 ações, ao custo de aquisição de $ 5,00 cada uma, da Companhia C. A intenção é negociar tais ações, porém, ainda sem um prazo definido. No encerramento do exercício, as ações eram cotadas a $ 3,00 cada. Efetue os lançamentos contábeis de aquisição e de ajuste no encerramento do exercício.

3. A Companhia D possui investimento permanente na Companhia E. O valor registrado do investimento no ativo da Companhia D é de $ 800.000. Sabendo que a Companhia D possui uma participação de apenas 8% na Companhia E, mas possui influência significativa nesta, visto que todo o *know-how* utilizado na fabricação dos produtos da Companhia E é fornecido pela Companhia D e, também, grande parte do conselho de administração da Companhia E é composto pelos mesmos membros do conselho de administração da Companhia D, o método a ser aplicado na avaliação desse investimento é o da equivalência patrimonial.

No encerramento do exercício em X2, a Companhia E enviou os demonstrativos contábeis para a Companhia D. O patrimônio líquido estava composto da seguinte forma:

CONTA	X1	X2
Capital social	6.000.000	6.000.000
Reservas de lucros	4.000.000	7.000.000
Totais	10.000.000	13.000.000

A Companhia E anunciou também que haverá o pagamento de dividendos aos acionistas no valor de $ 2.000.000.

Aplique o método da equivalência patrimonial, e faça os lançamentos contábeis do resultado da equivalência e também dos dividendos.

ATIVO INTANGÍVEL 3

3.1 INTRODUÇÃO

A Lei nº 6.404/1976, em seu art. 179, § 6º, determina que sejam classificados no intangível os direitos oriundos de bens incorpóreos e que sejam destinados à manutenção da companhia ou exercidos com essa finalidade, incluindo o fundo de comércio que for adquirido.

Bens incorpóreos são aqueles que não possuem corpo, ou seja, que não existem fisicamente. Nasce daí o termo intangível, que é proveniente do latim, *tangere*, que significa tocar. Portanto, intangíveis são bens que não podemos tocar.

Os ativos intangíveis vêm ganhando um espaço muito importante no cotidiano das empresas e da sociedade. Com os avanços tecnológicos, surgem novos modelos de negócios, novas formas de relacionamento e de consumo de recursos. Podemos citar diversos exemplos de negócios que modificaram drasticamente seu ramo de atividade, como o Uber, que tem a maior frota de veículos no mundo sem possuir nenhum, trabalhando em rede de motoristas e por meio de aplicativos para interação com os usuários consumidores do serviço, ou a Netflix e os canais a cabo, que extinguiram as locadoras de vídeo e assim por diante.

Em um crescimento exponencial, as novas tecnologias – que serão cada vez mais novas e modernas – trarão para o cenário empresarial novos modelos de negócio. A inteligência artificial e os robôs reduzirão consideravelmente o uso de ativos tangíveis. Aí está justamente a relevância do tema e a importância de a ciência contábil se preparar para o reconhecimento cada vez maior de ativos de natureza intangível, alguns já tratados pela norma que estudaremos neste capítulo, outros ainda a serem pesquisados e normatizados, como o capital intelectual, por exemplo. Como mensurar e contabilizar a *expertise* dos colaboradores? Como mensurar e contabilizar a influência do uso da inteligência artificial e de novas tecnologias para avaliação das empresas? Há ainda muito a ser estudado e pesquisado pela nossa ciência, o que, sem dúvida, nos deixa bastante empolgados com as futuras oportunidades da contabilidade.

No Brasil, a norma que trata do ativo intangível é o CPC 04, que foi aprovado em 2008 e é oriundo da norma IAS 38 do IASB, e já teve sua primeira revisão realizada, sendo denominado CPC 04 (R1), em 05/11/2010. Os reguladores aprovaram a norma: a CVM pela Deliberação nº 644/2010, que foi revogada pela Resolução CVM nº 93/2022 – norma vigente – e o Conselho Federal de Contabilidade (CFC) pela NBC TG 04 (R3).

3.2 ALCANCE

O CPC 04 (R1) não se aplica a alguns tipos de intangíveis que são contemplados por outros pronunciamentos técnicos. São eles:

I. ativos intangíveis que estejam dentro do alcance de outros pronunciamentos técnicos, por exemplo:
   - ativos intangíveis mantidos pela entidade para venda no curso ordinário dos negócios (CPC 16 – Estoques);
   - arrendamentos de ativo intangível contabilizado conforme o CPC 06 – Arrendamentos;
   - ativos fiscais diferidos (CPC 32 – Tributos sobre o Lucro);
   - ativos advindos de planos de benefícios a empregados (CPC 33 – Benefícios a Empregados);
   - ágio por expectativa de rentabilidade futura (*goodwill*) adquirido em combinação de negócios (CPC 15 – Combinação de Negócios);
   - custos de aquisição diferidos e ativos intangíveis advindos de direitos contratuais de seguradora (CPC 11 – Contratos de Seguro);
   - ativos intangíveis não circulantes classificados como mantidos para venda (CPC 31 – Ativo Não Circulante Mantido para Venda e Operação Descontinuada);
   - ativos decorrentes de contratos com clientes que devem ser reconhecidos de acordo com o CPC 47 – Receita de Contrato com Cliente;
   - contratos no alcance do CPC 50 – Contratos de Seguro de quaisquer ativos para fluxo de caixa de aquisição de seguros.

II. ativos financeiros, que são tratados no CPC 39 – Instrumentos Financeiros: Apresentação;

III. ativos advindos da exploração e avaliação de recursos minerais que serão tratados no CPC 34 – Exploração e Avaliação de Recursos Minerais (a ser editado);

IV. gastos com desenvolvimento e extração de minerais, óleo, gás natural e recursos naturais não renováveis similares.

3.3 INTANGÍVEIS

O pronunciamento CPC 04 (R1) nos apresenta como intangíveis ativos não monetários sem substância física. Isso decorre da necessidade das empresas de obterem recursos ou contraírem obrigações com a aquisição, o desenvolvimento, a manutenção ou o aprimoramento de conhecimento científico ou técnico, projetos de implantação de novos processos ou sistemas, licenças, propriedade intelectual, conhecimento mercadológico, marcas registradas etc.

Como exemplos de ativos intangíveis, podemos citar *softwares*, patentes, direitos autorais, direitos sobre filmes, carteira de clientes, direitos sobre hipotecas, licenças, franquias, fidelidade de clientes, direitos de comercialização etc.

3.4 INTANGÍVEIS COM ELEMENTOS FÍSICOS

Pode haver intangíveis que estão contidos em elementos que são físicos, como uma mídia física no caso de *softwares*, documentação jurídica de licenças ou patentes etc. Para a correta classificação como ativo intangível ou como ativo imobilizado, de acordo com os ditames do CPC 27 – Ativo Imobilizado, o profissional da contabilidade deve fazer um julgamento de qual elemento é mais significativo, o físico ou o intangível. Por exemplo, um *software* para uso independente que é adquirido com um disco. Obviamente, a licença do *software* é mais significativa do que o custo do disco em que o *software* está contido; dessa forma, a contabilização será como intangível. Já em outro exemplo, se for um *software* dependente, ou seja, é parte integrante de determinada máquina industrial, este é menos significativo que a máquina e, portanto, o tratamento é contabilizar como imobilizado.

3.5 IDENTIFICAÇÃO

Para que possa ser reconhecido contabilmente, um ativo intangível precisa ser identificável. Isso ocorre quando ele:

a. for separável, ou seja, puder ser separado da entidade e vendido, transferido, licenciado, alugado ou trocado, individualmente ou com um contrato, ativo ou passivo relacionado, independentemente da intenção de uso pela entidade; ou
b. resultar de direitos contratuais ou outros legais, independentemente de esses direitos serem transferíveis ou separáveis da entidade ou de outros direitos e obrigações.

3.6 RECONHECIMENTO

Atendendo ao critério de identificação, um ativo intangível pode ser reconhecido contabilmente se e somente se:

a. for provável que os benefícios econômicos futuros esperados atribuíveis ao ativo sejam gerados em favor da entidade;
b. o custo do ativo possa ser mensurado com confiabilidade.

3.6.1 Mensuração no momento inicial

Inicialmente, o ativo intangível deve ser reconhecido pelo custo. A determinação do custo pode se dar de diversas formas em razão do tipo de transação realizada:

a. **Aquisição separada:** quando ocorre a aquisição em separado, o custo do ativo intangível pode ser mensurado confiavelmente. Dessa forma, além do valor da transação, é possível que sejam computados como custo:
   a1. os impostos de importação e impostos não recuperáveis sobre a compra, depois de deduzidos os descontos comerciais e abatimentos;
   a2. qualquer custo diretamente atribuível à preparação do ativo para a finalidade proposta. Podemos mencionar como exemplo de aquisição separada a aquisição de uma marca e a aquisição de uma carteira de clientes. Lembrando que devem ser itens separados e constantes claramente como objetos do contrato de aquisição.

b. **Aquisição como parte de combinação de negócios**: nesse caso, o ativo intangível é parte de uma combinação de negócios,[1] devendo ser reconhecido pelo valor justo, na data de aquisição.
c. **Aquisição por meio de subvenção ou assistência governamentais**:[2] pode ocorrer por meio de concessões governamentais para exploração de aeroportos, portos, radiofonia, telecomunicações etc. Tais concessões são ativos intangíveis que foram transferidos para determinadas entidades. Nesses casos, o CPC 04 (R1) faculta às entidades o reconhecimento desses intangíveis pelo seu valor justo. Contudo, se a entidade optar por não reconhecê-los pelo valor justo, poderá usar o valor nominal acrescido de gastos para preparar o ativo para o uso.
d. **Permuta de ativos**: pode acontecer uma aquisição de ativos intangíveis por meio de permuta. Esta pode ser por outro(s) ativo(s) monetário(s) ou não monetário(s), ou até mesmo por ambos os tipos de ativos. Nesse caso, o custo será mensurado pelo valor justo, salvo se:
   d1. a operação não tiver natureza comercial; ou
   d2. os valores justos do ativo cedido e do ativo recebido não puderem ser mensurados com confiabilidade.

Ocorrendo essas situações, o custo deverá ser o valor contábil do ativo cedido.

3.6.2 Mensuração após o reconhecimento

Nos balanços subsequentes, os ativos intangíveis devem ser avaliados por um dos dois métodos: (a) custo; ou (b) método da reavaliação, quando permitida por lei. No caso do Brasil, a Lei nº 11.638/2007 proibiu a reavaliação de ativos. Dessa forma, resta no Brasil a aplicação do primeiro método, o de custo, menos eventuais amortizações e perdas acumuladas por redução ao valor recuperável de ativos.[3]

3.7 ATIVO INTANGÍVEL GERADO INTERNAMENTE

Uma entidade pode gerar ativos intangíveis internamente; contudo, para que este possa ser reconhecido, precisa atender a dois requisitos:

a. haver perspectiva de geração de benefícios econômicos futuros esperados; e
b. haver possibilidade de seu custo ser mensurado confiavelmente.

O ativo intangível gerado internamente é classificado em duas fases:

1. **Fase de pesquisa**, em que se realizam pesquisas, sondagens, buscas por alternativas de materiais, dispositivos, produtos, processos, formulação de novos projetos, avaliações etc. Nesta fase, por haver incerteza se a entidade conseguirá, de fato, gerar um intangível e, se conseguir, ainda não terá certeza sobre a geração de benefícios econômicos futuros, nenhum ativo deverá ser reconhecido. Dessa forma, os gastos com pesquisas devem ser reconhecidos como despesas no resultado do exercício.
2. **Fase de desenvolvimento**: é uma fase avançada, na qual o intangível já passa a ser construído. Neste caso, para reconhecer o ativo intangível é preciso que todos os requisitos mencionados no CPC 04 (R1), item 57, sejam atendidos:

---
[1] No Capítulo 4, tratamos sobre a norma de combinação de negócios.
[2] Você poderá entender melhor sobre subvenções governamentais no Capítulo 13.
[3] Redução ao valor recuperável de ativos é tratada no Capítulo 10.

(a) viabilidade técnica para concluir o ativo intangível de forma que ele seja disponibilizado para uso ou venda;
(b) intenção de concluir o ativo intangível e de usá-lo ou vendê-lo;
(c) capacidade para usar ou vender o ativo intangível;
(d) forma como o ativo intangível deve gerar benefícios econômicos futuros. Entre outros aspectos, a entidade deve demonstrar a existência de mercado para os produtos do ativo intangível ou para o próprio ativo intangível ou, caso este se destine ao uso interno, a sua utilidade;
(e) disponibilidade de recursos técnicos, financeiros e outros recursos adequados para concluir seu desenvolvimento e usar ou vender o ativo intangível; e
(f) capacidade de mensurar com confiabilidade os gastos atribuíveis ao ativo intangível durante seu desenvolvimento.

3.7.1 Custo de ativo intangível gerado internamente

Para contabilizar um ativo gerado internamente, deve-se considerar a soma de todos os gastos incorridos a partir da data em que o ativo intangível passou a atender os critérios de reconhecimento. Os gastos já reconhecidos como despesas não poderão ser reintegrados ao ativo intangível.

Como exemplo de gastos temos, de acordo com o CPC 04 (R1), item 66:

(a) gastos com materiais e serviços consumidos ou utilizados na geração do ativo intangível;
(b) custos de benefícios a empregados (conforme definido no Pronunciamento Técnico CPC 33 – Benefícios a Empregados) relacionados à geração do ativo intangível;
(c) taxas de registro de direito legal; e
(d) amortização de patentes e licenças utilizadas na geração do ativo intangível.

De acordo com o CPC 04 (R1), item 67, não devem compor o custo os seguintes gastos:

(a) gastos com vendas, administrativos e outros gastos indiretos, exceto se tais gastos puderem ser atribuídos diretamente à preparação do ativo para uso;
(b) ineficiências identificadas e prejuízos operacionais iniciais incorridos antes do ativo atingir o desempenho planejado; e
(c) gastos com o treinamento de pessoal para operar o ativo.

3.8 VIDA ÚTIL

A entidade deve fazer uma análise minuciosa com o intuito de determinar se a vida útil[4] de um ativo intangível é definida ou indefinida.

Diz-se de vida útil definida quando a entidade tem elementos claros do tempo de duração dos benefícios econômicos do ativo intangível. Nesse caso, deve ser utilizado o método de amortização, a partir do momento em que o ativo estiver pronto para o uso, pelo prazo estimado da vida útil.

Diz-se de vida útil indefinida quando a entidade, após análise minuciosa de todos os fatores relevantes, não consegue determinar um limite previsível de período cujo ativo gerará benefícios

---
[4] Vida útil é o tempo durante o qual se espera utilizar um ativo nas condições que foram projetadas para seu uso.

econômicos para ela. Nesse caso, esse ativo não deve ser amortizado e estará sujeito ao teste de recuperabilidade de ativos. Mas, atenção! Vida útil indefinida não significa infinita; por isso, é necessária a realização do teste.

Deverá ser feita uma revisão periodicamente para determinar se eventos ou circunstâncias continuam a determinar uma vida útil indefinida ou se o ativo intangível passou a ter uma vida útil definida.

O CPC 04 (R1), no item 90, apresenta alguns fatores que devem ser considerados para a determinação da vida útil de um ativo intangível:

(a) a utilização prevista de um ativo pela entidade e se o ativo pode ser gerenciado eficientemente por outra equipe de administração;
(b) os ciclos de vida típicos dos produtos do ativo e as informações públicas sobre estimativas de vida útil de ativos semelhantes, utilizados de maneira semelhante;
(c) obsolescência técnica, tecnológica, comercial ou de outro tipo;
(d) a estabilidade do setor em que o ativo opera e as mudanças na demanda de mercado para produtos ou serviços gerados pelo ativo;
(e) medidas esperadas da concorrência ou de potenciais concorrentes;
(f) o nível dos gastos de manutenção requerido para obter os benefícios econômicos futuros do ativo e a capacidade e a intenção da entidade para atingir tal nível;
(g) o período de controle sobre o ativo e os limites legais ou similares para a sua utilização, tais como datas de vencimento dos arrendamentos/locações relacionados; e
(h) se a vida útil do ativo depende da vida útil de outros ativos da entidade.

3.8.1 Valor residual

No caso dos ativos intangíveis com vida útil definida, o valor residual deve ser presumido como igual a zero, salvo se:

I. houver um compromisso de terceiros de comprar o ativo ao final da vida útil;
II. existir mercado ativo[5] para esse ativo e:
   a. o valor residual puder ser determinado;
   b. for provável que esse mercado ainda existirá ao final da vida útil do ativo.

No caso de ser determinado valor residual, o ativo intangível deve ser amortizado pelo seu valor menos o valor residual.

3.8.2 Revisão do período e do método de amortização

De acordo com o CP 04 (R1), o período e o método de amortização de ativos intangíveis com vida útil definida devem ser revisados pelo menos ao final de cada exercício. Havendo alteração do método ou do período, devem ser aplicados os critérios do CPC 23 – Políticas Contábeis, Mudança de Estimativa e Retificação de Erro (*vide* Capítulo 16).

---

[5] Mercado ativo, de acordo com o CPC 46, é o mercado no qual transações para o ativo ou passivo ocorrem com frequência e volume suficientes para fornecer informações de precificação de forma contínua.

3.9 BAIXA E ALIENAÇÃO

Ativos intangíveis devem ser baixados por ocasião de sua alienação ou quando não se espera mais obter benefícios econômicos futuros com sua utilização ou alienação.

3.10 DIVULGAÇÃO

O CPC 04 (R1) apresenta uma série de divulgações necessárias para os ativos intangíveis. Passamos a apresentar as mais relevantes:

(a) com vida útil indefinida ou definida e, se definida, os prazos de vida útil ou as taxas de amortização utilizados;
(b) os métodos de amortização utilizados para ativos intangíveis com vida útil definida;
(c) o valor contábil bruto e eventual amortização acumulada (mais as perdas acumuladas no valor recuperável) no início e no final do período;
(d) a rubrica da demonstração do resultado em que qualquer amortização de ativo intangível for incluída;
(e) a conciliação do valor contábil no início e no final do período, demonstrando:
  (i) adições, indicando separadamente as que foram geradas por desenvolvimento interno e as adquiridas, bem como as adquiridas por meio de uma combinação de negócios;
  (ii) ativos classificados como mantidos para venda ou incluídos em grupo de ativos classificados como mantidos para venda, nos moldes do Pronunciamento Técnico CPC 31 – Ativo Não Circulante Mantido para Venda e Operação Descontinuada e Outras Baixas;
  (iii) aumentos ou reduções durante o período, decorrentes de reavaliações nos termos dos itens 75, 85 e 86, e perda por desvalorização de ativos reconhecida ou revertida diretamente no patrimônio líquido, de acordo com o Pronunciamento Técnico CPC 01 – Redução ao Valor Recuperável de Ativos (se houver);
  (iv) provisões para perdas de ativos, reconhecidas no resultado do período, de acordo com o Pronunciamento Técnico CPC 01 – Redução ao Valor Recuperável de Ativos (se houver);
  (v) reversão de perda por desvalorização de ativos, apropriada ao resultado do período, de acordo com o Pronunciamento Técnico CPC 01 – Redução ao Valor Recuperável de Ativos (se houver);
  (vi) qualquer amortização reconhecida no período;
  (vii) variações cambiais líquidas geradas pela conversão das demonstrações contábeis para a moeda de apresentação e de operações no exterior para a moeda de apresentação da entidade; e
  (viii) outras alterações no valor contábil durante o período. (CPC 04 (R1), item 118.)

Devem-se divulgar também informações sobre ativos intangíveis que perderam o seu valor por aplicação do teste de recuperabilidade de ativos.
A entidade também deve divulgar:

(a) em relação a ativos intangíveis avaliados como tendo vida útil indefinida, o seu valor contábil e os motivos que fundamentam essa avaliação. Ao apresentar essas razões, a

entidade deve descrever os fatores mais importantes que levaram à definição de vida útil indefinida do ativo;
(b) uma descrição, o valor contábil e o prazo de amortização remanescente de qualquer ativo intangível individual relevante para as demonstrações contábeis da entidade;
(c) em relação a ativos intangíveis adquiridos por meio de subvenção ou assistência governamentais e inicialmente reconhecidos ao valor justo:
  (i) o valor justo inicialmente reconhecido dos ativos;
  (ii) o seu valor contábil; e
  (iii) se são mensurados, após o reconhecimento, pelo método de custo ou de reavaliação;
(d) a existência e os valores contábeis de ativos intangíveis cuja titularidade é restrita e os valores contábeis de ativos intangíveis oferecidos como garantia de obrigações; e
(e) o valor dos compromissos contratuais advindos da aquisição de ativos intangíveis. (CPC 04 (R1), item 122.)

3.11 EXEMPLOS PRÁTICOS

Para ilustrar este capítulo de ativo intangível, vamos apresentar dois exemplos práticos de como identificar e contabilizar esse tipo de ativo.

☞ EXEMPLO 1:

Nossa empresa RM adquiriu uma empresa concorrente que possuía uma forte marca no mercado. O interesse de nossa empresa era, na verdade, a marca da concorrente. Contudo, para que a negociação fosse viabilizada, foi necessário adquiri-la por completo. O preço ajustado pelos ativos e instalações foi de $ 50.000.000, já o valor da marca foi de $ 150.000.000, totalizando o valor de $ 200.000.000 pela empresa toda.

Nesse caso, nosso jurídico solicitou que ficasse explícito em contrato a segregação entre o valor pago pela marca e o valor dos ativos.

Ao analisarmos o contexto, verificamos que pelo contrato realizado é possível segregar claramente o ativo marca dos demais. Também fica muito claro o valor atribuído a esse ativo e, assim, podemos confiavelmente mensurar seu custo. A pergunta a que precisamos responder é: a marca irá trazer benefício econômico futuro para nossa companhia? Vamos analisar neste exemplo que sim, já que esta existe e estava nas mãos de nosso concorrente. Portanto, vemos que temos um ativo intangível identificado, a que podemos atribuir um custo com confiança, separável dos demais ativos adquiridos e que trará benefícios econômicos futuros para nossa empresa, satisfazendo, portanto, todas as condições para seu reconhecimento. Dessa forma, podemos contabilizá-lo de acordo com o Quadro 3.1.

Quadro 3.1 Exemplo de lançamento contábil de ativo intangível

LANÇAMENTO	VALOR $
Ativos diversos	50.000.000
Ativo intangível (marca – não circulante)	150.000.000
Caixa/bancos	200.000.000

Como a marca não tem uma vida útil definida, já que não é possível prever durante quanto tempo continuará gerando benefícios econômicos futuros para nossa empresa, ela deve ser submetida ao teste de recuperabilidade de ativos, caso seja necessário (*vide* Capítulo 10).

☞ EXEMPLO 2:

Nossa empresa adquiriu, por meio de contrato, os direitos autorais de determinada obra literária. Pelo contrato, passamos a poder explorar sua comercialização durante o período de 10 anos. O valor dessa aquisição foi de $ 15.000.000. Estimativas internas apontam que o mercado para essa obra está aquecido e que teremos excelentes vendas nesse período.

Vejamos que, novamente, os itens atendem a todos os requisitos para reconhecimento, ou seja, o ativo está identificado, é separável e vai gerar benefícios econômicos futuros para a empresa. Dessa maneira, sua contabilização será a apresentada no Quadro 3.2.

Quadro 3.2 Exemplo de lançamento contábil de ativo intangível

LANÇAMENTO	VALOR $
Ativo intangível (direitos autorais – não circulante)	15.000.000
a Caixa/Bancos	15.000.000

Ocorre que, conforme mencionamos, o contrato tem um prazo que limita a exploração dos direitos autorais por 10 anos. Desse modo, está definida a vida útil, ou seja, 10 anos.

Portanto, ano a ano a empresa deverá amortizar o ativo intangível. Como o valor é de $ 15.000.000, deveremos amortizar em $ 1.500.000 por ano. Assim, o lançamento contábil será o apresentado no Quadro 3.3.

Quadro 3.3 Exemplo de lançamento contábil de amortização de ativo intangível

LANÇAMENTO	VALOR $
Amortização (resultado)	1.500.000
a (–) Amortização de direitos autorais (redutor do ativo intangível)	(1.500.000)

ATIVIDADES

1. A empresa RM adquiriu de certa empresa os direitos sobre determinada patente. Com esses direitos, ela poderá fabricar e comercializar um produto pelo prazo de 20 anos. O valor pago na transação foi de $ 10.000.000. Diante das informações, verifique se se trata realmente de um ativo intangível e como deverá ficar sua contabilização.

2. A empresa ABC adquiriu a empresa XYZ. É sabido que a empresa XYZ possui uma forte marca no mercado, e esse é de fato o interesse da empresa ABC em adquiri-la. O contrato foi celebrado e dele constou que a operação envolvia o negócio como um todo. O valor estipulado foi de $ 50.000.000. Dessa forma, verifique se há um ativo intangível identificado e, se sim, contabilize a operação.

COMBINAÇÃO DE NEGÓCIOS 4

4.1 INTRODUÇÃO

Neste capítulo, abordaremos sobre a combinação de negócios. Essa expressão deve ser entendida como uma operação ou um evento em que se adquire o controle de um negócio, não necessariamente sendo esse negócio uma empresa.

A norma internacional que trata do assunto é a IFRS 3 – *Business Combinations*. No Brasil, a norma equivalente foi aprovada em 2009 e é denominada Pronunciamento Técnico CPC 15 – Combinação de Negócios. Em 2011, o pronunciamento teve sua primeira revisão e ficou denominado Pronunciamento Técnico CPC 15 (R1), que foi aprovado pela Deliberação CVM nº 665/2011 – revogada pela Resolução CVM nº 71/2022 – e pela Resolução do Conselho Federal de Contabilidade nº 1.350/2011. Esta criou a NBC TG 15, que já está em sua terceira revisão (R3).

O CPC 15 (R1) estabelece princípios e exigências da forma como o adquirente de uma combinação de negócios:

(a) reconhece e mensura, em suas demonstrações contábeis, os ativos identificáveis adquiridos, os passivos assumidos e as participações societárias de não controladores na adquirida;
(b) reconhece e mensura o ágio por expectativa de rentabilidade futura (*goodwill* adquirido) advindo da combinação de negócios ou o ganho proveniente de compra vantajosa; e
(c) determina quais as informações que devem ser divulgadas para possibilitar que os usuários das demonstrações contábeis avaliem a natureza e os efeitos financeiros da combinação de negócios. (CPC 15 (R1), item 1.)

O pronunciamento não se aplica na contabilização da formação de negócio em conjunto em suas demonstrações contábeis.

A combinação de negócios envolve a obtenção de controle pela adquirente. Isso modifica o conceito anteriormente estabelecido no Brasil, que ligava essa expressão a reorganizações societárias como fusão, incorporação e cisão; nem sempre essas operações caracterizam-se como uma combinação de negócios, em razão de não haver transferência de controle.

Trataremos na primeira parte deste capítulo das reorganizações societárias e aspectos legais ligados a elas e, na segunda parte, das combinações de negócios de acordo com os ditames do CPC 15 (R1).

4.2 FORMAS, CONCEITOS E ASPECTOS LEGAIS

4.2.1 Formas e conceitos

a. Fusão

Fusão é a operação pela qual se unem duas ou mais sociedades para formar uma sociedade nova que lhes sucederá em todos os direitos e obrigações.

Graficamente, podemos representar uma fusão conforme Figura 4.1.

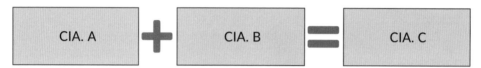

Figura 4.1 Representação gráfica de fusão.

Verifica-se pela Figura 4.1 que as duas empresas, A e B, desaparecem, e surge uma nova empresa.

b. Cisão

Cisão é a operação pela qual a companhia transfere parcelas de seu patrimônio para uma ou mais sociedades constituídas para esse fim ou já existentes, extinguindo-se a companhia cindida, se houver versão de todo o seu patrimônio, ou dividindo-se o seu capital, se parcial a versão.

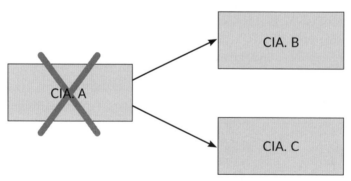

Figura 4.2 Representação gráfica de cisão.

No exemplo apresentado na Figura 4.2, a Empresa A transfere parte de seu patrimônio para B e parte para C, deixando, portanto, de existir.

c. Incorporação

Incorporação é a operação pela qual uma ou mais sociedades são absorvidas por outra que lhes sucede em todos os direitos e obrigações. Vejamos graficamente e na Figura 4.3.

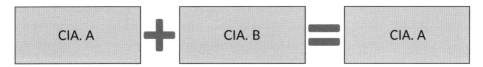

Figura 4.3 Representação gráfica de incorporação.

Como podemos notar, desaparece a Empresa B, que é incorporada à A.

d. Aquisição/alienação de controle
É a operação pela qual uma pessoa, física ou jurídica, adquire o controle de uma empresa.

Figura 4.4 Representação gráfica de aquisição/alienação de controle.

Nesse caso, as duas empresas continuam existindo, porém a Empresa A adquiriu o controle da Empresa B, tendo, portanto, o poder de governar suas políticas de ora em diante.

4.2.2 Aspectos legais

Fusão, cisão e incorporação de companhia aberta estão dispostas na Resolução CVM nº 78/2022 e na Lei nº 6.404/76.

a. Instrução CVM nº 78/2022
A Instrução CVM nº 78/2022 dispõe sobre operações de fusão, cisão, incorporação e incorporação de ações, aproveitamento econômico e tratamento contábil do ágio e do deságio.

b. Lei nº 6.404/76
Todos os demais aspectos relacionados a processos contábeis e legais da incorporação, fusão e cisão são definidos pela Lei nº 6.404/76.

c. Competência e processo

A incorporação, fusão ou cisão podem ser operadas entre sociedades de tipos iguais ou diferentes e deverão ser deliberadas na forma prevista para a alteração dos respectivos estatutos ou contratos sociais.

§ 1º Nas operações em que houver criação de sociedade serão observadas as normas reguladoras da constituição das sociedades do seu tipo.

§ 2º Os sócios ou acionistas das sociedades incorporadas, fundidas ou cindidas receberão, diretamente da companhia emissora, as ações que lhes couberem.

§ 3º Se a incorporação, fusão ou cisão envolverem companhia aberta, as sociedades que a sucederem serão também abertas, devendo obter o respectivo registro e, se for o caso, promover a admissão de negociação das novas ações no mercado secundário, no prazo máximo de 120 (cento e vinte) dias, contados da data da assembleia-geral que aprovou a operação, observando as normas pertinentes baixadas pela Comissão de Valores Mobiliários.

§ 4º O descumprimento do exposto no parágrafo anterior dará ao acionista direito de retirar-se da companhia, mediante reembolso do valor das suas ações (art. 45), nos 30 (trinta) dias seguintes ao término do prazo nele referido, observado o disposto nos §§ 1º e 4º do art. 137. (Lei nº 6.404/76, art. 223)

d. Protocolo

As condições de incorporação, fusão ou cisão com incorporação em sociedade existente constarão de protocolo firmado pelos órgãos de administração ou sócios das sociedades interessadas, que incluirá:

I. o número, espécie e classe das ações que serão atribuídas em substituição dos direitos de sócios que se extinguirão e os critérios utilizados para determinar as relações de substituição;
II. os elementos ativos e passivos que formarão cada parcela do patrimônio, no caso de cisão;
III. os critérios de avaliação do patrimônio líquido, a data a que será referida a avaliação, e o tratamento das variações patrimoniais posteriores;
IV. a solução a ser adotada quanto às ações ou quotas do capital de uma das sociedades possuídas por outra;
V. o valor do capital das sociedades a serem criadas ou do aumento ou redução do capital das sociedades que forem parte na operação;
VI. o projeto ou projetos de estatuto, ou de alterações estatutárias, que deverão ser aprovados para efetivar a operação;
VII. todas as demais condições a que estiver sujeita a operação.

Parágrafo único. Os valores sujeitos a determinação serão indicados por estimativa. (Lei nº 6.404/76, art. 224)

e. Justificação

As operações de incorporação, fusão e cisão serão submetidas à deliberação da assembleia-geral das companhias interessadas mediante justificação, na qual serão expostos:

I. os motivos ou fins da operação, e o interesse da companhia na sua realização;
II. as ações que os acionistas preferenciais receberão e as razões para a modificação dos seus direitos, se prevista;
III. a composição, após a operação, segundo espécies e classes das ações, do capital das companhias que deverão emitir ações em substituição às que se deverão extinguir;
IV. o valor de reembolso das ações a que terão direito os acionistas dissidentes. (Lei nº 6.404/76, art. 225)

f. Transformação, incorporação, fusão e cisão

As operações de incorporação, fusão ou cisão somente poderão ser efetivadas nas condições aprovadas se os peritos nomeados determinarem que o valor do patrimônio ou patrimônios líquidos a serem vertidos para a formação de capital social é, ao menos, igual ao montante do capital a realizar.

§ 1º As ações ou quotas do capital da sociedade a ser incorporada que forem de propriedade da companhia incorporadora poderão, conforme dispuser o protocolo de incorporação, ser extintas, ou substituídas por ações em tesouraria da incorporadora, até o limite dos lucros acumulados e reservas, exceto a legal.

§ 2º O disposto no § 1º aplicar-se-á aos casos de fusão, quando uma das sociedades fundidas for proprietária de ações ou quotas de outra, e de cisão com incorporação, quando a companhia que incorporar parcela do patrimônio da cindida for proprietária de ações ou quotas do capital desta.

§ 3º A Comissão de Valores Mobiliários estabelecerá normas especiais de avaliação e contabilização aplicáveis às operações de fusão, incorporação e cisão que envolvam companhia aberta. (Lei nº 6.404/76, art. 226)

g. Direito de retirada

Nos casos de incorporação ou fusão, o prazo para o exercício do direito de retirada, previsto no art. 137, inciso II, será contado a partir da publicação da ata que aprovar o protocolo ou justificação, mas o pagamento do preço de reembolso somente será devido se a operação vier a efetivar-se. (Lei nº 6.404/76, art. 230)

h. Direito dos debenturistas

A incorporação, fusão ou cisão da companhia emissora de debêntures em circulação dependerá da prévia aprovação dos debenturistas, reunidos em assembleia especialmente convocada com esse fim.

§ 1º Será dispensada a aprovação pela assembleia se for assegurado aos debenturistas que o desejarem, durante o prazo mínimo de 6 (seis) meses a contar da data da publicação das atas das assembleias relativas à operação, o resgate das debêntures de que forem titulares.

§ 2º No caso do § 1º, a sociedade cindida e as sociedades que absorverem parcela do seu patrimônio responderão solidariamente pelo resgate das debêntures. (Lei nº 6.404/76, art. 231)

i. Direito dos credores na incorporação ou fusão

Até 60 (sessenta) dias depois de publicados os atos relativos à incorporação ou à fusão, o credor anterior por ela prejudicado poderá pleitear judicialmente a anulação da operação; findo o prazo, decairá do direito o credor que não o tiver exercido.

§ 1º A consignação da importância em pagamento prejudicará a anulação pleiteada.

§ 2º Sendo ilíquida a dívida, a sociedade poderá garantir-lhe a execução, suspendendo-se o processo de anulação.

§ 3º Ocorrendo, no prazo deste artigo, a falência da sociedade incorporadora ou da sociedade nova, qualquer credor anterior terá o direito de pedir a separação dos patrimônios, para o fim de serem os créditos pagos pelos bens das respectivas massas. (Lei nº 6.404/76, art. 232)

j. Direito dos credores na cisão

Na cisão com extinção da companhia cindida, as sociedades que absorverem parcelas do seu patrimônio responderão solidariamente pelas obrigações da companhia extinta. A companhia cindida que subsistir e as que absorverem parcelas do seu patrimônio responderão solidariamente pelas obrigações da primeira anteriores à cisão.

Parágrafo único. O ato de cisão parcial poderá estipular que as sociedades que absorverem parcelas do patrimônio da companhia cindida serão responsáveis apenas pelas obrigações que lhes forem transferidas, sem solidariedade entre si ou com a companhia cindida, mas, nesse caso, qualquer credor anterior poderá se opor à estipulação, em relação ao seu crédito, desde que notifique a sociedade no prazo de 90 (noventa) dias a contar da data da publicação dos atos da cisão. (Lei nº 6.404/76, art. 233)

k. Responsabilidade pelas dívidas tributárias

Respondem pelo imposto devido pelas pessoas jurídicas transformadas, extintas ou cindidas (Lei nº 5.172, de 1996, art. 132, e Decreto-lei nº 1.598, de 1977, art. 5º):
I. a pessoa jurídica resultante da transformação de outra;
II. a pessoa jurídica constituída pela fusão de outras, ou em decorrência de cisão de sociedade;
III. a pessoa jurídica que incorporar outra ou parcela do patrimônio de sociedade cindida; [...]
Parágrafo único. Respondem solidariamente pelo imposto devido pela pessoa jurídica (Decreto-lei nº 1.598, de 1977, art. 5º, § 1º):
I. as sociedades que receberem parcelas do patrimônio da pessoa jurídica extinta por cisão;
II. a sociedade cindida e a sociedade que absorver parcela do seu patrimônio, no caso de cisão parcial; [...]. (Decreto nº 9.580/2018, art. 196)

l. Averbação da sucessão

A certidão, passada pelo registro do comércio, da incorporação, fusão ou cisão, é documento hábil para a averbação, nos registros públicos competentes, da sucessão, decorrente da operação, em bens, direitos e obrigações. (Lei nº 6.404/76, art. 234)

4.2.2.1 Incorporação – aspectos legais

A Lei das Sociedades por Ações, em seu art. 227, *caput*, trata sobre incorporação: "A incorporação é a operação pela qual uma ou mais sociedades são absorvidas por outra, que lhes sucede em todos os direitos e obrigações".

A Sociedade A (incorporadora) incorpora a Sociedade B (incorporada). A Sociedade B é extinta e todo o seu patrimônio passa a pertencer à Sociedade A.

§ 1º A assembleia-geral da companhia incorporadora, se aprovar o protocolo da operação, deverá autorizar o aumento de capital a ser subscrito e realizado pela incorporada mediante versão do seu patrimônio líquido, e nomear os peritos que o avaliarão.
§ 2º A sociedade que houver de ser incorporada, se aprovar o protocolo da operação, autorizará seus administradores a praticarem os atos necessários à incorporação, inclusive a subscrição do aumento de capital da incorporadora.
§ 3º Aprovados pela assembleia-geral da incorporadora o laudo de avaliação e a incorporação, extingue-se a incorporada, competindo à primeira promover o arquivamento e a publicação dos atos de incorporação. (Lei nº 6.404/76, art. 227, §§ 1º a 3º)

4.2.2.1.1 Incorporação de companhia controlada

Na incorporação, pela controladora, de companhia controlada, a justificação, apresentada à assembleia-geral da controlada, deverá conter, além das informações previstas nos arts. 224 e 225, o cálculo das relações de substituição das ações dos acionistas não controladores da controlada com base no valor do patrimônio líquido das ações da controladora e da controlada, avaliados os dois patrimônios segundo os mesmos critérios e na mesma data, a preços de mercado, ou com base em outro critério aceito pela Comissão de Valores Mobiliários, no caso de companhias abertas.

§ 1º A avaliação dos dois patrimônios será feita por 3 (três) peritos ou empresa especializada e, no caso de companhias abertas, por empresa especializada. [...] (Lei nº 6.404/76, art. 264)

4.2.2.2 Cisão – aspectos legais

Os aspectos legais da cisão estão dispostos no art. 229 da Lei nº 6.404/76:

A cisão é a operação pela qual a companhia transfere parcelas do seu patrimônio para uma ou mais sociedades, constituídas para esse fim ou já existentes, extinguindo-se a companhia cindida, se houver versão de todo o seu patrimônio, ou dividindo-se o seu capital, se parcial a versão.

§ 1º [...] a sociedade que absorver parcela do patrimônio da companhia cindida sucede a esta nos direitos e obrigações relacionados no ato da cisão; no caso de cisão com extinção, as sociedades que absorverem parcelas do patrimônio da companhia cindida sucederão a esta, na proporção dos patrimônios líquidos transferidos, nos direitos e obrigações não relacionados. [...]

a. Cisão parcial

Na cisão parcial, apenas uma parte do patrimônio da companhia cindida será transferida para outra(s) companhia(s). Assim, por exemplo, a Cia. A transfere uma parcela de 30% de seu patrimônio para a Cia. B e 30% para a Cia. C. A Cia. A continua suas atividades com 40% do patrimônio original, enquanto as Cias. B e C aumentam seus patrimônios, se existirem, ou os iniciam.

b. Cisão total

Na cisão total, todo o patrimônio da companhia cindida será transferido para uma ou mais companhias. Assim, por exemplo, a Cia. A transfere uma parcela de 50% de seu patrimônio para a Cia. B e 50% para a Cia. C. As Cias. B e C aumentam seu patrimônio, se já existir, ou iniciam seu patrimônio, enquanto a Cia. A é extinta.

A cisão total corresponde, praticamente, a uma incorporação, com a diferença de que, na incorporação, o(s) patrimônio(s) é(são) vertido(s) para uma única sociedade (incorporadora), enquanto na cisão total o patrimônio da sociedade cindida será vertido para mais de uma sociedade. Em ambos os casos, as sociedades incorporada e cindida são extintas.

4.2.2.3 Fusão – aspectos legais

O art. 228, *caput*, da Lei nº 6.404/76 trata da fusão: "A fusão é a operação pela qual se unem duas ou mais sociedades para formar sociedade nova, que lhes sucederá em todos os direitos e obrigações".

As Sociedades A e B resolvem unir seus patrimônios para a formação de uma nova Sociedade C. Nesse caso, as Sociedades A e B são extintas, e todo o seu patrimônio é vertido para a nova Sociedade C.

§ 1º A assembleia-geral de cada companhia, se aprovar o protocolo de fusão, deverá nomear os peritos que avaliarão os patrimônios líquidos das demais sociedades.

§ 2º Apresentados os laudos, os administradores convocarão os sócios ou acionistas das sociedades para uma assembleia-geral, que deles tomará conhecimento e resolverá sobre a constituição definitiva da nova sociedade, vedado aos sócios ou acionistas votar o laudo de avaliação do patrimônio líquido da sociedade de que fazem parte.

§ 3º Constituída a nova companhia, incumbirá aos primeiros administradores promover o arquivamento e a publicação dos atos da fusão. (Lei nº 6.404/76, art. 228, §§ 1º a 3º)

4.2.3 Relação de substituição

a. Conceito

Procura, no ato da operação de reestruturação, restabelecer a proporção justa dos direitos de sócios em relação à situação anterior. Dessa forma, nem os ex-sócios da companhia extinta ou cindida parcialmente nem os sócios da companhia sucessora teriam vantagens ou desvantagens em relação à proporção de sua participação no patrimônio líquido da sucessora.

b. Substituição na incorporação

Nas operações de incorporação de companhia aberta por sua controladora, ou desta por companhia aberta controlada, o cálculo da relação de substituição das ações dos acionistas não controladores deverá excluir o saldo do ágio pago na aquisição da controlada.

No cálculo das relações de substituição das ações dos acionistas não controladores, que se extinguirão, estabelecidas no protocolo da operação, deve ser reconhecida a existência de espécies e classes de ações com direitos diferenciados, sendo vedado favorecer, direta ou indiretamente, uma outra espécie ou classe de ações.

4.2.4 Prejuízo em casos de fusões, incorporações e cisões

a. Tratamento na sucessora (Decreto nº 9.580/2018 – RIR, art. 585, *caput*)

A pessoa jurídica que se tornar sucessora de outra em virtude de incorporação, fusão e cisão não poderá compensar prejuízos fiscais da sucedida.

b. Tratamento na cisão parcial

No caso de cisão parcial, a pessoa jurídica cindida poderá compensar seus próprios prejuízos, proporcionalmente à parcela remanescente do patrimônio líquido.

4.2.5 Formas de extinção e dissolução

4.2.5.1 *Dissolução*

Dissolve-se a companhia:

I. de pleno direito:

a) pelo término do prazo de duração;

b) nos casos previstos no estatuto;

c) por deliberação da assembleia-geral [...];

d) pela existência de 1 (um) único acionista, verificada em assembleia-geral ordinária, se o mínimo de 2 (dois) não for reconstituído até à do ano seguinte, ressalvado o disposto no artigo 251;[1]

e) pela extinção, na forma da lei, da autorização para funcionar;

II. por decisão judicial:

a) quando anulada a sua constituição, em ação proposta por qualquer acionista;

b) quando provado que não pode preencher o seu fim, em ação proposta por acionistas que representem 5% (cinco por cento) ou mais do capital social;

c) em caso de falência, na forma prevista na respectiva lei;

III. por decisão de autoridade administrativa competente, nos casos e na forma prevista em lei especial. (Lei nº 6.404/76, art. 206)

A companhia dissolvida conserva a personalidade jurídica, até a extinção, com o fim de proceder à liquidação. (Lei nº 6.404/76, art. 207)

4.2.5.2 *Liquidação (Lei nº 6.404/76, arts. 208 a 218)*

a. Liquidação pelos órgãos da companhia

Silenciando o estatuto, compete à assembleia-geral, nos casos do número I do artigo 206, determinar o modo de liquidação e nomear o liquidante e o conselho fiscal que devam funcionar durante o período de liquidação.

§ 1º A companhia que tiver conselho de administração poderá mantê-lo, competindo-lhe nomear o liquidante; o funcionamento do conselho fiscal será permanente ou a pedido de acionistas, conforme dispuser o estatuto.

§ 2º O liquidante poderá ser destituído, a qualquer tempo, pelo órgão que o tiver nomeado. (Lei nº 6.404/76, art. 208)

b. Liquidação judicial

Além dos casos previstos no número II do artigo 206, a liquidação será processada judicialmente:

I. a pedido de qualquer acionista, se os administradores ou a maioria de acionistas deixarem de promover a liquidação, ou a ela se opuserem, nos casos do número I do artigo 206;

II. a requerimento do Ministério Público, à vista de comunicação da autoridade competente, se a companhia, nos 30 (trinta) dias subsequentes à dissolução, não iniciar a liquidação ou,

---

[1] O art. 251 trata da constituição de subsidiária integral, que pode ser formada por um único acionista.

se após iniciá-la, a interromper por mais de 15 (quinze) dias, no caso da alínea "e" do número I do artigo 301.
Parágrafo único. Na liquidação judicial será observado o disposto na lei processual, devendo o liquidante ser nomeado pelo juiz. (Lei nº 6.404/76, art. 209)

c. Deveres do liquidante

São deveres do liquidante:
I. arquivar e publicar a ata da assembleia-geral, ou certidão de sentença, que tiver deliberado ou decidido a liquidação;
II. arrecadar os bens, livros e documentos da companhia, onde quer que estejam;
III. fazer levantar de imediato, em prazo não superior ao fixado pela assembleia-geral ou pelo juiz, o balanço patrimonial da companhia;
IV. ultimar os negócios da companhia, realizar o ativo, pagar o passivo, e partilhar o remanescente entre os acionistas;
V. exigir dos acionistas, quando o ativo não bastar para a solução do passivo, a integralização de suas ações;
VI. convocar a assembleia-geral, nos casos previstos em lei ou quando julgar necessário;
VII. confessar a falência da companhia e pedir concordata, nos casos previstos em lei;
VIII. finda a liquidação, submeter à assembleia-geral relatório dos atos e operações da liquidação e suas contas finais;
IX. arquivar e publicar a ata da assembleia-geral que houver encerrado a liquidação. (Lei nº 6.404/76, art. 210)

d. Poderes do liquidante

Compete ao liquidante representar a companhia e praticar todos os atos necessários à liquidação, inclusive alienar bens móveis ou imóveis, transigir, receber e dar quitação.
Parágrafo único. Sem expressa autorização da assembleia-geral o liquidante não poderá gravar bens e contrair empréstimos, salvo quando indispensáveis ao pagamento de obrigações inadiáveis, nem prosseguir, ainda que para facilitar a liquidação, na atividade social. (Lei nº 6.404/76, art. 211)

e. Denominação da companhia

Em todos os atos ou operações, o liquidante deverá usar a denominação social seguida das palavras "em liquidação". (Lei nº 6.404/76, art. 212)

f. Assembleia-geral

O liquidante convocará a assembleia-geral cada 6 (seis) meses, para prestar-lhe contas dos atos e operações praticados no semestre e apresentar-lhe o relatório e o balanço do estado da liquidação; a assembleia-geral pode fixar, para essas prestações de contas, períodos menores ou maiores que, em qualquer caso, não serão inferiores a 3 (três) nem superiores a 12 (doze) meses.
§ 1º Nas assembleias-gerais da companhia em liquidação todas as ações gozam de igual direito de voto, tornando-se ineficazes as restrições ou limitações porventura existentes em

relação às ações ordinárias ou preferenciais; cessando o estado de liquidação, restaura-se a eficácia das restrições ou limitações relativas ao direito de voto.

§ 2º No curso da liquidação judicial, as assembleias-gerais necessárias para deliberar sobre os interesses da liquidação serão convocadas por ordem do juiz, a quem compete presidi-las e resolver, sumariamente, as dúvidas e litígios que forem suscitados. As atas das assembleias-gerais serão, por cópias autênticas, apensadas ao processo judicial. (Lei nº 6.404/76, art. 213)

g. Pagamento do passivo

Respeitados os direitos dos credores preferenciais, o liquidante pagará as dívidas sociais proporcionalmente e sem distinção entre vencidas e vincendas, mas, em relação a estas, com desconto às taxas bancárias.

Parágrafo único. Se o ativo for superior ao passivo, o liquidante poderá, sob sua responsabilidade pessoal, pagar integralmente as dívidas vencidas. (Lei nº 6.404/76, art. 214)

h. Partilha do ativo

A assembleia-geral pode deliberar que antes de ultimada a liquidação, e depois de pagos todos os credores, se façam rateios entre os acionistas, à proporção que se forem apurando os haveres sociais.

§ 1º É facultado à assembleia-geral aprovar, pelo voto de acionistas que representem 90% (noventa por cento), no mínimo, das ações, depois de pagos ou garantidos os credores, condições especiais para a partilha do ativo remanescente, com a atribuição de bens aos sócios, pelo valor contábil ou outro por ela fixado.

§ 2º Provado pelo acionista dissidente (artigo 216, § 2º) que as condições especiais de partilha visaram a favorecer a maioria, em detrimento da parcela que lhe tocaria, se inexistissem tais condições, será a partilha suspensa, se não consumada, ou, se já consumada, os acionistas majoritários indenizarão os minoritários pelos prejuízos apurados. (Lei nº 6.404/76, art. 215)

i. Prestação de contas

Pago o passivo e rateado o ativo remanescente, o liquidante convocará a assembleia-geral para a prestação final das contas.

§ 1º Aprovadas as contas, encerra-se a liquidação e a companhia se extingue.

§ 2º O acionista dissidente terá o prazo de 30 (trinta) dias, a contar da publicação da ata, para promover a ação que lhe couber. (Lei nº 6.404/76, art. 216)

j. Responsabilidade na liquidação

O liquidante terá as mesmas responsabilidades do administrador, e os deveres e responsabilidades dos administradores, fiscais e acionistas subsistirão até a extinção da companhia. (Lei nº 6.404/76, art. 217)

k. Direito do credor não satisfeito

Encerrada a liquidação, o credor não satisfeito só terá direito de exigir dos acionistas, individualmente, o pagamento de seu crédito, até o limite da soma, por eles recebida, e de propor contra o liquidante, se for o caso, ação de perdas e danos. O acionista executado terá direito de haver dos demais a parcela que lhes couber no crédito pago. (Lei nº 6.404/76, art. 218)

4.2.5.3 *Extinção*

Extingue-se a companhia:
I. pelo encerramento da liquidação;
II. pela incorporação ou fusão, e pela cisão com versão de todo o patrimônio em outras sociedades. (Lei nº 6.404/76, art. 219)

4.3 COMBINAÇÃO DE NEGÓCIOS

Vamos agora tratar das determinações do CPC 15 (R1) em relação às combinações de negócios, que, como vimos anteriormente, envolvem necessariamente a transferência de controle da entidade para outrem.

4.3.1 Identificação

Para que uma operação seja considerada uma combinação de negócios, é necessário que ela seja identificada como tal. Para tanto, a entidade deverá verificar se os ativos e os passivos objeto da transação constituem um negócio. Caso não se caracterizem como tal, deverão ser tratados como uma aquisição normal de ativos.

4.3.2 Método a ser aplicado

Existem dois métodos a serem utilizados para uma combinação de negócios:

1. comunhão de interesses (*Pooling of Interests Purchase*);
2. método de aquisição (*purchase*).

O método de comunhão de interesses tem como pressuposto o equilíbrio entre as entidades que se combinam, e o tratamento contábil é a soma das bases contábeis. Esse método foi utilizado no Brasil até 2004. Na atualidade, o método a ser aplicado é o da aquisição.
O método da aquisição consiste na contabilização pelo valor da aquisição.
O CPC 15 (R1) determina a utilização do método de aquisição para aplicação na contabilização de uma combinação de negócios.
A aplicação do método exige:

(a) identificação do adquirente;
(b) determinação da data de aquisição;
(c) reconhecimento e mensuração dos ativos identificáveis adquiridos, dos passivos assumidos e das participações societárias de não controladores na adquirida; e
(d) reconhecimento e mensuração do ágio por expectativa de rentabilidade futura (*goodwill*) ou do ganho proveniente de compra vantajosa. (CPC 15 (R1), item 5)

4.3.3 Identificação do adquirente

Adquirente é a pessoa física ou jurídica que obtém o controle de uma entidade ou negócio em uma operação de combinação de negócios.

As regras para identificar o adquirente estão dispostas no CPC 36 (R3) – Demonstrações Consolidadas. Elas ajudam a identificar fatores que podem determinar o adquirente, por exemplo:

a. qual entidade terá mais direito a votos;
b. composição da diretoria;
c. quantidade de membros do conselho etc.

O item B15 do CPC 36 (R3) elenca alguns direitos que podem dar poder ao investidor:

(a) direitos na forma de direitos de voto (ou direitos de voto potenciais) da investida [...];
(b) direitos de nomear, realocar ou destituir membros do pessoal-chave da administração da investida que tenham a capacidade de dirigir as atividades relevantes;
(c) direitos de nomear ou destituir outra entidade que dirija as atividades relevantes;
(d) direitos de instruir a investida a realizar transações, ou vetar quaisquer mudanças a essas transações, em benefício do investidor; e
(e) outros direitos (tais como direitos de tomada de decisões especificados em contrato de gestão) que deem ao titular a capacidade de dirigir as atividades relevantes. (CPC 36 (R3), item B15)

Podemos concluir que o adquirente possuirá preponderância nas deliberações sociais, terá o poder de eleger ou destituir a maioria dos administradores etc.

Controlar outra entidade significa ter o poder de determinar as políticas financeiras e operacionais desta.

Em princípio, pode parecer simples identificar o adquirente em uma combinação de negócios, mas nem sempre é assim que ocorre. Por exemplo, Empresa A compra outra menor, a Empresa B; a operação será feita com troca de ações. Pelos dados, parece óbvio que a adquirente é a Empresa A, especialmente por ser a maior. No entanto, a maioria dos membros da diretoria, incluindo o presidente, é originário da Empresa B, o controle das operações será feito pela Empresa B, em razão de deter todo o *know-how* e a infraestrutura do negócio. O nome da empresa será o nome da Empresa A. Como podemos ver, agora ficou complicado determinar quem é o adquirente. Por isso, a observância aos critérios de controle deve ser cuidadosamente avaliada pela entidade.

4.3.4 Data de aquisição

A data de aquisição dever ser determinada pelo adquirente. Essa data deve corresponder à data em que o comprador passa a ter o controle efetivo sobre a outra entidade.

4.3.5 Reconhecimento

No momento do reconhecimento, o adquirente deverá fazer o reconhecimento dos ativos identificáveis adquiridos, bem como dos passivos assumidos, separando-os do ágio por expectativa de rentabilidade futura (*goodwill*) e a participação de não controladores.

Para que realize esse reconhecimento do negócio adquirido, a entidade adquirente deverá considerar algumas condições:

1. Os ativos e os passivos, para serem reconhecidos, precisarão atender aos requisitos para reconhecimento como tal.[2]
2. Necessariamente, os ativos e os passivos a serem reconhecidos devem fazer parte do que o adquirente e a adquirida trocam na operação de combinação de negócios, em vez de serem resultado de operações separadas. (vide, para maiores detalhes, Seção 4.3.13 – Determinação do que é parte da operação da combinação de negócios.)
3. Ao verificar os itens para reconhecimento como ativo ou passivo, é possível que haja necessidade de reconhecer ativos e passivos que não estavam reconhecidos nas demonstrações contábeis como tais. Exemplo comum é o de ativos intangíveis.

4.3.5.1 Classificação ou designação de ativo identificável adquirido e passivo assumido em combinação de negócios

A classificação dos itens de ativo e passivo, provenientes da combinação de negócios, deve ser realizada com base nos termos contratuais, nas condições econômicas, nas políticas contábeis ou operacionais e em outras condições pertinentes que possa existir na data da aquisição.

Subsequentemente, poderá ser necessária a aplicação de outros pronunciamentos técnicos do CPC. Em determinadas situações, esses pronunciamentos podem exigir um tratamento contábil diferenciado, dependendo da classificação ou designação de determinado ativo ou passivo, realizada pela entidade. O CPC 15 (R1) apresenta alguns exemplos de classificação ou designação que o adquirente deve fazer com base nas condições pertinentes existentes na data de aquisição:

(a) classificar ativos e passivos financeiros específicos como mensurados ao valor justo por meio do resultado, ou ao custo amortizado, ou como ativo financeiro mensurado ao valor justo por meio de outros resultados abrangentes, em conformidade com o disposto no CPC 48 – Instrumentos Financeiros;

(b) designar um instrumento derivativo como instrumento de proteção (hedge), de acordo com o CPC 48; e

(c) determinar se o derivativo embutido deveria ser separado do contrato principal, de acordo com o CPC 48 (que é uma questão de 'classificação', conforme esse pronunciamento utiliza tal termo). (CPC 15 (R1), item 16)

No entanto, o pronunciamento prevê exceções a essa classificação e designação. São elas:

(a) classificação de contrato de arrendamento mercantil em que a adquirida é o arrendador como arrendamento operacional ou financeiro, conforme descrito no CPC 06 – Operações de Arrendamento Mercantil; e

(b) classificação de um contrato como contrato de seguro, conforme o Pronunciamento Técnico CPC 11 – Contratos de Seguro. (CPC 15 (R1), item 17)

Esses contratos serão classificados com base em suas cláusulas contratuais e outros fatores na data de início do contrato, ou na data de possíveis revisões existentes desses contratos.

---

[2] Os requisitos para reconhecimento de ativos e passivos estão descritos no Capítulo 1.

4.3.6 Mensuração

Os ativos e os passivos provenientes da combinação de negócios deverão ser avaliados pelo seu valor justo na data de aquisição.

Deverão também ser observados na mensuração os componentes da participação de não controladores na adquirida que representem, nessa data, efetivamente instrumentos patrimoniais e confiram a seus detentores uma participação proporcional nos ativos líquidos da adquirida em caso de sua liquidação, por um dos seguintes critérios:

(a) pelo valor justo, ou
(b) pela participação proporcional atual conferida pelos instrumentos patrimoniais nos montantes reconhecidos dos ativos líquidos identificáveis da adquirida. (CPC 15 (R1), item 19)

Todos os demais componentes da participação de não controladores devem ser mensurados ao seu valor justo na data da aquisição ou em outra base determinada por outro pronunciamento técnico.

4.3.7 Exceções

O Pronunciamento Técnico CPC 15 (R1) prevê exceções aos princípios de reconhecimento e mensuração. Estão dispostos nos itens 21 a 31 desse pronunciamento as exceções, os quais dizem respeito a itens específicos e à natureza de tais exceções. Passaremos a seguir pelas principais:

a. reconhecidos pela aplicação de condições de reconhecimento adicionais àquelas previstas, ou pela aplicação das exigências de outros Pronunciamentos, Interpretações e Orientações do CPC, com resultados diferentes dos que seriam obtidos mediante aplicação do princípio e das condições de reconhecimento;
b. mensurados por montante diferente do seu valor justo na data da aquisição.

4.3.7.1 *Exceções no reconhecimento*

Exceções no reconhecimento estão ligadas aos passivos contingentes. Nesse caso, as exigências do Pronunciamento Técnico CPC 25 – Provisões, Passivos Contingentes e Ativos Contingentes não se aplicam na determinação de quais passivos contingentes devem ser reconhecidos na data da aquisição. Nesse caso, um passivo contingente assumido deverá ser reconhecido, na combinação de negócios, se for uma obrigação presente, resultante de um evento passado e seu valor justo puder ser mensurado confiavelmente.

Um passivo contingente é definido pelo CPC 25 como:

(a) uma possível obrigação que resulta de eventos passados e cuja existência será confirmada apenas pela ocorrência ou não de um ou mais eventos futuros incertos não totalmente sob controle da entidade; ou
(b) uma obrigação presente que resulta de eventos passados, mas que não é reconhecida porque:
   (i) não é provável que uma saída de recursos que incorporam benefícios econômicos seja exigida para liquidar a obrigação; ou
   (ii) o montante da obrigação não pode ser mensurado com suficiente confiabilidade.

4.3.7.2 Exceções no reconhecimento e na mensuração

Tributos sobre o lucro

Para reconhecer e mensurar os ativos e passivos fiscais diferidos, o adquirente deverá observar o Pronunciamento Técnico CPC 32 – Tributos sobre o Lucro.

O adquirente deverá reconhecer os efeitos potenciais de diferenças temporárias e de prejuízos fiscais da entidade adquirida existentes na data da aquisição ou até mesmo originadas da aquisição.

Benefícios a empregados

Deverá reconhecer e mensurar um passivo, ou ativo, caso haja, relacionado aos contratos da adquirida relativos a benefícios a empregados. Para isso, faz-se mister a observação aos ditames do Pronunciamento Técnico CPC 33 – Benefícios a Empregados.

Ativos de indenização

Na combinação de negócios, o vendedor pode ser obrigado, por contrato, a indenizar o adquirente pelo resultado de uma incerteza ou contingência relativa a todo ou parte de ativo ou passivo específico. O adquirente deverá reconhecer um ativo por indenização ao mesmo tempo em que reconhece o item objeto da indenização, mensurado nas mesmas bases daquele item a ser indenizado, e ainda sujeito à avaliação da necessidade de constituir provisão para valores incobráveis.

4.3.7.3 Exceções na mensuração

Direito readquirido

O valor de direito readquirido deve ser mensurado pelo adquirente e reconhecido como um ativo intangível.

Transações com pagamento baseado em ações

Um passivo deve ser mensurado em relação a pagamento baseado em ações da adquirida de acordo com o Pronunciamento Técnico CPC 10 – Pagamento Baseado em Ações, na data da aquisição.

Ativo mantido para venda

Um ativo classificado como mantido para venda pela adquirente deve ser mensurado, na data da aquisição, pelo valor justo menos as despesas para vender, de acordo com o Pronunciamento Técnico CPC 31 – Ativo Não Circulante Mantido para Venda e Operação Descontinuada.

4.3.8 Ágio por expectativa de rentabilidade futura (*goodwill*)

Em determinadas ocasiões, o adquirente pode pagar, em uma transação, um valor acima do que vale os ativos líquidos de uma entidade. Isso ocorre por uma razão determinada, qual seja a expectativa por parte do adquirente de rentabilidade futura em relação ao negócio.

Portanto, o ágio por expectativa de rentabilidade futura é um ativo que representa benefícios econômicos futuros resultantes de outros ativos adquiridos em uma combinação de negócios, os quais não são individualmente identificados e separadamente reconhecidos.

O ágio por expectativa de rentabilidade futura deve ser reconhecido. Ele deverá ser mensurado na data da aquisição pelo montante que (a) exceder (b) abaixo:

a. a soma:
  (i) da contraprestação transferida em troca do controle da adquirida, mensurada de acordo com as normas, para a qual geralmente se exige o valor justo na data da aquisição;
  (ii) do montante de quaisquer participações de não controladores na adquirida, mensuradas de acordo com as normas; e
  (iii) no caso de combinação de negócios realizada em estágios, o valor justo, na data da aquisição, da participação do adquirente na adquirida imediatamente antes da combinação;
b. o valor líquido, na data da aquisição, dos ativos identificáveis adquiridos e dos passivos assumidos, mensurados de acordo com as normas.

4.3.9 Compra vantajosa

Pode acontecer de uma adquirente obter um negócio com vantagem, ou seja, em linhas gerais, pagando menos do que este vale. Isso ocorre, por exemplo, em uma venda forçada.

Ocorrerá compra vantajosa quando em uma combinação de negócios o valor determinado pela letra "b", anterior, for superior do que a soma dos valores da letra "a", anterior.

Nesse caso, o adquirente deverá confirmar se essa diferença permanece após uma revisão para verificar que todos os ativos e passivos identificáveis foram reconhecidos; em permanecendo, deverá reconhecer um ganho no resultado do exercício na data da aquisição.

4.3.10 Combinações de negócios realizada em estágios

O CPC 15 (R1) define combinação de negócios realizada em estágios como aquelas em que a adquirente já possui participação na entidade adquirida, e adquire mais participação com o intuito de obter o controle desta.

Quando ocorrerem combinações de negócios desse tipo, o adquirente deverá mensurar novamente sua participação anterior na adquirida pelo valor justo na data da aquisição e deve reconhecer no resultado do período o ganho ou a perda resultante, se houver, ou em outros resultados abrangentes, conforme apropriado.

4.3.11 Combinações de negócios realizada sem a transferência de contraprestação

Pode acontecer de haver uma aquisição de controle de uma entidade sem haver transferência de contraprestação. Mesmo nesse caso, deverá ser aplicado o método de aquisição para contabilizar a combinação de negócios. Alguns exemplos de combinação de negócios sem a transferência de contraprestação:

(a) a adquirida recompra um número tal de suas próprias ações de forma que determinado investidor (o adquirente) acaba obtendo o controle sobre ela;
(b) direito de veto de não controladores que antes impedia o adquirente de controlar a adquirida perde efeito;

(c) adquirente e adquirida combinam seus negócios por meio de acordos puramente contratuais. O adquirente não efetua nenhuma contraprestação em troca do controle da adquirida e também não detém qualquer participação societária na adquirida, nem na data de aquisição tampouco antes dela. Exemplos de combinação de negócios alcançada por contrato independente incluem, quando permitidas legalmente, juntar dois negócios por meio de acordo contratual (*stapling arrangements*) ou da formação de corporação duplamente listada (*dual-listed corporation*).[3] (CPC 15 (R1), item 43)

4.3.12 Período de mensuração

Pode ocorrer de a contabilização inicial de uma combinação de negócios estar incompleta no final do período de reporte. Dessa maneira, o adquirente deve reportar em suas demonstrações contábeis os valores provisórios para os itens cuja contabilização estiver incompleta. Durante o período de mensuração, o adquirente deverá ajustar retrospectivamente os valores provisórios reconhecidos na data da aquisição. Do mesmo modo, deverá reconhecer ativos e passivos, quando nova informação for obtida acerca de fatos e circunstâncias existentes na data da aquisição, a qual, se conhecida naquela data, teria resultado no reconhecimento desses ativos e passivos.

O período de mensuração termina quando obtidas todas as informações sobre fatos e circunstâncias existentes na data de aquisição, ou quando se chegar à conclusão de que estas não podem ser obtidas. No entanto, o período de mensuração não poderá exceder a um ano da data da aquisição.

Portanto, o período de mensuração é o período que se segue ao da aquisição, durante o qual o adquirente pode ajustar os valores reconhecidos para uma combinação de negócios.

É, por isso, um prazo para a mensuração, na data de aquisição, dos seguintes itens:

(a) os ativos identificáveis adquiridos, os passivos assumidos e qualquer participação de não controladores na adquirida;
(b) a contraprestação transferida pelo controle da adquirida (ou outro montante utilizado na mensuração do ágio por expectativa de rentabilidade futura – *goodwill*);
(c) no caso de combinação de negócios realizada em estágios, a participação detida pelo adquirente na adquirida imediatamente antes da combinação; e
(d) o ágio por expectativa de rentabilidade futura (*goodwill*) ou o ganho por compra vantajosa. (CPC 15 (R1), item 46)

4.3.13 Determinação do que é parte da operação da combinação de negócios

Alguns ativos adquiridos e passivos assumidos podem não fazer parte da transação de troca para obtenção de controle. Além desses, os resultantes de transações separadas deve ser contabilizados conforme sua natureza e as regras dos pronunciamentos técnicos do CPC.

---

[3] *Dual-listed company* ou companhia duplamente listada é uma estrutura corporativa na qual duas companhias funcionam como uma única entidade operacional por meio de contrato de equalização, mantendo identidades jurídicas separadas e listagens também separadas em bolsa ou bolsas de valores. As duas companhias continuam a existir, têm dois conjuntos separados de acionistas, mas concordam em dividir os riscos e benefícios de seus negócios operacionais na proporção fixa contratada. O contrato de equalização assegura o uso dos direitos de voto, de dividendos e outros. Normalmente têm administradores comuns e estrutura administrativa única. (CPC 15 (R1), item 43, nota de rodapé nº 1)

Transações separadas são aquelas firmadas entre partes em virtude de relacionamento prévio à combinação.

Vejamos alguns exemplos de transações separadas, extraídos do item 52 do CPC 15 (R1), que não devem ser incluídas na aplicação do método de aquisição:

(a) uma operação realizada em essência para liquidar uma relação preexistente entre o adquirente e a adquirida;
(b) uma operação realizada em essência para remunerar os empregados ou ex-proprietários da adquirida por serviços futuros; e
(c) uma operação realizada em essência para reembolsar a adquirida ou seus ex-proprietários por custos do adquirente relativos à aquisição. (CPC 15 (R1), item 52)

4.3.14 Custos de aquisição

São considerados custos de aquisição aqueles ligados diretamente à aquisição, ou seja, necessários para efetivar a combinação de negócios.

Os custos podem ser relacionados a: profissionais, por exemplo, peritos, contadores, consultores, advogados; registro e emissão de títulos de dívida e de títulos patrimoniais. Os custos deverão ser contabilizados como despesa no período em que forem incorridos e os serviços recebidos.

Contudo, há uma exceção: os custos decorrentes da emissão de títulos de dívida e de títulos patrimoniais deverão ser reconhecidos de acordo com os Pronunciamentos Técnicos CPC 08 – Custos de Transação e Prêmios na Emissão de Títulos, CPC 38 – Instrumentos Financeiros: Reconhecimento e Mensuração e CPC 39 – Instrumentos Financeiros: Apresentação.

4.3.15 Mensuração e contabilização subsequentes

A mensuração subsequente dos ativos e dos passivos originários de combinação de negócios deve ser feita conforme a sua natureza, da mesma maneira que os demais ativos e passivos. No entanto, em se tratando de alguns ativos e passivos, a mensuração e contabilização subsequente deverá seguir os ditames do CPC 15 (R1), são eles:

(a) direitos readquiridos;
(b) passivos contingentes reconhecidos na data da aquisição;
(c) ativos de indenização; e
(d) contraprestações contingentes. (CPC 15 (R1), item 54)

4.3.15.1 *Direito readquirido*

O direito readquirido reconhecido como um intangível deverá ser amortizado pelo prazo do contrato.

4.3.15.2 *Passivo contingente*

Para os passivos contingentes, a mensuração subsequente deverá ser feita pelo maior valor entre:

(a) o montante pelo qual esse passivo seria reconhecido pelo disposto no Pronunciamento Técnico CPC 25 – Provisões, Passivos Contingentes e Ativos Contingentes; e

(b) o montante pelo qual o passivo foi inicialmente reconhecido, deduzido, quando cabível, da receita reconhecida conforme os princípios do CPC 47 – Receita de Contrato com Cliente. (CPC 15 (R1), item 56)

No entanto, essa exigência não se aplica aos contratos contabilizados de acordo com o CPC 48 – Instrumentos Financeiros.

4.3.15.3 Ativo de indenização

De acordo com o CPC 15 (R1), item 57,

> ao final de cada exercício social subsequente, o adquirente deve mensurar qualquer ativo de indenização reconhecido na data da aquisição nas mesmas bases do ativo ou do passivo indenizável, sujeito a qualquer limite contratual sobre o seu valor e, para o caso de um ativo por indenização não mensurado subsequentemente pelo valor justo, sujeito à avaliação da administração acerca de seu valor recuperável. O adquirente deve baixar o ativo por indenização somente se o ativo for realizado, pelo recebimento ou pela venda, ou pela perda do direito à indenização.

4.3.15.4 Contraprestação contingente

Havendo alteração no valor justo da contraprestação contingente após a data da aquisição em razão da obtenção de informações adicionais após a combinação, porém relativa a fatos e circunstâncias existentes na data da aquisição, essa alteração constitui um ajuste nos valores provisórios que são feitos durante o período de mensuração. Contudo, se houver alterações decorrentes de eventos ocorridos após a data de aquisição, não se tratará de ajustes do período de mensuração, mas de mudança de estimativa contábil. Dessa maneira, o adquirente deverá contabilizar essas alterações do valor justo por mudança de estimativa contábil da seguinte forma:

a. a contraprestação contingente classificada como componente do patrimônio líquido não está sujeita a nova mensuração e sua liquidação subsequente deve ser contabilizada dentro do patrimônio líquido;
b. outra contraprestação contingente que:
   (i) estiver dentro do alcance do CPC 48, deve ser mensurada ao valor justo em cada data de balanço e alterações no valor justo devem ser reconhecidas no resultado do período, de acordo com o citado pronunciamento;
   (ii) não estiver dentro do alcance do CPC 48, deve ser mensurada pelo valor justo em cada data de balanço e alterações no valor justo devem ser reconhecidas no resultado do período.

4.3.16 Divulgação

As seguintes divulgações são exigidas pelo CPC 15 (R1):

> O adquirente deve divulgar informações que permitam aos usuários das demonstrações contábeis avaliarem a natureza e os efeitos financeiros de combinação de negócios que ocorra:
> (a) durante o período de reporte corrente; ou

(b) após o final do período de reporte, mas antes de autorizada a emissão das demonstrações contábeis. (item 59)

Para cumprir os objetivos do item 59, o adquirente deve divulgar as informações especificadas nos itens B64 a B66 do referido pronunciamento, reproduzidos a seguir:

B64. Para cumprir os objetivos do item 59, o adquirente deve divulgar as informações a seguir para cada combinação de negócios que ocorrer ao longo do período de reporte:
(a) o nome e a descrição da adquirida;
(b) a data da aquisição;
(c) o percentual votante adquirido, bem como o percentual de participação total adquirido;
(d) os principais motivos da combinação de negócios e, também, a descrição de como o controle da adquirida foi obtido pelo adquirente;
(e) uma descrição qualitativa dos fatores que compõem o ágio por rentabilidade futura (*goodwill*) reconhecido, tal como sinergias esperadas pela combinação das operações da adquirida com as do adquirente, ativos intangíveis que não se qualificam para reconhecimento em separado e outros fatores;
(f) o valor justo, na data da aquisição, da contraprestação transferida total, bem como dos tipos mais relevantes de contraprestação, tais como:
   (i) caixa;
   (ii) outros ativos tangíveis ou intangíveis, inclusive um negócio ou uma controlada do adquirente;
   (iii) passivos incorridos, como, por exemplo, passivo por contraprestação contingente; e
   (iv) participações societárias do adquirente, inclusive o número de ações ou instrumentos emitidos ou que se pode emitir, e o método adotado na mensuração do valor justo dessas ações ou instrumentos;
(g) para os acordos para contraprestação contingente e para os ativos de indenização:
   (i) valor reconhecido na data da aquisição;
   (ii) descrição do acordo e das bases para determinação do valor do pagamento; e
   (iii) estimativa da faixa de valores dos resultados (não descontados) ou, caso a faixa de valores não possa ser estimada, a indicação desse fato e as razões pelas quais não foi possível estimá-la. Quando não houver um valor máximo determinado para o pagamento (ou seja, não há limite de valor estabelecido), tal fato deve ser divulgado pelo adquirente;
(h) para os recebíveis adquiridos:
   (i) valor justo dos recebíveis;
   (ii) valor contratual bruto dos recebíveis; e
   (iii) a melhor estimativa, na data da aquisição, dos fluxos de caixa contratuais para os quais se tem a expectativa de perdas por não realização.
   As divulgações devem ser procedidas para as principais classes de recebíveis, tais como empréstimos, arrendamentos mercantis financeiros diretos e quaisquer outras classes de recebíveis.
(i) montantes reconhecidos, na data da aquisição, para cada uma das principais classes de ativos adquiridos e passivos assumidos;
(j) para cada passivo contingente reconhecido de acordo com o item 23, a informação exigida pelo item 85 do Pronunciamento Técnico CPC 25 – Provisões, Passivos Contingentes

e Ativos Contingentes. Quando um passivo contingente não tiver sido reconhecido porque não foi possível mensurar o seu valor justo com confiabilidade, o adquirente deve divulgar:

(i) a informação exigida pelo item 86 do Pronunciamento Técnico CPC 25 – Provisões, Passivos Contingentes e Ativos Contingentes; e

(ii) as razões pelas quais o passivo não pôde ser mensurado com confiabilidade;

(k) o valor total do ágio por expectativa de rentabilidade futura (*goodwill*) que se espera que seja dedutível para fins fiscais;

(l) para as operações reconhecidas separadamente da aquisição de ativos e da assunção de passivos na combinação de negócio, de acordo com o item 51:

(i) descrição de cada operação;

(ii) a forma como o adquirente contabilizou cada operação;

(iii) o valor reconhecido para cada operação e a linha do item das demonstrações contábeis em que estiver reconhecido (para cada operação); e

(iv) o método utilizado para determinar o valor dessa liquidação, caso a operação seja uma liquidação efetiva de relacionamento preexistente;

(m) a divulgação das operações reconhecidas separadamente, exigida pela alínea (l), deve incluir o valor dos custos de aquisição relacionados e, separadamente, o valor da parte desses custos que foi reconhecida como despesa, bem como a linha do item (ou dos itens) da demonstração do resultado em que tais despesas foram reconhecidas. Devem ser divulgados, também, o valor de quaisquer custos de emissão de títulos não reconhecidos como despesa e a informação de como foram reconhecidos;

(n) no caso de compra vantajosa (ver itens 34 a 36):

(i) o valor do ganho reconhecido de acordo com o item 34 e a linha do item da demonstração do resultado em que o ganho foi reconhecido; e

(ii) a descrição das razões pelas quais a operação resultou em ganho;

(o) para cada combinação de negócios em que o adquirente, na data da aquisição, possuir menos do que 100% de participação societária da adquirida:

(i) o valor da participação de não controladores na adquirida, reconhecido na data da aquisição e as bases de mensuração desse valor; e

(ii) para cada participação de não controladores na adquirida mensurada ao valor justo, as técnicas de avaliação e as informações significativas utilizadas na mensuração desse valor justo;

(p) em combinação alcançada em estágios:

(i) o valor justo, na data da aquisição, da participação societária na adquirida que o adquirente mantinha imediatamente antes da data da aquisição; e

(ii) o valor de qualquer ganho ou perda reconhecidos em decorrência da remensuração ao valor justo da participação do adquirente na adquirida antes da combinação de negócios (ver item 42) e a linha do item na demonstração do resultado em que esse ganho ou perda foi reconhecido;

(q) as seguintes informações:

(i) os montantes das receitas e do resultado do período da adquirida a partir da data da aquisição que foram incluídos na demonstração consolidada do resultado do período de reporte; e

(ii) as receitas e o resultado do período da entidade combinada para o período de reporte corrente, como se a data da aquisição, para todas as combinações ocorridas durante o ano, fosse o início do período de reporte anual.

Para o caso de ser impraticável a divulgação de qualquer das informações exigidas pela alínea (q), o adquirente deve divulgar esse fato e explicar por que sua divulgação é impraticável. Este Pronunciamento utiliza o termo "impraticável" com o mesmo significado utilizado no Pronunciamento Técnico CPC 23 – Políticas Contábeis, Mudança de Estimativa e Retificação de Erro.

B65. Para as combinações de negócios realizadas durante o período de reporte que individualmente são imateriais, mas que coletivamente são materiais, o adquirente pode divulgar as informações exigidas nos itens B64(e) a B64(q) de modo agregado.

B66. Quando a data da aquisição de uma combinação de negócios for posterior ao final do período de reporte, mas for anterior à data de as demonstrações contábeis estarem autorizadas para publicação, o adquirente deve divulgar as informações requeridas no item B64, a menos que a contabilização inicial da combinação estiver incompleta no momento em que as demonstrações contábeis forem autorizadas para publicação. Nessa situação, o adquirente deve descrever quais divulgações não puderam ser feitas e as respectivas razões para tal. (CPC 15 (R1), itens B64 a B66)

O adquirente deve divulgar as informações que permitam aos usuários das demonstrações contábeis avaliar os efeitos financeiros dos ajustes reconhecidos no período de reporte corrente pertinentes às combinações de negócios que ocorreram no período corrente ou em períodos anteriores.

4.3.17 Exemplo prático

Vamos a um exemplo prático de aquisição de controle.
Para isso, imaginemos as Empresas RM e JCR. Os dados são os apresentados no Quadro 4.1.

Quadro 4.1 Dados da combinação de negócios

DADOS DO EXEMPLO PRÁTICO
1) A Empresa RM possui 30% das ações da Empresa JCR.
2) A Empresa RM pretende adquirir mais 30% da JCR, obtendo, assim, o controle desta.
3) Em março de X1, o negócio foi concretizado, o preço praticado foi de $ 10,00 por ação.
4) O patrimônio da Empresa JCR é formado por 1.000.000 de ações ordinárias.
5) Valor patrimonial das ações = $ 7,00 por ação.

Os valores da transação foram apresentados no Quadro 4.2.

Quadro 4.2 Valores da transação

	JCR	30%
Valor justo das ações	$ 10.000.000 (1.000.000 ações × 10,00)	$ 3.000.000 (300.000 × 10,00)
Valor patrimonial das ações	$ 7.000.000 (1.000.000 ações × 7,00)	$ 2.100.000 (300.000 × 7,00)
Ágio	$ 3.000.000	$ 900.000

Já temos a adquirente, a Empresa RM, e a data de aquisição, março de X1. Agora, deveremos realizar o reconhecimento e a mensuração de ativos e passivos.

No Quadro 4.3, apresentamos os dados das avaliações realizadas dos ativos e passivos identificáveis.

Quadro 4.3 Valor da diferença entre o valor justo e o valor contábil dos ativos líquidos identificados

Valor dos ativos identificáveis – a valor justo	$ 20.000.000
(–) Valor dos passivos assumidos – a valor justo	($ 12.000.000)
(=) Valor dos ativos líquidos a valor justo (a)	$ 8.000.000
Valor dos ativos identificáveis – valor contábil	$ 18.000.000
(–) Valor dos passivos assumidos – valor contábil	($ 12.000.000)
(=) Valor dos ativos líquidos – valor contábil (b)	$ 6.000.000
(=) Diferença bruta (a – b)	$ 2.000.000
(–) Impostos diferidos (24% da diferença)	($ 480.000)
(=) Diferença líquida	**$ 1.520.000**

Como podemos notar no exemplo, a diferença entre o valor justo e o valor contábil dos ativos e passivos é de $ 2.000.000. Fez-se necessário o reconhecimento de tributos diferidos, conforme determina o Pronunciamento Técnico CPC 32 – Tributos sobre o Lucro. O valor encontrado foi o resultante da multiplicação de 24% (15% de IR e 9% de CSLL) sobre a diferença bruta. Desconsideramos questões tributárias, como adicional do imposto de renda. Esses impostos reconhecidos aumentam o valor do passivo, que agora fica $ 12.480.000.

Dessa maneira, o valor justo dos ativos líquidos adquiridos passa a ser: $ 7.520.000 (20.000.000 – 12.480.000). A diferença encontrada entre o valor justo e o valor contábil dos ativos líquidos é de $ 1.520.000 ($ 7.520.000 – $ 6.000.000). Esse valor é o que se denomina mais-valia.

O próximo passo é reconhecer e mensurar a participação dos não controladores.

Há duas possibilidades de mensuração da participação dos não controladores: (a) o valor justo com base nos preços de cotação em mercado ativo; e (b) o valor correspondente à parte que lhes cabe no valor justo dos ativos líquidos da combinação de negócios.

Vejamos, no Quadro 4.4, como fica.

Quadro 4.4 Determinação da participação dos não controladores

(a) Valor justo com base na cotação (400.000 ações × $ 8.00)	$ 3.200.000
(b) Valor da parte que lhes cabe no valor justo dos ativos líquidos da combinação – (40% de 7.520.000)	$ 3.008.000

A opção escolhida foi a (a), ou seja, pela cotação de mercado.

Na sequência, será necessário determinar o valor do ágio por expectativa de rentabilidade futura (*goodwill*).

A determinação do *goodwill* será encontrada verificando a diferença positiva entre (a) a soma do valor da contraprestação transferida em troca do controle da empresa adquirida, com o valor justo da participação já existente, mais a participação atribuída a não controladores; e (b) o valor justo dos ativos líquidos identificáveis da adquirida.

Vamos à apuração do *goodwill* (Quadro 4.5).

Quadro 4.5 Apuração do *goodwill*

Valor justo da contraprestação	$ 3.000.000
Valor justo da participação preexistente	$ 2.400.000
Valor justo da participação de não controladores	$ 3.200.000
(=) Valor do negócio (1)	**$ 8.600.000**
Valor justo dos ativos identificáveis (Quadro 4.3)	$ 20.000.000
(–) Valor justo dos passivos assumidos (Quadro 4.3) + impostos diferidos	($ 12.480.000)
(=) Valor justo dos ativos líquidos (2)	**$ 7.520.000**
Goodwill (1 – 2)	**$ 1.080.000**

Notas:
[1] O valor justo da contraprestação está descrito no Quadro 4.1.
[2] O valor justo da participação preexistente foi obtido com base no valor de mercado das ações, conforme a escolha do Quadro 4.4; então, temos: $ 8,00 × 1.000.000 de ações = $ 8.000.000 × 30% (participação preexistente – *vide* Quadro 4.1) = $ 2.400.000.
[3] A participação de não controladores foi de $ 3.200.000, conforme Quadro 4.4 ((1.000.000 de ações × 8,00) × 40%).
[4] Os valores do ágio pago e do ágio da combinação são diferentes; isso ocorre em razão de a Empresa RM já possuir participação na JCR e fez a opção de mensurar a participação dos não controladores pelo valor justo.

Prosseguindo, a Empresa RM possuía 30% do valor da JCR. Como o valor contábil dos ativos líquidos era de $ 6.000.000, sua participação correspondia a $ 1.800.000 (6.000.000 × 30%).

Precisamos, agora, avaliar essa participação preexistente ao seu valor justo. Como vimos, o valor da cotação é de $ 8,00; então, teremos: $ 2.400.000 ((1.000.000 de ações × $ 8,00) × 30%).

Nesse caso, a Empresa RM reconheceria em seu resultado do exercício um ganho no valor de $ 600.000 (2.400.000 – 1.800.000).

No Quadro 4.6, vamos verificar o ágio efetivamente pago da transação, bem como a mais-valia paga.

Quadro 4.6 *Goodwill* e mais-valia paga

Valor justo pago na transação (60%)	$ 6.000.000
(–) 60% do valor justo dos ativos líquidos ($ 7.520.000)	($ 4.512.000)
(=) **Goodwill pago**	**$ 1.488.000**
60% do valor justo dos ativos líquidos ($ 7.520.000)	$ 4.512.000
(–) 60% do valor do patrimônio líquido contábil ($ 6.000.000)	($ 3.600.000)
(=) **Mais-valia paga**	**$ 912.000**

Verifica-se, no Quadro 4.6, que o ágio e a mais-valia pagos devem se restringir à participação comprada de 60%.

Nos Quadros 4.7, 4.8 e 4.9, temos os lançamentos contábeis.

a. pelo ajuste da participação ao valor justo:

Quadro 4.7 Exemplo: ajuste da participação a valor justo

LANÇAMENTO	VALOR $
Investimentos na JCR (Investimentos – Ativo não circulante)	600.000
a Ganhos (resultado)	600.000

b. pela reclassificação do investimento:

Quadro 4.8 Exemplo: reclassificação do investimento

LANÇAMENTO	VALOR $
Investimentos na JCR	2.400.000
a Investimentos na JCR	2.400.000

Vamos conferir os lançamentos na data de aquisição.

Quadro 4.9 Exemplo: lançamentos na data de aquisição

	DÉBITO	CRÉDITO
Ativos	20.000.000	
Goodwill	1.080.000	
a Passivos		15.000.000
a Impostos diferidos		480.000
a Participações de não controladores		3.200.000
a Investimento na JCR		2.400.000
Total	**21.080.000**	**21.080.000**

ATIVIDADES

1. A Companhia A adquire 80% da Companhia B, pagando o valor de $ 15,00 por ação. O capital da Companhia B é formado por 100.000 ações com valor patrimonial de $ 10,00 cada uma. A seguir, algumas informações para o desenvolvimento da atividade:

Valor dos ativos identificáveis – a valor justo	$	30.000
Valor dos passivos assumidos – a valor justo	$	15.000
Valor dos ativos identificáveis – valor contábil	$	25.000
Valor dos passivos assumidos – valor contábil	$	18.000
(–) Impostos diferidos		24%

A cotação das ações da Companhia B a mercado é de $ 12,00.

Calcule a participação dos não controladores e o valor do *goodwill*. Faça as contabilizações devidas.

CONSOLIDAÇÃO DAS DEMONSTRAÇÕES CONTÁBEIS 5

5.1 INTRODUÇÃO

As sociedades que possuem controle sobre outras sociedades deverão consolidar seus demonstrativos contábeis, de forma a torná-lo um único conjunto de demonstrativos de todo o grupo empresarial, como se este fosse uma única entidade econômica.

Kenneth Most, citado por Iudícibus (2021, p. 178), enfatiza que os principais benefícios da consolidação estão no exercício, pelos gestores, de suas funções de planejamento, coordenação e controle em relação ao grupo.

A Lei nº 6.404/76, em seu art. 249, determina a consolidação das demonstrações contábeis de sociedades que detenham controle sobre outras sociedades, e deu poderes à CVM para expedir normas para tal finalidade.

O Comitê de Pronunciamentos Contábeis (CPC) trata das Demonstrações Consolidadas por meio do Pronunciamento Técnico CPC 36, aprovado em 2009, correlato à norma internacional IFRS 10, e que sofreu três revisões, tendo sido sua última versão aprovada em 7 de dezembro de 2012, denominado CPC 36 (R3), o qual foi aprovado pela Instrução CFC nº 1.426/2013 e pela Deliberação CVM nº 698/2012 – revogada pela Resolução CVM nº 112/2022. A NBC TG 36 já passou por três revisões.

5.2 CONCEITO

É muito comum, dentro de um grupo de empresas, que algumas delas sejam privilegiadas em termos operacionais ou de resultados em detrimento de outras. Assim, algumas delas podem operar com prejuízo para possibilitar a outras operar com lucro.

Algumas delas podem se valer de recursos alheios onerosos apenas para fornecer capital para outras empresas do grupo. Nesses casos, as primeiras pareceriam altamente endividadas e com baixa rentabilidade, e as demais, em situação exatamente contrária.

O que vale, realmente, para os seus acionistas e administradores é a situação econômico-financeira e a rentabilidade do conjunto dessas empresas. É como se todas elas formassem uma única empresa com um objetivo comum, como se a controladora do grupo fosse considerada a matriz e as demais, simples filiais.

A solução, nesses casos, é a conjugação dos balanços de todas essas empresas em um só, de tal forma que esse balanço conjunto passe a revelar a situação econômico-financeira do grupo como um todo e que as operações entre essas companhias sejam eliminadas, por serem tratadas, agora, como operações internas de uma única empresa.

Consolidar significa reunir todos os dados das demonstrações financeiras de todas as empresas integrantes de um grupo econômico, eliminar os dados referentes às operações comerciais ou financeiras realizadas entre as mesmas e apresentar a situação patrimonial e o resultado das operações como se fosse uma única empresa.

5.3 APLICABILIDADE

Deverão elaborar demonstrações contábeis consolidadas as entidades que controlarem outras entidades, incluindo nesse conceito as entidades controladas em conjunto (*vide* Seção 5.12 – Sociedades controladas em conjunto) e as sociedades de comando de grupo de sociedades que inclua companhia aberta.

Não será considerada justificável a exclusão, nas demonstrações contábeis consolidadas, de sociedade controlada cujas operações sejam de natureza diversa das operações da investidora ou das demais controladas.

5.3.1 Controle

O controle é o fator determinante para a aplicação da consolidação das demonstrações contábeis. De acordo com o CPC 36 (R3), item 7, pode-se dizer que um investidor controla uma entidade investida se:

a. tiver poder sobre a investida;
b. tiver exposição a, ou direitos sobre, retornos variáveis decorrentes de seu envolvimento com a investida;
c. tiver a capacidade de utilizar seu poder sobre a investida para afetar o valor de seus retornos.

5.3.1.1 *Poder sobre a investida*

O poder sobre a investida provém de direitos que conferem ao investidor a capacidade atual de dirigir as atividades relevantes desta. As atividades relevantes da investida são aquelas que afetam significativamente seu desempenho.

A avaliação do poder de um investidor sobre uma investida pode ser facilmente verificada, por exemplo, no caso de deter maioria dos direitos de voto, por meio de ações ou instrumentos patrimoniais, mas também pode exigir certo grau de complexidade na avaliação, por exemplo, quando resulta de um ou mais acordos contratuais.

O investidor pode ter poder sobre a investida mesmo que outras entidades tenham direitos existentes que lhes deem a capacidade atual de participar da direção das atividades relevantes, por exemplo, quando se tem influência significativa.[1] No entanto, se o investidor tem apenas direitos de proteção, não tem poder sobre a investida e, consequentemente, não a controla.

5.3.1.2 Direito a retornos

O investidor tem direitos sobre retornos variáveis como resultado de seu envolvimento com a investida, quando esses retornos têm o potencial de variar conforme o resultado do desempenho da investida. Esses retornos podem ser somente positivos, somente negativos ou ambos.

5.3.1.3 Relação entre poder e retornos

Como capacidade para utilizar seu poder sobre a investida para afetar seus rendimentos sobre o investimento, podemos dizer que o investidor tem poder sobre a investida e o utiliza para influenciar o retorno sobre seu investimento por meio do seu envolvimento com a investida.

5.4 NÃO APLICABILIDADE

De acordo com o CPC 36 (R3), item 4, uma entidade pode deixar de aplicar a consolidação das demonstrações contábeis se satisfizer todas as seguintes condições:

i. a controladora é ela própria uma controlada (integral ou parcial) de outra entidade, a qual, em conjunto com os demais proprietários, incluindo aqueles sem direito a voto, foram consultados e não fizeram objeção quanto à não apresentação pela controladora das demonstrações consolidadas;
ii. seus instrumentos – de dívida ou patrimoniais – não são negociados publicamente (bolsa de valores nacional ou estrangeira ou mercado de balcão, incluindo mercados locais e regionais);
iii. não tiver arquivado nem estiver em processo de arquivamento de suas demonstrações contábeis junto a uma Comissão de Valores Mobiliários ou outro órgão regulador, visando à distribuição pública de qualquer tipo ou classe de instrumento no mercado de capitais; e
iv. a controladora final, ou qualquer controladora intermediária da controladora, disponibiliza ao público suas demonstrações em conformidade com os Pronunciamentos do CPC, em que as controladas são consolidadas ou são mensuradas ao valor justo por meio do resultado, de acordo com este pronunciamento.

5.5 PERDA DE CONTROLE

Se uma controladora perder o controle sobre uma controlada, esta deverá:

a. desreconhecer ativos e passivos da ex-controlada do balanço patrimonial consolidado;
b. reconhecer o investimento remanescente na ex-controlada, se houver, e, subsequentemente, contabilizar esse investimento e quaisquer montantes a pagar ou a receber da ex-controlada, de acordo com os Pronunciamentos Técnicos, Orientações e Interpretações aplicáveis do CPC.

---

[1] *Vide* Capítulo 2 – Investimentos, para entender o conceito de influência significativa.

Essa participação mantida deve ser remensurada. O valor remensurado no momento em que esse controle é perdido deve ser considerado o valor justo no reconhecimento inicial de ativo financeiro, de acordo com o Pronunciamento Técnico CPC 38 – Instrumentos Financeiros: Reconhecimento e Mensuração ou, quando apropriado, custo no reconhecimento inicial de investimento em coligada ou empreendimento controlado em conjunto, se for o caso;

c. reconhecer o ganho ou a perda associada à perda do controle atribuível à ex-controladora.

5.6 REQUISITOS CONTÁBEIS PARA ELABORAÇÃO

A controladora deverá observar alguns requisitos contábeis para a elaboração da consolidação das demonstrações. São eles:

a. observar que as políticas contábeis utilizadas nas controladas estejam uniformes com a controladora;
b. a consolidação da investida se inicia a partir da data em que o investidor obtiver o controle da investida e cessa quando este perder o controle;
c. a participação de não controladores deve ser apresentada, no balanço consolidado, dentro do patrimônio líquido, separadamente do patrimônio líquido dos proprietários controladores.

5.7 DATA-BASE E PERÍODO DE ABRANGÊNCIA

Na consolidação das demonstrações contábeis, deverá ser considerada a mesma data-base das demonstrações contábeis da controladora e das controladas, a menos que isso seja impraticável.

Isso pode ocorrer quando uma ou mais controladas, por exemplo, não concluir o encerramento de suas demonstrações no momento da consolidação com a controladora.

Nesse caso, será permitida uma defasagem de até 60 dias desde que:

a. sejam ajustadas para refletir os efeitos de transações ou eventos significativos ocorridos entre a data das demonstrações defasadas e a data das demonstrações consolidadas;
b. a duração dos períodos das demonstrações contábeis e qualquer diferença entre as datas das demonstrações contábeis devem ser as mesmas de período para período.

Portanto, como vimos, é possível que haja defasagem dos demonstrativos das controladas, no momento da consolidação com a controladora, desde que essa defasagem não seja superior a 60 dias e ajustes sejam realizados. No entanto, o período de abrangência não poderá ser diferente, ou seja, deverá ter uniformidade.

Exemplo: se a controladora tem período trimestral, as controladas também deverão utilizar esse período; se for anual, deverá ser anual etc.

5.8 TÉCNICAS DE ELABORAÇÃO DA CONSOLIDAÇÃO

Além do que já mencionamos, para a elaboração das demonstrações contábeis consolidadas, a investidora deverá realizar alguns procedimentos de eliminações e ajustes, sendo os seguintes:

a. combinar itens similares de ativos, passivos, patrimônio líquido, receitas, despesas e fluxos de caixa da controladora com os de suas controladas;

b. compensar (eliminar) o valor contábil do investimento da controladora em cada controlada e a parcela da controladora no patrimônio líquido de cada controlada;
c. eliminar integralmente ativos e passivos, patrimônio líquido, receitas, despesas e fluxos de caixa intragrupo relacionados a transações entre entidades do grupo (resultados decorrentes de transações intragrupo que sejam reconhecidos em ativos, tais como estoques e ativos fixos, são eliminados integralmente). Os prejuízos intragrupo podem indicar uma redução no valor recuperável de ativos, que exige o seu reconhecimento nas demonstrações consolidadas;
d. a entidade deve atribuir os lucros e os prejuízos e cada componente de outros resultados abrangentes aos proprietários da controladora e às participações de não controladores. A entidade deve atribuir também o resultado abrangente total aos proprietários da controladora e às participações de não controladores, ainda que isso resulte em que as participações de não controladores tenham saldo deficitário;
e. se a controlada tiver ações preferenciais em circulação com direito a dividendos cumulativos que sejam classificadas como patrimônio líquido e sejam detidas por acionistas não controladores, a entidade deve calcular sua parcela de lucros e prejuízos após efetuar ajuste para refletir os dividendos sobre essas ações, tenham ou não esses dividendos sido declarados.

5.8.1 Exemplos de consolidação

☞ EXEMPLO 1:

Consolidação com exclusão de créditos e débitos entre as companhias e com a participação da controladora em 100% do capital da controlada

Vamos supor que a Empresa A (controladora) detenha a totalidade do capital da Empresa B, tendo efetuado empréstimo de numerário para esta.

Não tendo ocorrido transações mercantis entre essas empresas, os balanços, antes e depois da consolidação, seriam apresentados da seguinte forma:

Quadro 5.1 Planilha de consolidação dos balanços da Controladora A e da Controlada B

ELIMINAÇÕES PARA FINS DE CONSOLIDAÇÃO							
ATIVO	A	B	A + B	ELIMINAÇÕES		CONSOLIDADO
					Débito	Crédito	
• Caixa e bancos	250	120	370			370
• Estoques	870	615	1.485			1.485
• Duplicatas a receber	985	810	1.795			1.795
• Débitos de controladas	800	0	800		800[1]	0
• Imobilizado líquido	2.000	2.200	4.200			4.200
• Ações de controladas	2.100	0	2.100		2.100[2]	0
TOTAL DO ATIVO	7.005	3.745	10.750		2.900	7.850

(continua)

(continuação)

ELIMINAÇÕES PARA FINS DE CONSOLIDAÇÃO

PASSIVO e PL	A	B	A + B	ELIMINAÇÕES Débito	ELIMINAÇÕES Crédito	CONSOLIDADO
• Duplicatas a pagar	1.875	845	2.720			2.720
• Créditos de controladoras	0	800	800	800[1]		0
• Capital realizado	3.740	2.100	5.840	2.100[2]		3.740
• Reservas de lucros	1.390	0	1.390			1.390
TOTAL DO PASSIVO + PL	7.005	3.745	10.750	2.900		7.850

Notas:
[1] Eliminação do "débito da controlada" e do respectivo "crédito da controladora".
[2] Eliminação da participação no ativo da controladora e no capital da controlada.

Quadro 5.2 Balanço patrimonial consolidado de A e B

BALANÇO CONSOLIDADO DE A + B

ATIVO		PASSIVO	
CIRCULANTE	3.650	CIRCULANTE	2.720
• Caixa e bancos	370	• Duplicatas a pagar	2.720
• Estoques	1.485	PATRIMÔNIO LÍQUIDO	5.130
• Duplicatas a receber	1.795	• Capital realizado	3.740
NÃO CIRCULANTE	4.200	• Reservas de lucros	1.390
• Imobilizado líquido	4.200		
TOTAL DO ATIVO	7.850	TOTAL DO PASSIVO + PL	7.850

Como resumo da consolidação, temos:

> Os débitos e os créditos entre a Controladora A e a Controlada B foram eliminados.
> A participação de A em B foi eliminada.
> No capital de B, foi eliminada a participação de A.

☞ EXEMPLO 2:

Consolidação da DRE, com exclusão de receitas e despesas relativas a operações entre as companhias

Vamos supor que a Empresa A (controladora) tenha recebido juros da Empresa B (controlada), correspondentes ao empréstimo que consta no balanço (ver Exemplo 1), no valor de $ 450.

Vamos supor, também, que não tenha havido operações de compra e venda de mercadorias entre essas duas empresas.

Quadro 5.3 Demonstração consolidada do resultado de A e B

DEMONSTRAÇÃO DO RESULTADO DO EXERCÍCIO	A	B	A + B	ELIMINAÇÕES Débito	ELIMINAÇÕES Crédito	CONSOLIDADO
LUCRO BRUTO	5.145	2.155	7.300			7.300
• Receitas financeiras	580	0	580	450		130
• Despesas financeiras	(870)	(610)	(1.480)		450	(1.030)
• Despesas operacionais	(3.465)	(1.545)	(5.010)			(5.010)
LUCRO LÍQUIDO	1.390	0	1.390	- 450	+ 450	1.390

ELIMINAÇÕES PARA FINS DE CONSOLIDAÇÃO

Como podemos notar, o lucro líquido da DRE consolidada foi exatamente a soma dos lucros líquidos das duas empresas. O que mudou foram os itens de receitas financeiras e de despesas financeiras pelo cancelamento de $ 450 na receita de A e de $ 450 na despesa de B.

5.9 TRATAMENTO DOS RESULTADOS NÃO REALIZADOS

5.9.1 Conceito de lucro não realizado

Reveste-se a figura contábil de um "lucro não realizado" quando ocorrem transações de compra e venda de bens do ativo, principalmente mercadorias, por preço superior ao contabilizado, entre a controladora e suas controladas, desde que esses bens apareçam no balanço da compradora, não tendo sido, portanto, alienados a terceiros (empresas alheias ao grupo econômico).

5.9.2 Tratamento contábil

Na elaboração das demonstrações contábeis consolidadas, deverá ser eliminado o lucro não realizado que esteja incluído no resultado ou no patrimônio líquido da controladora e correspondido, por inclusão, no balanço patrimonial da controlada.

5.9.3 Transações com mercadorias

O lucro não realizado em transações com mercadorias ocorre quando uma das empresas vende para outra, do mesmo grupo econômico, uma parte ou o total de seu estoque por preço superior ao de aquisição.

Vamos verificar como fica o tratamento, considerando três situações que podem ocorrer:

1. a empresa que compra mantém os produtos em estoque;
2. a empresa que compra vende totalmente os produtos a terceiros; e
3. a empresa que compra mantém parte dos produtos em estoque.

a. A empresa que compra os produtos os mantém em estoque

- a Sociedade C detém a totalidade do capital realizado da Sociedade D;
- a Sociedade C avalia esse investimento pelo método da equivalência patrimonial;
- a Sociedade C compra mercadorias de terceiros por $ 12 mil;
- a Sociedade C vende todas essas mercadorias para a Sociedade D por $ 18 mil (com lucro bruto de $ 6 mil);
- a Sociedade D mantém essas mercadorias em estoque;
- como não houve venda para terceiros, no processo de consolidação, os resultados brutos serão nulos;
- todas essas operações de compra e venda foram feitas a prazo e ainda não foram liquidadas.

Quadro 5.4 Planilha para cálculo do estoque final consolidado

ELIMINAÇÕES PARA FINS DE CONSOLIDAÇÃO

ESTOQUE	C	D	ELIMINAÇÕES Débito	ELIMINAÇÕES Crédito	ESTOQUE CONSOLIDADO
• Compra de terceiros	12.000				12.000
• Compra de controladora		18.000		18.000[1]	0
• Baixa para venda interna	(12.000)		12.000[1]		0
• Baixa para venda a terceiros		0			0
ESTOQUE FINAL	0	18.000	12.000	18.000	12.000

[1] Transações dentro do grupo, eliminadas.

Nota-se que, nos estoques em D, está incorporada uma parcela de lucro interno (não realizado) no valor de $ 6 mil ($ 18.000 − $ 12.000), que deve ser eliminada no processo de consolidação.

Quadro 5.5 Planilha de consolidação dos balanços de C e D

ELIMINAÇÕES PARA FINS DE CONSOLIDAÇÃO

ATIVO	C	D	C + D	ELIMINAÇÕES Débito	ELIMINAÇÕES Crédito	CONSOLIDADO
• Estoques	0	18.000	18.000		6.000[3]	12.000
• Duplicatas a receber	18.000	0	18.000		18.000[1]	0
• Imobilizado líquido	1.050	2.140	3.190			3.190
• Ações de controladas	2.000	0	2.000		2.000[2]	0
TOTAL DO ATIVO	21.050	20.140	41.190		26.000	15.190

(continua)

(continuação)

ELIMINAÇÕES PARA FINS DE CONSOLIDAÇÃO

PASSIVO	C	D	C + D	ELIMINAÇÕES Débito	ELIMINAÇÕES Crédito	CONSOLIDADO
• Duplicatas a pagar	12.000	18.000	30.000	18.000[1]		12.000
• Outras obrigações	340	140	480			480
• Capital realizado	2.710	2.000	4.710	2.000[2]		2.710
• Lucros acumulados	6.000	0	6.000	6.000[3]		0
TOTAL DO PASSIVO + PL	21.050	20.140	41.190	26.000		15.190

Notas:
[1] Eliminação de "duplicatas a receber" em C e de "duplicatas a pagar" em D, uma vez que foram geradas por uma transação entre as duas companhias.
[2] Eliminação da participação de D no ativo da Controladora C e no capital realizado da Controlada D.
[3] Eliminação do "lucro não realizado" contido nos estoques.

Quadro 5.6 Balanço consolidado de C e D

BALANÇO CONSOLIDADO DE C + D

ATIVO		PASSIVO	
CIRCULANTE	12.000	CIRCULANTE	12.480
• Estoques	12.000	• Duplicatas a pagar	12.000
• Duplicatas a receber	0	• Outras obrigações	480
NÃO CIRCULANTE	3.190	PATRIMÔNIO LÍQUIDO	2.710
• Imobilizado líquido	3.190	• Capital realizado	2.710
TOTAL DO ATIVO	15.190	TOTAL DO PASSIVO + PL	15.190

b. A empresa que compra os produtos e vende 100% para terceiros
  › a Sociedade C detém a totalidade do capital realizado da Sociedade D;
  › a Sociedade C avalia esse investimento pelo método da equivalência patrimonial;
  › a Sociedade C compra mercadorias de terceiros por $ 12 mil;
  › a Sociedade C vende todas essas mercadorias para a Sociedade D por $ 18 mil (com lucro bruto de $ 6 mil);
  › a Sociedade D vende 100% dessas mercadorias para terceiros por $ 25.200 (com lucro bruto de $ 7.200);
  › todas essas operações de compra e venda foram feitas a prazo e ainda não foram liquidadas.

Quadro 5.7 Planilha para cálculo do lucro bruto consolidado

ELIMINAÇÕES PARA FINS DE CONSOLIDAÇÃO

LUCRO SOBRE VENDAS	C	D	ELIMINAÇÕES Débito	ELIMINAÇÕES Crédito	LUCRO CONSOLIDADO
• Venda para terceiros		25.200			25.200
• Vendas internas	18.000		18.000[1]		0
• CMV (interno)		(18.000)		18.000[1]	0
• CMV (de terceiros)	(12.000)				(12.000)
= LUCRO S/ VENDAS	6.000	7.200	18.000	18.000	13.200

Nota:
[1] As vendas ($ 18 mil) e as compras ($ 18 mil) internas foram eliminadas.

Constatamos que:

- como C vendeu todo seu estoque para D, e esta o revendeu totalmente para terceiros, os **estoques foram zerados** em ambas as empresas;
- o lucro bruto consolidado foi exatamente a soma do lucro bruto de C e D, pois todo o estoque de D foi vendido para terceiros, não restando, pois, lucro a realizar.

Quadro 5.8 Planilha para consolidação dos balanços de C e D

ELIMINAÇÕES PARA FINS DE CONSOLIDAÇÃO

ATIVO	C	D	C + D	ELIMINAÇÕES Débito	ELIMINAÇÕES Crédito	CONSOLIDADO
• Estoques	0	0	0			0
• Duplicatas a receber	18.000	25.200	43.200		18.000[1]	25.200
• Imobilizado líquido	9.050	2.140	11.190			11.190
• Ações de controladas	2.000	0	2.000		2.000[2]	0
TOTAL DO ATIVO	29.050	27.340	56.390		20.000	36.390

PASSIVO	C	D	C + D	ELIMINAÇÕES Débito	ELIMINAÇÕES Crédito	CONSOLIDADO
• Duplicatas a pagar	12.000	18.000	30.000	18.000[1]		12.000
• Outras obrigações	340	140	480			480
• Capital realizado	10.710	2.000	12.710	2.000[2]		10.710
• Lucros acumulados	6.000	7.200	13.200			13.200
TOTAL DO PASSIVO + PL	29.050	27.340	56.390	20.000		36.390

Notas:
[1] Eliminação de "duplicatas a receber" em C e de "duplicatas a pagar" em D, uma vez que foram geradas pela transação mercantil entre as duas companhias.
[2] Eliminação da participação no ativo da Controladora C em contrapartida com a eliminação, no capital realizado e nos lucros acumulados, da Controlada D.

Quadro 5.9 Balanço consolidado de C e D

BALANÇO CONSOLIDADO DE C + D				
ATIVO		PASSIVO	
CIRCULANTE	25.200	CIRCULANTE	12.480
• Estoques	0	• Duplicatas a pagar	12.000
• Duplicatas a receber	25.200	• Outras obrigações	480
NÃO CIRCULANTE	11.190	PATRIMÔNIO LÍQUIDO	23.910
• Imobilizado líquido	11.190	• Capital realizado	10.710
		• Lucros acumulados	13.200
TOTAL DO ATIVO	36.390	TOTAL DO PASSIVO + PL	36.390

c. **A empresa que compra os produtos vende parte para terceiros e permanece com o saldo no estoque**
   › a Sociedade C detém a totalidade do capital realizado da Sociedade D;
   › a Sociedade C avalia esse investimento pelo método da equivalência patrimonial;
   › a Sociedade C compra mercadorias de terceiros por $ 12 mil;
   › a Sociedade C vende todas essas mercadorias para a Sociedade D por $ 18 mil;
   › a Sociedade D vende 50% dessas mercadorias para terceiros por $ 12.600 e mantém o saldo em estoque;
   › todas essas operações de compra e venda foram feitas a prazo e ainda não foram liquidadas.

O cálculo, nesse caso, deverá ser feito com base na margem de lucro bruto da empresa que vendeu a mercadoria, sobre o saldo desse estoque na data da consolidação. Vejamos no Quadro 5.10.

Quadro 5.10 Planilha para cálculo do lucro nos estoques

CÁLCULO PARA LUCRO NOS ESTOQUES (NÃO REALIZADOS)	
• MARGEM DE LUCRO EM C	
Preço de venda	18.000
Custo das mercadorias vendidas	(12.000)
= LUCRO BRUTO	6.000
% da margem de lucro	33,33%
• LUCRO NOS ESTOQUES EM D	
Mercadorias adquiridas de C	18.000
Mercadorias vendidas a terceiros (metade)	(9.000)
Estoques (saldo)	9.000
Lucro a realizar nos estoques (33,33% de 9.000)	(3.000)
ESTOQUE A PREÇO DE CUSTO	6.000

Vejamos, no Quadro 5.11, como fica a eliminação do lucro não realizado.

Quadro 5.11   Planilha de lançamentos para eliminação do lucro não realizado

ELIMINAÇÃO DO LUCRO NÃO REALIZADO	Débito	Crédito
VENDAS (C)..	18.000	
CMV (C)...		12.000
CMV (D)..		3.000
ESTOQUE (D)..		3.000

As eliminações para fins de consolidação ficam conforme Quadro 5.12.

Quadro 5.12   Planilha para cálculo do lucro bruto (sobre a venda)

ELIMINAÇÕES PARA FINS DE CONSOLIDAÇÃO

LUCRO SOBRE VENDAS	C	D	ELIMINAÇÕES Débito	ELIMINAÇÕES Crédito	LUCRO CONSOLIDADO
• Vendas	18.000	12.600	18.000[1]		12.600
• CMV	(12.000)	(9.000)[1]		15.000[2]	(6.000)
= LUCRO BRUTO	6.000	3.600	18.000	15.000	6.600

Notas:
[1] Transações ou resultados dentro do grupo – eliminadas.
[2] Custo a ser eliminado: $ 12.000 (C) + $ 3.000 (D) (ver Quadro 5.11).

Quadro 5.13   Planilha para consolidação dos balanços de C e D

ELIMINAÇÕES PARA FINS DE CONSOLIDAÇÃO

ATIVO	C	D	C + D	ELIMINAÇÕES Débito	ELIMINAÇÕES Crédito	CONSOLIDADO
• Estoques	0	9.000	9.000		3.000[3]	6.000
• Duplicatas a receber	18.000	12.600	30.600		18.000[1]	12.600
• Imobilizado líquido	450	2.740	3.190			3.190
• Ações de controladas	2.600	0	2.600		2.600[2]	0
TOTAL DO ATIVO	21.050	24.340	45.390		23.600	21.790

(continua)

(continuação)

ELIMINAÇÕES PARA FINS DE CONSOLIDAÇÃO					
PASSIVO	**C**	**D**	**C + D**	**ELIMINAÇÕES** Débito / Crédito	**CONSOLIDADO**
• Duplicatas a pagar	12.000	18.000	30.000	18.000[1]	12.000
• Outras obrigações	340	140	480		480
• Capital realizado	2.710	2.600	5.310	2.600[2]	2.710
• Lucros acumulados	6.000	3.600	9.600	3.000[3]	6.600
TOTAL DO PASSIVO + PL	21.050	24.340	45.390	23.600	21.790

Notas:
[1] Eliminação de "duplicatas a receber" em C e de "duplicatas a pagar" em D, uma vez que foram geradas por transação entre as duas companhias.
[2] Eliminação da participação no ativo da controladora C ($ 2.600), em contrapartida à eliminação do total do capital de D ($ 2.600).
[3] Eliminação do "lucro não realizado" contido nos estoques e em lucros acumulados.

Quadro 5.14 Balanço consolidado de C e D

BALANÇO CONSOLIDADO DE C + D			
ATIVO		**PASSIVO**	
CIRCULANTE	18.600	CIRCULANTE	12.480
• Estoques	6.000	• Duplicatas a pagar	12.000
• Duplicatas a receber	12.600	• Outras obrigações	480
NÃO CIRCULANTE	3.190	PATRIMÔNIO LÍQUIDO	9.310
• Imobilizado líquido	3.190	• Capital realizado	2.710
		• Lucros acumulados	6.600
TOTAL DO ATIVO	21.790	TOTAL DO PASSIVO + PL	21.790

5.9.4 Lucro ou prejuízo na venda de ativo imobilizado

Tal qual mercadorias, pode haver também venda de ativos imobilizados de uma empresa para outra empresa do mesmo grupo. Nesse caso, se houver lucro ou prejuízo nessa operação, deverá também ser eliminado no processo de consolidação.

A dificuldade na eliminação é que o lucro da operação está incorporado ao valor de custo do bem e um fator crítico de análise está na depreciação desse bem, que pode ser considerada uma despesa operacional ou componente do custo da produção, integrando, portanto, o valor dos estoques da entidade. Dessa forma, em cada consolidação deverá ser procedida uma análise criteriosa dos reflexos em todas as contas envolvidas e procedida a devida eliminação.

Vamos a um exemplo prático para facilitar o entendimento.

A Controladora E vendeu, em 02/01/X0, para sua Controlada F, por $ 36 mil, um veículo que estava contabilizado (em E) do modo apresentado no Quadro 5.15.

Quadro 5.15 Imobilizado da Vendedora E, antes da venda para F

ATIVO NÃO CIRCULANTE	
Imobilizado	
Veículos..	30.000
(–) Depreciação acumulada.................................	(6.000)
(=) Valor contábil líquido......................................	24.000

Observações:

1. A vida útil restante do veículo é estimada em oito anos, ou seja, a taxa de depreciação a ser aplicada deverá ser de 12,5% (100% ÷ 8 anos);
2. O lucro apurado na transação foi de $ 12 mil ($ 36.000 – $ 24.000).

Quadro 5.16 Cálculo do lucro não realizado contido no imobilizado da Compradora F

Lucro não realizado no imobilizado de F em 31/12/X0	
Lucro apurado na transação (em E)...	12.000
(–) Parcela realizada, correspondente à depreciação de 12,5% sobre $ 12.000 (período de 02/01/X0 a 31/12/X0)...	(1.500)
(=) Lucro não realizado no imobilizado de F..	10.500

Quadro 5.17 Lançamentos de eliminação do lucro não realizado

Lançamentos de eliminação do lucro não realizado		
Débito (DRE)	Lucro na venda de bens de uso (na vendedora)..............................	12.000
Crédito (DRE)	Despesas de depreciação (na compradora)....................................	(1.500)
Crédito (BP)	Veículos (na compradora)..	10.500

Vamos verificar agora como fica a consolidação, no Quadro 5.18.

Quadro 5.18 Planilha para consolidação dos imobilizados de E e F

ELIMINAÇÕES PARA FINS DE CONSOLIDAÇÃO DO IMOBILIZADO

ATIVO	E (antes)	F (antes)	E (depois)	F (depois)	ELIMINAÇÕES Débito	ELIMINAÇÕES Crédito	CONSOLIDADO
----------	–	–	–	–	–	–	–
Imobilizado	30.000	0	0	36.000		10.500	25.500
(–) Depreciação ac.	(6.000)	0	0	(4.500)		0	(4.500)
= Imobilizado líquido	24.000	0	0	31.500		10.500	21.000[1]
----------	–	–	–	–	–	–	–

Nota:
[1] ($ 24.000 – $ 3.000 = $ 21.000) O valor consolidado retornou ao valor contábil líquido original de E depois de deduzida a depreciação do período (12,5% de $ 24.000 = $ 3.000).

Quadro 5.19 Planilha (parcial) para consolidação das DRE de E e F

DRE → ELIMINAÇÕES PARA FINS DE CONSOLIDAÇÃO

CONTAS ENVOLVIDAS	E	F	ELIMINAÇÕES Débito	ELIMINAÇÕES Crédito	SALDO CONSOLIDADO
----------	–	–	–	–	–
• Despesas de depreciação		(4.500)	1.500[2]		(3.000)
• Lucro na venda de bens	12.000		12.000[1]		–
= SALDO COMPUTÁVEL NO RESULTADO	12.000	(4.500)	12.000	1.500	(3.000)[3]

Notas:
[1] Lucro não realizado, eliminado.
[2] Parcela realizada, correspondente à depreciação sobre o lucro não realizado.
[3] 12,5% de $ 24.000 = depreciação do período que irá influir na apuração do resultado.

5.9.5 Lucro ou prejuízo em investimentos

Abordaremos agora o tratamento do lucro ou prejuízo em investimentos.

5.9.5.1 *Propriedades para investimento*

Conforme tratamos no Capítulo 2, a empresa pode manter propriedades com a finalidade de investimento. Nesse caso, ela será avaliada pelo custo ou a valor justo.

Se uma empresa do grupo vender para outra do mesmo grupo uma propriedade para investimento, o resultado dessa venda deverá ser eliminado na consolidação enquanto não estiver realizado. Nesse caso, a eliminação dá-se pela efetiva alienação da propriedade para terceiros.

Se a empresa vendedora da propriedade a manter no imobilizado ou a manter como investimento, em **propriedades para investimento**, avaliada ao valor de custo, o tratamento é o mesmo dado ao lucro ou prejuízo na venda de ativo imobilizado, visto na Seção 5.9.4 deste capítulo.

Porém, se a empresa vendedora da propriedade para investimento a manter em investimento – **propriedades para investimento**, avaliada ao valor justo (e, conforme visto no Capítulo 2, é o mais indicado), o tratamento é outro.

Nesse caso, não haverá resultados não realizados, porque a mensuração é a valor justo, ou seja, no momento da venda da controlada para a controladora, antes da apuração do ganho ou da perda, a propriedade deve ser avaliada ao valor de mercado e, portanto, não gerará resultado algum para a vendedora.

Vejamos um exemplo.

A Empresa RM pertence a um grupo de empresas controlado pela Empresa controladora RJC. A RM apresenta em sua demonstração da posição financeira – **no ativo não circulante – investimentos**, em 31/12/X0, uma propriedade para investimento, no valor de $ 250.000. A avaliação dessa propriedade é feita periodicamente ao seu valor justo.

A RM resolve vender essa propriedade para sua Controladora RJC, em 31/03/X1, pelo valor de mercado, que nessa data é de $ 280.000.

A lógica nos faz pensar que, se a RM está vendendo uma propriedade por $ 280.000 e a tem registrada em sua contabilidade por $ 250.000, então, lucrou $ 30.000 com a venda. Porém, como ela avalia essa propriedade ao seu valor justo, então o correto é primeiro proceder à reavaliação ao valor justo na data da venda. Dessa maneira, o valor de custo considerado será $ 280.000 (valor atual de mercado) e, portanto, não há lucro algum na operação.

No Quadro 5.20, vemos os lançamentos.

Quadro 5.20 Demonstração da posição financeira da Empresa RM em 31/12/X0

DEMONSTRAÇÃO DA POSIÇÃO FINANCEIRA DA EMPRESA RM	
ATIVO	X0
CIRCULANTE	
[...]	
NÃO CIRCULANTE	
Realizável a longo prazo	
Investimentos	
Propriedades para investimento	250.000
Imobilizado	
Intangível	

a) lançamento antes da venda em 31/03/X1:

Propriedades para investimento	$ 30.000
a Ganhos por mensuração a valor justo de propriedade para investimentos	$ 30.000

Quadro 5.21 Demonstração da posição financeira da Empresa RM em 31/03/X1 (momento da venda)

DEMONSTRAÇÃO DA POSIÇÃO FINANCEIRA DA EMPRESA RM	
ATIVO	**31/03/X1**
CIRCULANTE	
[...]	
NÃO CIRCULANTE	
Realizável a longo prazo	
Investimentos	
Propriedades para investimento	280.000
Imobilizado	
Intangível	

b) lançamento da venda em 31/03/X1:

Caixa/bancos	$ 280.000	
a Propriedades para investimento		$ 280.000

Como podemos notar, no momento da venda o valor da propriedade já está ajustado ao valor de mercado, não gerando resultado para a Vendedora RM.

5.9.5.2 Investimento em outra sociedade

É possível que uma entidade, pertencente a um grupo econômico, venda sua participação em outra empresa para uma empresa do grupo. Nesse caso, se houver lucro na transação, este também deverá ser eliminado, até sua realização, no processo de consolidação das demonstrações contábeis.

Contudo, é preciso entender claramente em que momento esse lucro é gerado.

Isso ocorre porque, quando há uma aquisição de um investimento em controlada, coligada ou *joint venture*, o valor do investimento pode ser separado em até três partes:

1. **valor patrimonial:** o valor patrimonial é o valor da participação da empresa adquirente no patrimônio líquido da adquirida.

Exemplo: a Empresa A adquire 80% da Empresa B, cujo patrimônio líquido tem valor contábil de $ 100.000. Logo, o valor patrimonial da Empresa B é $ 100.000 e a Empresa A registrará na contabilidade, como valor do investimento, um valor patrimonial de $ 80.000.

2. **mais-valia:** a mais-valia é a diferença entre o valor da participação do adquirente no valor justo dos ativos líquidos da adquirida e a participação no valor patrimonial.

Exemplo: a Empresa A adquire 100% da Empresa B. O valor dos ativos líquidos (ativos – passivos) da Empresa B a valor justo é de $ 150.000. É esse o valor que a Empresa A vai pagar por ela. No entanto, o valor contábil do patrimônio líquido da Empresa B é de $ 100.000.

Nesse caso, a Empresa A registrará como valor patrimonial do investimento em sua contabilidade o valor de $ 100.000 e fará registro, no valor de $ 50.000, como **mais-valia** paga no investimento.

3. **ágio por expectativa de rentabilidade futura (*goodwill*):** o ágio ou *goodwill* é a diferença entre o valor da transação (valor pago) e o valor justo dos ativos líquidos. Podemos dizer, para simplificar o entendimento, que é a diferença entre o valor pago e a mais-valia.

Exemplo: vamos complementar o exemplo anterior. Nele, a Empresa A pagou pelo valor de mercado dos ativos líquidos da Empresa B a quantia de $ 150.000. No entanto, a Empresa B, contabilmente, vale $ 100.000; essa diferença de $ 50.000 vimos que se denomina mais-valia. Se, nesse mesmo exemplo, a Empresa B valesse contabilmente $ 100.000, e a valor justo $ 150.000 e o adquirente pagasse por ela $ 300.000, essa nova diferença de $ 150.000 seria denominada *goodwill*.

Então, teríamos o apresentado no Quadro 5.22.

Quadro 5.22 Demonstração do cálculo da mais-valia e do *goodwill*

(1) Valor do patrimônio líquido de B	$ 100.000
(2) Valor justo dos ativos líquidos de B	$ 150.000
(3) Valor pago pelo adquirente	$ 300.000
Valor da mais-valia (2 – 1)	$ 50.000
Valor do *goodwill* (3 – 2)	$ 150.000

Como podemos notar, a mais-valia é obtida por meio de uma transação com terceiros, alheios ao grupo econômico.

Dessa forma, na consolidação das demonstrações contábeis, essa é a única mais-valia que integrará o valor contábil do investimento em coligada.

Se houver mais-valia adicional gerada intragrupo, ela não deverá ser considerada nas demonstrações consolidadas, devendo ser eliminada na compradora contra o lucro não realizado da vendedora.

Consolidação das Demonstrações Contábeis **127**

No entanto, se a vendedora for a controladora, ela não deverá reconhecer os lucros da transação intragrupo enquanto os ativos dessa transação estiverem figurando na demonstração consolidada. Dessa maneira, o lucro e a mais-valia gerada internamente poderão ser realizados na medida da realização dos ativos e passivos originários dessa mais-valia.

Vamos a um exemplo.

A Empresa A possui 100% da Empresa B, que, por sua vez, possui 100% da Empresa C. Então, a Empresa A é a controladora e tem como suas controladas as Empresas B e C.

A Empresa B venderá à Empresa A sua participação na Empresa C. No Quadro 5.23, veremos como está a situação da consolidação antes da operação de venda.

Quadro 5.23 Consolidação pela Controladora A, antes da operação de venda

ELIMINAÇÕES PARA FINS DE CONSOLIDAÇÃO

ATIVO	A	B	C	ELIMINAÇÕES Débito	ELIMINAÇÕES Crédito	CONSOLIDADO
• Caixa e equivalentes	50.000					50.000
• Imobilizado líquido			50.000			50.000
• Ações de Controlada B	50.000				50.000[1]	0
• Ações de Controlada C		50.000			50.000[2]	0
TOTAL DO ATIVO	100.000	50.000	50.000		100.000	100.000

PASSIVO	A	B	C	ELIMINAÇÕES Débito	ELIMINAÇÕES Crédito	CONSOLIDADO
• Capital realizado	100.000	50.000	50.000	50.000[1]		100.000
				50.000[2]		
• Lucros acumulados	0	0	0			
TOTAL DO PASSIVO + PL	100.000	50.000	50.000	100.000		100.000

Notas:
[1] Eliminação do investimento de A em B.
[2] Eliminação do investimento de B em C.

No Quadro 5.24, veremos como fica a consolidação no caso da realização da venda pela Empresa B de sua participação na Empresa C para Empresa A.

Quadro 5.24 Consolidação pela Controladora A, depois da operação de venda

ELIMINAÇÕES PARA FINS DE CONSOLIDAÇÃO

ATIVO	A	B	C	ELIMINAÇÕES Débito	ELIMINAÇÕES Crédito	CONSOLIDADO
• Caixa e equivalentes	50.000					50.000
• Contas a receber de A		60.000			60.000[3]	0
• Imobilizado líquido			50.000			50.000
• Ações de Controlada B	50.000				50.000[1]	0
• Ações de Controlada C	60.000					0
– Equivalência patrim.	50.000				50.000[2]	0
– Mais-valia intragrupo	10.000				10.000[4]	0
TOTAL DO ATIVO	**160.000**	**60.000**	**50.000**		**100.000**	**100.000**

PASSIVO	A	B	C	ELIMINAÇÕES Débito	ELIMINAÇÕES Crédito	CONSOLIDADO
• Contas a pagar para B	60.000			60.000[3]		0
• Capital realizado	100.000	50.000	50.000	50.000[1]		100.000
				50.000[2]		
• Lucros acumulados	0	10.000	0	10.000[4]		0
TOTAL DO PASSIVO + PL	**160.000**	**60.000**	**50.000**	**100.000**		**100.000**

Notas:
[1] Eliminação do investimento de A em B.
[2] Eliminação do investimento de A em C.
[3] Eliminação de contas a receber de B e contas a pagar de A.
[4] Eliminação do lucro não realizado na venda de B para A.

Podemos verificar que o lucro da operação de venda da participação de B em C para a Companhia A foi eliminado. No Balanço da Companhia A, consta agora uma mais-valia no valor de $ 10.000, que deverá ser amortizada na medida da realização dos ativos e passivos da Companhia C.

Vamos agora verificar como ficará a consolidação com a realização dos ativos e passivos.

Vamos supor que a Companhia C obteve um resultado líquido de $ 100.000 e a depreciação do imobilizado foi de $ 5.000 nesse período. Supondo também que não houve movimentação na Companhia A e na B.

Consolidação das Demonstrações Contábeis **129**

Quadro 5.25 Consolidação pela Controladora A após resultado gerado na Companhia C

ELIMINAÇÕES PARA FINS DE CONSOLIDAÇÃO						
ATIVO	A	B	C	ELIMINAÇÕES		CONSOLIDADO
				Débito	Crédito	
• Caixa e equivalentes	50.000		105.000			155.000
• Contas a receber de A		60.000			60.000[3]	0
• Imobilizado líquido			45.000			45.000
• Ações de Controlada B	50.000				50.000[1]	0
• Ações de Controlada C	159.000					0
– Equivalência patrim.	150.000				150.000[2]	0
– Mais-valia intragrupo	9.000				9.000[4]	0
TOTAL DO ATIVO	259.000	60.000	150.000		269.000	200.000

PASSIVO	A	B	C	ELIMINAÇÕES		CONSOLIDADO
				Débito	Crédito	
• Contas a pagar para B	60.000			60.000[3]		0
• Capital realizado	100.000	50.000	50.000	50.000[1]		100.000
				50.000[2]		
• Lucros acumulados	99.000	10.000	100.000	100.000[2]		100.000
				9.000[4]		100.000
TOTAL DO PASSIVO + PL	259.000	60.000	150.000	269.000		200.000

Notas:
[1] Eliminação do investimento de A em B.
[2] Eliminação do investimento de A em C.
[3] Eliminação de contas a receber de B e contas a pagar de A.
[4] Eliminação do lucro não realizado na venda de B para A.

Podemos verificar que a Companhia C gerou um resultado de $ 100.000 durante o período. Como o imobilizado depreciou $ 5.000, foi necessário realizar a amortização da mais-valia.

Para essa amortização, utilizamos a taxa da depreciação, uma vez que era o único ativo original do processo de venda da Companhia C para A. A taxa é de 10% a.a.

A mais-valia que era de $ 10.000 foi amortizada em 10%, ou seja, $ 1.000.

O valor da equivalência patrimonial foi de $ 100.000, porém se reduziu da mais-valia, no valor do investimento em C, o valor de $ 1.000 e, como consequência, o resultado de A também reduziu para $ 99.000.

5.10 TRATAMENTO DE IMPOSTOS

5.10.1 Tributos e lucros não realizados

Considerando que os **lucros não realizados** não integrarão o resultado consolidado do período, fica claro também que os encargos tributários incidentes sobre o lucro bruto (ICMS, IPI, ISS, Cofins e PIS) e os incidentes sobre o lucro real (imposto de renda e contribuição social) não serão considerados despesas na apuração do resultado consolidado.

Vamos verificar alguns exemplos de consolidação, com eliminação dos tributos.

5.10.2 Impostos recuperáveis (ICMS, IPI, PIS e Cofins)

A Controladora C, que detém a totalidade das ações da Companhia D, adquiriu a prazo mercadorias por $ 6 mil e as vendeu a prazo para a Controlada D por $ 10 mil, com a incidência de IPI e ICMS, conforme Quadro 5.26. Sabe-se, também, que a controlada manteve essas mercadorias em seu estoque.

Quadro 5.26 Planilha para cálculo do lucro bruto consolidado

ELIMINAÇÕES PARA FINS DE CONSOLIDAÇÃO					
DEMONSTRAÇÃO DO RESULTADO BRUTO	**C**	**D**	**ELIMINAÇÕES**		**LUCRO CONSOLIDADO**
^	^	^	Débito	Crédito	^
• Receita bruta	10.000	0	10.000[1]		0
• IPI (10%)	(1.000)	0		1.000[1]	0
• ICMS (18% s/ 9.000)	(1.620)	0		1.620[1]	0
• CMV	(6.000)	0		6.000[1]	0
= LUCRO BRUTO	1.380	0	1.380[2]		0

Notas:
[1] Totais eliminados, por se tratar de vendas intragrupo.
[2] Lucro não realizado eliminado – débito de "lucros acumulados" e crédito de "estoques" (ver Quadro 5.28).

Quadro 5.27 Cálculo do estoque na compradora, Companhia D

CÁLCULO DO ESTOQUE NA COMPRADORA (D)	
COMPRAS DE MERCADORIAS..	10.000
(–) IPI, INCLUSO, RECUPERÁVEL...	(1.000)
(–) ICMS, INCLUSO, RECUPERÁVEL...	(1.620)
(=) ESTOQUE (com lucro não realizado)...................................	7.380

Consolidação das Demonstrações Contábeis **131**

Quadro 5.28 Planilha para consolidação dos balanços de C e D

ELIMINAÇÕES PARA FINS DE CONSOLIDAÇÃO

ATIVO	C	D	C + D	ELIMINAÇÕES Débito	ELIMINAÇÕES Crédito	CONSOLIDADO
• Caixa e bancos	10	200	210			210
• Estoques	0	7.380	7.380		1.380[1]	6.000
• Duplicatas a receber	10.000		10.000		10.000[2]	0
• ICMS diferido	0	1.620	1.620			1.620
• IPI diferido	0	1.000	1.000			1.000
• Imobilizado líquido	1.500	1.800	3.300			3.300
• Ações de controladas	2.000	0	2.000		2.000[3]	0
TOTAL DO ATIVO	13.510	12.000	25.510		13.380	12.130

PASSIVO	C	D	C + D	ELIMINAÇÕES Débito	ELIMINAÇÕES Crédito	CONSOLIDADO
• Duplicatas a pagar	6.000	10.000	16.000	10.000[2]		6.000
• ICMS a recolher	1.620	0	1.620			1.620
• IPI a recolher	1.000	0	1.000			1.000
• Capital realizado	3.510	2.000	5.510	2.000[3]		3.510
• Lucros acumulados	1.380	0	1.380	1.380[1]		0
TOTAL DO PASSIVO + PL	13.510	12.000	25.510	13.380		12.130

Notas:
[1] Eliminação dos lucros não realizados, nos estoques de D e nos lucros acumulados de C (ver Quadro 5.26).
[2] Eliminação de "duplicatas a receber" em C, contra "duplicatas a pagar" em D.
[3] Eliminação da participação de C ($ 2 mil) contra o capital de D ($ 2 mil).

Quadro 5.29 Balanço consolidado de C e D

BALANÇO CONSOLIDADO DE C + D

ATIVO		PASSIVO	
CIRCULANTE	8.830	CIRCULANTE	8.620
• Caixa e bancos	210	• Duplicatas a pagar	6.000
• Estoques	6.000	• ICMS e IPI a recolher	2.620
• Duplicatas a receber	0	PATRIMÔNIO LÍQUIDO	3.510
• **Tributos diferidos**	**2.620**	• Capital realizado	3.510
NÃO CIRCULANTE	3.300	• Lucros acumulados	0
• Imobilizado líquido	3.300		
TOTAL DO ATIVO	12.130	TOTAL DO PASSIVO + PL	12.130

5.10.3 Impostos não recuperáveis (Cofins, ISS...)

Considerando a mesma operação do item anterior, vamos apenas introduzir o cálculo da Cofins, tendo em conta que esta não é recuperável, sobre o valor do faturamento, conforme apresentado no Quadro 5.30.

Quadro 5.30 Planilha para cálculo do lucro bruto consolidado

DEMONSTRAÇÃO DO RESULTADO BRUTO	C	D	ELIMINAÇÕES Débito	ELIMINAÇÕES Crédito	LUCRO CONSOLIDADO
• Receita bruta	10.000	0	10.000[1]		0
• IPI (10%)	(1.000)	0		1.000[1]	0
• ICMS (18% s/ 9.000)	(1.620)	0		1.620[1]	0
• Cofins (3% s/ 10.000)	(300)	0		300[1]	0
• CMV	(6.000)	0		6.000[1]	0
= LUCRO BRUTO	**1.080**	**0**	**1.080[2]**		**0**

Notas:
[1] Totais eliminados, por se tratar de vendas intragrupo.
[2] Eliminado – débito de "lucros acumulados" e crédito de "estoques" (ver Quadro 5.31).

No balanço de D, e no consolidado, vai aparecer a obrigação de pagamento da Cofins ($ 300). Como a Cofins não é recuperável, ela não aparecerá destacada no ativo da vendedora (como o IPI e o ICMS).

Por se tratar de um custo, e não de um direito da empresa compradora, o valor da Cofins (ao contrário do IPI e do ICMS) não será destacado do valor do estoque, que, assim, continuará com o mesmo valor anterior de $ 7.380.

Quadro 5.31 Planilha para consolidação dos balanços de C e D

ATIVO	C	D	C + D	ELIMINAÇÕES Débito	ELIMINAÇÕES Crédito	CONSOLIDADO
• Caixa e bancos	10	200	210			210
• Estoques	0	7.380	7.380		1.080[1]	6.300
• Duplicatas a receber	10.000	0	10.000		10.000[2]	0
• ICMS diferido	0	1.620	1.620			1.620
• IPI diferido	0	1.000	1.000			1.000
• Imobilizado líquido	1.500	1.800	3.300			3.300
• Ações de controls.	2.000	0	2.000		2.000[3]	0
TOTAL DO ATIVO	**13.510**	**12.000**	**25.510**		**13.080**	**12.430**

(continua)

(continuação)

ELIMINAÇÕES PARA FINS DE CONSOLIDAÇÃO						
PASSIVO	C	D	C + D	ELIMINAÇÕES		CONSOLIDADO
				Débito	Crédito	
• Duplicatas a pagar	6.000	10.000	16.000	10.000[2]		6.000
• ICMS a recolher	1.620	0	1.620			1.620
• IPI a recolher	1.000	0	1.000			1.000
• Cofins a recolher	300	0	300			300
• Capital realizado	3.510	2.000	5.510	2.000[3]		3.510
• Lucros acumulados	1.080	0	1.080	1.080[1]		0
TOTAL DO PASSIVO + PL	13.510	12.000	25.510	13.080		12.430

Notas:
[1] Eliminação dos lucros não realizados, nos estoques de D e nos lucros acumulados de C (ver Quadro 5.30).
[2] Eliminação de "duplicatas a receber" em C, contra "duplicatas a pagar" em D.
[3] Eliminação da participação de C ($ 2 mil) contra o capital de D ($ 2 mil).

Quadro 5.32 Balanço consolidado de C e D

BALANÇO CONSOLIDADO DE C + D			
ATIVO		PASSIVO	
CIRCULANTE	9.130	CIRCULANTE	8.920
• Caixa e bancos	210	• Duplicatas a pagar	6.000
• Estoques	6.300		
• Duplicatas a receber	0	• ICMS e IPI a recolher	2.620
• Tributos diferidos	2.620	• Cofins a recolher	300
PERMANENTE	3.300	PATRIMÔNIO LÍQUIDO	3.510
• Imobilizado líquido	3.300	• Capital realizado	3.510
	(97)	• Lucros acumulados	0
TOTAL DO ATIVO	12.430	TOTAL DO PASSIVO + PL	12.430

Com a inclusão da Cofins (não recuperável), as únicas modificações em relação ao balanço consolidado do Quadro 5.29 foram:

› valor do estoque, com a inclusão da Cofins em seu custo;
› surgimento de uma nova obrigação: "Cofins a recolher".

5.10.4 Imposto de Renda e Contribuição Social sobre o Lucro

Retornando ao Quadro 5.30 (DRE), uma vez que não houve vendas para terceiros, devemos eliminar, também, as parcelas de imposto de renda (15%) e de contribuição social sobre o lucro (9%) incidentes sobre o valor do lucro não realizado.

Quadro 5.33 Planilha para cálculo do lucro consolidado

ELIMINAÇÕES PARA FINS DE CONSOLIDAÇÃO						
DEMONSTRAÇÃO DO RESULTADO BRUTO	C	D	ELIMINAÇÕES Débito	ELIMINAÇÕES Crédito	LUCRO CONSOLIDADO
• Receita bruta	10.000	0	10.000		0
• IPI (10%)	(1.000)	0		1.000	0
• ICMS (18% s/ 9.000)	(1.620)	0		1.620	0
• Cofins (3% s/ 10.000)	(300)	0		300	0
• CMV	(6.000)	0		6.000	0
= LUCRO BRUTO (RESULTADO ANTES DO IR)	1.080[1]	0	0	0	0
• IMPOSTO DE RENDA	(162)	0		162	0
• CONTRIBUIÇÃO SOCIAL	(97)	0		97	0
= LUCRO DO EXERCÍCIO	821	0		821	0

[1] Lucro não realizado ($ 1.080) a ser eliminado dos estoques, em contrapartida à eliminação dos lucros acumulados ($ 821 e, do lançamento, no balanço consolidado, dos tributos diferidos, $ 259 – ver Quadro 5.34).

Quadro 5.34 Planilha para consolidação dos balanços de C e D

ELIMINAÇÕES PARA FINS DE CONSOLIDAÇÃO						
ATIVO	C	D	C + D	ELIMINAÇÕES Débito	ELIMINAÇÕES Crédito	CONSOLIDADO
• Caixa e bancos	10	200	210			210
• Estoques	0	7.380	7.380		1.080[1]	6.300
• Duplicatas a receber	10.000	0	10.000		10.000[2]	0
• ICMS diferido	0	1.620	1.620			1.620
• IPI diferido	0	1.000	1.000			1.000
• Tributos diferidos	0	0	0	259[1]		259
• Imobilizado líquido	1.500	1.800	3.300			3.300
• Ações de controladas	2.000	0	2.000		2.000[3]	0
TOTAL DO ATIVO	13.510	12.000	25.510	259	13.080	12.689

(continua)

(continuação)

ELIMINAÇÕES PARA FINS DE CONSOLIDAÇÃO						
PASSIVO	C	D	C + D	ELIMINAÇÕES		CONSOLIDADO
^	^	^	^	Débito	Crédito	^
• Duplicatas a pagar	6.000	10.000	16.000	10.000[2]		6.000
• ICMS a recolher	1.620	0	1.620			1.620
• IPI a recolher	1.000	0	1.000			1.000
• Prov. p/ Imp. de Renda	162	0	162			162
• Constr. social a pagar	97	0	97			97
• Cofins a recolher	300	0	300			300
• Capital realizado	3.510	2.000	5.510	2.000[3]		3.510
• Lucros acumulados	821	0	821	821[1]		0
TOTAL DO PASSIVO + PL	13.510	12.000	25.510	12.821		12.689

Notas:
[1] Eliminação dos lucros não realizados nos estoques de D ($ 1.080) contra a eliminação do lucro líquido nos lucros acumulados de C ($ 821) e o surgimento, no balanço consolidado, da verba "tributos diferidos" ($ 259).
[2] Eliminação de "duplicatas a receber" em C contra "duplicatas a pagar" em D.
[3] Eliminação da participação de C ($ 2 mil) contra o capital de D ($ 2 mil).

Quadro 5.35 Balanço consolidado de C e D

BALANÇO CONSOLIDADO DE C + D			
ATIVO		PASSIVO	
CIRCULANTE	9.389	CIRCULANTE	9.179
• Caixa e bancos	210	• Duplicatas a pagar	6.000
• Estoques	6.300	• ICMS e IPI a recolher	2.620
• Duplicatas a receber	0	• Cofins a recolher	300
• Impostos a recuperar	2.620	• Prov. p/ Imp. de Renda	162
• **Tributos diferidos**	259	• Contr. social a pagar	97
NÃO CIRCULANTE	3.300	PATRIMÔNIO LÍQUIDO	3.510
• Imobilizado líquido	3.300	• Capital realizado	3.510
		• Lucros acumulados	0
TOTAL DO ATIVO	12.689	TOTAL DO PASSIVO + PL	12.689

Com a inclusão do cálculo do imposto de renda e da contribuição social sobre o lucro, as modificações, em relação ao balanço consolidado do Quadro 5.32, foram:

› surgimento de duas novas obrigações, provisão para imposto de renda e contribuição social, no valor total de $ 259;
› surgimento de uma nova conta ativa: "tributos diferidos" ($ 259).

5.11 TRATAMENTO DAS PARTES MINORITÁRIAS

5.11.1 No balanço patrimonial

a. Conceito

Quando a sociedade controladora não possui a totalidade do capital social da controlada, os demais acionistas são chamados **não controladores** ou **minoritários**. Assim, se uma entidade detém, por exemplo, 60% do capital de outra, os 40% restantes estarão em mãos dos chamados **acionistas não controladores**.

A participação de não controladores deve ser apresentada no balanço consolidado, dentro do patrimônio líquido, separadamente do patrimônio líquido dos proprietários controladores.

b. Cálculo

Em primeiro lugar, calcula-se o percentual de participação dos acionistas não controladores no capital da controlada. A seguir, aplica-se esse percentual sobre o valor de todas as contas do patrimônio líquido da controlada.

Vamos supor que a Controlada B tenha o seu capital de $ 1.400 dividido em mil ações de $ 1,40 distribuídas conforme Quadro 5.36.

Quadro 5.36 Cálculo partes minoritárias

	Nº DE AÇÕES	PERCENTUAL
Controladora	700	70%
Outros (acionistas não controladores)	300	30%
TOTAL	1.000	100%

Vamos supor, ainda, que a Controlada B tenha os saldos apresentados no Quadro 5.37 em seu patrimônio líquido.

Quadro 5.37 Patrimônio líquido Controlada B

CONTAS	SALDO	CONTROLADORA (70%)	ACIONISTAS NÃO CONTROLADORES (30%)
Capital	$ 1.400	$ 980	$ 420
Reservas e lucros	$ 700	$ 490	$ 210
Total	$ 2.100	$ 1.470	$ 630

O valor de $ 630 corresponde à participação dos acionistas minoritários no patrimônio líquido da Controlada B. Os ajustes deverão ser feitos, no balanço consolidado, por lançamentos a débito nas contas do patrimônio líquido da controlada (eliminando-as) e a crédito de uma conta específica dentro do patrimônio líquido, denominada "participação de acionistas não controladores".

Lembrando que deverão ser levadas em conta as recomendações do CPC 15, combinação de negócios, em relação ao tratamento para minoritários ou não controladores, no caso da mais-valia e do *goodwill* (tratados na Seção 5.9.5.2 deste capítulo), em caso de a mensuração da participação se dar ao valor justo dos ativos líquidos, ou pelo valor justo da participação.

c. Exemplo de consolidação com exclusão de créditos e débitos entre as companhias e com segregação da participação dos acionistas minoritários

No caso do item anterior, a Empresa A controlava a Empresa B com 70% do seu capital social. Os balanços hipotéticos se apresentam conforme Quadro 5.38.

Quadro 5.38 Planilha de consolidação dos balanços da Controladora A e da Controlada B

ELIMINAÇÕES PARA FINS DE CONSOLIDAÇÃO							
ATIVO	A	B	A + B	ELIMINAÇÕES		CONSOLIDADO
				Débito	Crédito	
• Caixa e bancos	500	240	740			740
• Estoques	760	1.320	2.080			2.080
• Duplicatas a receber	1.080	610	1.690			1.690
• Débitos de controladas	950	0	950		950[1]	0
• Imobilizado líquido	2.900	1.900	4.800			4.800
• Ações de controladas	1.470	0	1.470		1.470[2]	0
TOTAL DO ATIVO	7.660	4.070	11.730		2.420	9.310

PASSIVO	A	B	A + B	ELIMINAÇÕES		CONSOLIDADO
				Débito	Crédito	
• Duplicatas a pagar	1.860	1.020	2.880			2.880
• Créditos de controladoras	0	950	950	950[1]		0
• Capital realizado	4.300	1.400	5.700	980[2]		4.300
				420[3]		
• Reservas e lucros	1.500	700	2.200	490[2]		1.500
				210[3]		
• Participação de acionistas minoritários/não controladores	0	0	0	0	630[3]	630[3]
TOTAL DO PASSIVO + PL	7.660	4.070	11.730	3.050	630	9.310

Notas:
[1] Eliminação do "débito da controlada" e do respectivo "crédito da controladora".
[2] Eliminação da participação no ativo da controladora e no PL da controlada.
[3] Participação dos acionistas não controladores (ver cálculo na letra *b* da Seção 5.11.1).

Quadro 5.39 Balanço consolidado de A + B

BALANÇO CONSOLIDADO DE A + B			
ATIVO		**PASSIVO**	
CIRCULANTE	4.510	CIRCULANTE	2.880
• Caixa e bancos	740	• Duplicatas a pagar	2.880
• Estoques	2.080		
• Duplicatas a receber	1.690		
NÃO CIRCULANTE	4.800	PATRIMÔNIO LÍQUIDO CONSOLIDADO	6.430
• Imobilizado líquido	4.800	Patrimônio dos controladores	5.800
		• Capital realizado	4.300
		• Reservas e lucros	1.500
		PARTICIPAÇÃO DE ACIONISTAS MINORITÁRIOS/NÃO CONTROL.	630
TOTAL DO ATIVO	9.310	TOTAL DO PASSIVO + PL	9.310

5.11.2 Na demonstração do resultado do exercício

A participação dos acionistas não controladores no lucro líquido ou prejuízo do exercício das controladas deverá ser destacada e apresentada, respectivamente, como dedução ou adição ao lucro líquido ou prejuízo consolidado (ver Quadro 5.40).

d. Exemplo de consolidação da DRE, com exclusão de receitas e despesas relativas a operações entre as companhias

Vamos supor que a Empresa A (controladora) tenha recebido juros da Empresa B (controlada), correspondentes ao empréstimo que consta nos respectivos balanços – débitos e créditos com controladas (Quadro 5.38) – no valor de $ 600.

Vamos supor, também, que não tenha havido operações de compra e venda de mercadorias entre essas duas empresas.

Quadro 5.40 Demonstração consolidada do resultado de A e B

ELIMINAÇÕES PARA FINS DE CONSOLIDAÇÃO					
DEMONSTRAÇÃO DO RESULTADO DO EXERCÍCIO	A	B	ELIMINAÇÕES		CONSOLIDADO
			Débito	Crédito	
LUCRO BRUTO	5.000	2.300			7.300
• Receitas financeiras	600	0	600		0
• Despesas financeiras	(870)	(600)		600	(870)

(continua)

ELIMINAÇÕES PARA FINS DE CONSOLIDAÇÃO

(continuação)

DEMONSTRAÇÃO DO RESULTADO DO EXERCÍCIO	A	B	ELIMINAÇÕES Débito	ELIMINAÇÕES Crédito	CONSOLIDADO
• Despesas operacionais	(3.660)	(1.420)			(5.080)
LUCRO LÍQUIDO	1.070	280	600	600	1.350
• Participação de acionistas não controladores		(84)[1]			(84)[1]
LUCRO LÍQUIDO CONSOLIDADO	1.070	196			1.266

[1] 30% de $ 280 = $ 84.

5.12 SOCIEDADES CONTROLADAS EM CONJUNTO

As sociedades controladas em conjunto são aquelas em que nenhum acionista exerce sozinho o controle da entidade. São também denominadas *joint ventures*.

O controle conjunto de uma entidade é exercido por um acordo formal entre acionistas, por meio do qual as decisões são de consenso unânime das partes.

As disposições estão contidas no CPC 19 (R2) – Negócios em conjunto.

Os empreendimentos controlados em conjunto estão sujeitos ao Método da Equivalência Patrimonial (MEP).

ATIVIDADES

1. A Companhia A possui 80% do capital da Companhia B. O balanço das duas companhias está apresentado a seguir:

ATIVO	A	B
• Estoques	30.000	340.000
• Duplicatas a receber	10.000	5.000
• Imobilizado líquido	120.000	15.000
• Ações de controladas	200.000	0
TOTAL DO ATIVO	360.000	360.000
PASSIVO	A	B
• Duplicatas a pagar	0	10.000
• Outras obrigações	8.900	100.000
• Capital realizado	302.710	250.000
• Lucros acumulados	48.390	0
TOTAL DO PASSIVO + PL	360.000	360.000

Sabendo que as duplicatas a receber de A referem-se a transações com a Companhia B, elabore a consolidação do balanço patrimonial.

2. A Companhia C possui 100% da Companhia D. Seus demonstrativos são apresentados da seguinte maneira:

ATIVO	C	D
• Estoques	0	36.900
• Duplicatas a receber	50.000	0
• Imobilizado líquido	90.000	230.000
• IPI diferido	0	5.000
• ICMS diferido	0	8.100
• Ações de controladas	200.000	0
TOTAL DO ATIVO	340.000	280.000
PASSIVO	C	D
• Duplicatas a pagar	0	50.000
• Outras obrigações	20.000	30.000
• IPI a recolher	5.000	0
• ICMS a recolher	8.100	0
• Capital realizado	300.000	200.000
• Lucros acumulados	6.900	0
TOTAL DO PASSIVO + PL	340.000	280.000

As transações foram as seguintes:

a. A Empresa C comprou mercadorias por $ 30.000 e as vendeu para a Companhia D pela importância de $ 50.000;
b. O IPI corresponde a 10%;
c. O ICMS corresponde a 18%;
d. As mercadorias foram mantidas no estoque da Companhia D.

Pede-se: realizar a consolidação das demonstrações contábeis.

RECEITA DE CONTRATO COM CLIENTE

6.1 INTRODUÇÃO

A normatização relacionada ao reconhecimento e à mensuração de receitas estava permeada em diversas normas diferentes, conforme apresentado no Quadro 6.1.

Quadro 6.1 Relação de normas anteriores sobre receitas até 31/12/2017

NORMAS ANTERIORES	
Normas	**Correlação IASB**
CPC 17 – Contratos de Construção	IAS 11 – Contratos de Construção
CPC 30 (R1) – Receitas	IAS 18 – Receitas
CPC 30 (R1) – Interpretação A	IFRIC 13 – Programa de Fidelidade
ICPC 02 – Contrato de Construção do Setor Imobiliário	IFRIC 15 – Contrato de Construção do Setor Imobiliário
ICPC 11 – Recebimento em Transferência de Ativos de Clientes	IFRIC 18 – Recebimento em Transferência de Ativos de Clientes
CPC 30 (R1) – Interpretação B	SIC 31 – Transação de Permuta Envolvendo Serviços de Publicidade

Todas essas normas foram consolidadas em um único pronunciamento técnico, denominado CPC 47 – Receita de Contrato com Cliente, aprovado em 4 de novembro de 2016 e com vigência a partir de 1º de janeiro de 2018, oriundo da norma IFRS 15 – *Revenue from Contracts with Customers*.

A nova norma foi aprovada pelos reguladores, pelo Conselho Federal de Contabilidade (CFC) – NBC TG 47 – e pela Comissão de Valores Mobiliários (CVM) – Deliberação CVM nº 762/2016, que foi revogada em 20 de maio de 2022 pela nova Resolução CVM nº 116/2022.

A grande mudança foi que as normas anteriormente vigentes estabeleciam modelos diferentes para cada tipo de receita; já a nova norma estabelece um único modelo para obrigações de desempenho, em que essas são atendidas ou alcançadas ao longo do tempo ou em um ponto específico do tempo.

Nesse novo modelo, o foco está no controle, ou seja, quando ocorre a transferência de um produto ou de um serviço prometido ao cliente. É nesse momento que a entidade reconhece a receita, por um montante que reflita a contrapartida de que espera ter o direito em troca desses bens ou serviços. Nesse caso, para o reconhecimento da receita, a entidade deverá aplicar as seguintes etapas: a) identificar o contrato; b) identificar as obrigações de desempenho; c) determinar o preço da transação; d) alocar o preço da transação; e e) reconhecer a receita.

6.2 CONTRATOS COM CLIENTES NÃO ABRANGIDOS PELA NOVA NORMA

A aplicação do CPC 47 deve ser feita para todos os contratos com clientes, com exceção das seguintes operações:

   (a) contratos de arrendamento dentro do alcance do CPC 06 – Arrendamentos;[1]
   (b) contratos de seguro dentro do alcance do CPC 50 – Contratos de Seguro;
   (c) instrumentos financeiros e outros direitos ou obrigações contratuais dentro do alcance do CPC 48 – Instrumentos Financeiros, do CPC 36 – Demonstrações Consolidadas, do CPC 19 – Negócios em Conjunto, do CPC 35 – Demonstrações Separadas e do CPC 18 – Investimento em Coligada, em Controlada e em Empreendimento Controlado em Conjunto; e
   (d) permutas não monetárias entre entidades na mesma linha de negócios para facilitar vendas a clientes ou clientes potenciais [...]. (CPC 47, item 5)

6.3 RECONHECIMENTO DA RECEITA

Conforme mencionamos na Seção 6.1, para o reconhecimento da receita, a entidade deverá adotar uma metodologia dividida em cinco etapas, apresentadas na Figura 6.1.

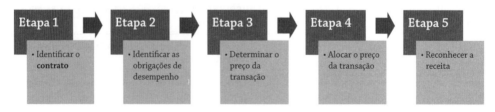

Figura 6.1 Etapas de reconhecimento da receita.

Passamos agora a explicar cada uma delas.

---
[1] *Vide* Capítulo 9 do livro.

6.3.1 Primeira etapa: identificar o contrato

De acordo com o CPC 47, item 10:

> [...] contrato é um acordo entre duas ou mais partes que cria direitos e obrigações exigíveis. A exigibilidade dos direitos e obrigações em contrato é matéria legal. Contratos podem ser escritos, verbais ou sugeridos pelas práticas usuais de negócios da entidade. As práticas e os processos para estabelecer contratos com clientes variam entre jurisdições, setores e entidade. Além disso, eles podem variar dentro da entidade [...].

De acordo com o item 9 do CPC 47, a entidade só poderá contabilizar os efeitos de um contrato com um cliente se este satisfizer todos os seguintes critérios:

(a) quando as partes do contrato aprovarem o contrato (por escrito, verbalmente ou de acordo com outras práticas usuais de negócios) e estiverem comprometidas em cumprir suas respectivas obrigações;
(b) quando a entidade puder identificar os direitos de cada parte em relação aos bens ou serviços a serem transferidos;
(c) quando a entidade puder identificar os termos de pagamento para os bens ou serviços a serem transferidos;
(d) quando o contrato possuir substância comercial (ou seja, espera-se que o risco, a época ou o valor dos fluxos de caixa futuros da entidade se modifiquem como resultado do contrato); e
(e) quando for provável que a entidade receberá a contraprestação à qual terá direito em troca dos bens ou serviços que serão transferidos ao cliente. Ao avaliar se a possibilidade de recebimento do valor da contraprestação é provável, a entidade deve considerar apenas a capacidade e a intenção do cliente de pagar esse valor da contraprestação quando devido. O valor da contraprestação à qual a entidade tem direito pode ser inferior ao preço declarado no contrato se a contraprestação for variável, pois a entidade pode oferecer ao cliente uma redução de preço [...].

Outro aspecto importante é que a norma considera que um contrato não existe se cada parte tiver o direito unilateral de cancelá-lo, quando ainda não tiver sido executado, sem compensar a outra parte.

Considera-se não executado o contrato se: a) a entidade ainda não transferiu quaisquer bens ou serviços prometidos para o cliente; e b) a entidade ainda não recebeu, e ainda não tem direito a receber, qualquer contraprestação em troca de bens ou serviços prometidos.

6.3.1.1 *Combinação de contrato*

Havendo contratos celebrados na mesma data e com o mesmo cliente, a entidade deverá combiná-los contabilizando-os como se fossem um único, desde que atendidos um ou mais dos seguintes critérios elencados no CPC 47, item 17:

(a) os contratos forem negociados como um pacote com um único objetivo comercial;
(b) o valor da contraprestação a ser paga pelo contrato depende do preço ou do desempenho de outro contrato; ou
(c) os bens ou serviços prometidos nos contratos (ou alguns bens ou serviços prometidos em cada um dos contratos) constituem uma única obrigação de *performance* [...].

6.3.1.2 Modificações de contrato

É considerada uma modificação de contrato uma alteração no alcance e/ou no preço do contrato e que seja aprovada por ambas as partes.

Neste caso, a entidade deverá contabilizar a modificação como um contrato em separado, desde que atendidas as duas condições seguintes:

1. o alcance do contrato aumentar devido à inclusão de bens ou serviços prometidos que sejam distintos; e
2. o preço do contrato aumentar o valor da contraprestação que reflita os preços de venda individuais dos bens ou serviços prometidos adicionais da entidade e quaisquer ajustes apropriados desse preço para refletir as circunstâncias do contrato específico.

Caso contrário não há que se falar em contabilização em separado.

6.3.2 Segunda etapa: identificar as obrigações de desempenho

Os contratos são promessas de transferência de bens ou de serviços para um cliente. É necessário que a entidade identifique esses bens ou serviços. Caso esses bens ou serviços sejam distintos, cada um deles representa uma promessa de obrigação de desempenho e deverão ser contabilizados de forma separada.

De acordo com o CPC 47, item 27, o bem ou serviço prometido ao cliente é distinto se os dois critérios a seguir puderem ser atendidos:

(a) o cliente pode se beneficiar do bem ou serviço, seja isoladamente ou em conjunto com outros recursos que estejam prontamente disponíveis ao cliente (ou seja, o bem ou o serviço é capaz de ser distinto); e
(b) a promessa da entidade de transferir o bem ou o serviço ao cliente é separadamente identificável de outras promessas contidas no contrato (ou seja, compromisso para transferir o bem ou o serviço é distinto dentro do contexto do contrato).

Como exemplos são elencados na norma:

(a) venda de bens produzidos pela entidade (por exemplo, estoque de fabricante);
(b) revenda de bens adquiridos pela entidade (por exemplo, mercadorias de varejista);
(c) revenda de direitos sobre bens ou serviços adquiridos pela entidade (por exemplo, *ticket* revendido pela entidade, agindo como principal);
(d) execução de tarefa (ou tarefas) contratualmente pactuada para cliente;
(e) prestação de serviço que consiste em estar pronta para fornecer bens ou serviços (por exemplo, atualizações não especificadas de *softwares* que sejam fornecidas quando e se

disponíveis) ou disponibilização de bens ou serviços ao cliente a serem usados à medida que e quando o cliente decidir;
(f) prestação de serviço de modo a providenciar para que a outra parte transfira bens ou serviços ao cliente (por exemplo, atuando como agente de outra parte [...]);
(g) concessão de direitos sobre bens ou serviços a serem fornecidos no futuro que o cliente possa revender ou fornecer a seu cliente (por exemplo, a entidade que vende um produto ao varejista promete transferir o bem ou o serviço adicional à pessoa que compre o produto do varejista);
(h) construção, fabricação ou desenvolvimento de ativo em nome do cliente;
(i) concessão de licenças [...]; e
(j) concessão de opções para a compra de bens ou serviços adicionais (quando essas opções fornecerem ao cliente um direito relevante [...]). (CPC 47, item 26)

6.3.2.1 Satisfação de obrigação de performance

O reconhecimento da receita só deverá acontecer quando forem satisfeitas as obrigações de *performance* estipuladas em contrato, momento em que ocorre a transferência do bem ou do serviço prometido ao cliente, considerado transferido quando, ou à medida que, o cliente passa a ter o controle[2] desse ativo.

Se o contrato tiver várias obrigações de *performance* estipuladas, para cada uma deverá haver uma análise do momento de cumprimento da obrigação.

A satisfação de obrigação pode ocorrer de duas formas:

1. **Em um momento específico do tempo**: quando há o cumprimento da obrigação de uma só vez, transferindo ao cliente todo o controle sobre o ativo. Exemplo: venda de um veículo por uma concessionária para um cliente determinado. O prazo de entrega do veículo é de 30 dias; após esse prazo, o ativo é entregue. Nesse momento, a obrigação foi cumprida e é o momento de reconhecer a receita. Demos um exemplo bastante simples, mas os contratos podem conter obrigações de desempenho muito mais sofisticadas, como, entrega do bem com a instalação, permitindo a devolução do bem se não for feita a instalação. Se isso ocorrer, apenas após a entrega do bem e a devida instalação será considerada cumprida a obrigação. Apenas a primeira condição (entrega) não basta para o reconhecimento da receita, nesses termos apresentados.
2. **Ao longo do tempo**: quando a obrigação de desempenho, ou seja, a transferência do controle do ativo é feita em etapas. Como exemplo dessas situações, o CPC 47 nos apresenta:
    (i) o cliente simultaneamente recebe e consome os benefícios gerados pelo desempenho por parte da entidade à medida que ela efetiva o desempenho. Exemplos: serviços rotineiros, como limpeza, portaria etc.;
    (ii) o desempenho por parte da entidade cria ou melhora o ativo (por exemplo, produtos em elaboração) que o cliente controla à medida que o ativo é criado ou melhorado; ou
    (iii) o desempenho por parte da entidade não cria um ativo com uso alternativo para a entidade e ela possui direito executável (*enforcement*) ao pagamento pelo desempenho concluído até a data presente.

---

[2] Ter o controle do ativo é usufruir de seus benefícios econômicos, determinando o direcionamento pleno de seu uso, sem que outras entidades possam interferir.

6.3.2.2 Mensuração da satisfação da obrigação

A entidade deverá, para cada obrigação de desempenho ao longo do tempo, mensurar seu progresso em relação ao seu total cumprimento. Para isso, deverá aplicar um único método de mensuração para cada tipo de obrigação, considerando a natureza do bem ou do serviço que prometeu transferir ao cliente.

Adotado o método, a receita deve ser reconhecida à medida que as obrigações forem sendo satisfeitas.

6.3.3 Terceira etapa: determinar o preço da transação

O preço da transação é o valor que a entidade espera receber em troca da transferência de produtos ou serviços que foram prometidos em contrato para um cliente. Um contrato pode conter um preço fixo, variável ou até mesmo ambos.

No caso de contraprestação variável, a entidade deverá utilizar um dos métodos a seguir para determinação do preço da transação:

> a. **Método do valor esperado**: consiste no somatório dos montantes possíveis de serem recebidos ponderados pelas respectivas probabilidades. Esse método é útil em cenários em que há um grande número de contratos com características semelhantes.

Vamos a um exemplo do método do valor esperado:
> Empresa X vende um produto Y com preço de $ 100,00. Os clientes, com frequência, solicitam descontos que são concedidos pela empresa. Pelo histórico, temos:
> 80% – sem desconto: R$ 100,00
> 15% – com desconto: R$ 90,00
> 5% – com desconto: R$ 80,00

Pelo método do valor esperado, temos o apresentado no Quadro 6.2.

Quadro 6.2 Exemplo de cálculo pelo método do valor esperado

PREÇO	ESTIMATIVA	RECEITA
100,00	80%	80,00
90,00	15%	13,50
80,00	5%	4,00
TOTAL		97,50

Nesse caso, a receita a ser reconhecida será de $ 97,50.

> b. **Método do valor mais provável**: consiste na única mais provável em uma gama de possíveis valores em consideração. O valor mais provável pode ser uma estimativa adequada do valor da contraprestação variável, se o contrato tem apenas dois resultados possíveis.

Vamos a um exemplo do método do valor provável:

> A empresa ABC estabelece um contrato de prestação de serviços, no valor de R$ 50.000,00. O contrato prevê em uma das cláusulas que, se o serviço for prestado a contento, haverá um prêmio de 10% no pagamento.
> Considerando trabalhos similares realizados, cujo prêmio foi obtido, a estimativa de contrapartida que se espera é R$ 55.000,00.

6.3.3.1 Passivo de restituição

A entidade deverá reconhecer um passivo, denominado passivo de restituição, se receber contraprestação do cliente e esperar restituir a totalidade ou parte dessa contraprestação ao cliente. Por exemplo: vendas com direito à devolução, garantias etc.

> Empresa vende 1.000 unidades de determinado produto. O valor é de R$ 50,00, à vista, por unidade. Em cláusula contratual, a empresa concedeu aos seus clientes o direito de devolver o produto, no prazo de 30 dias, e a devolução do dinheiro. A estimativa é que 98% das vendas não serão devolvidas.

Nesse caso, a contabilização será conforme Quadro 6.3.

Quadro 6.3 Contabilização de passivo de restituição

BANCO	50.000,00	
Receita com vendas		49.000,00
Obrigação de reembolso (passivo)		1.000,00

6.3.4 Quarta etapa: alocar o preço da transação

Consiste em alocar preço que reflita o valor que espera receber do cliente, para cada obrigação de *performance*, que é representada por um bem ou por um serviço, constante de um contrato.

A base para essa alocação deverá ser o preço de venda individual, e caso este não seja diretamente praticado, precisará ser estimado.

Caso seja necessário realizar a estimativa, o CPC 47, item 79, indica alguns métodos para isso:

(a) abordagem de avaliação de mercado ajustada – a entidade pode avaliar o mercado no qual vende bens ou serviços e estimar o preço que o cliente nesse mercado estaria disposto a pagar por esses bens ou serviços. Essa abordagem pode incluir também consultar os preços dos concorrentes da entidade para bens ou serviços similares e ajustar esses preços, conforme necessário, para refletir os custos e margens da entidade;

(b) abordagem do custo esperado mais margem – a entidade pode prever seus custos esperados para satisfazer à obrigação de *performance* e então adicionar a margem apropriada para esse bem ou serviço;

(c) abordagem residual – a entidade pode estimar o preço de venda individual por referência ao preço de transação total menos a soma dos preços de venda individuais observáveis de outros bens ou serviços prometidos no contrato. Contudo, a entidade pode usar uma abordagem residual para estimar o preço de venda individual de bem ou serviço somente se for atendido um dos seguintes critérios:

(i) a entidade vender o mesmo bem ou serviço a diferentes clientes (ao mesmo tempo ou aproximadamente ao mesmo tempo) por ampla gama de valores (ou seja, o preço de venda é altamente variável porque o preço de venda individual representativo não pode ser discernido de transações passadas ou de outras evidências observáveis); ou

(ii) a entidade ainda não estabeleceu o preço para esse bem ou serviço e o bem ou serviço não foi vendido anteriormente de forma individual (ou seja, o preço de venda é incerto).

Não há que se falar em alocação se o contrato possuir uma única obrigação de desempenho.

6.3.4.1 Descontos

O desconto deve ser alocado de forma proporcional a todas as obrigações de *performance* do contrato. Contudo, se a entidade tiver evidências observáveis de que o desconto se refere a uma ou mais obrigações, ele poderá ser alocado diretamente a estas. Evidências observáveis, de acordo como o CPC 47, item 82, são:

(a) a entidade vender regularmente cada bem ou serviço distinto (ou cada grupo de bens ou serviços distintos) do contrato de forma individual;

(b) a entidade também vender regularmente de forma individual um grupo (ou grupos) de outros desses bens ou serviços distintos com desconto em relação aos preços de venda individuais dos bens ou serviços em cada grupo; e

(c) o desconto atribuível a cada grupo de bens ou serviços for substancialmente o mesmo que o desconto do contrato e a análise dos bens ou serviços de cada grupo fornecer evidência observável da obrigação de *performance* (ou obrigações de *performance*) à qual pertence todo o desconto do contrato.

6.3.5 Quinta etapa: reconhecer a receita

Após as quatro etapas anteriores, a receita deverá ser reconhecida. Isso ocorre, como já mencionamos, de duas formas: ao longo do tempo ou em um ponto específico do tempo e desde que satisfeita(s) a(s) obrigação(ões) de desempenho, transferindo um bem ou um serviço para o cliente.

6.3.6 Modificações no contrato

É comum que possa haver modificações, por diversas razões, no contrato ao longo do tempo. A atenção para essas modificações está na contabilização. Em primeiro lugar, é preciso saber se estão sendo acrescentados novos bens ou serviços que são precificados individualmente. Se a resposta for sim, então, deve-se contabilizar como se fosse um contrato em separado. Se a resposta for não, uma nova pergunta deverá ser feita: os bens ou serviços remanescentes são diferentes daqueles que já foram transferidos ao cliente? Se a resposta for sim, deve-se contabilizar a rescisão do contrato existente e providenciar imediatamente a assinatura de um novo contrato. Se a resposta for não, deve-se contabilizar como parte do contrato original.

6.3.7 Custos do contrato

Se a entidade incorrer em custos para obter um contrato com um determinado cliente, esses custos poderão ser reconhecidos como ativo, se forem recuperáveis. Exemplo: comissões.

Esses custos deverão se amortizados e estão sujeitos ao teste de recuperabilidade de ativos.[3] Quaisquer custos incorridos independentemente da obtenção do contrato, deverão ser reconhecidos como despesa.

Pode haver também custos para cumprir um determinado contrato. Nesse caso, a entidade poderá reconhecer um ativo se atender a todos os seguintes critérios elencados no CPC 47, item 95:

(a) os custos referem-se diretamente ao contrato ou ao contrato previsto que a entidade pode especificamente identificar (por exemplo, custos relativos a serviços a serem prestados de acordo com a renovação de contrato existente ou custos para projetar o ativo a ser transferido, de acordo com contrato específico que ainda não foi aprovado);
(b) os custos geram ou aumentam recursos da entidade que serão usados para satisfazer (ou para continuar a satisfazer) a obrigações de *performance* no futuro; e
(c) espera-se que os custos sejam recuperados.

Caso haja custos no desempenho do contrato que estejam relacionados a outras normas como estoques, intangíveis etc., estes deverão ser contabilizados conforme as regras de cada norma.

De acordo como CPC 47, item 98, a entidade deverá reconhecer como despesa os seguintes custos quando incorridos:

(a) custos gerais e administrativos (a menos que esses custos sejam expressamente cobráveis do cliente de acordo com o contrato, hipótese em que a entidade deve avaliar esses custos);
(b) custos relativos a perdas de material, mão de obra ou outros recursos para cumprir o contrato que não foram refletidos no preço do contrato;
(c) custos que se referem a obrigações de *performance* satisfeitas (ou obrigações de *performance* parcialmente satisfeitas) do contrato (ou seja, custos que se referem ao desempenho passado); e
(d) custos em relação aos quais a entidade não pode distinguir se eles se referem a obrigações de *performance* não satisfeitas ou a obrigações de *performance* satisfeitas (ou obrigações de *performance* parcialmente satisfeitas).

6.3.8 Apresentação no balanço patrimonial

A entidade deverá apresentar no seu balanço patrimonial como ativo de contrato ou passivo de contrato, quando qualquer das partes tiver concluído o desempenho, dependendo da relação entre o desempenho pela entidade e o pagamento pelo cliente.

6.3.9 Divulgação

O CPC 47 elenca uma diversidade de divulgações que devem ser feitas em relação a cada etapa de reconhecimento da receita. De acordo com a norma o objetivo consiste em que a entidade divulgue

---
[3] Veja o Capítulo 10 para mais informações sobre o teste de recuperabilidade de ativos.

informações que sejam suficientes para que os usuários das demonstrações contábeis compreendam a natureza, o valor, a época e a incerteza de receitas e fluxos de caixa provenientes de contratos com clientes. Para isso, é necessário que a entidade divulgue informações quantitativas e qualitativas sobre os seguintes itens:

(a) seus contratos com clientes (ver itens 113 a 122 do CPC 47);
(b) julgamentos significativos e mudanças nos julgamentos feitos ao aplicar este pronunciamento a esses contratos (ver itens 123 a 126 do CPC 47); e
(c) quaisquer ativos reconhecidos a partir dos custos para obter ou cumprir um contrato com cliente de acordo com o item 91 ou com o item 95 (ver itens 127 e 128 do CPC 47). (CPC 47, item 110)

Ressalta ainda a norma que a entidade deve considerar o nível de detalhe necessário para atingir o objetivo de divulgação e quanta ênfase deve ser dada aos diversos requisitos e que não é necessário divulgar informações de acordo com o CPC 47 se já tiver, em outras divulgações, fornecido tais informações de acordo com outra norma.

6.4 EXEMPLOS PRÁTICOS

Para ilustrar este capítulo sobre receita de contrato com cliente, vamos apresentar dois exemplos práticos de como identificar e contabilizar essa operação.

☛ EXEMPLO 1:

A empresa RM vende equipamentos eletrônicos de som: produz caixas acústicas com conexão *bluetooth*. Fechou contrato com um grande distribuidor para fornecer 100.000 unidades das caixas de som, negociando cada uma ao preço de venda de $ 250. O custo para produzir cada unidade é de $ 90. No contrato celebrado com o distribuidor, há uma cláusula que permite a devolução por parte do cliente em até 45 dias da entrega, com direito a reembolso total. A empresa RM estima que 2% das caixas serão devolvidas. Essa estimativa está baseada em históricos anteriores com negociações parecidas. Se receber as devoluções, a empresa RM sabe que pode rapidamente reparar ou ajustar algum problema e as caixas poderão ser revendidas com tranquilidade.

Diante das informações acima, vamos ver como fica a resolução do caso.

Passo 1: identificação do contrato

Resta claro que há um contrato e que este reza um acordo entre as partes para fornecimento de 1.000 caixas de som.

Passo 2: identificação das obrigações de desempenho

Pela descrição, fica evidente a obrigação de entrega de 1.000 caixas de som *bluetooth* para o cliente distribuidor. Nota-se também que há uma condicional para devolução, ou seja, em até 45 dias depois de entregues as caixas, poderá o cliente devolvê-las.

Dessa forma, estamos diante de um contrato que tem preço variável porque está sujeito à devolução de produtos.

Para contratos com preço variável é necessário utilizar um método para o reconhecimento da receita. No caso, a empresa fará o método do valor esperado, ou seja, calculará o valor esperado para cada caixa vendida.

Passo 3: determinar o preço da transação

Para o preço, temos que descontar as estimativas de devolução. Então, teremos: $ 245 ($ 250 – 2%).

Passo 4: alocação do preço da transação

Nesse caso, há apenas uma obrigação de desempenho que é a entrega dos produtos para o distribuidor. Dessa forma, o preço será todo alocado para essa única obrigação.

Passo 5: reconhecimento da receita

No momento em que as caixas de som forem entregues para o distribuidor e, portanto, o controle for transferido para este, a receita deverá ser reconhecida. Nesse caso, teremos dois lançamentos, o de reconhecimento da receita e o de baixa no estoque. Vejamos:

a. Reconhecimento da receita

Quadro 6.4   Lançamentos de reconhecimento da receita e de baixa no estoque

CONTA	DÉBITO	CRÉDITO
Clientes ou Banco	25.000.000	
Receita com vendas		24.500.000
Obrigação de devolução (passivo circulante)		500.000

Veja que, dessa forma, reconhecemos o direito de receber ou o recebimento efetivo, dependendo da situação à vista ou a prazo e, como contrapartida, a receita com vendas estimadas de caixas de som que não serão devolvidas, sendo portanto uma receita praticamente certa. O cálculo é o apresentado no Quadro 6.5.

Quadro 6.5   Cálculo da receita esperada

UNIDADES VENDIDAS	VALOR DE VENDA	TOTAL	(–) ESTIMATIVAS DE DEVOLUÇÃO (2%)	(=) RECEITA ESPERADA
100.000	250	25.000.000	500.000	24.500.000

b. Baixa do estoque

Como mencionamos, as caixas de som que poderão ser devolvidas pelo cliente serão rapidamente revendidas e, portanto, recuperadas. Dessa forma, teremos o apresentado no Quadro 6.6.

Quadro 6.6 Lançamentos do ajuste do estoque

CONTA	DÉBITO	CRÉDITO
Custo das mercadorias vendidas	8.820.000	
Direitos sobre produtos que serão devolvidos (ativo circulante)	180.000	
Estoques		9.000.000

O valor do custo foi apurado considerando o valor unitário de $ 90, descontada a estimativa de 2% de devolução é o apresentado no Quadro 6.7.

Quadro 6.7 Cálculo da receita esperada

UNIDADES VENDIDAS	VALOR DO CUSTO	TOTAL	(−) ESTIMATIVAS DE DEVOLUÇÃO (2%)	(=) RECEITA ESPERADA
100.000	90	9.000.00	180.000	8.820.000

☞ EXEMPLO 2:

A empresa ABC vende determinado equipamento industrial. Ela fechou contrato com um cliente para o fornecimento dessa máquina. O valor do contrato foi de $ 550.000. Como a máquina é um ativo muito específico e com muitos detalhes técnicos, é fundamental que, após a entrega, seja feita a instalação por técnicos da empresa ABC. Há uma cláusula contratual que diz que, caso a instalação não seja feita e aprovada posteriormente pela inspeção da fábrica, o produto poderá ser devolvido.

Dessa forma, teremos os seguintes passos.

Passo 1: identificação do contrato

Fornecimento de uma máquina industrial, com instalação pelo valor de $ 550.000.

Passo 2: identificação das obrigações de desempenho

Em uma primeira vista, parece que existem duas obrigações de desempenho. A primeira: entregar a máquina; a segunda: instalar a máquina. Até poderíamos admitir essa possibilidade, se conseguíssemos separar as duas coisas e atribuir valor a elas. Contudo, há uma cláusula expressa que diz que se a instalação não for concluída a máquina poderá ser devolvida. Dessa forma, devemos analisar que a entrega da máquina e a instalação da máquina compõem, juntas, uma obrigação só de desempenho, e assim trataremos.

Passo 3: determinar o preço da transação

O preço da transação é de $ 550.000.

Passo 4: alocação do preço da transação

A alocação será feita para uma obrigação de desempenho só, qual seja, entrega e instalação da máquina, com aprovação da inspeção da fábrica. Portanto, o valor será alocado para uma só obrigação de desempenho.

Passo 5: reconhecimento da Receita

Como a empresa tem estimativas seguras de que conseguirá entregar, instalar e ser aprovada pela revisão da inspeção da fábrica, quando todas essas etapas forem satisfeitas, ela deverá reconhecer a receita. Vejamos no Quadro 6.8.

Quadro 6.8   Reconhecimento da receita

CONTA	DÉBITO	CRÉDITO
Clientes ou Banco	550.000	
Receita com Vendas		550.000

Lembrando que haverá outro lançamento para a baixa do estoque.

ATIVIDADES

1. A empresa ABC fabrica um produto e dá uma garantia de seis meses, com cobertura total de custos caso o produto apresente problemas. Não há possibilidade de avaliar quais problemas podem ocorrer, sendo que alguns podem ser significativos. O comprador recebe o produto e este é entregue, havendo assim a transferência do controle. Nesse caso, como você reconheceria a receita? No momento da entrega do produto, no momento do fim da garantia ou em outro momento?

2. A empresa XYZ fabrica um produto e dá uma garantia de oito meses, com cobertura total de custos caso o produto apresente problemas. Os custos são perfeitamente estimáveis, com base em históricos anteriores. São possíveis de serem acumulados e não são significativos. O comprador recebe o produto e este é entregue, havendo assim a transferência do controle. Nesse caso, como você reconheceria a receita? No momento da entrega do produto, no momento do fim da garantia ou em outro momento?

3. A empresa RM vende produtos com garantia. Ela fechou um contrato para fornecimento de 500 peças de determinado produto. O valor de venda unitário do produto é de $ 1.000. O custo de produção unitário é de $ 350. Ela estima que 5% dos produtos serão devolvidos no prazo estipulado em contrato, que é de 30 dias. Faça a análise desse contrato, avalie os dados e faça a contabilização da receita e da baixa do estoque.

TRIBUTOS SOBRE O LUCRO

7.1 INTRODUÇÃO

Este capítulo versa sobre o tratamento dos tributos incidentes sobre o lucro das entidades. Os principais são, sem dúvida, o imposto de renda e a contribuição social. No Brasil, as novas normas brasileiras de contabilidade, implementadas desde 2008 e em linha com as normas internacionais, devem ser plenamente aplicadas na contabilidade societária para que proporcionem aos demonstrativos contábeis uma representação fiel e adequada da real situação das entidades. Mas como fica a questão tributária? Fatalmente, a adoção das novas normas causará impacto no resultado das entidades e, por consequência, no pagamento de impostos ao Fisco.

Dessa maneira, no Brasil, foi criado pela Medida Provisória nº 449/2008 o Regime Tributário de Transição (RTT), que depois foi convalidado pela Lei nº 11.941/2009, para justamente neutralizar os efeitos da aplicação das novas normas contábeis no resultado fiscal. Inicialmente, de 2008 a 2010 as entidades podiam escolher se optavam ou não pelo regime; depois de 2010, todos foram obrigados a aderir. Isso implica dizer que, na prática, fazemos contabilidade como determinam as novas normas, e o resultado será apurado dessa maneira, sem interferência fiscal. Porém, para pagar imposto sobre o lucro, devemos utilizar as mesmas bases que utilizávamos em 2007, antes do início da implementação das novas normas.

Quando tudo parecia resolvido e assimilado, surgiu a Lei nº 12.973/2014, que manteve a neutralidade tributária, porém modificando o conceito de "ajuste contábil" criado com o RTT para o conceito de "ajuste fiscal", pondo fim ao RTT e criando uma clara demonstração de segregação definitiva entre contabilidade societária e contabilidade fiscal. Com adoção obrigatória desde 2015, foi criada a Escrituração Contábil Fiscal (ECF).

Há um lado positivo e outro negativo em todo esse processo. O positivo é, sem dúvida, essa clara separação (que já deveria existir) entre a contabilidade e a apuração de impostos, ou seja, contabilidade para fins societários e contabilidade para fins fiscais. O lado negativo é que as empresas terão que fazer uma contabilidade societária de acordo com as novas normas e, depois, em *software* apropriado (ECF), disponibilizado pela Receita Federal, realizar os ajustes necessários, para chegar ao lucro fiscal (lucro real).

Como os critérios fiscais não são iguais aos critérios contábeis em muitos pontos, evidentemente haverá diferença entre o lucro contábil apurado e o lucro para fins de pagamento de impostos. Essas diferenças podem gerar impostos diferidos ativos e/ou passivos.

O objetivo deste capítulo não é discorrer sobre os aspectos fiscais, mas, sim, o tratamento contábil dos impostos normais correntes e dos impostos diferidos.

O Comitê de Pronunciamentos Contábeis (CPC) trata dos tributos sobre o lucro por meio do Pronunciamento Técnico CPC 32, aprovado em 2009, correlato à norma internacional IAS 12. O pronunciamento foi aprovado pela Resolução CFC nº 1.189/2009, que aprovou a NBC TG 32, que já está em sua terceira revisão (R3), e pela Deliberação CVM nº 599/2009, revogada pela Resolução CVM nº 109/2022.

7.2 LUCRO ANTES DO IMPOSTO DE RENDA (LAIR)

Antes de 2008, o lucro antes do imposto de renda era encontrado pelo resultado do lucro operacional menos despesas não operacionais e mais receitas não operacionais. Contudo, em 2009, foi divulgada a Orientação OCPC 02 – Esclarecimentos sobre as Demonstrações Contábeis de 2008, e seu item 136 esclareceu que foram eliminadas as receitas e despesas não operacionais, modificando sua classificação para "outras receitas/despesas", dentro do grupo de despesas operacionais, portanto, antes da linha do resultado operacional. Diante disso, o lucro antes do imposto de renda agora é o próprio resultado operacional.

Vejamos, no Quadro 7.1, como fica.

Quadro 7.1 Cálculo do lucro antes do imposto de renda

Receita Bruta
(–) Deduções
(=) Receita Líquida
(–) Custos das Vendas (ou Serviços)
(=) Lucro Bruto
(–) Despesas Operacionais
(+/–) Outras Receitas/Despesas
(=) Lucro Operacional
(=) Lucro Antes do Imposto de Renda (LAIR)

Dessa maneira, por lógica, as empresas deveriam utilizar esse resultado contábil como base para a apuração do imposto de renda e da contribuição social. No entanto, isso não ocorre na maioria das empresas, em razão de regras tributárias que acabam utilizando outro resultado para a base de incidência desses impostos.

7.3 BREVE CONTEXTO SOBRE A APURAÇÃO DE IMPOSTO DE RENDA E CONTRIBUIÇÃO SOCIAL NO BRASIL

No Brasil, existem três regimes de tributação para as empresas. São eles:

1. Simples Nacional.
2. Lucro presumido.
3. Lucro real.

Veremos a seguir um pouco sobre cada um deles.

7.3.1 Simples Nacional

O Simples Nacional é um regime simplificado que, por meio de uma alíquota única, incidente sobre o faturamento bruto da empresa, permite o recolhimento de diversos impostos, entre eles o imposto de renda e a contribuição social. Nem todas as empresas podem aderir a esse regime: há a limitação de faturamento anual, que não poderá ser superior a R$ 4.800.000,00 ou proporcional ao número de meses de atividade.

7.3.2 Lucro presumido

No lucro presumido, os impostos são pagos separadamente, mas tendo como base também o faturamento das empresas. No caso do imposto de renda e da contribuição social, nesse regime, uma margem de lucro é presumida sobre o faturamento, e sobre essa margem são aplicadas as alíquotas de 15% e 9%, respectivamente. Podem optar pelo regime do lucro presumido todas as empresas que não estejam obrigadas ao lucro real. O limite de faturamento anual é de R$ 78 milhões ou proporcional ao número de meses de atividade.

7.3.3 Lucro real

O lucro real é o regime no qual as empresas apuram o resultado contábil (lucro antes do imposto de renda, visto na Seção 7.2) e o ajustam de acordo com as regras tributárias vigentes.

Os ajustes devem ser feitos em livro à parte, denominado "Livro de Apuração do Lucro Real – LALUR", e acontecem em razão de algumas despesas serem consideradas indedutíveis pelo Fisco para fins de pagamento dos impostos e algumas receitas serem consideradas não tributadas.

As despesas devem ser devolvidas ao resultado contábil, por meio de adições, e as receitas devem ser retiradas do resultado, por meio de exclusões.

Portanto, podemos dizer que o lucro real é:

> LUCRO REAL = LUCRO ANTES DO IMPOSTO DE RENDA + ADIÇÕES – EXCLUSÕES

Como exemplos de despesas consideradas indedutíveis pelo Fisco, temos:

- alimentação dos diretores/sócios;
- brindes;
- multas por infração;
- resultado negativo de equivalência patrimonial;
- doações;
- provisões (exceto férias, décimo terceiro salário etc.).

Como exemplos de receitas consideradas não tributáveis pelo Fisco, temos:

- resultado positivo de equivalência patrimonial;
- reversão de provisões;
- lucros e dividendos recebidos de participação societária não sujeitos à avaliação pela equivalência patrimonial.

7.3.4 Regime Tributário de Transição/Escrituração Contábil Fiscal

Para melhor entendimento do que foi dito na Seção 7.1 – Introdução, vamos explicar um pouco mais sobre o Regime Tributário de Transição (RTT) e a Escrituração Contábil Fiscal (ECF).

O RTT foi criado em 2008 e vigorou até 2014, e seu intuito era buscar a neutralidade tributária. Dessa maneira, as empresas deveriam apresentar a contabilidade conforme as novas normas, mas deveriam pagar impostos como pagavam antes de tudo isso ser implementado.

Como consequência do RTT, foi necessário, além do correto preenchimento do LALUR, fornecer ao Fisco, anualmente, por meio de um *software* denominado FCONT, o ajuste da DRE societária para a DRE fiscal. Esses ajustes deveriam ser feitos por meio de lançamentos contábeis em partidas dobradas.

O RTT era obrigatório apenas para empresas optantes pelo lucro real.

Em 2014, foi editada a Lei nº 12.973/2014, que modificou o entendimento sobre o ajuste contábil, realizado no FCONT. O Fisco compreendeu que a contabilidade societária deve ser preservada, sem interferência de regras fiscais, e então determinou que as empresas mantenham uma contabilidade fiscal apenas para atendimento às regras fiscais. Para isso, acabou com o RTT e com o FCONT, implementando a ECF.

A ECF é obrigatória não apenas para as empresas do lucro real, mas para todas, exceto para as empresas optantes pelo Simples Nacional. Sua entrega é anual, até o último dia útil do mês de julho. O detalhe é que o conceito agora é de ajuste fiscal e não mais contábil; dessa forma, não há mais a necessidade da realização de lançamentos em partidas dobradas, como era feito no FCONT, para eliminar os efeitos da aplicação da nova normatização. Agora, os ajustes são feitos no LALUR, que passa a ser eletrônico na ECF, com adições e exclusões.

Portanto, a contabilidade societária estará representada pelos livros contábeis ou pelo SPED Contábil, e a contabilidade fiscal estará representada pela ECF.

A estrutura da ECF é composta da seguinte forma:

a. ECF do ano anterior (saldo inicial);
b. + SPED Contábil (importado);
c. (+/–) Ajustes (adições e exclusões);
d. (=) Saldo final.

Ponto importante a ser salientado é sobre a distribuição de lucros e o pagamento de impostos.

O imposto deverá ser pago sempre com base no lucro fiscal. A distribuição de lucros deverá ser feita sempre com base no lucro fiscal, desde que não seja superior ao lucro contábil. Se for superior, a diferença até poderá ser distribuída aos sócios, mas deverá ser tributada com base na tabela progressiva de imposto de renda da pessoa física.

Vejamos a seguir um quadro comparativo sobre o lucro real:

1. Antes da Lei nº 12.973/2014:

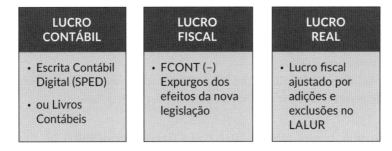

2. Depois da Lei nº 12.973/2014:

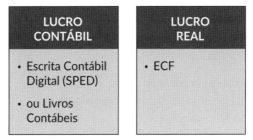

7.4 BASE FISCAL × BASE CONTÁBIL

Como vimos até aqui, a base fiscal raramente corresponderá à base contábil.

A base fiscal de um ativo é o valor que será dedutível para fins fiscais contra quaisquer benefícios econômicos tributáveis que fluirão para a entidade quando ela recuperar o valor contábil desse ativo. Se os benefícios econômicos não forem tributáveis, então, a base do ativo é igual ao seu valor contábil.

A base fiscal de um passivo é o seu valor contábil, menos qualquer valor que será dedutível para fins fiscais relacionado àquele passivo em períodos futuros. No caso de receita que é recebida antecipadamente, a base fiscal do passivo resultante é o seu valor contábil, menos qualquer valor da receita que não será tributável em períodos futuros.

Alguns itens podem conter base fiscal e não serem reconhecidos como ativos ou passivos, por exemplo, os gastos com pesquisa.

7.4.1 Impostos correntes

Os impostos correntes são aqueles do período atual ou, eventualmente, de períodos anteriores que foram reconhecidos anteriormente.

Estes serão reconhecidos como passivos até o seu pagamento. Se o valor já pago relacionado aos períodos atual e anteriores exceder o valor devido para aqueles períodos, o excesso deve ser reconhecido como ativo.

No caso de prejuízo fiscal que pode ser compensado para recuperar imposto corrente de um período anterior, deve também ser reconhecido como ativo no exercício em que ele for gerado.

7.4.2 Diferenças permanentes entre base fiscal e contábil

Existem diferenças entre a base fiscal e a base contábil que são permanentes e nunca se tornarão iguais. Por exemplo:

- Resultado de equivalência patrimonial: não é tributado nem dedutível para fins fiscais, e nunca será. Dessa forma, não gera diferença temporária entre base fiscal e base contábil, é uma diferença permanente.
- Multas por infração: não são dedutíveis para fins fiscais, e nunca serão. Também, dessa maneira, não geram diferença temporária entre base fiscal e base contábil.

7.4.3 Diferenças temporárias entre base fiscal e contábil

Existem diferenças entre a base fiscal e a contábil que são apenas temporárias, ou seja, ao longo do tempo se ajustam. Quando são diferenças tributáveis, geram impostos diferidos passivos. Quando são diferenças dedutíveis, geram impostos diferidos ativos.

Um passivo fiscal diferido deve ser sempre reconhecido, em razão de todas as diferenças temporárias tributáveis, exceto se for proveniente de:

a. reconhecimento inicial de ágio por expectativa de rentabilidade futura (*goodwill*);
b. reconhecimento inicial de ativo ou passivo em transação que:
  b1. não é combinação de negócios;
  b2. no momento da transação, não afeta nem o lucro contábil nem o lucro tributável (prejuízo fiscal).

7.5 IMPOSTO DIFERIDO PASSIVO

Um imposto diferido passivo deve ser reconhecido sempre que o ativo contábil for maior do que o ativo fiscal ou o passivo contábil for menor do que o passivo fiscal.

Isso ocorre em razão de despesa contábil menor que a fiscal ou receita contábil maior que a fiscal. Para facilitar o entendimento, vamos ver alguns exemplos.

7.5.1 Ativo contábil maior do que ativo fiscal

Ativo contábil maior do que ativo fiscal (despesa contábil menor)

Vamos imaginar que a Empresa RM possui em seu ativo imobilizado apenas uma máquina fabril e que seu valor é de $ 600. Para fins contábeis, a vida útil considerada é de 4 anos, sem valor residual. Porém, para fins fiscais, é permitido à empresa depreciar a máquina em 3 anos, e ela o faz.

Então, temos o cenário apresentado no Quadro 7.2.

Quadro 7.2 Diferenças de base, contábil × fiscal

Vida útil para fins contábeis – 4 anos	Depreciação anual:	$ 150
Vida útil para fins fiscais – 3 anos	Depreciação anual:	$ 200

Vamos supor que, além dessas informações, a Empresa RM tenha auferido uma receita de $ 1.000 e teve despesas de $ 400. Dessa maneira, teríamos o cenário apresentado no Quadro 7.3.

Quadro 7.3   Ativo contábil × ativo fiscal

ATIVO CONTÁBIL		ATIVO FISCAL	
Imobilizado	600	Imobilizado	600
(–) Depreciação	(150)	(–) Depreciação	(200)
Total do imobilizado	**450**	**Total do imobilizado**	**400**

Como podemos verificar, esse é um caso em que o ativo contábil fica maior que o ativo fiscal, em razão de a despesa contábil ser menor.

No Quadro 7.4, comparamos a DRE contábil com o resultado fiscal.

Quadro 7.4   DRE × resultado fiscal

DRE		RESULTADO FISCAL (AJUSTADO NO LALUR)	
Receitas	1.000	Receitas	1.000
(–) Despesas	(400)	(–) Despesas	(400)
(–) Depreciação	(150)	(–) Depreciação	(200)
(=) Lucro antes do IR	**450**	**(=) Base fiscal**	**400**
(–) Imp. de renda corrente	(60)		
(–) Imp. de renda diferido	(7,5)	Imposto de renda (15%)	60
(–) CSLL corrente	(36)	Contribuição social (9%)	36
(–) CSLL diferida	(4,5)		
(=) Lucro líquido	**342**		

Verifica-se que aparecem na DRE dois valores de impostos diferidos, um para imposto de renda e outro para contribuição social.

Isso acontece porque, contabilmente, o resultado (lucro antes do imposto de renda) é maior do que a base fiscal para pagamento dos impostos. No entanto, ele é maior pela razão de que contabilmente a empresa adotou uma estimativa contábil (depreciação) diferente da utilizada para fins fiscais, porém, embora elas sejam diferentes agora, no futuro essa diferença desaparecerá, já que, depois de quatro anos a máquina estará depreciada totalmente, tanto na contabilidade como para fins fiscais.

Embora a empresa vá, efetivamente, pagar o imposto com base no resultado fiscal encontrado, contabilmente ela deve reconhecer a diferença entre o cálculo do imposto sobre o resultado contábil e o cálculo do imposto sobre a base fiscal como um imposto diferido. Nesse caso, como o contábil é maior, então é um diferido passivo.

Vejamos: se a empresa pagasse o imposto com base exclusivamente na contabilidade, o imposto de renda, por exemplo, seria calculado da seguinte maneira: $ 450 × 15% = 67,50. Como isso não ocorre, reconhecemos o passivo do imposto de renda como $ 60, que é o resultado obtido com a base fiscal. Então, deveremos proceder ao reconhecimento de um passivo diferido, fazendo o seguinte cálculo: $ 67,50 (IR com base no resultado contábil) − $ 60 (IR com base no resultado fiscal) = $ 7,50. Este é o valor do imposto que já ocorreu de fato, porém, por razões fiscais, será pago futuramente. Os lançamentos contábeis ficam conforme apresentado nos Quadros 7.5 e 7.6.

Quadro 7.5 Lançamento dos impostos correntes

LANÇAMENTO	VALOR $
Resultado do exercício (colocar em contas separadas – IR e CSLL)	96
a Imp. de renda corrente (passivo circulante)	60
a Contrib. social corrente (passivo circulante)	36

Quadro 7.6 Lançamento dos impostos diferidos

LANÇAMENTO	VALOR $
Resultado do exercício	12
a Imp. de renda diferido (passivo não circulante)	7,50
a Contrib. social diferida (passivo não circulante)	4,50

Os impostos diferidos ficam, então, no passivo não circulante até que a diferença temporária entre a base contábil e a base fiscal desapareça, o que fará com que o imposto diferido seja transferido para o passivo circulante. Vejamos como ficaria isso, continuando o exemplo anterior.

Admitindo que nos quatro anos teremos exatamente o mesmo cenário do exemplo anterior, teremos o seguinte:

- Nos três anos, o resultado seria exatamente igual a esse, ou seja, reconhecimento de $ 7,50 de IR passivo diferido e $ 4,50 de CSLL passiva diferida. Portanto, teremos, ao final dos três anos, no passivo não circulante, IR diferido no valor de $ 22,50 e CSLL diferida no valor de $ 13,50.
- No quarto ano, o resultado sofrerá alteração, porque não haverá mais a depreciação na base fiscal, conforme apresentado no Quadro 7.7.

Quadro 7.7 DRE no quarto ano

DRE		RESULTADO FISCAL (AJUSTADO NO LALUR)	
Receitas	1.000	Receitas	1.000
(−) Despesas	(400)	(−) Despesas	(400)
(−) Depreciação	(150)		
(=) Lucro antes do IR	450	(=) Base fiscal	600
(−) Imp. de renda corrente	(67,5)		
(−) CSLL corrente	(40,5)	Imposto de renda (15%)	90
		Contribuição social (9%)	54
(=) Lucro líquido	342		

Podemos notar que o IR e a CSLL calculados como corrente não batem com o valor encontrado pela base fiscal. Mas notamos que não foi mais gerado imposto diferido. Então, como o passivo representará o valor correto dos impostos calculados pela base fiscal? A resposta é simples: transferindo-se dos impostos diferidos os valores para os passivos circulantes. Vejamos, nos Quadros 7.8, 7.9 e 7,10, como ficam os lançamentos.

Quadro 7.8 Lançamento dos impostos correntes

LANÇAMENTO	VALOR $
Resultado do exercício	108
a Imp. de renda corrente (passivo circulante)	67,5
a Contrib. social corrente (passivo circulante)	40,5

Quadro 7.9 Transferência do IR diferido para o passivo circulante

LANÇAMENTO	VALOR $
Imp. de renda diferido (passivo não circulante)	22,5
a Imp. de renda corrente (passivo circulante)	22,5

Quadro 7.10 Transferência da CSLL diferida para o passivo circulante

LANÇAMENTO	VALOR $
CSLL diferida (passivo não circulante)	13,5
a CSLL corrente (passivo circulante)	13,5

Vamos verificar, no Quadro 7.11, se o valor do passivo ficou correto.

Quadro 7.11 Verificação do valor dos impostos a pagar

Imposto de renda (base fiscal)	90
Imposto de renda reconhecido no período (DRE)	67,5
Imposto de renda diferido transferido	22,5
Total do imposto a pagar	90
CSLL (base fiscal)	54
CSLL reconhecida no período (DRE)	40,5
CSLL diferida transferida	13,5
Total do imposto a pagar	54

Verifica-se que o valor registrado no passivo circulante referente aos impostos a pagar representa exatamente o valor devido, calculado com base no resultado fiscal.

Vamos a mais um exemplo, porém, dessa vez, resultado de um ativo contábil maior do que o fiscal proveniente de receita contábil maior.

Ativo contábil maior do que ativo fiscal (receita contábil maior)

Vamos supor que a Empresa RM possui receitas de vendas no valor de $ 500, totalmente a prazo, porém para efeito fiscal paga os impostos com base no regime de caixa. Assim, temos o apresentado no Quadro 7.12.

Quadro 7.12   Ativo contábil × ativo fiscal

ATIVO CONTÁBIL		ATIVO FISCAL	
Clientes	500	Clientes	0
Total recebíveis	500	Total recebíveis	0

Verifica-se que há recebível na contabilidade (regime de competência), porém, como para fins fiscais é utilizado o regime de caixa, ou seja, paga-se o imposto com base no valor efetivamente recebido, não há base para tributação.

Essa é uma diferença temporária, já que, no futuro, o valor será recebido. Sendo essa diferença, portanto, proveniente de uma receita contábil maior.

Supondo ainda que a Empresa RM tenha outras receitas no valor de $ 1.000 e despesas no valor de $ 400, teremos o apresentado no Quadro 7.13.

Quadro 7.13   DRE × resultado fiscal

DRE		RESULTADO FISCAL (AJUSTADO NO LALUR)	
Receitas	1.500	Receitas	1.000
(−) Despesas	(400)	(−) Despesas	(400)
(=) Lucro antes do IR	1.100	(=) Base fiscal	600
(−) Imp. de renda corrente	(90)		
(−) Imp. de renda diferido	(75)	Imposto de renda (15%)	90
(−) CSLL corrente	(54)	Contribuição social (9%)	54
(−) CSLL diferida	(45)		
(=) Lucro líquido	836		

A diferença temporária entre a base contábil e a base fiscal geram, nesse caso, impostos diferidos passivos. Os lançamentos e o tratamento contábil são os mesmos já vistos no exemplo anterior.

Portanto, verifica-se que tanto despesas contábeis menores do que a fiscal quanto receitas contábeis maiores do que a fiscal tornam o ativo contábil maior do que o ativo fiscal.

7.5.2 Passivo contábil menor do que passivo fiscal

Vamos a alguns exemplos de passivo contábil menor do que passivo fiscal.

Passivo contábil menor do que passivo fiscal (despesa contábil menor)

Vamos imaginar que a Empresa RM emite debêntures cuja captação atinge $ 2.000, o custo da emissão das debêntures é de $ 200. Os custos serão amortizados ao longo do tempo da dívida e são dedutíveis no ato. Dessa maneira, teremos o apresentado no Quadro 7.14.

Quadro 7.14   Passivo contábil × passivo fiscal

PASSIVO CONTÁBIL		PASSIVO FISCAL	
Debêntures	1.000	Debêntures	1.200
Total	1.000	Total	1.200

Imaginando que a Empresa RM teve receitas de $ 1.000 e despesas de $ 400, temos o apresentado no Quadro 7.15.

Quadro 7.15   DRE × resultado fiscal

DRE		RESULTADO FISCAL (AJUSTADO NO LALUR)	
Receitas	1.000	Receitas	1.000
(–) Despesas	(400)	(–) Despesas	(400)
		(–) Custo emissão debêntures	(200)
(=) Lucro antes do IR	**600**	**(=) Base fiscal**	**400**
(–) Imp. de renda corrente	(60)		
(–) Imp. de renda diferido	(30)	Imposto de renda (15%)	60
(–) CSLL corrente	(36)	Contribuição social (9%)	36
(–) CSLL diferida	(18)		
(=) Lucro líquido	**456**		

Passivo contábil menor do que passivo fiscal (receita contábil maior)

Supondo que a Empresa RM recebe um adiantamento de um cliente, no valor de $ 1.000, para prestar determinado serviço. Supondo ainda que 20% do serviço já foi realizado e que não houve ainda tributação, teremos o apresentado no Quadro 7.16.

Quadro 7.16   Passivo contábil × passivo fiscal

PASSIVO CONTÁBIL		PASSIVO FISCAL	
Adiantamento de clientes	800	Adiantamento de clientes	1.000
Total	800	Total	1.000

Imaginemos que a Empresa RM tenha outras receitas, estas já tributadas, no valor de $ 500, e tenha despesas no valor de $ 300. Teremos, então, o apresentado no Quadro 7.17.

Quadro 7.17 DRE × resultado fiscal

DRE		RESULTADO FISCAL (AJUSTADO NO LALUR)	
Receitas	700	Receitas	500
(–) Despesas	(300)	(–) Despesas	(300)
(=) Lucro antes do IR	400	(=) Base fiscal	200
(–) Imp. de renda corrente	(30)		
(–) Imp. de renda diferido	(30)	Imposto de renda (15%)	30
(–) CSLL corrente	(18)	Contribuição social (9%)	18
(–) CSLL diferida	(18)		
(=) Lucro líquido	304		

Os lançamentos contábeis são idênticos aos do primeiro exemplo apresentado nesta seção, nos Quadros 7.5 e 7.6.

Verificamos, portanto, que, em todos os exemplos vistos, tanto nos com ativo contábil maior que o fiscal quanto nos com o passivo contábil menor que o fiscal, o lucro contábil sempre ficou maior do que a base de cálculo fiscal. Essa diferença é temporária e é tributável, gerando impostos diferidos que, no futuro, serão transferidos para os passivos correntes.

7.6 IMPOSTO DIFERIDO ATIVO

Um imposto diferido ativo deve ser reconhecido sempre que o ativo contábil for menor do que o ativo fiscal ou o passivo contábil for maior do que o passivo fiscal.

Isso ocorre em razão de despesa contábil maior que a fiscal ou receita contábil menor que a fiscal.

Para facilitar o entendimento, vamos ver alguns exemplos.

7.6.1 Ativo contábil menor do que ativo fiscal

Ativo contábil menor do que ativo fiscal (despesa contábil maior)

Vamos imaginar que a Empresa RM possui em seu ativo imobilizado apenas uma máquina fabril e que seu valor é de $ 600. Para fins contábeis, a vida útil considerada é de 4 anos, sem valor residual. No entanto, para fins fiscais, só é permitido depreciá-la em 10 anos.

Então, temos o cenário apresentado no Quadro 7.18.

Quadro 7.18 Diferenças de base, contábil × fiscal

| Vida útil para fins contábeis – 4 anos | Depreciação anual: | $ 150 |
| Vida útil para fins fiscais – 10 anos | Depreciação anual: | $ 60 |

A Empresa RM possui ainda receitas de $ 10.000 e despesas de $ 3.000. Dessa maneira, teríamos o cenário apresentado no Quadro 7.19.

Quadro 7.19 Ativo contábil × ativo fiscal

ATIVO CONTÁBIL		ATIVO FISCAL	
Imobilizado	600	Imobilizado	600
(–) Depreciação	(150)	(–) Depreciação	(60)
Total do imobilizado	**450**	**Total do imobilizado**	**540**

Verifica-se que o ativo fiscal é superior ao ativo contábil; isso ocorre em função de a despesa de depreciação contábil ser maior que a fiscal.

O resultado será o apresentado no Quadro 7.20.

Quadro 7.20 DRE × resultado fiscal

DRE		RESULTADO FISCAL (AJUSTADO NO LALUR)	
Receitas	10.000	Receitas	10.000
(–) Despesas	(3.000)	(–) Despesas	(3.000)
(–) Depreciação	(150)	(–) Depreciação	(60)
(=) Lucro antes do IR	**6.850**	**(=) Base fiscal**	**6.940**
(–) Imp. de renda corrente	(1.041)		
(+) Imp. de renda diferido	13,5	Imposto de renda (15%)	1.041
(–) CSLL corrente	(624,6)	Contribuição social (9%)	624,6
(+) CSLL diferida	8,1		
(=) Lucro líquido	**5.206**		

Como podemos notar, agora o processo se inverte, ou seja, o lucro contábil é menor do que o fiscal e, portanto, o imposto calculado pela base fiscal é maior do que seria o devido se fosse apurado pela base contábil. Portanto, devemos reconhecer também impostos diferidos, porém, como ativos da entidade.

Os lançamentos contábeis ficam conforme Quadros 7.21 e 7.22.

Quadro 7.21 Lançamento dos impostos correntes

LANÇAMENTO	VALOR $
Resultado do exercício	1.665,6
a Imp. de renda corrente (passivo circulante)	1.041
a Contrib. social corrente (passivo circulante)	624,6

Quadro 7.22 Lançamento dos impostos diferidos

LANÇAMENTO	VALOR $
Imp. de renda diferido (ativo não circulante)	13,5
Contrib. social diferida (ativo não circulante)	8,1
a Resultado do exercício	21,6

Os impostos diferidos ficam no ativo não circulante até que a diferença temporária entre a base contábil e a base fiscal desapareça. Quando isso ocorrer, deveremos transferi-lo do ativo.

Admitindo que nos dez anos teremos exatamente o mesmo cenário do exemplo anterior, teremos o seguinte:

› Nos quatro anos, o resultado seria exatamente igual, ou seja, reconhecimento de $ 13,5 de IR ativo diferido e $ 8,1 de CSLL ativa diferida. Portanto, teremos, no final do quarto ano, no ativo não circulante, IR diferido no valor de $ 54 e CSLL diferida no valor de $ 32,40.

› No quinto ano, o resultado sofrerá alteração, porque não haverá mais a depreciação na base contábil, conforme Quadro 7.23.

Quadro 7.23 DRE no quinto ano

DRE		RESULTADO FISCAL (AJUSTADO NO LALUR)	
Receitas	10.000	Receitas	10.000
(–) Despesas	(3.000)	(–) Despesas	(3.000)
		(–) Depreciação	(60)
(=) Lucro antes do IR	**7.000**	**(=) Base fiscal**	**6.940**
(–) Imp. de renda corrente	(1.041)		
(–) Imp. de renda diferido	(9)	Imposto de renda (15%)	1.041
(–) CSLL corrente	(624,6)	Contribuição social (9%)	624,6
(–) CSLL diferido	(5,4)		
(=) Lucro líquido	**5.320**		

Vejamos, nos Quadros 7.24, 7.25 e 7.26, como ficam os lançamentos.

Quadro 7.24   Lançamento dos impostos correntes

LANÇAMENTO	VALOR $
Resultado do exercício	1.665,60
a Imp. de renda corrente (passivo circulante)	1.041,00
a Contrib. social corrente (passivo circulante)	624,60

Quadro 7.25   Lançamento dos impostos diferidos

LANÇAMENTO	VALOR $
Resultado do exercício	9
a Imposto de renda diferido (ativo não circulante)	9

Quadro 7.26   Lançamento dos impostos diferidos

LANÇAMENTO	VALOR $
Resultado do exercício	5,4
a CSLL diferida (ativo não circulante)	5,4

Verifica-se que o valor registrado no passivo circulante referente aos impostos a pagar representa exatamente o valor devido, calculado com base no resultado fiscal.

No lado do ativo, parte do IR e da CSLL diferidos foi transferida para o resultado; quando chegar ao 10º ano, todo o valor terá sido transferido.

Vamos ver um exemplo no qual há geração do IR diferido ativo em razão de receita contábil menor.

Ativo contábil menor do que ativo fiscal (receita contábil menor)

Vamos imaginar que a Empresa RM tem receitas no valor de $ 1.000 e despesas no valor de $ 300. A empresa considera $ 500 como receitas incobráveis, conforme apresentado no Quadro 7.27.

Quadro 7.27   Ativo contábil × ativo fiscal

ATIVO CONTÁBIL		ATIVO FISCAL	
Clientes	500	Clientes	1.000
Total dos recebíveis	500	Total dos recebíveis	1.000

A receita não será cobrada e, portanto, não será considerada para fins contábeis; no entanto, para fins fiscais, não há como ser feita a compensação.

No Quadro 7.28, comparamos a DRE contábil com o resultado fiscal.

Quadro 7.28 DRE × resultado fiscal

DRE		RESULTADO FISCAL (AJUSTADO NO LALUR)	
Receitas	500	Receitas	1.000
(–) Despesas	(300)	(–) Despesas	(300)
(=) Lucro antes do IR	200	(=) Base fiscal	700
(–) Imp. de renda corrente	(105)		
(+) Imp. de renda diferido	75	Imposto de renda (15%)	105
(–) CSLL corrente	(63)	Contribuição social (9%)	63
(+) CSLL diferida	45		
(=) Lucro líquido	152		

Nesse caso, houve geração de impostos diferidos ativos, em razão de a receita contábil ser menor do que a receita fiscal.

Portanto, quando temos ativo contábil menor do que o ativo fiscal, quer por despesa contábil maior do que a fiscal, quer por receita contábil menor do que a fiscal, devemos reconhecer um imposto ativo diferido.

7.6.2 Passivo contábil maior do que passivo fiscal

Vamos a alguns exemplos de passivo contábil maior do que passivo fiscal.

Passivo contábil maior do que passivo fiscal (despesa contábil maior)

Vamos supor que a Empresa RM esteja respondendo a um processo trabalhista. Em razão da altíssima possibilidade de perda no processo, resolve constituir uma provisão para riscos trabalhistas. O valor é de $ 1.000.

Vamos considerar receitas de $ 5.000 e despesas de $ 2.000. Teremos, portanto, o apresentado no Quadro 7.29.

Quadro 7.29 Passivo contábil × passivo fiscal

PASSIVO CONTÁBIL		PASSIVO FISCAL	
Prov. p/ riscos trabalhistas	1.000	Prov. p/ riscos trabalhistas	0
Total	1.000	Total	0

Verifica-se que o passivo contábil é maior do que o passivo fiscal.

Quadro 7.30 DRE × resultado fiscal

DRE		RESULTADO FISCAL (AJUSTADO NO LALUR)	
Receitas	5.000	Receitas	5.000
(–) Despesas	(2.000)	(–) Despesas	2.000
(–) Prov. Riscos Trab.	(1.000)		
(=) Lucro antes do IR	**2.000**	**(=) Base fiscal**	**3.000**
(–) Imp. de renda corrente	(450)		
(+) Imp. de renda diferido	150	Imposto de renda (15%)	450
(–) CSLL corrente	(270)	Contribuição social (9%)	270
(+) CSLL diferida	90		
(=) Lucro líquido	**1.520**		

Passivo contábil maior do que passivo fiscal (receita contábil menor)

A Empresa RM vende aparelhos de ar-condicionado e inclui no preço o valor dos serviços de instalação. O valor dos serviços corresponde a 10% do preço.

Suponhamos que sua receita foi de $ 3.000 e que ela ainda não realizou a instalação do produto, mas já o entregou. Nesse caso, ela não poderá reconhecer para fins contábeis a receita dos serviços, ou seja, $ 300.

Quadro 7.31 Passivo contábil × passivo fiscal

PASSIVO CONTÁBIL		PASSIVO FISCAL	
Serviços a realizar	300	Serviços a realizar	0
Total	300	Total	0

Vamos supor que a Empresa RM tenha despesas no valor de $ 1.000. Teremos, então, o apresentado no Quadro 7.32.

Quadro 7.32 DRE × resultado fiscal

DRE		RESULTADO FISCAL (AJUSTADO NO LALUR)	
Receitas	2.700	Receitas	3.000
(–) Despesas	(1.000)	(–) Despesas	(1.000)
(=) Lucro antes do IR	**1.700**	**(=) Base fiscal**	**2.000**
(–) Imp. de renda corrente	(300)		
(+) Imp. de renda diferido	45	Imposto de renda (15%)	300
(–) CSLL corrente	(180)	Contribuição social (9%)	180
(+) CSLL diferida	27		
(=) Lucro líquido	**1.292**		

7.6.3 Compensação de prejuízos fiscais

Poderá ser gerado imposto diferido sobre prejuízos fiscais, porém somente poderá ser feito se for provável que haverá lucros tributáveis futuros contra os quais os prejuízos fiscais não utilizados e créditos fiscais não utilizados possam ser utilizados. Se não houver essa probabilidade, o ativo diferido não deverá ser reconhecido.

O CPC 32 elenca os seguintes critérios para avaliar a probabilidade de que haverá disponibilidade de lucro tributável:

(a) se a entidade tem diferenças temporárias tributáveis suficientes relacionadas com a mesma autoridade tributária e a mesma entidade tributável que resultarão em valores tributáveis contra os quais os prejuízos fiscais ou créditos fiscais não utilizados podem ser utilizados antes que expirem;
(b) se for provável que a entidade terá lucros tributáveis antes que os prejuízos fiscais ou créditos fiscais não utilizados expirem;
(c) se os prejuízos fiscais não utilizados resultarem de causas identificáveis que são improváveis de ocorrer novamente; e
(d) se estiverem disponíveis para a entidade oportunidades de planejamento tributário [...] que criarão lucro tributável no período em que prejuízos fiscais ou créditos fiscais não utilizados possam ser utilizados. (CPC 32, item 36)

Vamos a um exemplo:

Supondo que a Empresa RM tenha receitas tributáveis no valor de $ 12.000 e despesas dedutíveis de $ 15.000, teremos o apresentado no Quadro 7.33.

Quadro 7.33 DRE × resultado fiscal

DRE		RESULTADO FISCAL (AJUSTADO NO LALUR)	
Receitas	12.000	Receitas	12.000
(–) Despesas	(15.000)	(–) Despesas	(15.000)
(=) Lucro antes do IR	3.000	(=) Base fiscal	3.000
(+) Imp. de renda diferido	450	Imposto de renda (15%)	0
(+) CSLL diferido	270	Contribuição social (9%)	0
(=) Lucro líquido	(2.280)		

O lançamento contábil fica conforme apresentado no Quadro 7.34.

Quadro 7.34 Lançamento dos impostos diferidos

LANÇAMENTO	VALOR $
Imp. de renda diferido (ativo não circulante)	450
Contrib. social diferida (ativo não circulante)	270
a Resultado do exercício	720

7.7 COMPENSAÇÃO DE ATIVOS FISCAIS DIFERIDOS COM PASSIVOS FISCAIS DIFERIDOS

De acordo com o CPC 32, a entidade somente poderá compensar os ativos fiscais diferidos com passivos fiscais diferidos se:

(a) a entidade tem o direito legalmente executável de compensar os ativos fiscais correntes contra os passivos fiscais correntes; e
(b) os ativos fiscais diferidos e os passivos fiscais diferidos estão relacionados com tributos sobre o lucro lançados pela mesma autoridade tributária:
   (i) na mesma entidade tributável; ou
   (ii) nas entidades tributáveis diferentes que pretendem liquidar os passivos e os ativos fiscais correntes em bases líquidas, ou realizar os ativos e liquidar os passivos simultaneamente, em cada período futuro no qual se espera que valores significativos dos ativos ou passivos fiscais diferidos sejam liquidados ou recuperados. (CPC 32, item 74)

7.8 DIVULGAÇÃO

Os requisitos de divulgação, segundo o CPC 32, são:

79. Os principais componentes da despesa (receita) tributária devem ser divulgados separadamente.
80. Os componentes da despesa (receita) tributária podem incluir:

(a) despesa (receita) tributária corrente;
(b) quaisquer ajustes reconhecidos no período para o tributo corrente de períodos anteriores;
(c) valor da despesa (receita) com tributo diferido relacionado com a origem e a reversão de diferenças temporárias;
(d) valor da despesa (receita) com tributo diferido relacionado com as alterações nas alíquotas do tributo ou com a imposição de novos tributos;
(e) valor dos benefícios provenientes de prejuízo fiscal não reconhecido previamente, crédito fiscal ou diferença temporária de período anterior, o qual é utilizado para reduzir a despesa tributária corrente;
(f) valor do benefício de prejuízo fiscal, crédito fiscal ou diferença temporária não reconhecida previamente de período anterior, o qual é utilizado para reduzir a despesa com tributo diferido;

(g) despesa com tributo diferido proveniente da baixa, ou reversão de baixa anterior, de ativo fiscal diferido [...]; e
(h) valor da despesa (receita) tributária relacionada àquelas alterações nas políticas e aos erros contábeis que estão incluídos em lucros ou prejuízos de acordo com Pronunciamento Técnico CPC 23 – Políticas Contábeis, Mudança de Estimativa e Retificação de Erro, porque tais valores não podem ser contabilizadas retrospectivamente. (CPC 32, itens 79 e 80)

Os seguintes itens também devem ser divulgados separadamente:
(a) tributos diferido e corrente somados relacionados com os itens que são debitados ou creditados diretamente no patrimônio líquido [...];
(b) valor do tributo sobre o lucro relacionado a cada componente de outros resultados abrangentes [...];
(c) explicação do relacionamento entre a despesa (receita) tributária e o lucro contábil em uma ou em ambas as seguintes formas:
  (i) conciliação numérica entre despesa (receita) tributária e o produto do lucro contábil multiplicado pelas alíquotas aplicáveis de tributos, evidenciando também as bases sobre as quais as alíquotas aplicáveis de tributos estão sendo computadas; ou
  (ii) conciliação numérica entre a alíquota média efetiva de tributo e a alíquota aplicável, divulgando também a base sobre a qual a alíquota aplicável de tributo é computada;
(d) explicação das alterações nas alíquotas aplicáveis de tributos comparadas com o período contábil anterior;
(e) valor (e a data de expiração, se houver) das diferenças temporárias dedutíveis, prejuízos fiscais não utilizados, e créditos fiscais não utilizados para os quais nenhum ativo fiscal diferido está sendo reconhecido no balanço patrimonial;
(f) valor total das diferenças temporárias associadas com investimento em controladas, filiais e coligadas e participações em empreendimentos sob controle conjunto (*joint ventures*), em relação às quais os passivos fiscais diferidos não foram reconhecidos [...];
(g) com relação a cada tipo de diferença temporária e a cada tipo de prejuízos fiscais não utilizados e créditos fiscais não utilizados:
  (i) valor dos ativos e passivos fiscais diferidos reconhecidos no balanço patrimonial para cada período apresentado;
  (ii) valor da receita ou despesa fiscal diferida reconhecida no resultado, se esta não é evidente a partir das alterações nos valores reconhecidos no balanço;
(h) com relação a operações descontinuadas, a despesa tributária relacionada a:
  (i) ganho ou perda com a descontinuidade; e
  (ii) resultado das atividades ordinárias (operacionais) da operação descontinuada para o período, juntamente com os valores correspondentes a cada período anterior apresentado;
(i) valor dos efeitos tributários de dividendos aos sócios da entidade que foram propostos ou declarados antes das demonstrações contábeis terem sido autorizadas para emissão, mas não estão reconhecidos como passivo nas demonstrações contábeis;

(j) se a combinação de negócios na qual a entidade é a adquirente causa alteração no valor reconhecido do seu ativo fiscal diferido pré-aquisição [...], o valor daquela alteração; e

(k) se os benefícios do tributo diferido adquiridos em combinação de negócios não são reconhecidos na data da aquisição, mas são reconhecidos após a data da aquisição [...], uma descrição do evento ou alteração nas circunstâncias que causaram o reconhecimento dos benefícios do tributo diferido.

82. A entidade deve divulgar o valor do ativo fiscal diferido e a natureza da evidência que comprova o seu reconhecimento, quando:

(a) a utilização do ativo fiscal diferido depende de lucros futuros tributáveis superiores aos lucros advindos da reversão de diferenças temporárias tributáveis existentes; e

(b) a entidade tenha sofrido prejuízo quer no período corrente quer no período precedente na jurisdição fiscal com o qual o ativo fiscal diferido está relacionado. (CPC 32, itens 81 e 82)

ATIVIDADES

1. A Empresa RM apura seus impostos com base no regime de caixa, opção esta permitida pela legislação fiscal. Contudo, para fins contábeis o reconhecimento da receita é feito com base no regime de competência. As informações são as seguintes:

Receitas totais	150.000
Receitas recebidas	110.000
Custo da mercadoria vendida	50.000
Despesas operacionais	25.000
Imposto de renda	15%
CSLL	9%

Com base nas informações anteriores, elabore as demonstrações de resultados societária e fiscal e apure os impostos correntes e diferidos, efetuando todos os lançamentos contábeis.

2. A Empresa ABC realiza depreciação com taxas diferentes das taxas admitidas pela legislação fiscal. No quadro a seguir, temos as taxas:

ATIVO	VALOR R$	VIDA ÚTIL UTILIZADA	VIDA ÚTIL (FISCO)
Máquinas e equipamentos industriais	500.000,00	5 anos	5 anos
Veículos	45.000,00	10 anos	5 anos
Equipamentos de informática	120.000,00	2 anos	4 anos
Empilhadeiras	200.000,00	7 anos	5 anos

As receitas no período foram de $ 2.000.000 e as despesas (não incluída a depreciação) foram de $ 1.700.000.

Apure a depreciação e elabore as demonstrações do resultado do exercício para fins societários e para fins fiscais. Calcule os impostos correntes e diferidos (considere as taxas de IR e CSLL da Atividade 1). Faça os lançamentos contábeis dos impostos.

3. A Empresa Comercializa S/A vende e instala equipamentos de ar-condicionado. No final do mês, ela apresenta os seguintes dados:

EQUIPAMENTOS VENDIDOS	PREÇO UNITÁRIO	VALOR DA INSTALAÇÃO	EQUIPAMENTOS AINDA NÃO INSTALADOS
512	R$ 880,00	R$ 300,00	112

Todos os equipamentos foram faturados e recebidos.

Os custos e as despesas no período foram de $ 330.000.

Elabore as demonstrações societária e fiscal e apure os impostos correntes e diferidos (considere as taxas de IR e CSLL da Atividade 1). Faça os lançamentos contábeis dos impostos.

4. A Empresa ZYB apresentou Receitas de $ 250.000,00 e Despesas de $ 380.000,00; há perspectiva de geração de lucros futuros. Verifique a possibilidade de reconhecer IR e CSLL diferidos; se sim, calcule-os e elabore os lançamentos contábeis.

MUDANÇAS NAS TAXAS DE CÂMBIO E CONVERSÃO DAS DEMONSTRAÇÕES CONTÁBEIS

8.1 INTRODUÇÃO

Em 3 de setembro de 2007, o Comitê de Pronunciamentos Contábeis (CPC) aprovou o Pronunciamento Técnico CPC 02, que trata dos efeitos das mudanças nas taxas de câmbio e da conversão das demonstrações contábeis em moeda estrangeira. O pronunciamento foi revisado por duas vezes, sendo a última em 2010 e tendo como resultado o Pronunciamento Técnico CPC 02 (R2), que foi aprovado pela Deliberação CVM nº 640/2010 – revogada pela Resolução CVM nº 91/2022 – e pela Resolução do Conselho Federal de Contabilidade nº 1.295/2010, que aprovou a NBC TG 02, que já teve duas revisões (R2).

O objetivo da norma é dar orientação de como incluir transações em moedas estrangeiras e operações no exterior nas demonstrações contábeis e como converter demonstrações contábeis para moeda de apresentação. Os pontos principais são: quais taxas de câmbio utilizar e como reportar os efeitos de mudanças de taxas de câmbio nas demonstrações contábeis.

As entidades podem manter atividades em moeda estrangeira de duas formas, ou por possuir transações em moedas estrangeiras ou por ter operações no exterior, como o caso de manter filiais, sucursais etc.

Dessa maneira, o Pronunciamento Técnico CPC 02 (R2), conforme seu item 3, deve ser aplicado:

(a) na contabilização de transações e saldos em moeda estrangeira, exceto para aquelas transações com derivativos e saldos dentro do alcance do CPC 48 – Instrumentos Financeiros;
(b) na conversão de resultados e posição financeira de operações no exterior que são incluídas nas demonstrações contábeis da entidade por meio de consolidação ou pela aplicação do método da equivalência patrimonial; e
(c) na conversão de resultados e posição financeira de uma entidade para uma moeda de apresentação.

Veremos neste capítulo o tratamento a ser dado nessas operações.

8.2 MOEDA FUNCIONAL

A moeda funcional de uma entidade é a moeda do ambiente econômico principal no qual a entidade opera. Isso quer dizer que é aquele em que principalmente ela gera e despende caixa.

Alguns fatores devem ser considerados para determinação da moeda funcional da entidade:

(a) a moeda:
   (i) que mais influencia os preços de venda de bens e serviços (geralmente é a moeda na qual os preços de venda para seus bens e serviços estão expressos e são liquidados); e
   (ii) do país cujas forças competitivas e regulações mais influenciam na determinação dos preços de venda para seus bens e serviços;
(b) a moeda que mais influencia fatores como mão de obra, matéria-prima e outros custos para o fornecimento de bens ou serviços (geralmente é a moeda na qual tais custos estão expressos e são liquidados). (CPC 02 (R2), item 9)

Além desses fatores, outros podem ser considerados:

(a) a moeda por meio da qual são originados recursos das atividades de financiamento (exemplo: emissão de títulos de dívida ou ações);
(b) a moeda por meio da qual os recursos gerados pelas atividades operacionais são usualmente acumulados. (CPC 02 (R2), item 10)

O CPC 02 (R2) determina ainda que, adicionalmente, devam ser considerados na determinação da moeda funcional da entidade no exterior outros fatores:

(a) se as atividades da entidade no exterior são executadas como extensão da entidade que reporta a informação e, não, nos moldes em que lhe é conferido um grau significativo de autonomia. Um exemplo para ilustrar a primeira figura é quando a entidade no exterior somente vende bens que são importados da entidade que reporta a informação e remete para esta o resultado obtido. Um exemplo para ilustrar a segunda figura é quando a entidade no exterior acumula caixa e outros itens monetários, incorre em despesas, gera receita e angaria empréstimos, tudo substancialmente em sua moeda local;
(b) se as transações com a entidade que reporta a informação ocorrem em uma proporção alta ou baixa das atividades da entidade no exterior;
(c) se os fluxos de caixa advindos das atividades da entidade no exterior afetam diretamente os fluxos de caixa da entidade que reporta a informação e estão prontamente disponíveis para remessa para esta;
(d) se os fluxos de caixa advindos das atividades da entidade no exterior são suficientes para pagamento de juros e demais compromissos, existentes e esperados, normalmente presentes em título de dívida, sem que seja necessário que a entidade que reporta a informação disponibilize recursos para servir a tal propósito. (CPC 02 (R2), item 11)

Esses fatores também devem servir para avaliar se a moeda funcional dessa entidade no exterior é a mesma daquela utilizada pela entidade que reporta a informação. Nesse caso, entende-se por entidade que reporta a informação aquela que possui uma entidade no exterior, seja como controlada, filial, sucursal, coligada, agência ou empreendimento controlado em conjunto (*joint venture*).

Uma vez determinada a moeda funcional, não deverá haver alterações, salvo se houver mudanças nos elementos que a determinaram.

Portanto, mesmo que uma entidade esteja situada em determinado país e, por regra, deva seguir a moeda corrente daquele país, pode ser que sua moeda funcional seja a de outro país. Exemplo: uma empresa que está situada no Brasil, porém, seu mercado consumidor está situado nos Estados Unidos e a maioria de suas transações é realizada em moeda estrangeira, no caso o dólar. A moeda de seu país é o real, porém, a sua moeda funcional será o dólar.

8.3 APRESENTAÇÃO DE TRANSAÇÃO EM MOEDA ESTRANGEIRA NA MOEDA FUNCIONAL

Vamos apresentar a seguir alguns aspectos relacionados à apresentação de transação em moeda estrangeira na moeda funcional.

8.3.1 Reconhecimento inicial

As transações em moeda estrangeira são originadas quando:

(a) compra ou vende bens ou serviços cujo preço é fixado em moeda estrangeira;
(b) obtém ou concede empréstimos, quando os valores a pagar ou a receber são fixados em moeda estrangeira; ou
(c) de alguma outra forma, adquire ou desfaz-se de ativos, ou assume ou liquida passivos fixados em moeda estrangeira. (CPC 02 (R2), item 20)

No momento inicial, a transação deverá ser reconhecida contabilmente pela moeda funcional, mediante a aplicação da taxa de câmbio à vista entre a moeda funcional e a moeda estrangeira, na data dessa transação, sobre o montante em moeda estrangeira. Considerando que a data da transação deverá ser aquela em que tal transação se qualifica para fins de reconhecimento.

Vamos verificar um exemplo:

A Empresa RM adquire uma máquina fabril, de empresa italiana, que custou US$ 200.000. Para fins didáticos, vamos desprezar informações sobre impostos, taxas alfandegárias etc.

Quando o ativo for recebido no Brasil e satisfizer todas as condições para seu reconhecimento, deveremos verificar a taxa de câmbio do dólar. Vamos supor que seja de R$ 2,50.

O lançamento contábil da operação ficará conforme apresentado no Quadro 8.1.

Quadro 8.1 Lançamento com conversão de moeda estrangeira em moeda funcional

LANÇAMENTO	VALOR $
Máquina (ativo imobilizado)	500.000
a Fornecedores (passivo circulante)	500.000

O valor da máquina e de fornecedores foi obtido pela multiplicação da taxa de câmbio pelo montante em moeda estrangeira (200.000 × 2,50).

Evidentemente, como a máquina não foi paga, e será em futuro próximo, se o valor da dívida sofrer variação em função de mudança na taxa de câmbio, a diferença deverá ser reconhecida como uma variação ativa ou passiva, no resultado do exercício.

8.3.2 Apresentação ao término de períodos subsequentes

A apresentação das demonstrações contábeis ao final de cada período de reporte deverá observar:

(a) os itens monetários em moeda estrangeira devem ser convertidos, usando-se a taxa de câmbio de fechamento;[1]

(b) os itens não monetários que são mensurados pelo custo histórico em moeda estrangeira devem ser convertidos, usando-se a taxa de câmbio vigente na data da transação; e

(c) os itens não monetários que são mensurados pelo valor justo em moeda estrangeira devem ser convertidos, usando-se as taxas de câmbio vigentes nas datas em que o valor justo tiver sido mensurado. (CPC 02 (R2), item 23)

Lembrando que as letras (b) e (c), referem-se a investimentos no exterior ou determinados em moeda estrangeira.

No caso de ativos imobilizados, independentemente de o valor contábil ser determinado com base no custo histórico ou no valor justo, se ele for determinado em moeda estrangeira, deverá ser convertido para a moeda funcional.

Existem ativos que devem atender a critérios de mensuração específicos, de acordo com outros pronunciamentos técnicos. É o caso, por exemplo, de ativos sujeitos ao teste de recuperabilidade (*impairment test*) ou até mesmo de avaliação de estoques, que devem ser determinados pelo custo ou pelo valor líquido de realização; dos dois, o menor. Nesses casos, quando esses ativos forem itens não monetários e forem mensurados em moeda estrangeira, o valor contábil deverá ser determinado comparando-se:

(a) o custo ou o valor contábil, conforme apropriado, convertido à taxa de câmbio vigente na data em que o valor for determinado (exemplo: a taxa na data da transação para um item mensurado em termos de custo histórico como base de valor); e

(b) o valor líquido de realização ou o valor recuperável, conforme apropriado, convertido à taxa de câmbio vigente na data em que o valor for determinado (exemplo: a taxa de câmbio de fechamento ao término do período de reporte). (CPC 02 (R2), item 25)

Essa comparação pode resultar, como efeito, em um reconhecimento de perda por desvalorização na moeda funcional sem que resulte o seu reconhecimento na moeda estrangeira e vice-versa.

Havendo várias taxas de câmbio disponíveis, a que será utilizada é aquela a partir da qual os futuros fluxos de caixa representados pela transação ou pelos saldos poderiam ser liquidados se esses fluxos tivessem ocorrido na data da mensuração.

---

[1] Taxa de fechamento é a taxa de câmbio à vista vigente ao término do período de reporte.

Se, temporariamente, não houver taxa de câmbio disponível, deverá ser utilizada a primeira taxa de câmbio subsequente a partir da qual operações de câmbio podem ser feitas.

Vamos a um exemplo prático:

A Empresa RM adquire, em abril de X1, um prédio, para futuras instalações de um escritório, nos Estados Unidos, pelo valor de US$ 500.000, pagos à vista. A taxa de câmbio do dólar na data da transação foi de R$ 2,25.

Em novembro, a empresa adquire € 300.000, os quais ficam guardados em seu cofre e serão utilizados para investimentos futuros. O valor da taxa de câmbio do euro era de R$ 3,30 na data da transação.

No reconhecimento inicial, os lançamentos ficam conforme os Quadros 8.2 e 8.3.

Quadro 8.2 Lançamento da compra de imóvel no exterior

LANÇAMENTO	VALOR $
Imóvel (ativo imobilizado)	1.125.000
a Caixa/bancos	1.125.000

Quadro 8.3 Lançamento da compra de euros

LANÇAMENTO	VALOR $
Disponibilidades em moeda estrangeira (ativo circulante)	990.000
a Caixa/bancos	990.000

O balanço patrimonial fica representado conforme Quadro 8.4.

Quadro 8.4 Balanço patrimonial da Empresa RM após os lançamentos de aquisições em moeda estrangeira

ATIVO		PASSIVO	
Circulante		Circulante	
[...]		[...]	
Dispon. moeda estrang.	990		
Não circulante		Não circulante	
[...]			
Imobilizado		Patrimônio líquido	
Imóvel	1.125	[...]	2.115
Total do ativo	2.115	Total do passivo + patrimônio líquido	2.115

No encerramento do período, será necessário ajustar o valor dos itens mantidos em moeda estrangeira; a taxa de câmbio de fechamento para o dólar é de R$ 2,40, e para o euro, de R$ 3,50. Temos, portanto, o apresentado no Quadro 8.5.

Quadro 8.5 Análise no encerramento do período

ITEM	VALOR	CLASSIFICAÇÃO	O QUE FAZER NO FECHAMENTO DO PERÍODO?
Moeda estrangeira	€ 300.000	Item monetário	Converter pela taxa de câmbio de fechamento
Imóvel	US$ 500.000	Item não monetário	Converter pela data da transação

Como podemos verificar, o valor do imóvel já está contabilizado pelo valor em reais convertidos à época da aquisição. Dessa maneira, teremos que proceder ao cálculo da atualização do item monetário.

A taxa para conversão é a de fechamento, que, nesse caso, é de R$ 3,50, multiplicando por € 300.000 (quantidade da moeda euro) = R$ 1.050.000,00. Portanto, houve uma valorização de R$ 60.000.

O lançamento fica conforme Quadro 8.6.

Quadro 8.6 Lançamento da conversão da moeda estrangeira

LANÇAMENTO	VALOR $
Disponibilidades em moeda estrangeira (ativo circulante)	60.000
a Patrimônio líquido (ajuste de avaliação patrimonial)	60.000

Verifica-se que a contrapartida vai para o patrimônio líquido, como outros resultados abrangentes, e deverá ir para o resultado do exercício no momento da liquidação da operação, ou seja, nesse caso, quando os euros forem vendidos e trocados por reais.

O balanço patrimonial fica representado conforme Quadro 8.7.

Quadro 8.7 Balanço patrimonial da Empresa RM no encerramento do período

ATIVO		PASSIVO	
Circulante		Circulante	
[...]		[...]	
Dispon. moeda estrang.	1.050		
Não circulante		Não circulante	
[...]			
Imobilizado		Patrimônio líquido	
Imóvel	1.125	[...]	2.115
		Ajuste de avaliação patrimonial	60
Total do ativo	2.175	Total do passivo + patrimônio líquido	2.175

8.3.3 Reconhecimento de variação cambial

Vamos verificar como fica o reconhecimento das variações cambiais provenientes de operações com moeda estrangeira.

8.3.3.1 Itens monetários

No caso de variação cambial proveniente de liquidação de itens monetários ou da conversão de itens monetários por taxas diferentes daquelas que foram utilizadas na conversão da mensuração inicial, durante o período ou mesmo em períodos anteriores, devem ser reconhecidas na demonstração do resultado no período em que surgirem, exceto em relação a investimento líquido em entidade no exterior (trataremos disso mais à frente).

8.3.3.2 Itens não monetários

Se um ganho ou perda sobre itens não monetários for reconhecido em conta específica de outros resultados abrangentes – isso ocorre, por exemplo, em imobilizados, no caso de reavaliação, quando permitido por lei –, qualquer variação cambial atribuída a esse componente de ganho ou perda também deve ser reconhecido em conta específica de outros resultados abrangentes. De outra forma, quando um ganho ou uma perda for reconhecido no resultado do exercício, qualquer variação cambial atribuída a esse ganho ou perda deverá ser também reconhecida no resultado.

8.3.3.3 Investimento líquido em entidade no exterior

As variações cambiais provenientes de itens monetários que fazem parte de investimentos líquidos em entidade no exterior da entidade que reporta a informação deverão ser reconhecidas no resultado das demonstrações contábeis separadas da entidade que reporta a informação ou nas demonstrações contábeis individuais da entidade no exterior, o que for mais apropriado.

8.3.4 Alteração na moeda funcional

Se houver alteração na moeda funcional da entidade, a aplicação de procedimentos de conversão requeridos à nova moeda funcional deve ser feita a partir da data da alteração, de maneira prospectiva.

Lembrando que alterações em moeda funcional só deverão ocorrer se houver alterações nas condições que levaram à sua determinação.

A alteração da moeda funcional implicará a conversão de todos os itens para a nova moeda funcional, utilizando a taxa de câmbio da data da alteração. Variações cambiais, provenientes de entidade no exterior, mantidas em outros resultados abrangentes no patrimônio líquido, não deverão ser transferidas para o resultado até a baixa da entidade no exterior.

8.4 CONVERSÃO DAS DEMONSTRAÇÕES CONTÁBEIS

A entidade pode, por uma série de razões, apresentar suas demonstrações contábeis em outra(s) moeda(s). Se a moeda de apresentação for diferente da moeda funcional, então a entidade deverá converter suas demonstrações contábeis para a moeda de apresentação.

Como exemplo, podemos citar uma controlada estabelecida no Brasil e que tem sua controladora estabelecida nos Estados Unidos. Ela terá suas demonstrações contábeis elaboradas em sua moeda funcional, no caso o real. Porém, ao apresentar as demonstrações para sua controladora, deverá convertê-las para a moeda de apresentação daquela entidade, no caso, o dólar. Isso ocorre em razão da consolidação das demonstrações contábeis que deverá ser feita pela controladora.

Os seguintes procedimentos devem ser adotados para a conversão das demonstrações contábeis em moeda de apresentação:

(a) ativos e passivos para cada balanço patrimonial apresentado (incluindo os balanços comparativos) devem ser convertidos, utilizando-se a taxa de câmbio de fechamento na data do respectivo balanço;

(b) receitas e despesas para cada demonstração do resultado abrangente ou demonstração do resultado apresentada (incluindo as demonstrações comparativas) devem ser convertidas pelas taxas de câmbio vigentes nas datas de ocorrência das transações; e

(c) todas as variações cambiais resultantes devem ser reconhecidas em outros resultados abrangentes. (CPC 02 (R2), item 39)

Uma taxa que se aproxime das taxas de câmbio vigentes nas datas das transações, por exemplo, a taxa média para o período, pode ser utilizada para converter itens de receita e despesa. Porém, se as taxas de câmbio flutuarem significativamente, a taxa média não deverá ser utilizada.

Na letra (c), as variações cambiais referidas são provenientes de:

(a) conversão de receitas e despesas pela taxas de câmbio vigentes nas datas de ocorrência das transações e conversão de ativos e passivos pela taxa de câmbio de fechamento;

(b) conversão dos saldos de abertura de ativos líquidos (patrimônio líquido) pela taxa de câmbio de fechamento atual, que difere da taxa de câmbio de fechamento anterior. (CPC 02 (R2), item 41)

No caso de países com economia hiperinflacionária, as demonstrações contábeis devem ser convertidas para essa moeda de apresentação, adotando-se os seguintes procedimentos:

(a) todos os montantes (isto é, ativos, passivos, itens do patrimônio líquido, receitas e despesas, incluindo saldos comparativos) devem ser convertidos pela taxa de câmbio de fechamento da data do balanço patrimonial mais recente, exceto que,

(b) quando os montantes forem convertidos para a moeda de economia não hiperinflacionária, os montantes comparativos devem ser aqueles que seriam apresentados como montantes do ano corrente nas demonstrações contábeis do ano anterior (isto é, não ajustados para mudanças subsequentes no nível de preços ou mudanças subsequentes nas taxas de câmbio). (CPC 02 (R2), item 42)

8.4.1 Baixa total ou parcial de entidade no exterior

Em caso de baixa de entidade no exterior, o montante acumulado de variações cambiais relacionadas a essa entidade no exterior que está reconhecido em outros resultados abrangentes no patrimônio líquido deverá ser transferido para o resultado quando o ganho ou a perda na baixa for reconhecido.

Além do tratamento contábil previsto para a baixa integral da participação da entidade em entidade no exterior, as seguintes baixas parciais devem ser contabilizadas como baixa:

a. quando a baixa parcial envolver a perda de controle de controlada que contenha entidade no exterior, mesmo que a entidade mantenha participação na ex-controlada após a baixa parcial; e
b. quando a participação retida após a alienação parcial de uma participação em um negócio em conjunto ou uma alienação parcial de uma participação em coligada que incluir uma operação no exterior for um ativo financeiro que inclui uma operação no exterior.

8.4.2 Efeitos fiscais das variações cambiais

Os ganhos e as perdas em transações com moeda estrangeira e variações cambiais provenientes de conversão das demonstrações contábeis para outra moeda podem gerar efeitos fiscais. Nesse caso, deverão ser observadas as regras contidas no Pronunciamento Técnico CPC 32 – Tributos sobre o Lucro para aplicação do tratamento contábil a esses efeitos.[2]

8.4.3 Ajuste acumulado de conversão

Todas as variações provenientes das conversões das demonstrações contábeis deverão ficar registradas em "ajuste acumulado de conversão" no patrimônio líquido.

Em resumo, e para relembrar:

› Ativos e passivos deverão ser convertidos pela taxa de câmbio de fechamento, na data do balanço.
› O patrimônio líquido inicial será igual ao saldo final do patrimônio líquido do período anterior.
› Os dividendos e ingressos de capital devem ser convertidos pela taxa histórica, ou seja, da época.
› O resultado do período (receitas e despesas) deve ser convertido pela taxa histórica ou pela taxa média (quando esta puder ser aplicada, *vide* Seção 8.4).

8.5 DIVULGAÇÃO

As divulgações determinadas pelo CPC 02 (R2), item 52, são:

(a) o montante das variações cambiais reconhecidas na demonstração do resultado, com exceção daquelas originadas de instrumentos financeiros mensurados ao valor justo por meio do resultado, de acordo com o CPC 48; e
(b) variações cambiais líquidas reconhecidas em outros resultados abrangentes e registradas em conta específica do patrimônio líquido, e a conciliação do montante de tais variações cambiais, no início e no final do período.

Deverá relatar também:

a. Se a moeda de apresentação for diferente da moeda funcional. Nesse caso, deverá divulgar qual é a moeda funcional e qual é a moeda de apresentação e a razão para utilização de moeda de apresentação diferente.
b. Quando houver alteração na moeda funcional da entidade que reporta a informação ou de entidade no exterior significativa, esse fato e a razão para a alteração na moeda funcional devem ser divulgados.

---

[2] Tratamos desse tema no Capítulo 7 – Tributos sobre o lucro.

c. Quando a entidade apresentar suas demonstrações contábeis em moeda que é diferente da sua moeda funcional, ela só deve mencionar que essas demonstrações estão em conformidade com as práticas contábeis adotadas no Brasil se elas estiverem de acordo com todas as exigências de cada norma, interpretação e comunicado técnico do CFC aplicáveis.

d. Algumas vezes, a entidade apresenta suas demonstrações contábeis ou outras informações financeiras em moeda que não é a sua moeda funcional, sem cumprir as exigências determinadas para tal. Por exemplo, a entidade pode converter para outra moeda somente itens selecionados de suas demonstrações contábeis. Ou, ainda, a entidade cuja moeda funcional não é a moeda de economia hiperinflacionária pode converter suas demonstrações contábeis para outra moeda, aplicando a todos os itens a taxa de câmbio de fechamento mais recente. Essas conversões não estão de acordo com as práticas contábeis adotadas no Brasil e são exigidas as divulgações especificadas na letra (e).

e. Quando a entidade apresentar suas demonstrações contábeis ou outras informações financeiras em moeda que seja diferente da sua moeda funcional ou da moeda de apresentação das suas demonstrações contábeis, e as exigências não forem observadas, a mesma entidade deve:

  (i) identificar claramente as informações como sendo informações suplementares para distingui-las das informações que estão de acordo com as práticas contábeis adotadas no Brasil;

  (ii) divulgar a moeda utilizada para essas informações suplementares; e

  (iii) divulgar a moeda funcional da entidade e o método de conversão utilizado para determinar as informações suplementares.

8.6 EXEMPLO DE CONVERSÃO DE DEMONSTRAÇÕES CONTÁBEIS

Vamos verificar um exemplo envolvendo a Empresa RM e a Empresa JCR.

A Empresa RM controla a Empresa JCR. Esta terá que converter suas demonstrações contábeis que estão em dólar, sua moeda funcional, para apresentá-las à RM, cuja moeda funcional é o real. O capital social da JCR é de USD $ 42.000, quando foi constituído, a taxa do dólar era de R$ 1,60.

Nos Quadros 8.8 e 8.9, são apresentadas as demonstrações contábeis da Empresa JCR antes da conversão.

Quadro 8.8 Demonstração do resultado do exercício da Empresa JCR

DEMONSTRAÇÃO DO RESULTADO DO EXERCÍCIO EMPRESA JCR EM USD $	
RECEITAS	692.000
(−) CUSTOS	(414.000)
(=) LUCRO BRUTO	278.000
(−) Despesas operacionais	(146.000)
(=) LUCRO ANTES DOS IMPOSTOS	132.000
(−) Impostos	(31.680)
(=) LUCRO LÍQUIDO	100.320

Quadro 8.9 Balanço patrimonial da Empresa JCR

BALANÇO PATRIMONIAL EMPRESA JCR (EM USD $)			
ATIVO	**X1**	**PASSIVO**	**X1**
CIRCULANTE		CIRCULANTE	
Disponibilidade	36.080	Fornecedores	15.760
Clientes	50.000		
NÃO CIRCULANTE		NÃO CIRCULANTE	
Realizável a Longo Prazo	12.000	Financiamentos	60.000
Imobilizado	100.000		
Intangíveis	20.000		
		PATRIMÔNIO LÍQUIDO	
		Capital Social	42.000
		Lucros Acumulados	100.320
TOTAL DO ATIVO	**218.080**	**TOTAL DO PASSIVO + PATRIMÔNIO LÍQUIDO**	**218.080**

Conversão da demonstração do resultado do exercício

Vamos proceder à conversão da DRE. A conversão deverá ser feita pela taxa histórica, ou por uma taxa média, que não poderá ser muito diferente da taxa histórica.

Para isso, relacionamos as receitas, os custos e as despesas por mês, conforme Quadro 8.10.

Quadro 8.10 Detalhamento, por mês, dos componentes da DRE

MÊS	EM USD $		
	RECEITAS	CUSTOS	DESPESAS
Janeiro	52.000	30.000	12.000
Fevereiro	36.000	22.000	8.000
Março	48.000	29.000	10.000
Abril	62.000	37.000	13.000
Maio	34.000	20.000	7.000
Junho	89.000	54.000	18.000
Julho	38.000	24.000	8.000
Agosto	18.000	11.000	4.000
Setembro	35.000	21.000	7.000
Outubro	45.000	25.000	12.000
Novembro	115.000	69.000	23.000
Dezembro	120.000	72.000	24.000
TOTAL	**692.000**	**414.000**	**146.000**

Dessa forma, deveremos agora localizar as taxas médias mensais e realizar a conversão, conforme Quadro 8.11.

Quadro 8.11   Conversão dos componentes da DRE

MÊS	EM R$			TAXA MÉDIA MENSAL
	RECEITAS	CUSTOS	DESPESAS	
Janeiro	114.400	66.000	26.400	2,20
Fevereiro	77.400	47.300	17.200	2,15
Março	108.000	65.250	22.500	2,25
Abril	135.160	80.660	28.340	2,18
Maio	74.460	43.800	15.330	2,19
Junho	209.150	126.900	42.300	2,35
Julho	81.700	51.600	17.200	2,50
Agosto	39.600	24.200	8.800	2,20
Setembro	77.700	46.620	15.540	2,22
Outubro	101.250	56.250	27.000	2,25
Novembro	256.450	153.870	51.290	2,23
Dezembro	260.400	156.240	52.080	2,17
TOTAL	1.535.670	918.690	323.980	2,24

Os impostos sobre o lucro deverão ser convertidos pela taxa média anual, no caso R$ 2,24. O total de impostos foi de US$ 31.680. Portanto, a conversão resultará em R$ 70.963 (31.680 × 2,24). A demonstração do resultado do exercício após a conversão ficará conforme Quadro 8.12.

Quadro 8.12   DRE da Empresa JCR após a conversão

DEMONSTRAÇÃO DO RESULTADO DO EXERCÍCIO EMPRESA JCR (EM R$)	
RECEITAS	1.535.670
(−) CUSTOS	(918.690)
(=) LUCRO BRUTO	616.980
(−) Despesas operacionais	(323.980)
(=) LUCRO ANTES DOS IMPOSTOS	293.000
(−) Impostos	(70.963)
(=) LUCRO LÍQUIDO	222.037

Conversão do balanço patrimonial

Para a conversão de ativos e passivos, deveremos utilizar a taxa de fechamento, que consideraremos R$ 2,17. Já para a conversão do capital, deveremos usar a taxa histórica, que é, em nosso exemplo, R$ 1,60.

Vamos iniciar pela conversão do capital social, apresentada no Quadro 8.13.

Quadro 8.13 Conversão do capital social

MOMENTO	VALOR EM USD $	TAXA	VALOR EM R$
Final do período	42.000	2,17	91.140
Início do período	42.000	1,60	67.200

A variação cambial apurada foi de R$ 23.940 (91.140 – 67.200).

Passando para a conta lucros acumulados, ficará conforme Quadro 8.14.

Quadro 8.14 Conversão de lucros acumulados

	VALOR EM USD $	TAXA	VALOR EM R$
Lucros acumulados	100.320	2,17	217.694,40
DRE convertida	100.320		222.037,00

Nesse caso, verifica-se que a conta de lucros acumulados foi convertida pela taxa corrente. A variação cambial deu-se pela diferença dessa conversão com as conversões feitas na DRE pela taxa média mensal. O valor foi de R$ (4.342,60).

O total do ajuste acumulado de conversão será a soma dessas duas variações cambiais. Vejamos no Quadro 8.15.

Quadro 8.15 Soma das variações cambiais

VARIAÇÕES CAMBIAIS	$
Capital social	23.940,00
Lucros acumulados	(4.342,60)
Total	19.597,40

O balanço patrimonial deverá ser convertido conforme Quadro 8.16.

Quadro 8.16 Conversão do balanço patrimonial

\multicolumn{5}{c}{BALANÇO PATRIMONIAL EM 31/12/X1}

| \multicolumn{5}{c}{EMPRESA JCR (EM USD $)} |

	USD $	R$		USD $	R$
ATIVO			PASSIVO		
CIRCULANTE			CIRCULANTE		
Disponibilidades	36.080	78.293,60	Fornecedores	15.760	34.199,20
Clientes	50.000	108.500			

(continua)

(continuação)

| BALANÇO PATRIMONIAL EM 31/12/X1 ||||||
EMPRESA JCR (EM USD $)					
NÃO CIRCULANTE			**NÃO CIRCULANTE**		
Realizável a longo prazo	12.000	26.040	Financiamentos	60.000	130.200
Imobilizado	100.000	217.000			
Intangíveis	20.000	43.400			
			PATRIMÔNIO LÍQUIDO		
			Capital Social	42.000	67.200
			Lucros Acumulados	100.320	222.037
			Ajuste Acumulado de Conversão	–	19.597,40
TOTAL DO ATIVO	218.080	473.233,60	**TOTAL DO PASSIVO + PATRIMÔNIO LÍQUIDO**	218.080	473.233,60

Notas:
(1) Os ativos e passivos foram convertidos pela taxa de fechamento: R$ 2,17.
(2) O capital social foi convertido utilizando a taxa histórica da data de sua constituição: R$ 1,60.
(3) A conta de lucros acumulados foi convertida utilizando as taxas médias mensais de receitas, custos e despesas, conforme Quadros 8.10 e 8.11.
(4) A conta de ajuste acumulado de conversão foi constituída representando as variações cambiais das contas de capital social e lucros acumulados, conforme Quadro 8.15.

ATIVIDADES

1. Realize a conversão das demonstrações contábeis da Empresa XYZ. Os dados são os seguintes:
A demonstração do resultado do exercício estava assim constituída:

| DEMONSTRAÇÃO DO RESULTADO DO EXERCÍCIO ||
EMPRESA XYZ (EM USD $)	
RECEITAS	35.000
(–) CUSTOS	(16.000)
(=) LUCRO BRUTO	19.000
(–) Despesas operacionais	(5.000)
(=) LUCRO ANTES DOS IMPOSTOS	14.000
(–) Impostos	(3.360)
(=) LUCRO LÍQUIDO	10.640

O balanço patrimonial apresentava:

BALANÇO PATRIMONIAL EMPRESA RM (EM USD $)			
	X1		X1
ATIVO		**PASSIVO**	
CIRCULANTE		**CIRCULANTE**	
Disponibilidades	20.640	Fornecedores	50.000
Clientes	15.000		
NÃO CIRCULANTE		**NÃO CIRCULANTE**	
Realizável a Longo Prazo	5.000	Financiamentos	30.000
Imobilizado	130.000		
Intangíveis	150.000		
		PATRIMÔNIO LÍQUIDO	
		Capital Social	200.000
		Lucros Acumulados	10.640
TOTAL DO ATIVO	320.640	**TOTAL DO PASSIVO + PATRIMÔNIO LÍQUIDO**	320.640

O desdobramento das receitas, dos custos e das despesas por mês foi o seguinte:

	EM USD $		
MÊS	RECEITAS	CUSTOS	DESPESAS
Janeiro	3.500	900	400
Fevereiro	3.000	800	500
Março	2.200	800	300
Abril	5.300	1.500	300
Maio	500	1.500	400
Junho	3.000	1.500	400
Julho	2.500	1.500	400
Agosto	3.600	1.500	400
Setembro	2.000	1.500	400
Outubro	2.900	1.500	500
Novembro	3.000	1.500	500
Dezembro	3.500	1.500	500
TOTAL	**35.000**	**16.000**	**5.000**

As taxas de câmbio são as seguintes:

MÊS	TAXA MÉDIA MENSAL
Janeiro	1,80
Fevereiro	2,00
Março	1,79
Abril	1,92
Maio	2,02
Junho	2,10
Julho	2,12
Agosto	2,06
Setembro	2,15
Outubro	2,30
Novembro	2,35
Dezembro	2,50
TOTAL	**2,09**

O capital da companhia foi constituído quando a taxa do dólar era de $ 1,72 e a taxa de fechamento, $ 2,35.

ARRENDAMENTOS

9.1 INTRODUÇÃO

Em 2008, o Comitê de Pronunciamentos Contábeis (CPC) emitiu o Pronunciamento Técnico CPC 06 – Operações de Arrendamento Mercantil, que trata do assunto. O pronunciamento foi revisado em 2010, o que resultou no CPC 06 (R1), na Resolução do CFC nº 1.304/2010 – NBC TG 06 e na Deliberação CVM nº 645/2010, revogada pela Deliberação CVM nº 787/2017, que também foi revogada pela atual Resolução CVM nº 95/2022.

A mudança nas normas de operações com arrendamento mercantil talvez seja uma das mais significativas do ponto de vista conceitual, em relação ao que se praticava no Brasil. Essa alteração aproxima, de forma clara, a norma contábil da real substância dessas operações envolvendo ativos.

No Brasil, o tratamento dado a essas operações, independentemente de sua natureza, era de simplesmente contabilizá-las, ao longo do contrato de arrendamento, como despesa no resultado do exercício. Isso feria, em alguns casos, a substância da operação porque, na verdade, tratava-se de uma operação de financiamento. Era um exemplo típico da prevalência da forma sobre a essência, indo contra a "bandeira" principal da estrutura conceitual básica da contabilidade: a primazia da essência sobre a forma.

Na nova norma, isso foi corrigido e as operações deverão ter tratamento contábil diferente, e reconhecer o ativo envolvido e apropriando ao resultado do exercício apenas os juros do contrato de arrendamento, de acordo com o princípio da competência.

Outra mudança muito importante e substancial ocorreu em 6/10/2017, com a aprovação da segunda revisão do CPC 06, que passou a vigorar em 1º de janeiro de 2019. O CPC 06 (R2) – Arrendamentos resultou na NBC TG 06 (R3), do CFC. Substancial porque modificou a forma de contabilização do *leasing* operacional e alguns outros pontos. A mudança ocorreu em razão da publicação da IFRS 16 – *Leases* pelo IASB, que as justifica por problemas que ocorreram com empresas com balanços "saudáveis" e que com a crise de 2008 acabaram quebrando. O motivo da quebradeira foram contratos de *leasing* operacional (aluguéis) em longo prazo que, por sua característica, com as normas vigentes até então, ficavam fora do balanço. Recorde-se que, no *leasing* operacional, eram apenas contabilizadas as parcelas, mês a mês, no resultado do exercício. Portanto, havia passivos ocultos vultosos nessas companhias. A estimativa do IASB é que existam 3,3 trilhões de dólares desses compromissos e cerca de 85%, ou seja, 2,8 trilhões de dólares, estavam fora do balanço porque a norma assim determinava.

Portanto, o objetivo da mudança, segundo o IASB, foi dar uma real comparabilidade sobre as despesas de aluguéis e mais transparência sobre a saúde financeira das companhias. Neste capítulo, vamos detalhar essas mudanças e explicar como fica a contabilização dos contratos de arrendamento mercantil a partir da nova normatização.

9.2 CONCEITO

Uma operação de arrendamento mercantil (*leasing*) pode ser conceituada como um acordo pelo qual o arrendador transmite ao arrendatário, em troca de um pagamento ou séries de pagamentos, o direito de usar um ativo por determinado período.

O arrendador é a pessoa, física ou jurídica, que possui o ativo, e o arrendatário é a pessoa, física ou jurídica, que terá posse e fará a gestão do ativo cedido.

9.3 O QUE MUDA?

Antes das mudanças trazidas pelo IFRS 16, havia dois modelos para contabilização dos contratos de arrendamento mercantil. O arrendamento mercantil financeiro, que tem características de financiamento, era contabilizado reconhecendo um ativo, objeto do contrato, e um passivo, representando o valor do contrato total, trazido a valor presente. Já os contratos de arrendamento operacional, que têm características de aluguel, eram contabilizados diretamente no resultado do exercício como despesas de aluguel.

A partir de agora, há um modelo único de contabilização no arrendatário, ou seja, se o contrato for considerado um contrato de arrendamento mercantil ele deverá ser reconhecido no balanço, não importando se será classificado como arrendamento mercantil financeiro ou arrendamento mercantil operacional.

Outra mudança é que a contabilização desses contratos passa a reconhecer no balanço um ativo; porém, esse ativo é um direito de uso (*right of use*).

9.4 IDENTIFICAÇÃO DE ARRENDAMENTO

Na celebração de contrato, a entidade deve avaliar se o contrato é, ou contém, um arrendamento.

O contrato é ou contém um arrendamento se ele transmite o direito de controlar o uso do ativo identificado, por um período, em troca de contraprestação (*right of use*).

Essa análise é crucial para o tratamento contábil que será dado. Porque, ao fazer a análise, se não ficar identificado um arrendamento mercantil, o tratamento deverá ser o de um contrato de prestação de serviços, com reconhecimento no resultado do exercício ao longo do tempo.

Para facilitar o entendimento, o CPC 06 (R2) traz um esquema de como fazer o teste, vejamos, apresentado na Figura 9.1.

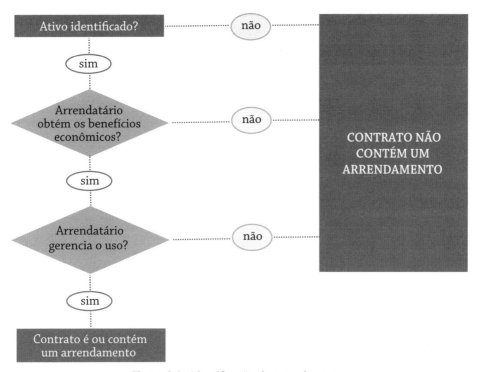

Figura 9.1 Identificação de arrendamento.

Verifica-se na Figura 9.1 que para se caracterizar como um contrato de arrendamento mercantil é fundamental que o contrato contenha um ativo identificado, que o arrendatário obtenha os benefícios econômicos desse ativo e que gerencie o seu uso de forma plena. Só assim será um contrato de arrendamento.

9.4.1 Pontos de atenção

É preciso ter bastante atenção a alguns pontos para correta aplicação do esquema de identificação do arrendamento. Vamos a eles:

a. **Gerenciamento do uso do ativo subjacente**: o arrendatário não controla o uso do ativo se o arrendador tiver o direito substantivo de substituir o ativo por um alternativo durante o arrendamento. Se isso ocorrer, não há gerenciamento do uso pelo arrendatário e, portanto, não se trata de um contrato de arrendamento mercantil.
b. **Direito substantivo de substituição**: o arrendador tem o direito, por contrato, de tomar decisões em relação ao uso do ativo. Exemplos: uma transportadora cuja frota de caminhões pode ser substituída de acordo com as necessidades do arrendador; um contrato que determine que o arrendatário deve manter o ativo sob algumas condições que restrinjam o seu uso pleno, direitos de proteção que o arrendador tenha etc.
c. **Isenções**: o arrendatário não precisa aplicar a norma do CPC 06 (R2) nos casos de arrendamentos de curto prazo ou de valores baixos do ativo subjacente. Como valor baixo, podemos exemplificar: computadores pessoais, *tablets*, pequenos itens de mobiliário de escritório e telefones.

9.5 SEPARAÇÃO DE COMPONENTES DO CONTRATO

Nos contratos firmados, pode haver vários componentes de arrendamento e também pode haver algum componente que não seja um arrendamento. Isso tudo deverá ser separado e tratado conforme explicamos nas subseções a seguir.

9.5.1 No arrendatário

Deverão ser separados os componentes de arrendamento e alocados para cada um deles valores com base nos preços independentes. Preços independentes são os preços que o arrendador ou fornecedor cobraria da entidade. Caso não exista um preço independente observável, o arrendatário deverá estimar o preço individual, maximizando as informações observáveis que possui.

9.5.2 No arrendador

Deverá o arrendador separar e alocar de acordo com a Seção 9.7, considerando como base o preço independente de venda.

9.6 RECONHECIMENTO NO ARRENDATÁRIO

Vejamos como fica o reconhecimento inicial e subsequente dos contratos de arrendamento mercantil para o arrendatário.

9.6.1 Reconhecimento inicial do arrendamento no arrendatário

No arrendatário haverá um modelo único de contabilização do arrendamento, seja ele financeiro ou operacional.

9.6.1.1 *Mensuração inicial do ativo de direito de uso*

O arrendatário deverá, no início do contrato de arrendamento mercantil, fazer um reconhecimento de ativos e passivos na sua demonstração da posição financeira (balanço patrimonial).

O custo de ativo, de acordo com o CPC 06 (R2), item 24, deve compreender:

(a) o valor da mensuração inicial do passivo de arrendamento [...];
(b) quaisquer pagamentos de arrendamento efetuados até a data de início, menos quaisquer incentivos de arrendamento recebidos;
(c) quaisquer custos diretos iniciais incorridos pelo arrendatário; e
(d) a estimativa de custos a serem incorridos pelo arrendatário na desmontagem e remoção do ativo subjacente, restaurando o local em que está localizado ou restaurando o ativo subjacente à condição requerida pelos termos e condições do arrendamento, salvo se esses custos forem incorridos para produzir estoques. O arrendatário incorre na obrigação por esses custos seja na data de início ou como consequência de ter usado o ativo subjacente durante um período específico.

9.6.1.2 Mensuração inicial do passivo de arrendamento

No início, o arrendatário deverá mensurar o passivo de arrendamento pelo valor presente dos pagamentos. A taxa de juros utilizada para o cálculo do valor presente deverá ser a taxa implícita no arrendamento. Caso essa taxa não possa ser determinada imediatamente, deverá ser utilizada a taxa incremental sobre empréstimo do arrendatário. Além do valor presente dos arrendamentos, deverá ser somado ao passivo inicial o valor residual que será pago ao final do arrendamento, caso haja.

9.6.2 Mensuração subsequente

Vejamos como fica a mensuração subsequente de contratos de arrendamento mercantil para o arrendatário.

9.6.2.1 Mensuração subsequente do ativo de direito de uso

O arrendatário deverá, nos demonstrativos subsequentes, mensurar o ativo de direito de uso pelo método de custo, exceto no caso de uso de propriedades para investimento em que, de acordo com o CPC 28 – Propriedades para Investimento, é permitido a mensuração pelo valor justo.

O custo do ativo de direito de uso deve ser utilizado:

(a) menos qualquer depreciação acumulada e quaisquer perdas acumuladas por redução ao valor recuperável; e
(b) corrigido por qualquer remensuração do passivo de arrendamento [...]. (CPC 06 (R2), item 30)

9.6.2.1.1 Depreciação

A depreciação deverá ser feita pela vida útil do ativo de direito de uso no caso de o contrato transferir a propriedade do ativo subjacente[1] ao arrendatário ao final do prazo de arrendamento. Caso não haja a previsão de transferência, a depreciação deverá ser feita desde a data de início até o que ocorrer primeiro entre o fim da vida útil do ativo de direito de uso ou o fim do prazo de arrendamento.

9.6.2.2 Mensuração subsequente do passivo de arrendamento

De acordo com o CPC 06 (R2), item 36, a mensuração subsequente do passivo deve ser feita:

(a) aumentando o valor contábil para refletir os juros sobre o passivo de arrendamento;
(b) reduzindo o valor contábil para refletir os pagamentos do arrendamento efetuados; e
(c) remensurando o valor contábil para refletir qualquer reavaliação ou modificações do arrendamento ou para refletir pagamentos fixos na essência revisados.

O valor dos juros sobre o passivo em cada período deverá ser o valor correspondente à taxa de juros periódica constante sobre o saldo remanescente do passivo de arrendamento.

O arrendatário deverá reconhecer os juros no resultado do exercício, bem como qualquer variação no arrendamento que não houver sido incluída na mensuração do passivo.

---
[1] Ativo subjacente é o ativo objeto do contrato.

9.6.3 Outros pontos importantes

9.6.3.1 Reavaliação do passivo de arrendamento

O passivo de arrendamento deverá ser remensurado nas seguintes condições:

a. Se houver alteração no prazo do arrendamento; nesse caso, deverá ser aplicada a taxa de desconto revisada na data em que houve a alteração.
b. Se houver alteração na avaliação de compra do ativo subjacente; nesse caso, deverá utilizar a taxa de desconto revisada na data em que houve a alteração.
c. Se houver alteração nos valores que se espera que sejam pagos de acordo com a garantia de valor residual; nesse caso, deve continuar a utilizar a taxa de desconto do início do arrendamento.
d. Se houver alteração nos pagamentos futuros de arrendamento resultante de alteração em índice ou taxa utilizada para determinar tais pagamentos, incluindo alterações para refletir mudanças de taxas de mercado de aluguéis; nesse caso, deverá ser mantida a taxa de desconto utilizada no início do contrato de arrendamento.

9.6.3.2 Modificações no contrato

É possível que ocorram modificações em um contrato de arrendamento mercantil. Nesses casos, o arrendatário deverá contabilizar tais mudanças como um arrendamento separado quando:

(a) a modificação aumentar o alcance do arrendamento ao acrescentar o direito de utilizar um ou mais ativos subjacentes; e
(b) a contraprestação pelo arrendamento aumentar em valor compatível com o preço individual para o aumento no alcance e quaisquer ajustes apropriados a esse preço individual para refletir as circunstâncias do contrato específico. (CPC 06 (2), item 79)

Não estando no escopo acima, não deverá ser contabilizado como um arrendamento separado, e sim:

(a) alocar a contraprestação no contrato modificado [...];[2]
(b) determinar o prazo do arrendamento modificado [...]; e
(c) remensurar o passivo de arrendamento descontando os pagamentos de arrendamento revisados, utilizando a taxa de desconto revisada. A taxa de desconto revisada é determinada como a taxa de juros implícita no arrendamento para o restante do prazo do arrendamento, se essa taxa puder ser determinada imediatamente, ou a taxa incremental sobre empréstimo do arrendatário na data de vigência da modificação, se a taxa de juros implícita no arrendamento não puder ser determinada imediatamente. (CPC 06 (R2), item 45)

Para as determinações acima, o arrendatário as aplicará:

(a) reduzindo o valor contábil do ativo de direito de uso para refletir a rescisão parcial ou total do arrendamento para modificações do arrendamento que reduzam o alcance do

---

[2] *Vide* Seções 9.5 e 9.6.

arrendamento. O arrendatário deve reconhecer no resultado qualquer ganho ou perda referente à rescisão parcial ou total do arrendamento;

(b) realizando o ajuste correspondente ao ativo de direito de uso para todas as outras modificações do arrendamento. (CPC 06 (R2), item 46)

9.6.3.3 *Apresentação nas demonstrações contábeis*

O CPC 06 (R2) determina como devem ser apresentadas nas demonstrações contábeis dos arrendatários as informações referentes aos contratos de arrendamento mercantil. Elaboramos o Quadro 9.1 para sintetizar as informações.

Quadro 9.1 Apresentação nas demonstrações contábeis

BALANÇO PATRIMONIAL	DEMONSTRAÇÃO DE RESULTADO	DEMONSTRAÇÃO DOS FLUXOS DE CAIXA
No ativo: direito de uso	Reconhecer a depreciação do direito de uso do ativo	Os pagamentos do principal devem ser classificados no fluxo de atividades de financiamento
No passivo: dívida do arrendamento	Reconhcer os juros dos passivos de arrendamento, como componente das despesas financeiras	Os pagamentos dos juros deverão ser apresentados, juntamente como outros pagamentos de juros, no fluxo de atividades de financiamento
São apresentados de forma separada dos demais ativos e passivos. Se não forem no balanço, deverão ser em notas explicativas, indicando em quais rubricas do balanço estão esses ativos e passivos		Pagamentos de arrendamentos de curto prazo, pagamentos de ativos de baixo valor e pagamentos variáveis de arrendamento (não incluídos na mensuração do passivo) deverão ser classificados no fluxo de atividades operacionais

9.6.4 Divulgação para o arrendatário

O CPC 06 (R2) apresenta as divulgações necessárias para que os usuários de demonstrações contábeis consigam avaliar o efeito que os arrendamentos mercantis têm sobre essas demonstrações, o balanço patrimonial, a demonstração de resultado do exercício e a de fluxos de caixa. Vamos a eles:

O arrendatário deve divulgar os seguintes valores para o período de relatório:

(a) encargos de depreciação para ativos de direito de uso por classe de ativo subjacente;
(b) despesas de juros sobre passivos de arrendamento;
(c) despesa referente a arrendamentos de curto prazo contabilizada [...]. Essa despesa não precisa incluir a despesa referente a arrendamentos com prazo do arrendamento de um mês ou menos;

(d) despesa referente a arrendamentos de ativos de baixo valor contabilizada [...]. Essa despesa não deve incluir a despesa referente a arrendamentos de curto prazo de ativos de baixo valor [...];
(e) despesa referente a pagamentos variáveis de arrendamento não incluída na mensuração de passivos de arrendamento;
(f) receita decorrente de subarrendamento de ativos de direito de uso;
(g) saídas de caixa totais para arrendamentos;
(h) adições a ativos de direito de uso;
(i) ganhos ou perdas resultantes de transações de venda e retroarrendamento; e
(j) valor contábil de ativos de direito de uso ao final do período de relatório por classe de ativo subjacente. (CPC 06 (R2), item 53)

O arrendatário deverá fornecer essas informações em forma de tabela ou em outro formato que seja mais apropriado.

9.6.5 Exemplo prático

Vamos a um exemplo de reconhecimento de arrendamento mercantil pelo arrendatário.

No momento inicial

A Empresa RM arrendou um imóvel, em cinco anos, com parcelas anuais de $ 100.000 e taxa de juros implícita de 10% a.a. Não há valor residual para aquisição no final do contrato. Nesse caso, o lançamento contábil será o apresentado no Quadro 9.2.

Quadro 9.2 Exemplo de lançamento contábil Arrendamento Momento Inicial

LANÇAMENTO	VALOR $
Direito de uso de imóvel	379.078,68
(–) Juros a apropriar (redutora do passivo circulante)	(9.090,91)
(–) Juros a apropriar (redutora do passivo não circulante)	(111.830,41)
a Arrendamento a pagar (passivo circulante)	100.000
a Arrendamento a pagar (passivo não circulante)	400.000

Note que a primeira parcela deve ser trazida a valor presente individualmente, para que possamos ajustar o valor dos juros a apropriar. Portanto, a primeira parcela de $ 100.000, trazida a valor presente, contém $ 9.090,91 de juros.

Se você ficou em dúvida de como fazer o cálculo a valor presente, consulte o Capítulo 11 – Ajuste a Valor Presente.

A representação do balanço será a apresentada no Quadro 9.3.

Quadro 9.3 Ativo e passivo de arrendamento mercantil reconhecido inicialmente pelo arrendatário

ATIVO		PASSIVO	
Circulante		Circulante	
[...]		Arrendamento a pagar	100.000
		(−) Juros a apropriar	(9.090,91)
Não circulante		Não circulante	
Realizável a longo prazo		Arrendamento a pagar	400.000
Investimentos		(−) Juros a apropriar	(111.830,41)
Imobilizado			
Direito de uso de imóvel	379.078,68		
		Patrimônio líquido	
[...]		[...]	

Vamos agora dar continuidade no nosso exemplo, contabilizando o momento subsequente do contrato de arrendamento mercantil.

Momento subsequente

Os juros incidirão nas parcelas seguintes sobre o saldo da dívida. Para facilitar, elaboramos a Tabela 9.1 com os cálculos para as demais prestações.

Tabela 9.1 Cálculos para as demais prestações

ANO	PARCELA	JUROS	AMORTIZAÇÃO	SALDO
				379.078,68
1	100.000,00	37.907,87	62.092,13	316.986,55
2	100.000,00	31.698,65	68.301,35	248.685,20
3	100.000,00	24.868,52	75.131,48	173.553,72
4	100.000,00	17.355,37	82.644,63	90.909,10
5	100.000,00	9.090,91	90.909,09	0,00
Total	500.000,00	120.921,32	379.078,68	

Vamos agora para a contabilização:

a. Contabilizar a depreciação do ativo de direito de uso:
Temos um contrato de cinco anos e utilizaremos esse tempo como vida útil. Dessa forma, vamos dividir por 5, considerando o método de depreciação linear, o valor do ativo, que é de $ 379.078,68. O resultado é de $ 75.815,73, sendo:

Depreciação

$$\text{Valor da depreciação} = \frac{\text{Valor do bem}}{\text{Vida útil}} \times \text{Número de meses}$$

$$\text{Valor da depreciação} = \frac{379.078,68}{5} \times 1 = 75.815,73$$

Quadro 9.4 Lançamento contábil da depreciação do arrendamento mercantil

LANÇAMENTO	VALOR $
Despesas de depreciação	75.815,73
a (-) Depreciação acumulada	75.815,73

b. Pagamento da parcela do arrendamento:

Quadro 9.5 Lançamento contábil do pagamento do arrendamento mercantil

LANÇAMENTO	VALOR $
Arrendamento a pagar (passivo circulante)	100.000
a Caixa/bancos	100.000

c. Ajuste do valor do passivo de curto prazo:

Quadro 9.6 Lançamento contábil da transferência de longo para curto prazo

LANÇAMENTO	VALOR $
Arrendamento a pagar (passivo não circulante)	100.000
a Arrendamento a pagar (passivo circulante)	100.000

d. Apropriação dos encargos do arrendamento:

Quadro 9.7 Lançamento contábil da apropriação dos encargos do arrendamento mercantil

LANÇAMENTO	VALOR $
Despesas com encargos financeiros (resultado)	37.907,87
a (-) Juros a apropriar (passivo circulante)	9.090,91
a (-) Juros a apropriar (passivo não circulante)	28.816,96

e. Ajuste dos encargos a transcorrer de curto prazo:

Quadro 9.8 Lançamento contábil da transferência de longo para curto prazo

LANÇAMENTO	VALOR $
(–) Juros a apropriar (passivo circulante)	9.090,91
a (–) Juros a apropriar (passivo não circulante)	9.090,91

Após os lançamentos no primeiro mês, a demonstração da posição financeira da Empresa RM ficará de acordo com o Quadro 9.9.

Quadro 9.9 Reconhecimento subsequente de arrendamento mercantil financeiro no arrendatário

ATIVO		PASSIVO	
Circulante		**Circulante**	
[...]		Arrendamento a pagar	100.000
		(–) Juros a apropriar	(9.090,91)
Não circulante			
Realizável a longo prazo		**Não circulante**	
Investimentos		Arrendamento a pagar	300.000
Imobilizado		(–) Juros a apropriar	(73.922,54)
Direito de Uso de Imóvel	379.078,68		
(–) Depreciação acumulada	(75.815,73)	**Patrimônio líquido**	
[...]		[...]	

Se fizermos a soma dos valores do passivo, vamos chegar justamente ao saldo da dívida do primeiro ano (*vide* Tabela 9.1).

Nos demais anos, fazemos da mesma forma, até que se conclua a contabilização do contrato.

9.7 RECONHECIMENTO NO ARRENDADOR

No arrendador não houve alterações na norma anterior. Uma proposta de alteração chegou a ser discutida no IASB, mas não foi oficializada.

Dessa forma, para o arrendador ficam mantidos dois modelos de contabilização, conforme informado nas próximas subseções.

9.7.1 Classificação dos arrendamentos

O arrendador deverá inicialmente fazer a classificação do arrendamento. Os arrendamentos mercantis são classificados em dois tipos:

1. **arrendamento mercantil financeiro:** poderá ser classificado como um arrendamento mercantil financeiro o contrato em que o arrendador transfira substancialmente todos os riscos e benefícios inerentes à propriedade ao arrendatário.
2. **arrendamento mercantil operacional:** poderá ser classificado como um arrendamento mercantil operacional o contrato em que não haja transferência substancial de todos os riscos e benefícios inerentes à propriedade ao arrendatário.

A classificação dos arrendamentos mercantis vai depender da essência da transação, independentemente da forma do contrato.

9.7.1.1 Critérios de classificação do arrendamento mercantil

Alguns critérios podem ser observados com o intuito de facilitar a classificação do contrato de arrendamento mercantil como financeiro ou operacional.

Classificação como financeiro
- Ao final do prazo do arrendamento, haverá a transferência da propriedade do ativo para o arrendatário.
- O contrato de arrendamento deve ter previsão de opção de compra do ativo por um preço suficientemente mais baixo que o seu valor justo na data em que a opção se torne exercível, de modo que seja praticamente certo que a opção será exercida.
- O prazo do contrato de arrendamento deve contemplar a maior parte da vida econômica[3] do ativo, mesmo que a propriedade não seja transferida.
- No início do contrato de arrendamento, o valor presente dos pagamentos mínimos do arrendamento deve totalizar pelo menos substancialmente todo o valor justo do ativo arrendado.
- Os ativos objetos do arrendamento devem ter natureza especializada, de modo que somente o arrendatário pode usá-los sem grandes modificações.
- Se houver possibilidade de o arrendatário cancelar o contrato de arrendamento e as perdas do arrendador associadas a esse cancelamento forem suportadas pelo arrendatário.
- Havendo ganhos e perdas relativos à flutuação no valor justo do valor residual, esses serão atribuídos ao arrendatário.
- Há possibilidade de o arrendatário prolongar o contrato de arrendamento por um período adicional com pagamento de valores que sejam substancialmente inferiores ao valor de mercado.

Classificação como operacional
Como ficam bem claros os critérios para a classificação do arrendamento em financeiro, podemos dizer que, se não atendidos esses quesitos e não havendo transferência substancial dos riscos e benefícios inerentes à propriedade ao arrendatário, deveremos classificar o arrendamento mercantil como operacional. Evidentemente, considerando que o contrato já foi analisado e considerado como sendo de arrendamento mercantil.

---
[3] Vida econômica é o período pelo qual se espera que um ativo seja economicamente utilizável ou o número de unidades de produção ou de unidades semelhantes que se espera obter de um ativo.

Em suma, a essência de um arrendamento mercantil financeiro é de financiamento, e a do arrendamento mercantil operacional é de aluguel.

A classificação do arrendamento mercantil deve ser feita no seu início. É possível sua reclassificação se houver alterações nas disposições do contrato de arrendamento, desde que isso não se caracterize em uma renovação do contrato. Se isso ocorrer, a contabilidade deve considerar um novo acordo durante seu prazo do arrendamento. No entanto, se houver alterações em estimativas, por exemplo, vida econômica ou valor residual, ou alteração nas circunstâncias, como inadimplência por parte do arrendatário, estas não implicam uma nova classificação do arrendamento para fins contábeis.

9.7.2 Reconhecimento inicial do arrendamento no arrendador

Arrendamento mercantil financeiro

Para o arrendador, o ativo é reconhecido como um recebível, pelo valor do investimento líquido.

Isso acontece porque, na modalidade de arrendamento mercantil financeiro, os riscos e os benefícios sobre o ativo são substancialmente transferidos do arrendador ao arrendatário. Desse modo, o arrendador reconhecerá esse ativo como Contas a receber (amortização do capital) e os juros das parcelas como Receitas financeiras (prêmio do investimento de capital realizado).

Se houver custos iniciais incorridos no arrendamento (comissões, despesas legais etc.) e estes forem pagos pelo arrendador, devem ser incluídos na mensuração inicial da conta a receber de arrendamento e reduzem o valor da receita reconhecida durante o prazo do contrato.

A taxa de juros implícita no arrendamento deve ser definida de tal maneira que os custos diretos iniciais sejam automaticamente incluídos na conta a receber de arrendamento, sem que haja necessidade de adicioná-los separadamente.

No caso de arrendadores fabricantes e comerciantes, os custos relacionados com a negociação e a estruturação de um arrendamento estão excluídos do conceito de custos diretos iniciais. Nesse caso, esses custos deverão ser excluídos do investimento líquido no arrendamento e serão reconhecidos como despesa quando o lucro da venda for reconhecido.

Arrendamento mercantil operacional

Para os arredamentos mercantis operacionais, o arrendador deverá apresentar os ativos sujeitos ao arrendamento na demonstração da posição financeira de acordo com a natureza desses ativos.

O bem arrendado continua figurando nos ativos do arrendador porque nessa modalidade de arrendamento não há transferência substancial dos riscos e benefícios inerentes à propriedade do ativo. Trata-se de um aluguel.

A receita desse arrendamento deve ser reconhecida no resultado, na base da linha reta, durante o prazo do contrato, salvo se outra base sistemática for mais representativa do benefício do usuário ao longo do tempo.

Os custos incorridos na obtenção da receita de arrendamento mercantil devem ser reconhecidos como despesa (inclusive a depreciação).

Os custos iniciais incorridos pelo arrendador, durante a negociação e estruturação do arrendamento, deverão ser adicionados ao valor contábil do ativo arrendado e devem ser reconhecidos como despesa durante o prazo do arrendamento na mesma base da receita do arrendamento.

A depreciação do bem arrendado será aplicada da mesma forma que a depreciação normal de outros ativos.

O ativo arrendado também está sujeito ao teste de recuperabilidade (*impairment*),[4] se atender aos requisitos do Pronunciamento Técnico CPC 01 (R1) – Redução ao Valor Recuperável de Ativos.

No caso de arrendadores fabricantes ou comerciantes, não deverão reconhecer lucro algum da venda em contrato de arrendamento operacional, porque a transação não é equivalente à venda.

9.7.3 Mensuração subsequente do arrendamento no arrendador

Vamos agora verificar como fica a mensuração de operações de arrendamento mercantil nos demonstrativos subsequentes.

Arrendamento mercantil financeiro

O arrendador deve reconhecer a receita financeira do arrendamento mercantil de forma sistemática e racional. Dessa maneira, a apropriação da receita deverá refletir o retorno periódico constante sobre o investimento líquido do arrendador.

Deverá haver revisão da apropriação da receita caso o valor residual estimado não garantido tenha sofrido redução. Se após a revisão for verificada a necessidade de reduzir valores já apropriados, essa redução deverá ser imediatamente reconhecida.

A classificação desse ativo objeto de arrendamento mercantil na contabilidade do arrendador deverá ser feita no ativo, como ativo mantido para venda (ou incluído em um grupo de ativos com essa natureza).

Se ocorrerem modificações no contrato de arrendamento financeiro, o arrendador deverá contabilizar as modificações como um arrendamento em separado se:

(a) a modificação aumentar o alcance do arrendamento ao acrescentar o direito de utilizar um ou mais ativos subjacentes; e

(b) a contraprestação pelo arrendamento aumentar em valor compatível com o preço individual para o aumento no alcance e quaisquer ajustes apropriados a esse preço individual para refletir as circunstâncias do contrato específico. (CPC 06 (R2), item 79)

Caso contrário, a modificação deverá ser contabilizada da seguinte maneira:

(a) se o arrendamento tiver sido classificado como arrendamento operacional, caso a modificação esteja vigente na data de celebração do arrendamento, o arrendador deve:
  (i) contabilizar a modificação do arrendamento como novo arrendamento a partir da data de vigência da modificação; e
  (ii) mensurar o valor contábil do ativo subjacente como investimento líquido no arrendamento imediatamente antes da data de vigência da modificação do arrendamento.

(b) caso contrário, o arrendador deve aplicar os requisitos do CPC 48. (CPC 06 (R2), item 80)

---

[4] Mais detalhes sobre o teste de recuperabilidade são encontrados no Capítulo 10 – *Impairment Test* (Redução ao Valor Recuperável de Ativos).

Arrendamento mercantil operacional

O arrendador deve reconhecer os recebimentos como receita, pelo método linear ou em outra base sistemática, se esta representar melhor padrão em que o benefício do uso do ativo é diminuído.

Os custos para a realização da receita, incluindo depreciação, devem ser contabilizados como despesa.

Os custos diretos iniciais devem ser incluídos no valor contábil do ativo subjacente e devem ser reconhecidos como despesa na mesma base utilizada para a receita.

A depreciação deve ser feita de forma normal, de acordo com o CPC 27 – Ativo Imobilizado e o CPC 04 – Ativo Intangível.

O ativo subjacente está sujeito ao teste de recuperabilidade de ativos (*impairment*), de acordo com o CPC 01.

Se houver modificação no contrato, o arrendador deverá, a partir da data de vigência, contabilizar as modificações como um novo contrato de arrendamento, considerando os recebimentos antecipados ou acumulados do contrato original, como parte do novo contrato.

Os ativos subjacentes deverão ser apresentados no balanço patrimonial do arrendador, de acordo com sua natureza.

9.7.4 Divulgação no arrendador

Com os mesmos objetivos já mencionados nas divulgações do arrendatário, apresentamos a seguir as recomendações de divulgação do CPC 06 (R2) para o arrendador:

> O arrendador deve divulgar os seguintes valores para o período de relatório:
> (a) para arrendamentos financeiros:
> > (i) resultado na venda;
> > (ii) receita financeira sobre o investimento líquido no arrendamento; e
> > (iii) receita referente a recebimentos variáveis de arrendamento não incluída na mensuração do investimento líquido no arrendamento;
> (b) para arrendamentos operacionais, receita de arrendamento, divulgando separadamente a receita referente a recebimentos variáveis de arrendamento que não dependem de índice ou taxa.
> [...]

O arrendador deve divulgar informações qualitativas e quantitativas adicionais sobre suas atividades de arrendamento necessárias para atingir o objetivo de divulgação. Essas informações adicionais incluem, entre outras, informações que ajudem os usuários das demonstrações contábeis a avaliar:

> (a) a natureza das atividades de arrendamento do arrendador; e
> (b) como o arrendador gerencia o risco associado a quaisquer direitos que possui em ativos subjacentes. Particularmente, o arrendador deve divulgar sua estratégia de gerenciamento de risco para os direitos que possui em ativos subjacentes, incluindo quaisquer meios pelos quais o arrendador reduz esse risco. Esses meios podem incluir, por exemplo, acordos de recompra, garantias de valor residual ou recebimentos variáveis de arrendamento para uso além dos limites especificados. (CPC 06 (R2) itens 90 e 92)

Arrendamento financeiro

O arrendador deve fornecer explicação qualitativa e quantitativa sobre as alterações significativas no valor contábil do investimento líquido em arrendamentos financeiros.

O arrendador deve divulgar a análise de vencimento dos valores do arrendamento a receber, mostrando os valores do arrendamento não descontados a serem recebidos anualmente para cada um dos primeiros cinco anos, no mínimo, e o total dos valores para os anos remanescentes. O arrendador deve conciliar os recebimentos do arrendamento não descontados do investimento líquido no arrendamento. A conciliação deve identificar a receita financeira não auferida referente aos valores do arrendamento a receber e qualquer valor residual não garantido descontado.

Arrendamento operacional

Para itens do ativo imobilizado sujeitos a arrendamento operacional, o arrendador deve aplicar os requisitos de divulgação do CPC 27. Ao aplicar os requisitos de divulgação do CPC 27, o arrendador deve desagregar cada classe do imobilizado em ativos sujeitos a arrendamentos operacionais e ativos não sujeitos a arrendamentos operacionais. Consequentemente, o arrendador deve fornecer as divulgações requeridas pelo CPC 27 para ativos sujeitos a arrendamento operacional (por classe de ativo subjacente), separadamente de ativos próprios detidos e utilizados pelo arrendador.

O arrendador deve aplicar os requisitos de divulgação especificados no CPC 01, no CPC 04, no CPC 28 e no CPC 29 para ativos sujeitos a arrendamentos operacionais.

O arrendador deve divulgar a análise de vencimento de recebimentos do arrendamento, mostrando os valores do arrendamento não descontados a serem recebidos anualmente para cada um dos primeiros cinco anos, no mínimo, e o total dos valores para os anos remanescentes.

9.8 TRANSAÇÕES DE VENDA E *LEASEBACK*

A transação de venda e *leaseback* é definida como um retroarrendamento pelo vendedor junto ao comprador, ou seja, uma operação que envolve a venda de um ativo e, concomitantemente, o arrendamento mercantil desse mesmo ativo pelo comprador ao vendedor.

A transação poderá ser reconhecida como uma venda ou não; se assim o for, deverá ser aplicado o CPC 47 – Receita de Contrato com Cliente.

A transação será uma venda se satisfizer os requisitos do CPC 47 e, nesse caso, deverá contabilizar como venda da seguinte forma:

(a) o vendedor-arrendatário deve mensurar o ativo de direito de uso resultante do retroarrendamento proporcionalmente ao valor contábil anterior do ativo referente ao direito de uso retido pelo vendedor-arrendatário. Consequentemente, o vendedor-arrendatário deve reconhecer somente o valor de qualquer ganho ou perda referente aos direitos transferidos ao comprador-arrendador;

(b) o comprador-arrendador deve contabilizar a compra do ativo utilizando os pronunciamentos aplicáveis, e o arrendamento, aplicando os requisitos de contabilização do arrendador deste pronunciamento. (CPC 06 (R2), item 100)

Se o valor justo da contraprestação pela venda do ativo não equivaler ao valor justo do ativo, ou se os pagamentos não são feitos a taxas de mercado, a entidade deve fazer os seguintes ajustes para mensurar os rendimentos da venda ao valor justo:

(a) quaisquer termos abaixo do mercado devem ser contabilizados como pagamentos antecipados de pagamentos do arrendamento; e
(b) quaisquer condições acima do mercado devem ser contabilizadas como financiamento adicional fornecido pelo comprador-arrendador ao vendedor-arrendatário. (CPC 06 (R2), item 101)

Se a transferência do ativo não for uma venda, ou seja, não satisfizer os requisitos do CPC 47, então:

(a) o vendedor-arrendatário deve continuar a reconhecer o ativo transferido e deve reconhecer o passivo financeiro equivalente aos rendimentos da transferência. Ele deve contabilizar o passivo financeiro, aplicando o CPC 48;
(b) o comprador-arrendador não deve reconhecer o ativo transferido e deve reconhecer o ativo financeiro equivalente aos rendimentos da transferência. Ele deve contabilizar o ativo financeiro, aplicando o CPC 48 – Instrumentos Financeiros. (CPC 06 (R2), item 103)

9.9 CASO PRÁTICO

Apresenta-se a seguir um caso prático que auxiliará a compreensão do texto.

A Empresa RM assina um contrato de arrendamento mercantil com uma arrendadora para utilizar uma máquina industrial. O contrato é pelo período de 10 anos e tem opção de compra da máquina ao seu final por um valor residual irrisório. O valor da parcela mensal do arrendamento é de $ 100.000, a taxa de juros implícita é de 12% ao ano. Os riscos e benefícios do ativo são transferidos à Empresa RM, que gerenciará o uso desse ativo de forma plena.

Fica claro pelo enunciado que se trata de um arrendamento mercantil.

Vamos aos cálculos da operação:

a. Precisamos descobrir o valor presente da transação.

Utilizando a HP, teremos o apresentado no Quadro 9.10.

Quadro 9.10   Cálculo do valor presente na HP 12C

FUNÇÃO	TECLA
Ligar	ON
Limpar	f REG
Digite o valor da parcela $ 1.200.000 e tecle	PMT
Digite a taxa de juros 12 e tecle	i
Digite o prazo 10 e tecle	N
Tecle	PV

Note que foi preciso converter os pagamentos mensais em anuais.

O resultado encontrado foi de $ 6.780.267,63. Esse é o valor do ativo de uso e também o valor presente do passivo.

Sabendo que a parcela anual será de $ 1.200.000, precisamos também trazê-la a valor presente para que possamos contabilizar os valores a curto e longo prazos.

Dessa forma, teremos o apresentado no Quadro 9.11.

Quadro 9.11 Cálculo do valor presente da primeira parcela na HP 12C

FUNÇÃO	TECLA
Ligar	ON
Limpar	f REG
Digite o valor da parcela $ 1.200.000 e tecle	PMT
Digite a taxa de juros 12 e tecle	i
Digite o prazo 1 e tecle	N
Tecle	PV

O resultado é $ 1.071.428,57. O significado é que os juros da primeira parcela correspondem a $ 128.571,43 (1.200.000 – 1.071.428,57).

Vamos contabilizar o contrato:

b. Momento inicial

Quadro 9.12 Contabilização no momento inicial

LANÇAMENTO	VALOR $
Direito de uso de máquina	6.780.267,63
(–) Juros a apropriar (redutora do passivo circulante)	(128.571,43)
(–) Juros a apropriar (redutora do passivo não circulante)	(5.091.160,94)
a Arrendamento a pagar (Passivo Circulante)	1.200.000
a Arrendamento a pagar (Passivo Não Circulante)	10.800.000

O balanço patrimonial fica conforme apresentado no Quadro 9.13.

Quadro 9.13 Apresentação do balanço patrimonial

ATIVO		PASSIVO	
Circulante		Circulante	
[...]		Arrendamento a pagar	1.200.000
		(–) Juros a apropriar	(128.571,43)

(continua)

(continuação)

ATIVO		PASSIVO	
Não circulante		**Não circulante**	
Realizável a longo prazo		Arrendamento a pagar	10.800.000
Investimentos		(–) Juros a apropriar	(5.091.160,94)
Imobilizado			
Direito de uso de máquina	6.780.267,63		
		Patrimônio líquido	
[...]		[...]	

c. Momento subsequente

Elaboramos a Tabela 9.2 para ficar mais fácil o entendimento.

Tabela 9.2 Cálculos dos demais anos

ANO	PARCELA	JUROS	AMORTIZAÇÃO	SALDO
				6.780.267,63
1	1.200.000,00	813.632,12	386.367,88	6.393.899,75
2	1.200.000,00	767.267,97	432.732,03	5.961.167,72
3	1.200.000,00	715.340,13	484.659,87	5.476.507,84
4	1.200.000,00	657.180,94	542.819,06	4.933.688,78
5	1.200.000,00	592.042,65	607.957,35	4.325.731,44
6	1.200.000,00	519.087,77	680.912,23	3.644.819,21
7	1.200.000,00	437.378,30	762.621,70	2.882.197,51
8	1.200.000,00	345.863,70	854.136,30	2.028.061,21
9	1.200.000,00	243.367,35	956.632,65	1.071.428,56
10	1.200.000,00	128.571,43	1.071.428,57	–0,01
Total	12.000.000,00	5.219.732,36	6.780.267,64	

Verifica-se que os juros são calculados aplicando-se a taxa de 12% sobre o saldo remanescente. O valor de amortização é calculado pela diferença entre o valor da parcela e os juros.

Vamos agora para a contabilização:

a. Contabilizar a depreciação do ativo de direito de uso:

Temos um contrato de 10 anos e utilizaremos esse tempo como vida útil. Dessa forma, vamos dividir por 10, considerando o método de depreciação linear e o valor do ativo, que é de $ 6.780.267,63. O resultado é de $ 678.026,76, sendo:

Depreciação

Quadro 9.14 Lançamento contábil da depreciação do arrendamento mercantil

LANÇAMENTO	VALOR $
Despesas de depreciação	678.026,76
a (–) Depreciação acumulada	678.026,76

b. Pagamento da parcela do arrendamento:

Quadro 9.15 Lançamento contábil do pagamento do arrendamento mercantil

LANÇAMENTO	VALOR $
Arrendamento a pagar (passivo circulante)	1.200.000
a Caixa/bancos	1.200.000

c. Ajuste do valor do passivo de curto prazo:

Quadro 9.16 Lançamento contábil da transferência de longo para curto prazo

LANÇAMENTO	VALOR $
Arrendamento a pagar (passivo não circulante)	1.200.000
a Arrendamento a pagar (passivo circulante)	1.200.000

d. Apropriação dos encargos do arrendamento:

Quadro 9.17 Lançamento contábil da apropriação dos encargos do arrendamento mercantil

LANÇAMENTO	VALOR $
Despesas com encargos financeiros (resultado)	813.632,12
a (–) Juros a apropriar (passivo circulante)	128.571,93
a (–) Juros a apropriar (passivo não circulante)	685.060,19

e. Ajuste dos encargos a transcorrer de curto prazo:

Quadro 9.18 Lançamento contábil da transferência de longo para curto prazo

LANÇAMENTO	VALOR $
(−) Juros a apropriar (passivo circulante)	128.571,93
a (−) Juros a apropriar (passivo não circulante)	128.571,93

Após os lançamentos no primeiro ano, a demonstração da posição financeira da Empresa RM ficará conforme Quadro 9.19.

Quadro 9.19 Reconhecimento subsequente de arrendamento mercantil financeiro no arrendatário

ATIVO		PASSIVO	
Circulante		**Circulante**	
[...]		Arrendamento a pagar	1.200.000
		(−) Juros a apropriar	(128.571,93)
Não circulante			
Realizável a longo prazo		**Não circulante**	
Investimentos		Arrendamento a pagar	9.600.000
Imobilizado		(−) Juros a apropriar	(4.277.528,82)
Direito de uso de máquina	6.780.267,63		
(−) Depreciação acumulada	(678.026,76)	**Patrimônio líquido**	
[...]		[...]	

Se calcularmos o valor líquido do passivo, chegaremos ao saldo a pagar, que está na linha 1 da planilha de cálculo (Tabela 9.2), na coluna Saldo.

Vamos calcular o segundo ano para ver o efeito dos juros.

a. Contabilizar a depreciação do ativo de direito de uso:
A depreciação se mantém do mesmo jeito.

Quadro 9.20 Lançamento contábil da depreciação do arrendamento mercantil

LANÇAMENTO	VALOR $
Despesas depreciação	678.026,76
a (−) Depreciação acumulada	678.026,76

b. Pagamento da parcela do arrendamento:

Quadro 9.21 Lançamento contábil do pagamento do arrendamento mercantil

LANÇAMENTO	VALOR $
Arrendamento a pagar (passivo circulante)	1.200.000
a Caixa/bancos	1.200.000

c. Ajuste do valor do passivo de curto prazo:

Quadro 9.22 Lançamento contábil da transferência de longo para curto prazo

LANÇAMENTO	VALOR $
Arrendamento a pagar (passivo não circulante)	1.200.000
a Arrendamento a pagar (passivo circulante)	1.200.000

Os itens 2 e 3 também ficam iguais.

d. Apropriação dos encargos do arrendamento:

Agora teremos mudança porque o valor dos juros se modifica; ele é menor porque a taxa de juros de 12% incide sobre o saldo devedor, que também é menor no segundo ano (*vide* Tabela 9.2, linha Ano 2).

Quadro 9.23 Lançamento contábil da apropriação dos encargos do arrendamento mercantil

LANÇAMENTO	VALOR $
Despesas com encargos financeiros (resultado)	767.267,97
a (–) Juros a apropriar (passivo circulante)	128.571,93
a (–) Juros a apropriar (passivo não circulante)	638.696,04

e. Ajuste dos encargos a transcorrer de curto prazo:

Quadro 9.24 Lançamento contábil da transferência de longo para curto prazo

LANÇAMENTO	VALOR $
(–) Juros a apropriar (passivo circulante)	128.571,93
a (–) Juros a apropriar (passivo não circulante)	128.571,93

Após os lançamentos do segundo ano, a demonstração da posição financeira da Empresa RM ficará conforme Quadro 9.25.

Quadro 9.25 Reconhecimento subsequente de arrendamento mercantil financeiro no arrendatário

ATIVO		PASSIVO	
Circulante		**Circulante**	
[...]		Arrendamento a pagar	1.200.000
		(–) Juros a apropriar	(128.571,93)
Não circulante			
Realizável a longo prazo		**Não circulante**	
Investimentos		Arrendamento a pagar	8.400.000
Imobilizado		(–) Juros a apropriar	(3.510.260,85)
Direito de uso de máquina	6.780.267,63		
(–) Depreciação acumulada	(1.356.053,52)	**Patrimônio líquido**	
[...]		[...]	

Lembrando que o direito de uso da máquina estará sujeito ao teste de recuperabilidade de ativos (*impairment*).

ATIVIDADES

1. A Empresa ABC faz um contrato de arrendamento mercantil de uma máquina industrial. O prazo do contrato é de cinco anos. A taxa de juros é de 10% ao ano. O valor da prestação mensal é de $ 24.000. Os riscos são transferidos para a Empresa ABC, que, ao final do contrato, poderá fazer a opção de compra da máquina por um valor irrisório. Efetue a contabilização da operação.

2. A Empresa Comercializa fez um contrato de arrendamento mercantil financeiro de um veículo para desenvolvimento de suas atividades operacionais. O valor da parcela anual é de $ 12.000 e o valor residual ao final do contrato é de $ 5.000. O prazo do contrato é de 60 meses e a taxa de juros é de 15% ao ano. Contabilize a operação.

IMPAIRMENT TEST (REDUÇÃO AO VALOR RECUPERÁVEL DE ATIVOS) 10

10.1 INTRODUÇÃO

O *impairment test* (teste de *impairment*) ou redução ao valor recuperável de ativos está disposto na norma internacional IAS 36 (*impairment of assets*), emitida pelo IASC.[1]

Em 2008, o Comitê de Pronunciamentos Contábeis (CPC) emitiu seu segundo pronunciamento técnico, denominado CPC 01, que trata do assunto. O pronunciamento foi revisado em 2010, o que resultou no CPC 01 (R1), na Resolução CFC nº 1.292/2010 – NBC TG 01, que está em sua terceira revisão (R3) – e na Deliberação CVM nº 639/2010, revogada pela Resolução CVM nº 90/2022.

Na Lei das Sociedades por Ações (Lei nº 6.404/76), a previsão de aplicação do teste está disposta no § 3º do art. 183.

10.2 CONCEITO

O conceito é de que todos os ativos devem ser avaliados, periodicamente, com o intuito de verificar se o valor constante nos registros contábeis da entidade é de fato recuperável, caso não seja, o valor do ativo deve ser reduzido ao seu valor recuperável. O pronunciamento determina que a aplicação do teste de *impairment* deve ser feita nos ativos imobilizados e nos ativos intangíveis. No entanto, os demais ativos acabam também sofrendo testes que podem reduzir o seu valor, como é o caso, por exemplo, da conta "clientes", em que frequentemente as entidades constituem provisão para perdas, como a "PDD"; também podemos citar como exemplos os estoques e a provisão para redução a valor de mercado etc.

---

[1] *International Accounting Standards Committee* (IASC) é um órgão criado em 1973 com o intuito de emitir um novo padrão de normas contábeis internacionais que seja aceito em todo o mundo. Expediu os pronunciamentos conhecidos como *International Accounting Standard* (IAS). Em 2001, tornou-se fundação e criou o *International Accounting Standards Board* (IASB), que dali por diante incumbiu-se de emitir normas e pronunciamentos contábeis. As normas do IASC foram revisadas, algumas descartadas, outras mantidas, e continuaram com a sigla IAS. As novas normas emitidas já pelo IASB receberam o nome de *International Financial Reporting Standard* (IFRS).

A intenção das normas é que os ativos estejam apresentados de forma justa na demonstração da posição financeira. Dessa forma, os usuários dos demonstrativos contábeis, especialmente os investidores, podem ter maior confiabilidade e, com isso, tomar decisões mais seguras.

10.3 NÃO APLICABILIDADE

As regras dispostas no CPC 01 (R1), item 2, não se aplicam a:

a. estoques;
b. ativos de contrato e ativos resultantes de custos para obter ou cumprir contratos que devem ser reconhecidos de acordo com o CPC 47 – Receita de Contrato com Cliente;
c. ativos fiscais diferidos;
d. ativos advindos de planos de benefícios a empregados;
e. ativos financeiros que estejam dentro do alcance do CPC 48 – Instrumentos Financeiros;
f. propriedade para investimento que seja mensurada ao valor justo;
g. ativos biológicos relacionados à atividade agrícola dentro do alcance do Pronunciamento Técnico CPC 29 – Ativo Biológico e Produto Agrícola que sejam mensurados ao valor justo líquido de despesas de vender;
h. contratos no alcance do CPC 50 – Contratos de Seguro que sejam ativos e quaisquer ativos para fluxos de caixa de aquisição de seguros; e
i. ativos não circulantes (ou grupos de ativos disponíveis para venda) classificados como mantidos para venda em consonância com o Pronunciamento Técnico CPC 31 – Ativo Não Circulante Mantido para Venda e Operação Descontinuada.

A não aplicação a esses tipos de ativos deve-se pelo fato de que o ajuste ao seu valor recuperável está disposto em outros pronunciamentos e são realizados de outras maneiras.

10.4 APLICAÇÃO EM ATIVOS FINANCEIROS

O teste deverá ser aplicado também em ativos financeiros classificados como:

a. controladas, conforme definido no Pronunciamento Técnico CPC 36 – Demonstrações Consolidadas;
b. coligadas, conforme definido no Pronunciamento Técnico CPC 18 – Investimento em Coligada, em Controlada e em Empreendimento Controlado em Conjunto; e
c. empreendimento controlado em conjunto, conforme definido no Pronunciamento Técnico CPC 19 – Negócios em Conjunto.

10.5 APLICAÇÃO DO TESTE DE RECUPERABILIDADE

Um ativo deve ser submetido ao teste de recuperabilidade sempre que houver indícios de sua desvalorização. Os indícios de desvalorização podem vir por fontes externas e/ou fontes internas.

A entidade deve avaliar ao final de cada período de reporte se há alguma indicação de que um ativo possa ter sofrido desvalorização. Se houver indício de desvalorização, a entidade deverá estimar o valor recuperável do ativo. (Abordaremos na Seção 10.6 como mensurar o valor recuperável de um ativo.)

A seguir, veremos alguns exemplos de indicadores externos e internos de desvalorização do ativo.

10.5.1 Indicadores externos de desvalorização do ativo

Como exemplos de fontes externas de desvalorização, podemos citar:

   a. há indicações observáveis de que o valor do ativo diminuiu significativamente durante o período, mais do que seria de se esperar como resultado da passagem do tempo ou do uso normal;
   b. mudanças significativas com efeito adverso sobre a entidade ocorreram durante o período, ou ocorrerão em futuro próximo, no ambiente tecnológico, de mercado, econômico ou legal, no qual a entidade opera ou no mercado para o qual o ativo é utilizado;
   c. as taxas de juros de mercado ou outras taxas de mercado de retorno sobre investimentos aumentaram durante o período, e esses aumentos provavelmente afetarão a taxa de desconto utilizada no cálculo do valor em uso de um ativo e diminuirão materialmente o valor recuperável do ativo;
   d. o valor contábil do patrimônio líquido da entidade é maior do que o valor de suas ações no mercado.

10.5.2 Indicadores internos de desvalorização do ativo

Como exemplos de fontes internas de desvalorização, podemos citar:

   a. evidência disponível de obsolescência ou de dano físico de um ativo;
   b. mudanças significativas, com efeito adverso sobre a entidade, ocorreram durante o período, ou devem ocorrer em futuro próximo, na extensão pela qual, ou na maneira na qual, um ativo é ou será utilizado. Essas mudanças incluem o ativo que se torna inativo ou ocioso, planos para descontinuidade ou reestruturação da operação à qual um ativo pertence, planos para baixa de ativo antes da data anteriormente esperada e reavaliação da vida útil de ativo como finita em vez de indefinida;
   c. evidência disponível, proveniente de relatório interno, que indique que o desempenho econômico de um ativo é ou será pior que o esperado.

10.6 DETERMINAÇÃO DO VALOR RECUPERÁVEL

De acordo com o Pronunciamento Técnico CPC 01 (R1), item 18, o valor recuperável de um ativo é definido como o **maior** valor entre o valor justo líquido de despesas de venda de um ativo ou unidade geradora de caixa e o seu valor em uso.

Dessa maneira, precisamos definir com clareza o que significam os termos técnicos, como valor justo líquido, unidade geradora de caixa e valor em uso, utilizados na definição de valor recuperável. Vamos a eles. A expressão "unidade geradora de caixa" será abordada mais à frente, na Seção 10.7.

10.6.1 Valor justo líquido de despesas de um ativo

Nada mais do que o valor pelo qual um ativo possa ser vendido, em um mercado ativo, já descontadas as despesas para vendê-lo, como comissões, transporte do ativo, impostos etc.

Vamos a um exemplo prático. A Empresa RM pretende avaliar uma de suas máquinas de produção ao valor justo. Para isso, realiza uma pesquisa em um mercado próprio e ativo desse bem e verifica que o valor praticado de uma máquina similar e nas mesmas condições que essa é de $ 200.000. No entanto, sabe que para disponibilizar o bem para venda (caso fosse vendê-lo) incorreria em algumas despesas, como comissão de venda ($ 2.000), e custo de desmontagem e transporte da máquina ($ 10.000). Portanto, para efeito de aplicação do teste, o valor justo líquido de despesas de venda dessa máquina será: $ 188.000 (200.000 – 2.000 – 10.000).

É possível mensurar o valor justo líquido de despesas de alienação, mesmo que não haja preço cotado em mercado ativo para ativo idêntico. Entretanto, algumas vezes não é possível mensurar o valor justo líquido de despesas de alienação porque não há base para estimativa confiável do preço pelo qual uma transação ordenada para a venda do ativo ocorreria entre participantes do mercado na data de mensuração sob condições atuais de mercado. Nesse caso, o valor em uso pode ser utilizado como seu valor recuperável.

Podemos entender como um mercado ativo um mercado no qual todas as condições a seguir existam:

a. existam ativos semelhantes ao da empresa sendo transacionados;
b. existam vendedores e compradores com disposição para negociar, sendo encontrados a qualquer momento para efetuar a transação; e
c. os preços estejam disponíveis para o público.

Caso não haja um mercado ativo do ativo, então o valor justo líquido deve ser baseado na melhor informação disponível para refletir o valor que a entidade pode obter, ao término do período de reporte, para baixa do ativo em transação em bases comutativas, entre partes conhecedoras e interessadas, após deduzir as despesas com a baixa.

Quando determinar esse valor, a entidade deve considerar o resultado de transações recentes para ativos semelhantes, dentro do mesmo setor industrial.

10.6.2 Valor em uso

É o valor presente de fluxos de caixa futuros esperados que devem advir de um ativo ou de uma unidade geradora de caixa.

Para calcular o valor em uso, será necessário que os seguintes elementos sejam refletidos no cálculo:

a. estimativa dos fluxos de caixa futuros que a entidade espera obter com o ativo;
b. expectativas em relação a variações possíveis tanto no montante como no período dos fluxos de caixa;
c. considerar o valor do dinheiro no tempo, representado pela taxa de juros livre de riscos;
d. preço pela assunção da incerteza inerente ao ativo (prêmio); e
e. demais fatores, como falta de liquidez, que participantes do mercado iriam considerar ao precificar os fluxos de caixa futuros esperados da entidade, advindos do ativo.

São necessários dois passos para estimar o valor em uso de um ativo:

1. estimar as entradas e saídas futuras de caixa, provenientes do uso contínuo do ativo e de sua baixa final; e
2. aplicar taxa de desconto apropriada a esses fluxos de caixa.

Vamos a um exemplo para melhor entendimento.

A mesma Empresa RM agora vai avaliar o valor em uso da mesma máquina a qual já apurou o valor justo líquido.

Para a determinação do valor em uso, será necessário determinar a vida útil dessa máquina e projetar um fluxo de caixa baseado no seu uso.

Podemos definir vida útil como o período de tempo durante o qual a entidade espera utilizar um ativo ou o número de unidades de produção ou de unidades semelhantes que a entidade espera obter do ativo.

Se houver valor residual da máquina, este precisará ser levado em conta.

Voltando ao nosso exemplo. Vamos supor que nossa máquina terá uma vida útil estimada de cinco anos e que não haverá valor residual. Dessa forma, deveremos estimar um fluxo de caixa desse ativo, ou seja, a receita que obteremos com ela e os custos. O valor líquido desse fluxo de caixa futuro (receitas – custos) deverá ser trazido a valor presente descontando-se uma taxa determinada de juros (trataremos das taxas de juros mais à frente). Vamos supor que, em nosso exemplo, o valor obtido em uso foi de $ 190.000.

Ao final deste capítulo, veremos um caso prático de teste de recuperabilidade de ativos, com mais detalhes.

Como vimos, a determinação do valor recuperável de um ativo consiste no maior valor entre o valor justo líquido e o valor em uso. Vamos ver uma ilustração, no Quadro 10.1, baseada em nosso exemplo.

Quadro 10.1 Comparação entre valor justo líquido e valor em uso

VALOR JUSTO LÍQUIDO	VALOR EM USO
$ 188.000	$ 190.000

Nesse caso, consideraríamos como valor recuperável desse ativo o valor em uso, porque este é maior do que o valor justo líquido.

Esse valor servirá de base para a comparação com o valor contábil líquido.

10.6.2.1 Estimativa de fluxos de caixa futuros

A tarefa de estimar fluxos de caixa futuros para determinação do valor em uso do ativo não é nada fácil. Como se trata de projeções, algumas recomendações são descritas no Pronunciamento Técnico CPC 01 (R1), item 33, sendo elas:

a. utilizar premissas razoáveis e embasadas que representem a melhor estimativa, por parte da administração, do conjunto de condições econômicas que existirão ao longo da vida útil remanescente do ativo;

b. basear as projeções nos orçamentos financeiros mais recentes aprovados pela administração, excluindo qualquer estimativa de fluxo de caixa que se espera surgir das reestruturações futuras ou da melhoria ou aprimoramento do desempenho do ativo. Essas projeções devem abranger normalmente o período máximo de cinco anos, salvo se forem apresentadas justificativas fundamentadas para um período mais longo;

c. estimar as projeções de fluxo de caixa para além do período abrangido pelas previsões ou orçamentos mais recentes pela extrapolação das projeções baseadas em orçamentos ou previsões usando uma taxa de crescimento estável ou decrescente para anos subsequentes, a menos que uma taxa crescente possa ser devidamente justificada. Essa taxa de crescimento não deve exceder a taxa média de crescimento, de longo prazo, para os produtos, setores de indústria ou país(es) nos quais a entidade opera ou para o mercado no qual o ativo é utilizado, a menos que se justifique, fundamentadamente, uma taxa mais elevada.

Para que as estimativas sejam realizadas com sucesso, faz-se necessário avaliar as premissas atuais e compará-las com premissas utilizadas no passado, verificando os resultados obtidos. Esses dados servirão de base para as projeções atuais e até mesmo para a correção de dados utilizados no passado e que não se concretizaram ou que provocaram distorções na projeção dos fluxos de caixa.

A recomendação do prazo de no máximo cinco anos para a estimativa de fluxo de caixa se deve pelo fato de que é muito difícil realizar previsões, com certo grau de certeza, a longo prazo. Elas até poderão ser feitas se a entidade demonstrar convicção na realização dessas previsões. Certamente, isso só ocorrerá com o histórico passado de projeções.

Dessa forma, mesmo que a vida útil remanescente de um ativo seja maior do que cinco anos, recomenda-se que a estimativa de fluxo de caixa seja de até cinco anos, e reavaliada anualmente compreendendo mais um período adiante.

10.6.2.2 *Composição das estimativas de fluxos de caixa futuros*

As estimativas de fluxos de caixa devem incluir:

a. as entradas de caixa provenientes do uso contínuo do ativo;

b. as saídas de caixa que são obrigatoriamente incorridas para gerar as entradas de caixa provenientes do uso contínuo do ativo (incluem-se aqui as saídas de caixa necessárias para preparar o ativo para uso) e que podem ser diretamente atribuídas ou alocadas, em base consistente e razoável, ao ativo; e

c. em havendo, os fluxos líquidos a serem recebidos ou pagos quando da baixa do ativo finda a sua vida útil.

As estimativas de fluxos de caixa não devem incluir:

a. entradas de caixa provenientes de ativos que geram outras entradas de caixa que são, em grande parte, independentes das entradas de caixa do ativo sob revisão; e

b. saídas de caixa que se referem a obrigações que já foram reconhecidas como passivos.

Outro ponto importante é que os fluxos de caixa futuros a serem estimados devem considerar a condição atual do ativo e não devem incluir expectativas de:

(a) futura reestruturação com a qual a entidade ainda não está comprometida; ou

(b) melhoria ou aprimoramento do desempenho do ativo. (CPC 01 (R1), item 44)

Da mesma forma, também não deve refletir:

a. futuras saídas de caixa ou redução de gastos relacionados ou benefícios que se tenha a expectativa de advir de futura reestruturação com a qual a entidade ainda não está comprometida; ou
b. futuras saídas de caixa que melhorarão ou aprimorarão o desempenho do ativo ou as entradas de caixa relacionadas para as quais se tenha a expectativa que advenham dessas saídas de caixa.

Também não se devem incluir nas estimativas de fluxos de caixa futuro as entradas ou saídas de caixa provenientes de atividades de financiamento ou o recebimento ou pagamento de tributos sobre a renda.

10.6.2.3 *Taxa de desconto*

A taxa de desconto a ser aplicada para trazer o fluxo de caixa líquido a valor presente deverá ser aquela que reflita as avaliações atuais de mercado tanto do valor do dinheiro no tempo quanto dos riscos específicos do ativo para os quais as estimativas de fluxos de caixa futuros não tenham sido ajustadas.

Geralmente, a taxa de desconto deve corresponder ao retorno que os investidores exigiriam se tivessem que escolher um investimento que gerasse fluxos de caixa de montantes, tempo e risco equivalentes àqueles que a entidade espera que advenham do ativo.

Portanto, a taxa de desconto é aquela normalmente praticada pelo mercado para ativos semelhantes, ou, então, o custo médio ponderado de capital.

Se não houver taxa específica de um ativo disponível no mercado, a entidade deverá usar substitutos para estimar uma taxa de desconto.

10.7 UNIDADE GERADORA DE CAIXA

Uma unidade geradora de caixa pode ser conceituada como o menor grupo identificável de ativos, cujas entradas de caixa sejam altamente independentes dos demais ativos.

A unidade geradora de caixa pode ser um único ativo ou até mesmo um segmento operacional todo.

Ativos corporativos[2] contribuem para diversas unidades geradoras de caixa. Por isso, a empresa é que dará a melhor identificação do que pode ou não representar para ela uma unidade geradora de caixa.

O teste de recuperabilidade pode ser aplicado na unidade geradora de caixa, caso não seja possível aplicá-lo em um ativo individualmente. Isso pode ocorrer porque: (a) o valor em uso do ativo não pode ser estimado como tendo valor próximo de seu valor líquido de venda; e (b) o ativo gera entradas de caixa que não são em grande parte independentes daquelas provenientes de outros ativos.

Podemos citar como exemplos de unidade geradora de caixa.

---

[2] Ativos corporativos são ativos, exceto ágio por expectativa de rentabilidade futura (*goodwill*), que contribuem, mesmo que indiretamente, para os fluxos de caixa futuros tanto da unidade geradora de caixa sob revisão quanto de outras unidades geradoras de caixa.

☞ EXEMPLO 1:

Vamos supor que, para a produção de um determinado produto, uma empresa industrial possui uma série de máquinas. Essa série forma o que se chama de linha de produção. Embora as máquinas possam ser tratadas contabilmente de forma separada, por diversas razões, como depreciação etc., o conjunto dessas máquinas, ou seja, essa linha de produção, pode ser considerada uma unidade geradora de caixa, pois é esse conjunto que de fato fabrica o produto e, portanto, gera benefícios econômicos para a entidade. Nesse caso, a aplicação do teste de recuperabilidade será feita na unidade geradora de caixa.

☞ EXEMPLO 2:

Outro exemplo é o de uma companhia aérea. Imaginemos que ela possui em seu ativo imobilizado aeronaves. No entanto, em razão de uma série de fatores, mantém o registro contábil do motor separadamente. Pode parecer estranho, mas é perfeitamente possível o desmembramento de um ativo em vários ativos individuais, se assim a entidade achar mais conveniente e relevante.

No entanto, fica praticamente impossível aplicar o teste de recuperabilidade no ativo motor. Isso porque não seria possível determinar o seu valor em uso, uma vez que, isoladamente, o motor não traz benefício econômico para a entidade. Então, nessa situação, também devemos determinar a unidade geradora de caixa – no caso, a aeronave.

10.8 RECONHECIMENTO E MENSURAÇÃO DA PERDA POR DESVALORIZAÇÃO

Como vimos, a aplicação do teste de recuperabilidade consiste em avaliar cada ativo ou unidade geradora de caixa, testando sua recuperabilidade. Para isso, faz-se necessário determinar o valor recuperável do ativo, que é o maior valor entre o valor justo líquido de despesas e o valor em uso.

Após identificar o valor recuperável do ativo, o próximo passo será compará-lo com o valor contábil líquido do ativo.

Podemos entender como valor contábil líquido o montante pelo qual o ativo será reconhecido no balanço depois da dedução da respectiva depreciação, amortização ou exaustão acumulada e ajuste para perdas.

Se o valor recuperável de um ativo for maior ou igual ao valor contábil líquido, não deveremos fazer nada. Isso porque o teste demonstrou que o valor encontrado é de fato recuperável.

Agora, se o valor recuperável for inferior ao valor contábil líquido, então significa que o ativo está superavaliado na contabilidade e, portanto, deveremos reduzi-lo ao seu valor recuperável.

Para fazermos essa redução, deveremos reconhecer uma perda diretamente no resultado do exercício.

A perda só não será reconhecida no resultado do exercício se o ativo tiver sido reavaliado. Nesse caso, o reconhecimento da perda se dará por redução do saldo da conta de reavaliação.

Importante mencionar que a perda reconhecida no resultado do exercício figurará na demonstração de resultado do exercício; já a perda reconhecida de um ativo que foi reavaliado deverá figurar na demonstração do resultado abrangente.

Depreciação, amortização e exaustão devem sempre ser ajustadas, em períodos futuros, para alocar o valor contábil revisado do ativo (menos o seu valor residual, caso exista) em base sistemática ao longo de sua vida útil remanescente.

Vamos a um exemplo prático.

A Empresa RM possui um único item em seu ativo imobilizado: uma máquina fabril. Seu valor contábil é de $ 520.000, e sua depreciação acumulada é de $ 260.000. Há indícios de desvalorização apontados pela administração. Diante disso, faz-se necessário a realização do teste de recuperabilidade.

Após a realização do teste, chegou-se ao valor justo líquido de $ 200.000, e ao valor em uso de $ 220.000. Dessa forma, deveremos utilizar como base o maior valor entre os dois, ou seja, $ 220.000.

Agora, para saber se deveremos reconhecer uma perda por desvalorização, deveremos encontrar o valor contábil líquido.

Para a determinação do valor contábil líquido, teremos o apresentado no Quadro 10.2.

Quadro 10.2   Determinação do valor contábil líquido

Valor contábil	$ 520.000
(–) Depreciação acumulada	($ 260.000)
(=) Valor contábil líquido	**$ 260.000**

Devemos agora compará-lo com o valor recuperável encontrado no teste, apresentado no Quadro 10.3.

Quadro 10.3   Valor recuperável × valor contábil líquido

Valor contábil líquido	$ 260.000
Valor recuperável	$ 220.000
Diferença	**$ 40.000**

Verificamos que o valor recuperável é menor do que o valor contábil líquido, a diferença é de $ 40.000. Dessa forma, deveremos reconhecer uma perda por desvalorização nesse valor. O lançamento contábil ficará conforme Quadro 10.4.

Quadro 10.4   Exemplo de lançamento contábil de perda por desvalorização

LANÇAMENTO	VALOR $
Perda por desvalorização de ativo (resultado do exercício)	40.000
a (–) Perdas estimadas por valor não recuperável (redutora do ativo imobilizado)	40.000

10.9 PERIODICIDADE

Conforme já mencionado, a entidade deverá realizar o teste de recuperabilidade sempre que houver indícios de desvalorização do ativo. A verificação de indícios de desvalorização far-se-á sempre no final do período de reporte.

Uma vez realizado o teste de recuperabilidade, este deverá ser repetido anualmente, sempre no mesmo período em que foi realizado da primeira vez. Exemplo: se realizamos o teste no mês de maio, então repetiremos o teste sempre em maio. Isso só mudará se algum fator (cuja consideração melhorará a informação contábil) indicar a necessidade de alteração no período.

10.10 REVERSÃO DA PERDA POR DESVALORIZAÇÃO

É possível que, ao longo do período, algum novo fator possa indicar uma possível valorização do ativo, que havia sido reduzido ao seu valor recuperável.

Isso pode ocorrer também na realização de um novo teste de recuperabilidade.

Nesse caso, a perda constituída anteriormente poderá ser revertida, porém limitada ao valor contábil líquido anterior à constituição da perda.

Deve-se ter muita atenção nesse caso, porque, se for revertido um valor maior do que a provisão para perdas, constituída em anos anteriores, isso se caracterizará como um aumento do ativo, ou seja, uma reavaliação. Lembrando que a reavaliação de ativos foi proibida no Brasil pela Lei nº 11.638/2007.

As perdas para ágio por expectativa de rentabilidade futura (*goodwill*) não podem ser revertidas. (Veremos mais sobre esse assunto neste capítulo, na Seção 10.12.)

As fontes que podem indicar nova valorização do ativo podem ser externas ou internas.

Podem ser consideradas **fontes externas** de informação que indiquem valorização do ativo:

a. há indicações observáveis de que o valor do ativo tenha aumentado significativamente durante o período;
b. mudanças significativas, com efeito favorável sobre a entidade, tenham ocorrido durante o período, ou ocorrerão em futuro próximo, no ambiente tecnológico, de mercado, econômico ou legal no qual ela opera ou no mercado para o qual o ativo é destinado;
c. as taxas de juros de mercado ou outras taxas de mercado de retorno sobre investimentos tenham diminuído durante o período, e essas diminuições possivelmente tenham afetado a taxa de desconto utilizada no cálculo do valor em uso do ativo e aumentado seu valor recuperável materialmente.

Já como **fontes internas** de informação, podemos destacar:

a. mudanças significativas, com efeito favorável sobre a entidade, tenham ocorrido durante o período, ou se espera que ocorram em futuro próximo, na extensão ou na maneira por meio da qual o ativo é utilizado ou se espera que seja utilizado. Essas mudanças incluem custos incorridos durante o período para melhorar ou aprimorar o desempenho do ativo ou para reestruturar a operação à qual o ativo pertence;
b. há evidência disponível advinda dos relatórios internos que indica que o desempenho econômico do ativo é ou será melhor do que o esperado.

10.11 ATIVOS INTANGÍVEIS

Duas classes de ativos intangíveis também devem ser testadas:

1. ativos intangíveis com vida útil indefinida;
2. ativos intangíveis ainda não disponíveis para o uso.

Intangíveis diferentes podem ser testados em épocas diferentes, mas suas datas devem ser respeitadas nas avaliações seguintes.

Algumas considerações importantes sobre os intangíveis:

a. intangíveis reconhecidos durante o período devem ser submetidos ao teste de recuperabilidade antes do final do exercício contábil;

b. se houver evidências claras de que as modificações não afetarão o valor dos ativos, o teste não precisa ser efetuado.

Cálculo detalhado mais recente do valor recuperável de um intangível, efetuado em período anterior, pode ser utilizado no período corrente, desde que todos os seguintes critérios sejam atendidos:

(a) se o ativo intangível não gerar entradas de caixa decorrentes do uso contínuo, que são, em grande parte, independentes daquelas decorrentes de outros ativos ou de grupo de ativos, sendo o ativo, portanto, testado para fins de valor recuperável como parte de unidade geradora de caixa à qual pertence, e os ativos e passivos que compõem essa unidade não tiverem sofrido alteração significativa desde o cálculo mais recente do valor recuperável;

(b) o cálculo mais recente do valor recuperável tiver resultado em valor que excede o valor contábil do ativo com uma margem substancial; e

(c) baseado em análise de eventos que ocorreram e em circunstâncias que mudaram desde o cálculo mais recente do valor recuperável, for remota a probabilidade de que a determinação do valor recuperável corrente seja menor do que o valor contábil do ativo. (CPC 01 (R1), item 24)

10.12 ÁGIO POR EXPECTATIVA DE RENTABILIDADE FUTURA (*GOODWILL*)

Da mesma forma que os ativos intangíveis, o ágio por expectativa de rentabilidade futura ou *goodwill* gerado em uma combinação de negócios[3] também está sujeito ao teste de recuperabilidade, havendo ou não indícios de que possa existir redução ao valor recuperável.

Para a aplicação do teste de recuperabilidade, é necessário que o ágio adquirido em combinação de negócios, a partir da data de operação, seja alocado a cada umas das unidades geradoras de caixa, ou a grupos de unidades geradoras de caixa, que devem se beneficiar das sinergias da operação.

Cada unidade ou grupo deve:

(a) representar o menor nível dentro da entidade no qual o ágio (*goodwill*) é monitorado para fins gerenciais internos; e

(b) não ser maior do que um segmento operacional, conforme definido pelo item 5 do Pronunciamento Técnico CPC 22 – Informações por Segmento, antes da agregação. (CPC 01 (R1), item 80)

---

[3] O tema combinação de negócios é apresentado com mais detalhes no Capítulo 4 deste livro.

O ágio por expectativa de rentabilidade futura ou *goodwill* é reconhecido em uma combinação de negócios, torna-se um ativo que gera benefícios econômicos para a entidade que provêm de outros ativos adquiridos na combinação de negócios e que não são identificados individualmente e não são reconhecidos separadamente.

O ágio não gera fluxos de caixa sozinho, depende de outros ativos ou grupo de ativos e normalmente contribui para os fluxos de caixa de diversas unidades geradoras de caixa. Por vezes, o ágio não pode ser alocado em base não arbitrária a unidades geradoras de caixa individuais, mas apenas a grupos de unidades geradoras de caixa.

Deve-se, portanto, testar o ágio por expectativa de rentabilidade futura ao valor recuperável em nível que reflita a forma pelo qual a entidade gerencia suas operações e com a qual o ágio estaria naturalmente associado.

Caso o ágio tenha sido alocado a alguma unidade geradora de caixa e a entidade venha a se desfazer de alguma operação dentro dessa unidade, o ágio associado à operação baixada deve ser:

(a) incluído no valor contábil da operação quando da determinação dos ganhos ou perdas na baixa; e

(b) mensurado com base nos valores relativos da operação baixada e na parcela da unidade geradora de caixa mantida em operação (retida), a menos que a entidade consiga demonstrar que algum outro método reflita melhor o ágio por expectativa de rentabilidade futura (*goodwill*) associado à operação baixada. (CPC (R1), item 86)

Vamos a um exemplo, adaptado do CPC 01 (R1), item 86:

Suponhamos que uma unidade geradora de caixa pertencente à Empresa RM tenha seu valor avaliado em $ 700.000. Aqui, já está incluído o ágio por expectativa de rentabilidade futura. Em determinado momento, ela vende uma operação que fazia parte dessa unidade geradora de caixa pela importância de $ 140.000. Não é possível identificar ou associar o ágio. Dessa forma, o ágio deve ser medido com base nos valores relativos da operação alienada e na parcela da unidade remanescente. Nesse caso, a relação é de 20%. Dessa forma, 20% do ágio alocado à unidade geradora de caixa são incluídos no valor contábil da operação que é vendida.

Já vimos anteriormente neste capítulo que uma unidade geradora de caixa também deve ser testada para redução ao valor recuperável sempre que houver indicação de que ela possa estar desvalorizada. Contudo, caso se trate de uma unidade geradora de caixa a qual o ágio por expectativa de rentabilidade futura tenha sido alocado, deverá ser testada anualmente para verificar a necessidade de redução ao valor recuperável, comparando-se seu valor contábil, incluindo o ágio por expectativa de rentabilidade futura, com o valor recuperável da unidade.

Se o valor recuperável da unidade ultrapassar seu valor contábil, a unidade e o ágio alocado a ela devem ser considerados como não estando desvalorizados. Se o valor contábil da unidade ultrapassar seu valor recuperável, a entidade deverá reconhecer a perda por desvalorização.

A periodicidade do teste segue a mesma dos ativos intangíveis de vida útil indefinida ou não disponível para o uso, ou seja, anualmente, em qualquer época do ano, desde que dali por diante sempre na mesma época.

Unidades geradoras de caixa diferentes podem ser testadas em momentos diferentes. Porém, se parte ou todo do ágio por expectativa de rentabilidade futura alocado a uma unidade geradora de caixa decorre de combinação de negócios ocorrida durante o período anual corrente, essa unidade deve ser testada antes do fim do período anual corrente.

Pode haver desvalorização de um ativo dentro de uma unidade geradora de caixa, na qual foi alocado ágio por expectativa de rentabilidade futura. Nesses casos, a entidade primeiro deverá testar o ativo e, se for o caso, reconhecer perda por desvalorização, para depois testar a unidade geradora de caixa. O mesmo se aplica a uma unidade geradora de caixa dentro de um grupo de unidades que contenha ágio. Primeiro se aplica o teste na unidade individual para depois se aplicar no grupo de unidades.

Cálculo detalhado mais recente do valor recuperável de um intangível, efetuado em período anterior, pode ser utilizado no período corrente, desde que todos os seguintes critérios sejam atendidos:

(a) os ativos e os passivos que compõem a unidade não tenham sofrido mudanças significativas desde o cálculo mais recente do valor recuperável;
(b) o cálculo mais recente do valor recuperável tenha resultado em valor que ultrapasse o valor contábil de uma unidade por uma margem substancial; e
(c) com base na análise de eventos que tenham ocorrido, e circunstâncias que tenham mudado desde o cálculo mais recente do valor recuperável, a probabilidade de determinação corrente de valor recuperável de uma unidade geradora de caixa ser inferior ao valor contábil corrente seja remota. (CPC 01 (R1), item 99)

10.13 DIVULGAÇÃO EM NOTAS EXPLICATIVAS

A entidade deve preparar uma boa divulgação em notas explicativas sobre a aplicação do teste de recuperabilidade. A seguir, reproduziremos os principais itens constantes no CPC 01 (R1):

(a) o montante das perdas por desvalorização reconhecido no resultado do período e a linha da demonstração do resultado na qual essas perdas por desvalorização foram incluídas;
(b) o montante das reversões de perdas por desvalorização reconhecido no resultado do período e a linha da demonstração do resultado na qual essas reversões foram incluídas;
(c) o montante de perdas por desvalorização de ativos reavaliados reconhecido em outros resultados abrangentes durante o período; e
(d) o montante das reversões das perdas por desvalorização de ativos reavaliados reconhecido em outros resultados abrangentes durante o período. (CPC 01 (R1), item 126)

Classe de ativos pode ser entendida como um agrupamento de ativos de natureza e uso similares nas operações da entidade.

Se a entidade reportar informações por segmento em consonância com o Pronunciamento Técnico CPC 22 – Informações por Segmento, deverá divulgar:

(a) o montante das perdas por desvalorização reconhecido, durante o período, na demonstração do resultado e na demonstração do resultado abrangente;
(b) o montante das reversões de perdas por desvalorização reconhecido, durante o período, na demonstração do resultado e na demonstração do resultado abrangente. (CPC 01 (R1), item 129)

A entidade deve divulgar as seguintes informações para cada perda por desvalorização ou reversão reconhecida durante o período para ativo individual, incluindo ágio por expectativa de rentabilidade futura (*goodwill*), ou para unidade geradora de caixa:

a. os eventos e as circunstâncias que levaram ao reconhecimento ou à reversão da perda por desvalorização;
b. o montante da perda por desvalorização reconhecida ou revertida;
c. para um ativo individual:
   (i) a natureza do ativo; e
   (ii) se a entidade reporta informações por segmento de acordo com o Pronunciamento Técnico CPC 22, o segmento a ser reportado ao qual o ativo pertence;
d. para uma unidade geradora de caixa:
   (i) uma descrição da unidade geradora de caixa (por exemplo, se é uma linha de produtos, uma planta industrial, uma unidade operacional do negócio, uma área geográfica, ou um segmento a ser reportado, conforme o Pronunciamento Técnico CPC 22);
   (ii) o montante da perda por desvalorização reconhecida ou revertida por classe de ativos e, se a entidade reporta informações por segmento nos termos do Pronunciamento Técnico CPC 22, a mesma informação por segmento; e
   (iii) se o agregado de ativos utilizado para identificar a unidade geradora de caixa tiver mudado desde a estimativa anterior do seu valor recuperável (se houver), uma descrição da maneira atual e anterior de agregar os ativos envolvidos e as razões que justificam a mudança na maneira pela qual é identificada a unidade geradora de caixa;
e. o valor recuperável do ativo (unidade geradora de caixa) e se este é seu valor justo líquido de despesa de alienação ou seu valor em uso;
f. se o valor recuperável for o valor justo líquido de despesas de alienação, a entidade deve divulgar as seguintes informações:
   (i) o nível da hierarquia do valor justo (ver Pronunciamento Técnico CPC 46 – Mensuração do Valor Justo) dentro do qual a mensuração do valor justo do ativo (unidade geradora de caixa) é classificada em sua totalidade (sem levar em conta as despesas de alienação que são observáveis);
   (ii) para a mensuração do valor justo classificado no nível 2 e no nível 3 da hierarquia de valor justo, a descrição da técnica de avaliação usada para mensurar o valor justo menos as despesas de alienação. Se tiver havido mudança na técnica de avaliação, a entidade deve divulgar a mudança ocorrida e os motivos para fazê-la; e
   (iii) para a mensuração do valor justo classificado no nível 2 e no nível 3 da hierarquia de valor justo, cada pressuposto-chave em que a gerência baseou a sua determinação do valor justo menos as despesas de alienação. Pressupostos-chave são aqueles para os quais (unidade geradora de caixa) o valor recuperável do ativo for mais sensível. A entidade também deve divulgar a taxa de desconto utilizada na mensuração atual e anterior, se o valor justo menos as despesas de alienação for mensurado usando a técnica de valor presente;
g. se o valor recuperável for o valor em uso, a taxa de desconto utilizada na estimativa corrente e na estimativa anterior (se houver) do valor em uso.

A entidade deverá divulgar as estimativas utilizadas para mensurar o valor recuperável de unidade geradora de caixa contendo ágio por expectativa de rentabilidade futura e também do ativo intangível com vida útil indefinida:

a. o valor contábil do ágio por expectativa de rentabilidade futura (*goodwill*) alocado à unidade (grupo de unidades);
b. o valor contábil dos ativos intangíveis com vida útil indefinida alocado à unidade (grupo de unidades);
c. a base sobre a qual o valor recuperável da unidade (grupo de unidades) tenha sido determinado (por exemplo, valor em uso ou o valor justo líquido de despesas de alienação);
d. se o valor recuperável da unidade (grupo de unidades) tiver sido baseado no valor em uso:
  (i) cada premissa-chave sobre a qual a administração tenha baseado suas projeções de fluxo de caixa para o período coberto pelo mais recente orçamento ou previsão. Premissas-chave são aquelas para as quais o valor recuperável da unidade (grupo de unidades) é mais sensível;
  (ii) descrição da abordagem utilizada pela administração para determinar o valor sobre o qual estão assentadas as premissas-chave; se esses valores refletem a experiência passada ou, se apropriado, são consistentes com fontes de informação externas, e, caso contrário, como e por que esses valores diferem da experiência passada ou de fontes de informação externas;
  (iii) o período sobre o qual a administração projetou os fluxos de caixa, baseada em orçamento ou previsões por ela aprovados e, quando um período superior a cinco anos for utilizado para a unidade geradora de caixa (grupo de unidades), uma explicação do motivo por que um período mais longo é justificável;
  (iv) a taxa de crescimento utilizada para extrapolar as projeções de fluxo de caixa, além do período coberto pelo mais recente orçamento ou previsão, e a justificativa para utilização de qualquer taxa de crescimento que exceda a taxa média de crescimento de longo prazo para os produtos, segmentos de indústria, ou país ou países no qual a entidade opera, ou para o mercado para o qual a unidade (grupo de unidades) é direcionada; e
  (v) a taxa de desconto aplicada às projeções de fluxo de caixa;
e. se o valor recuperável da unidade (grupo de unidades) tiver sido baseado no valor justo líquido de despesas de alienação, as técnicas de avaliação utilizadas para mensurar o valor justo líquido de despesas de alienação. A entidade não é obrigada a fornecer as divulgações exigidas pelo Pronunciamento Técnico CPC 46 – Mensuração do Valor Justo. Se o valor justo líquido de despesas de alienação não é mensurado, utilizando-se o preço cotado para a unidade idêntica (grupo de unidades), a entidade deve divulgar as seguintes informações:
  (i) cada premissa-chave sobre a qual a administração tenha baseado a determinação do valor justo líquido de despesas de alienação. Premissas-chave são aquelas para as quais o valor recuperável da unidade (grupo de unidades) é mais sensível;
  (ii) descrição da abordagem utilizada pela administração para determinar o valor sobre o qual estão assentadas as premissas-chave; se esses valores refletem a experiência passada ou, se apropriado, são consistentes com fontes de informação externas, e, caso contrário, como e por que esses valores diferem da experiência passada ou de fontes de informação externas.

iia) o nível da hierarquia de valor justo (ver Pronunciamento Técnico CPC 46 – Mensuração do Valor Justo) no qual a mensuração do valor justo se classifica em sua totalidade (sem levar em conta o nível de observação dos custos de alienação);

iib) se tiver ocorrido mudança na técnica de avaliação, a mudança havida e as razões para fazê-la.

Se o valor justo líquido das despesas de alienação tiver sido mensurado, utilizando projeções de fluxo de caixa descontado, a entidade deve divulgar as seguintes informações:

(iii) o período ao longo do qual a administração tenha projetado os fluxos de caixa;
(iv) a taxa de crescimento utilizada para extrapolar as projeções de fluxo de caixa;
(v) a taxa de desconto aplicada às projeções de fluxo de caixa;

f. se uma possível e razoável mudança em uma premissa-chave sobre a qual a administração tenha baseado sua determinação de valor recuperável da unidade (grupo de unidades) puder resultar em valor contábil superior ao seu valor recuperável:

(i) o montante pelo qual o valor recuperável da unidade (grupo de unidades) excede seu valor contábil;
(ii) o valor sobre o qual está assentada a premissa-chave; e
(iii) o novo valor sobre o qual deve estar assentada a premissa-chave, após a incorporação de quaisquer efeitos derivados dessa mudança em outras variáveis utilizadas para mensurar o valor recuperável, a fim de que o valor recuperável da unidade (grupo de unidades) fique igual ao seu valor contábil.

No caso de alocação de ágio ou de ativos intangíveis com vida útil indefinida em múltiplas unidades geradoras de caixa (grupo de unidades), se os valores recuperáveis dessas unidades forem baseados na mesma premissa-chave, e o valor contábil agregado do ágio ou dos intangíveis com vida útil indefinida, alocados a essas unidades, é significativo em comparação com o valor contábil total do ágio ou dos ativos intangíveis; a entidade deve divulgar esse fato juntamente com:

(a) o valor contábil agregado do ágio por expectativa de rentabilidade futura (*goodwill*) alocado a essas unidades (grupo de unidades);
(b) o valor contábil agregado dos ativos intangíveis com vida útil indefinida alocado a essas unidades (grupo de unidades);
(c) descrição da premissa-chave;
(d) descrição da abordagem da administração para determinar o valor sobre o qual está assentada a premissa-chave; se esse valor reflete a experiência passada ou, se apropriado, é consistente com fontes de informação externas e, caso contrário, como e por que esse valor difere da experiência passada ou de fontes de informação externas; e
(e) se uma razoável e possível mudança na premissa-chave puder resultar em valor contábil agregado da unidade (grupo de unidades) superior ao seu valor recuperável:
  (i) o montante pelo qual o valor recuperável agregado da unidade (grupo de unidades) excede seu valor contábil agregado;
  (ii) o valor sobre o qual está assentada a premissa-chave; e
  (iii) o novo valor sobre o qual deve estar assentada a premissa-chave, após a incorporação de quaisquer efeitos derivados dessa mudança em outras variáveis utilizadas para mensurar o valor recuperável, a fim de que o valor recuperável agregado da unidade (grupo de unidades) fique igual ao seu valor contábil agregado. (CPC 01 (R1), item 135)

10.14 CASO PRÁTICO

Vamos a um exemplo prático de um teste de recuperabilidade. Para isso, vamos supor que a Empresa RM é uma empresa fabril e que está apenas há três anos no mercado.

A empresa produz apenas um produto que chamaremos Produto A. Ao estudar as novas normas brasileiras de contabilidade, em especial o Pronunciamento Técnico CPC 01 (R1) – Redução ao Valor Recuperável de Ativos, verificou que seus ativos podem estar apresentando indícios de desvalorização. Isso se deve tanto a fatores internos como externos, que a RM elencou conforme Quadro 10.5.

Quadro 10.5 Caso prático: fatores internos e externos que indicam desvalorização dos ativos

FATORES EXTERNOS	FATORES INTERNOS
Novas tecnologias surgiram no mercado para fabricação do mesmo produto	As máquinas adquiridas estão obsoletas em razão das novas tecnologias desenvolvidas
Forte entrada de concorrentes no mercado no último ano, o que acarretou redução do preço do produto praticado no mercado	Em função do excesso de produção de anos anteriores, as máquinas sofreram desgaste mais rapidamente
Elevado aumento nos preços de energia elétrica	–

A empresa tem apenas uma linha de produção formada por cinco máquinas que realizam funções diferentes, mas que trabalham em conjunto para a fabricação do Produto A. São elas:

a. máquina de preparação da matéria-prima;
b. máquina de transformação da matéria-prima;
c. máquina estruturadora da embalagem;
d. máquina de corte; e
e. máquina de empacotamento.

Como mencionamos, o conjunto dessas máquinas é quem fabrica o Produto A, ou seja, isoladamente elas não produziriam nada. Dessa forma, é esse conjunto quem gera benefícios econômicos à empresa. Portanto, podemos dizer que temos uma unidade geradora de caixa, formada pelas cinco máquinas da linha de produção da Empresa RM.

Como já identificamos nossa unidade geradora de caixa, precisamos determinar o valor contábil dessa unidade. Para tanto, levaremos em conta as seguintes informações:

a. os ativos da unidade geradora de caixa foram adquiridos simultaneamente e começaram a operar em janeiro de X1;
b. nesse período em que estamos, final de X3, os ativos estarão depreciados por três anos;
c. a vida útil total da máquina é de 20 anos; e
d. o valor residual dos ativos é irrelevante.

A situação contábil dos ativos é apresentada no Quadro 10.6.

Quadro 10.6 Caso prático: Valor contábil líquido dos ativos

ATIVO	CUSTO $	DEPRECIAÇÃO $	VALOR CONTÁBIL LÍQUIDO $
Máquina de preparação	100.000	(15.000)	85.000
Máquina de transformação	30.000	(4.500)	25.500
Máquina estruturadora	250.000	(37.500)	212.500
Máquina de corte	900.000	(135.000)	765.000
Máquina de empacotamento	130.000	(19.500)	110.500
TOTAIS	1.410.000	(211.500)	1.198.500

Dessa forma, o valor contábil líquido da unidade geradora de caixa da Empresa RM é $ 1.198.500. É este valor que deverá ser testado, ou seja, deve-se verificar se ele é recuperável quer seja pela venda, quer seja pelo uso.

Vamos dar início ao teste, lembrando que deveremos encontrar dois valores:

1. valor justo líquido de despesas; e
2. valor em uso.

Vamos agora verificar o valor justo líquido:

Nesse caso, foi realizada uma pesquisa de mercado pela Empresa RM e esta chegou a duas possibilidades:

Possibilidade 1: vender os ativos de forma separada.

Os valores que poderiam ser obtidos caso as máquinas fossem vendidas separadamente seriam os apresentados no Quadro 10.7.

Quadro 10.7 Caso prático: valor de venda dos ativos separadamente

ATIVO	VALOR LÍQUIDO DE VENDA $
Máquina de preparação	85.000
Máquina de transformação	11.500
Máquina estruturadora	127.815
Máquina de corte	512.800
Máquina de empacotamento	58.615
TOTAIS	795.730

Possibilidade 2: vender os ativos de forma conjunta.

Da mesma forma, a Empresa RM também realizou uma pesquisa para venda da linha de produção toda. O valor obtido foi de $ 835.000,00.

Em ambos os casos, já foram descontados os valores de despesas para realização da venda dos ativos.

Verifica-se que o valor para vender os ativos de forma conjunta é maior do que o valor para vendê-los de forma separada. Portanto, usaremos o maior valor como valor justo líquido de despesas.

Agora será necessário determinar o valor em uso:

A Empresa RM utilizará um dos métodos mais utilizados para estimar fluxos de caixa líquidos: o **método do fluxo de caixa descontado**.

Para isso, precisará analisar:

a. magnitude dos fluxos de caixa (fluxos esperados);
b. momentos em que os fluxos acontecem (para quando estão previstos);
c. risco associado ao fluxo de caixa (taxa de desconto).

No caso das máquinas da linha de produção, a vida útil remanescente é de 17 anos. Portanto, espera-se que ela gere 17 anos de fluxos de caixa para a empresa.

Porém, como já mencionado, fica muito complicado projetar 17 anos de fluxo de caixa. As incertezas são muito grandes e podem prejudicar a avaliação. Então, a Empresa RM decide montar os fluxos de caixa para cinco anos. Para isso, precisará:

a. realizar uma estimativa de volumes e preços futuros para os próximos cinco anos;
b. planejar os custos diretos e indiretos, atribuíveis à produção para os próximos cinco anos;
c. a taxa de desconto escolhida foi de 12% ao ano.

O fluxo de caixa da Empresa RM ficará conforme Quadro 10.8.

Quadro 10.8 Caso prático: projeção de fluxo de caixa

ANO	ENTRADAS	SAÍDAS	LÍQUIDO	DESCONTO	FLUXO LÍQUIDO A VALOR PRESENTE
1	686.000,00	417.500,00	268.500,00	0,8929	239.743,65
2	698.150,00	448.000,00	250.150,00	0,7972	199.419,58
3	710.603,75	456.415,00	254.188,75	0,7118	180.931,55
4	723.368,90	464.050,00	259.318,90	0,6355	164.797,16
5	736.815,60	472.564,00	264.251,60	0,5674	149.936,36
TOTAL					934.828,30

Agora, já temos o valor justo líquido de despesas e o valor em uso. Vejamos o Quadro 10.9.

Quadro 10.9 Caso prático: valor justo × valor em uso

VALOR JUSTO LÍQUIDO DE DESPESAS	VALOR EM USO
$ 835.000	$ 934.828,30

Para finalizar o teste de recuperabilidade, deveremos determinar o valor recuperável da unidade geradora de caixa, que é o maior valor entre o valor justo líquido e o valor em uso (no caso, o valor em uso), com o valor contábil líquido. Vejamos o Quadro 10.10.

Quadro 10.10 Caso prático: valor recuperável × valor contábil líquido

Valor contábil líquido	$ 1.198.500,00
Valor recuperável	$ 934.828,30
Diferença	$ 263.671,70

Há uma diferença de $ 263.671,70 entre o valor da unidade geradora de caixa registrado no ativo da empresa e o seu valor recuperável. Dessa forma, faz-se necessário promover uma redução, por meio do reconhecimento de uma perda no valor dos ativos.

O lançamento contábil ficará conforme Quadro 10.11.

Quadro 10.11 Caso prático: lançamento contábil de perda por desvalorização

LANÇAMENTO	VALOR $
Perda por desvalorização de ativo (resultado do exercício)	263.671,70
a (−) Perdas estimadas por valor não recuperável (redutora do ativo imobilizado)	263.671,70

Alguns lembretes

a. Caso o valor recuperável, no exemplo anterior, fosse maior ou igual ao valor contábil líquido do ativo, não haveria o reconhecimento da perda e nada seria feito.
b. Caso, em período futuro, após a aplicação de novo teste, for verificado que o valor recuperável do ativo aumentou, a perda poderá ser revertida, limitada ao valor contábil líquido original; em nosso exemplo: $ 1.198.500.
c. Se os ativos componentes da unidade geradora de caixa fossem fruto de antigas reavaliações, a perda não seria reconhecida no resultado do exercício, e sim como redutora do saldo da reserva de reavaliação.

ATIVIDADES

1. A Empresa ABC possui em seu ativo uma unidade geradora de caixa formada por três máquinas industriais que fabricam juntas determinado produto. Você foi contratado pela ABC para realizar o teste de recuperabilidade dessa unidade geradora de caixa. Os seguintes dados foram fornecidos:

Vendas Anuais (Média)	$ 12.000.000
Custo Médio Anual	$ 6.000.000

A taxa média de crescimento da empresa é de 5% ao ano. Os custos correspondem em média a 50% das vendas.

O fluxo de caixa a ser projetado será para os próximos cinco anos.

A taxa de desconto a ser utilizada é 10% ao ano.

A pesquisa de mercado apontou os seguintes valores que seriam pagos pelas máquinas:

MÁQUINA	VALOR DE VENDA	CUSTO P/ VENDER	VALOR LÍQUIDO
Máquina 1	$ 330.000	$ 20.000	$ 310.000
Máquina 2	$ 500.000	$ 120.000	$ 380.000
Máquina 3	$ 820.000	$ 45.000	$ 775.000
Totais	$ 1.650.000	$ 185.000	$ 1.465.000

Os registros contábeis desses ativos estavam assim na data do teste de recuperabilidade:

MÁQUINA	VALOR CONTÁBIL	DEPRECIAÇÃO	VALOR LÍQUIDO
Máquina 1	$ 665.000	$ 250.000	$ 415.000
Máquina 2	$ 800.000	$ 200.000	$ 600.000
Máquina 3	$ 1.150.000	$ 345.000	$ 805.000
Totais	$ 2.615.000	$ 795.000	$ 1.820.000

Calcule o valor em uso e termine o teste de recuperabilidade. Caso haja perda, efetue o lançamento contábil.

2. Um veículo de determinada empresa está registrado pelo valor de $ 100.000. A vida útil é de cinco anos, e o valor residual desse veículo é de $ 40.000. O registro contábil desse ativo está disposto da seguinte maneira:

ATIVO	$
Veículo	100.000
(–) Depreciação	(24.000)
Valor líquido	76.000

O teste será realizado pela primeira vez. Ao aplicá-lo, chegou-se aos seguintes valores:

Valor de venda líquido	$ 65.000
Valor de uso	$ 63.000

Efetue os lançamentos contábeis do teste de recuperabilidade e recalcule o valor da depreciação, efetuando o seu lançamento já com o valor ajustado.

AJUSTE A VALOR PRESENTE 11

11.1 INTRODUÇÃO

Uma das funções da contabilidade é ser um instrumento útil para a gestão das entidades, que possa indicar, com clareza, rumos a serem seguidos pelos gestores.

Para que consiga cumprir bem esse papel, os demonstrativos contábeis têm que representar com fidedignidade a situação econômica e financeira da entidade.

Uma das exigências da Lei nº 11.941/2009 é que os ativos e passivos de longo prazo sejam ajustados ao seu valor presente, no momento do reconhecimento, na demonstração da posição financeira. Os ativos e passivos de curto prazo também devem ser trazidos a valor presente se os efeitos disso forem relevantes.

Isso corrige distorções nos demonstrativos causadas pela desconsideração do valor do dinheiro no tempo e traz a estes maior grau de relevância e confiabilidade, passíveis de verificação por terceiros, além de ficar em linha com a característica qualitativa da neutralidade. Dessa forma, em acordo com a Estrutura Conceitual para a Elaboração e Apresentação das Demonstrações Contábeis.

O tratamento do ajuste a valor presente é dado pelo Comitê de Pronunciamentos Contábeis (CPC), por meio do Pronunciamento Técnico CPC 12 – Ajuste a Valor Presente, aprovado em 2008. O pronunciamento foi aprovado pela Resolução CFC nº 1.151/2009, que também aprovou a NBC TG 12, e pela Deliberação CVM nº 564/2008, revogada pela Resolução CVM nº 138/2022.

11.2 CONCEITO

Na mensuração de ativos e passivos de longo prazo e, se for relevante, nos de curto prazo, deverá ser aplicado o conceito de valor presente, que consiste em ajustar o valor do dinheiro no tempo, identificando as incertezas a ele associado, de maneira que os demonstrativos contábeis permitam ao usuário da informação contábil uma melhor avaliação dos recursos da entidade.

O valor presente deve ser encontrado por meio de um fluxo de caixa futuro, descontado por uma determinada taxa de juros.

Os principais benefícios da aplicação do valor presente são:

a. melhoria do valor preditivo da contabilidade;
b. permitir a correção de julgamentos acerca de eventos passados já registrados;
c. melhorar a maneira pela qual eventos presentes são reconhecidos;
d. maior grau de relevância e confiabilidade dos demonstrativos contábeis; e
e. reconhecer o valor do dinheiro no tempo dando tratamento diferente para valores a prazo e à vista, reconhecendo dessa maneira o valor efetivo da transação.

A aplicação do valor presente deve ser feita sempre no reconhecimento inicial de ativos e passivos. No entanto, poderá, em situações muito excepcionais, aplicá-lo como uma nova medição de ativos e passivos. Como exemplo de uma nova medição, podemos citar uma renegociação de dívida em que novos termos são estabelecidos. Porém, fica a ressalva de que são raras essas situações que ensejam uma nova medição do valor presente de ativos e passivos, e elas devem ficar a julgamento de quem prepara e de quem audita as demonstrações contábeis.

A ideia do ajuste a valor presente é tornar ativos e passivos equiparados ao seu valor justo. Contudo, nem sempre o valor presente de um ativo ou de um passivo se equiparará ao seu valor justo. Isso ocorre porque situações especiais de negociação podem causar essa diferença. Vejamos: se uma determinada empresa adquire um veículo financiado, cujo valor justo é, por exemplo, de $ 50.000. No entanto, essa empresa é uma excelente cliente da concessionária e, por isso, obtém uma taxa de juros bem mais baixa do que a taxa de juros praticada no mercado, para clientes comuns, para esse financiamento. Obviamente que, quando trazido a valor presente por uma taxa de juros inferior, este será menor do que o valor justo; nesse caso, admitamos $ 48.000. A empresa deverá reconhecer essa compra pelo valor de 48.000, que é o valor presente desse ativo, e, portanto, representa mais adequadamente o efetivo custo de aquisição; da mesma maneira que a concessionária deverá reconhecer o ajuste a valor presente no seu recebível. Portanto, como podemos verificar, nem sempre estarão associados o valor presente e o valor justo de um ativo ou de um passivo.

O ajuste a valor presente elimina os juros que estão embutidos de forma implícita ou explícita em operações a prazo.

11.3 MENSURAÇÃO

O Pronunciamento Técnico CPC 12 não se atém a minúcias de quais ativos e passivos devem ser ajustados ao seu valor presente, e sim estabelece diretrizes gerais a serem observadas. O pronunciamento elenca características de ativos, passivos e situações que ensejam a aplicação do valor presente. São elas:

(a) transação que dá origem a um ativo, a um passivo, a uma receita ou a uma despesa (conforme definidos no Pronunciamento Conceitual Básico *Estrutura Conceitual para a Elaboração e Apresentação das Demonstrações Contábeis* deste CPC) ou outra mutação do patrimônio líquido cuja contrapartida é um ativo ou um passivo com liquidação

financeira (recebimento ou pagamento) em data diferente da data do reconhecimento desses elementos;
(b) reconhecimento periódico de mudanças de valor, utilidade ou substância de ativos ou passivos similares emprega método de alocação de descontos;
(c) conjunto particular de fluxos de caixa estimados claramente associado a um ativo ou a um passivo. (CPC 12, item 7)

Para que seja possível a aplicação do valor presente em ativos e passivos, são necessárias três informações:

1. o valor do fluxo de caixa futuro;
2. a data em que o fluxo ocorrerá; e
3. a taxa de desconto que deve ser utilizada.

A quantificação do ajuste a valor presente deve ser realizada em base exponencial, *pro rata die*, a partir da origem de cada transação, sendo os seus efeitos apropriados nas contas a que se vinculam.

O ajuste é feito mediante conta retificadora para que fiquem preservados os valores originais.

As reversões dos ajustes a valor presente de ativos e passivos monetários deverão ser apropriadas como receitas ou despesas financeiras, a menos que a entidade consiga fundamentar que o financiamento feito junto a clientes faça parte de suas atividades operacionais. Dessa forma, as reversões serão consideradas receitas operacionais. Como exemplo, podemos citar uma entidade que opera em dois segmentos distintos, no primeiro vende produtos e serviços e no segundo financia as vendas a prazo, desde que sejam relevantes esse ajuste e os efeitos de sua evidenciação.

Outro ponto importante é que a operação comercial que se caracterize como um financiamento deve ser reconhecida como tal. Portanto, o valor deve ser decomposto para efeito contábil. Os juros embutidos devem ser expurgados do custo de aquisição das mercadorias e devem ser apropriados pela fluência do prazo. Em algumas situações, o ajuste de passivos ajustará o custo de aquisição de ativos, por exemplo, operações de aquisição e de venda a prazo de estoques e de ativo imobilizado, já que juros imputados nos preços devem ser expurgados na mensuração inicial desses ativos.

11.4 INAPLICABILIDADE

Não se aplica o ajuste a valor presente para imposto de renda e contribuição social diferidos, ativos ou passivos.

O CPC 12 reconhece que há alguns ativos e passivos que não têm como ser trazidos a valor presente em função de se tratar de recebíveis ou pagáveis sem prazo determinado, ou de difícil ou impossível determinação de quando a liquidação financeira acontecerá. Como exemplo, podemos citar o contrato de mútuo entre partes relacionadas que não possuem data prevista para vencimento.

No caso da impossibilidade de aplicação, todas as condições do acordo entre as partes devem ser divulgadas em notas explicativas, com todo o detalhamento necessário e observando, no caso de partes relacionadas, o que determina o Pronunciamento Técnico CPC 05 (R1) – Divulgação sobre Partes Relacionadas.

11.5 TAXA DE DESCONTO

A taxa de desconto que deverá ser utilizada é a taxa efetiva na data da transação, independentemente da taxa de juros de mercado. Há dois tipos de taxa de juros: explícita e implícita.

Explícita é aquela que está indicada no contrato e, portanto, é conhecida. Nesse caso, deve-se verificar se é razoável em relação à taxa de mercado aplicável.

Implícita é aquela que não é claramente indicada, ou seja, não é conhecida. Nesses casos, a entidade deverá utilizar a taxa de juros de mercado para transações semelhantes. Como transações semelhantes, devemos entender transações com a mesma natureza, prazo e riscos.

A taxa de desconto não deve ser líquida de efeitos fiscais, portanto, devendo ser aquela estimada antes dos tributos.

A taxa de juros deverá ser analisada a cada transação.

De acordo com o CPC 12, em diversas situações não será possível chegar a uma estimativa confiável para o prêmio pelo risco. Excepcionalmente, nesses casos, o valor presente de fluxos de caixa esperados pode ser obtido com a adoção de taxa de desconto livre de risco, desde que com ampla divulgação do fato e das razões que levaram a esse procedimento.

O objetivo de incluir incerteza e risco na mensuração contábil é replicar, na extensão e na medida possível, o comportamento do mercado no que concerne a ativos e passivos com fluxos de caixa incertos. O CPC 12 traz como exemplo a comparação de um título emitido pelo governo e com fluxo de caixa certo, e um título com fluxo de caixa incerto para cinco anos. Nesse caso, o mercado teria avaliações distintas para cada um deles. Quanto maior for a incerteza, maior será o risco e, consequentemente, isso é refletido na taxa de juros.

O CPC 12 prevê a possibilidade, em financiamentos com taxas de juros diferentes – mais baixas – das geralmente praticadas no mercado, que estas sejam admitidas como a taxa de juros de mercado. Isso acontece, por exemplo, com empréstimos feitos junto ao Banco Nacional do Desenvolvimento (BNDES). O entendimento é de que no Brasil o mercado de crédito a longo prazo é, normalmente, restrito e, por isso, limitado ao BNDES.

11.6 RELEVÂNCIA E CONFIABILIDADE

O CPC 12, em seus itens 17 e 18, menciona que a adoção de informações com base no valor presente de fluxo de caixa provoca discussões acerca das características qualitativas da demonstração contábil, em especial, as características da relevância e da confiabilidade. Os que preparam e os que auditam as demonstrações contábeis terão que exercitar recorrentemente o juízo de valor acerca de um balanceamento ideal de uma característica em função da outra, caso a caso.

Em determinadas circunstâncias, a mensuração de ativos ou passivos a valor presente pode ser obtida sem maiores dificuldades, caso estejam disponíveis fluxos contratuais com razoável grau de certeza e de taxas de desconto praticadas no mercado. Já em outros casos, pode ser que os fluxos de caixa tenham que ser estimados com alto grau de incerteza e que as taxas de desconto tenham que ser obtidas por modelos próprios. Dessa forma, o peso dado para a relevância nesse segundo caso é maior do que o dado para a confiabilidade, uma vez que não seria apropriado apresentar informações com base em fluxos nominais. Conforme a situação, a abordagem tradicional ou de fluxo de caixa esperado deve ser eleita como técnica para o cômputo do ajuste a valor presente.

11.7 CUSTO × BENEFÍCIOS

É muito importante que, na elaboração das demonstrações contábeis em que sejam utilizadas informações com base no fluxo de caixa e no valor presente, sejam consideradas as orientações da Estrutura Conceitual para Relatório Financeiro, na qual os itens 2.39 a 2.43 determinam:

2.39 O custo é uma restrição generalizada sobre as informações que podem ser fornecidas pelo relatório financeiro. O relatório de informações financeiras impõe custos, e é importante que esses custos sejam justificados pelos benefícios de apresentar essas informações. Há vários tipos de custos e benefícios a serem considerados.

2.40 Os fornecedores de informações financeiras gastam a maior parte dos esforços envolvidos na coleta, processamento, verificação e disseminação de informações financeiras, mas, em última instância, os usuários arcam com esses custos na forma de retornos reduzidos. Os usuários de informações financeiras podem também incorrer em custos de análise e interpretação das informações fornecidas. Se as informações necessárias não são fornecidas, os usuários incorrem em custos adicionais para obter essas informações em qualquer outra parte ou para estimá-las.

2.41 A apresentação de informações financeiras que sejam relevantes e representem de forma fidedigna aquilo que pretendem representar ajuda os usuários a tomar decisões com mais confiança. Isso resulta no funcionamento mais eficiente dos mercados de capitais e no menor custo de capital para a economia como um todo. O investidor, mutuante ou outro credor individual recebe também os benefícios ao tomar decisões mais informadas. Contudo, não é possível aos relatórios financeiros para fins gerais fornecer todas as informações que cada usuário acredita serem relevantes.

2.42 Ao aplicar a restrição de custo, deve-se avaliar se é provável que os benefícios do relatório de informações específicas justificam os custos incorridos para fornecer e utilizar essas informações. Ao aplicar a restrição de custo no desenvolvimento de pronunciamento proposto, buscam-se informações de fornecedores de informações financeiras, usuários, auditores, acadêmicos e outros sobre a natureza e a quantidade esperada dos benefícios e custos desse pronunciamento. Na maior parte das situações, as avaliações se baseiam na combinação de informações quantitativas e qualitativas.

2.43 Devido à subjetividade inerente, as avaliações de diferentes indivíduos sobre os custos e benefícios da apresentação de itens específicos de informações financeiras variam. Portanto, procura-se considerar custos e benefícios em relação ao relatório financeiro, de modo geral, e, não apenas, em relação a entidades individuais que reportam. Isto não significa que as avaliações de custos e benefícios sempre justificam os mesmos requisitos de relatório para todas as entidades. Diferenças podem ser apropriadas por conta dos diferentes portes das entidades, diferentes formas de obtenção de capital (pública ou privada), diferentes necessidades dos usuários ou outros fatores.

Portanto, o CPC 12, em seu item 20, menciona que, dependendo do conjunto de informações disponíveis e do custo para obtê-las, a entidade pode, ou não, traçar múltiplos cenários para estimar fluxos de caixa; pode, ou não, recorrer a modelos econométricos mais sofisticados para chegar a uma taxa de desconto para determinado período; pode, ou não, recorrer a modelos de precificação sofisticados para mensurar ativos e passivos; pode, ou não, adotar um método ou outro de alocação de juros.

O custo para gerar essas informações é facilmente identificável e, geralmente, ocorre em um único período, já os benefícios não são tão fáceis de serem identificados, mas podem atingir vários usuários dos demonstrativos, bem como gerar benefícios por mais de um período. Podem também ocorrer ganhos em termos de eficiência, à medida que a informação vai sendo prestada com maior frequência.

11.8 PASSIVOS NÃO CONTRATUAIS

O ajuste a valor presente de passivos não contratuais exige muito cuidado e rigor no momento da estimativa de fluxos de caixa e determinação de taxa de desconto. Geralmente, essas estimativas são carregadas de incertezas, tanto em relação ao fluxo de caixa ou séries de fluxo quanto em relação aos períodos de desencaixe ou de entrega de produtos ou de serviços.

O CPC 12 recomenda que, em determinadas situações, seja utilizada uma equipe multidisciplinar de profissionais para a execução da tarefa.

Como espécies do gênero de passivos não contratuais, temos as obrigações justas ou construtivas. A primeira resulta de limitações éticas ou morais, e não de limitações legais. Já a segunda resulta de usos e costumes. Como exemplos dessas obrigações, podemos citar garantias concedidas a clientes, assistência financeira frequente a comunidades nativas situadas em regiões nas quais sejam desenvolvidas atividades econômicas exploratórias etc.

Existem obrigações já assumidas para determinados segmentos que também se constituem como passivos não contratuais. Exemplo: as companhias mineradoras, de petróleo e termonuclear devem assumir obrigação de reconstrução/readequação de áreas exploradas ao final desses ativos de longo prazo. Isso é denominado obrigação para retirada de serviço de ativos de longo prazo, na norma internacional chamada de *Asset Retirement Obligation* (ARO).

O desconto a valor presente deverá ser feito em passivos não contratuais da mesma maneira que é feito em passivos contratuais, devendo a taxa de desconto necessariamente considerar o risco de crédito da entidade.

11.9 FÓRMULA

A fórmula para trazer fluxos de caixa a valor presente é a seguinte:

Equação 11.1 Fórmula do valor presente.

$$VP = \frac{X}{(1+i)} + \frac{X1}{(1+i)^2} + \frac{X2}{(1+i)^3} + \cdots + \frac{Xn}{(1+i)^n}$$

Em que: X = fluxos de caixa divididos por 1 + taxa de juros, elevados ao período.

Na calculadora HP 12C, para fazer o cálculo, procedemos do modo apresentado no Quadro 11.1.

Quadro 11.1 Fórmula do valor presente na HP 12C

FUNÇÃO	TECLA
Ligar	ON
Limpar	f REG
Colocar o valor futuro	FV
Colocar a taxa de juros	i
Colocar o prazo	N
Encontrar o valor presente	PV

Vamos a um exemplo de cálculo na HP 12C:

Vamos imaginar uma venda a prazo cujo valor é de $ 20.000, e será recebida daqui a 20 meses; a taxa de juros é de 3% ao mês. Então, para encontrar o valor presente, teremos o apresentado no Quadro 11.2.

Quadro 11.2 Cálculo do valor presente na HP 12C

FUNÇÃO	TECLA
Ligar	ON
Limpar	f REG
Digite o valor futuro $ 20.000 e tecle	FV
Digite a taxa de juros 3 e tecle	i
Digite o prazo 20 e tecle	N
Tecle	PV

Quando teclamos PV, o resultado que aparecerá na HP 12C é $ 11.073,52.

Recomenda-se um estudo mais aprofundado sobre as funções da HP 12C que podem auxiliar em muito nos cálculos do valor presente.

11.10 AJUSTE A VALOR PRESENTE DE CONTAS ATIVAS

No caso das contas de ativo, o ajuste a valor presente deverá ser feito já no reconhecimento inicial e reduzindo a receita contra uma conta redutora das contas a receber a longo prazo.

Vamos verificar um exemplo de uma venda a prazo realizada pela Empresa RM. A empresa vendeu mercadorias para recebimento daqui a 36 meses. A taxa de juros é de 2,5% ao mês, e o valor da venda foi de $ 40.000.

O lançamento contábil da venda seria o apresentado no Quadro 11.3.

Quadro 11.3 Lançamento da venda

LANÇAMENTO	VALOR $
Contas a receber (ativo não circulante)	40.000
a Receita com vendas (resultado)	40.000

Agora, deveremos trazer a venda ao seu valor presente. Dessa forma, teremos o apresentado no Quadro 11.4.

Quadro 11.4 Cálculo do valor presente na HP 12C

FUNÇÃO	TECLA
Ligar	ON
Limpar	f REG
Digite o valor futuro $ 40.000 e tecle	FV
Digite a taxa de juros 2,5 e tecle	i
Digite o prazo 36 e tecle	N
Tecle	PV

O valor encontrado é de $ 16.443,75. Dessa forma, teremos que fazer o lançamento do ajuste a valor presente. Deveremos fazer a seguinte conta: valor da venda: $ 40.000 (–) valor presente $ 16.443,75 = 23.556,25. Este será o valor do ajuste a ser feito. Veremos, no Quadro 11.5, como fica o lançamento contábil.

Quadro 11.5 Lançamento do ajuste a valor presente

LANÇAMENTO	VALOR $
Receita com vendas (resultado)	23.556,25
a AVP – Receita financeira a apropriar (redutora do Contas a receber)	23.556,25

Dessa maneira, teremos no ativo o apresentado no Quadro 11.6.

Quadro 11.6 Representação do ativo

Ativo	
Circulante	
[...]	
Não circulante	
Realizável a longo prazo	
Contas a receber	40.000
(–) AVP – Receita financeira a apropriar	(23.556,25)

A receita financeira será reconhecida mensalmente no resultado do período. O lançamento será:

Valor do recebível: $ 16.443,75.

Aplicando a taxa de 2,5% ao mês, teremos:

(16.443,75 × 2,5%) = $ 411,09.

Quadro 11.7 Lançamento da receita financeira

LANÇAMENTO	VALOR $
AVP – Receita financeira a apropriar (redutora do contas a receber)	411,09
a Receita financeira	411,09

A receita financeira poderá ficar registrada no grupo de receita com vendas, caso a atividade de financiamento a clientes faça parte da atividade operacional da empresa. Se não, deverá ser classificada no grupo de receitas financeiras normais.

Outras contas do ativo também deverão ser ajustadas ao seu valor presente toda vez que o preço à vista for diferente do preço a prazo. Dessa forma, estão inclusos nesse conceito imobilizados, recebíveis etc.

11.11 AJUSTE A VALOR PRESENTE DE CONTAS PASSIVAS

Para ajuste a valor presente de passivos, deveremos reconhecer o valor total do financiamento e criar uma conta redutora referente aos encargos financeiros a serem apropriados ao longo da fluência do contrato.

Vamos a um exemplo:

A Empresa RM resolve comprar um veículo. O valor a prazo é de $ 60.800. O veículo será pago em 6 parcelas anuais de $ 10.133,33. A taxa de juros contratada é 30% ao ano.

Veremos, no Quadro 11.8, como fica o cálculo na HP 12C.

Quadro 11.8 Cálculo do valor presente na HP 12C

FUNÇÃO	TECLA
Ligar	ON
Limpar	f REG
Digite o valor da parcela $ 10.133,33 e tecle	PMT
Digite a taxa de juros 30 e tecle	i
Digite o prazo 6 e tecle	N
Tecle	PV

Encontramos, assim, o valor presente do veículo: $ 26.779,82. Agora, vamos aos lançamentos, apresentados no Quadro 11.9.

Quadro 11.9 Lançamento do veículo e do ajuste a valor presente

LANÇAMENTO	VALOR $
Veículos (ativo não circulante)	26.779,82
Encargos financeiros a transcorrer (redutora do passivo)	34.020,18
a Financiamentos (passivo não circulante)	60.800

Dessa maneira, além do passivo, o ativo também foi reconhecido pelo seu valor presente.

Lembrando que teremos que separar o passivo em curto e longo prazos, classificando-os como circulante e não circulante. Vejamos, no Quadro 11.10, como fica a demonstração da posição financeira.

Quadro 11.10 Demonstração da posição financeira

Ativo		Passivo	
Circulante		Circulante	
[...]		Financiamentos	$ 10.133,33
		(–) Encargos a apropriar	$ (2.338,46)
Não circulante		Não circulante	
[...]		Financiamentos	$ 50.666,67
Imobilizado		(–) Encargos a apropriar	$ (31.681,72)
Veículos	$ 26.779,82	[...]	

No pagamento da primeira parcela, no final do período, teríamos os seguintes lançamentos:

a) Pagamento da parcela:

Quadro 11.11 Lançamento do pagamento da parcela anual

LANÇAMENTO	VALOR $
Financiamentos (passivo circulante)	10.133,33
a Caixa/bancos	10.133.33

b) Apropriação dos encargos financeiros:

Quadro 11.12 Lançamento da apropriação dos encargos

LANÇAMENTO	VALOR $
Encargos financeiros (resultado)	2.338,46
a Encargos a apropriar (redutora do passivo circulante)	2.338,46

11.12 ALGUNS EXEMPLOS PRÁTICOS

☞ EXEMPLO 1:

A Empresa RM adquire um novo imóvel no qual futuramente será instalada sua sede.

O imóvel será pago da seguinte maneira: (a) $ 500.000 à vista; e (b) 3 parcelas anuais de $ 500.000, totalizando, portanto, $ 2.000.000. A taxa de juros é de 20% ao ano.

Dessa maneira, agora temos que calcular o valor presente das três parcelas de $ 500.000.

Vamos segregar as parcelas para composição do passivo circulante e do não circulante. Portanto, a primeira parcela anual será considerada de curto prazo e figurará no passivo circulante, enquanto as outras duas parcelas serão consideradas de longo prazo e figurarão no passivo não circulante.

a) Cálculo do valor presente da parcela 1 que comporá o passivo circulante:

Equação 11.2 Exemplo 1: cálculo do valor presente da 1ª parcela.

$$VP = \frac{500.000}{(1 + 0,2)} = 416.666,67$$

Dessa forma, temos o valor presente da primeira parcela: $ 416.666,67. Os juros, portanto, correspondem a $ 83.333,33.

Na HP 12C, podemos chegar a esse valor conforme apresentado no Quadro 11.13.

Quadro 11.13 Exemplo 1: cálculo do valor presente da 1ª parcela na HP 12C

FUNÇÃO	TECLA
Ligar	ON
Limpar	f REG
Digite o valor futuro $ 500.000 e tecle	FV
Digite a taxa de juros 20 e tecle	i
Digite o prazo 1 e tecle	N
Tecle	PV

b) Cálculo do valor presente das demais parcelas que comporão o passivo não circulante:

Equação 11.3 Exemplo 1: cálculo do valor presente das demais parcelas.

$$VP = \frac{500.000}{(1 + 0,2)^2} + \frac{500.000}{(1 + 0,2)^3} = 347.222,22 + 289.351,85 = 636.574,07$$

O valor presente das parcelas restantes é de $ 636.574,07; dessa forma, será classificado no passivo não circulante. Os juros correspondem a $ 363.425,93.

Na HP 12C, teremos o apresentado no Quadro 11.14.

Quadro 11.14   Exemplo 1: cálculo do valor presente das demais parcelas na HP 12C

FUNÇÃO	TECLA
Ligar	ON
Limpar	f REG
Tecle	0 g CFJ
Digite a prestação $ 500.000 e tecle	g CFJ
Digite o prazo 2 e tecle	g NJ
Digite a taxa, 20 e tecle	i
Tecle	F NPV

c) Os lançamentos contábeis ficarão conforme Quadro 11.15.

Quadro 11.15   Exemplo 1: lançamentos contábeis

LANÇAMENTO	VALOR $
Imóvel (ativo imobilizado)	1.553.240,74
Encargos a apropriar (redutor passivo circulante)	83.333,33
Encargos a apropriar (redutor passivo não circulante)	363.425,93
a Caixa/bancos	500.000
a Financiamentos (passivo circulante)	500.000
a Financiamentos (passivo não circulante)	1.000.000

Como podemos verificar, o ativo é também ajustado ao seu valor presente.

A demonstração da posição financeira ficará conforme Quadro 11.16.

Quadro 11.16   Exemplo 1: demonstração da posição financeira após os lançamentos

Ativo		Passivo	
Circulante		Circulante	
Caixa	$ (500.000)[2]	Financiamentos	$ 500.000
		(−) Encargos a apropriar	$ (83.333,33)
Não circulante		Não circulante	

(continua)

(continuação)

Ativo		Passivo	
[...]		Financiamentos	$ 1.000.000
Imobilizado		(–) Encargos a apropriar	$ (363.425,93)
Imóvel	$ 1.553.240,74	[...]	
Total do ativo	$ 1.053.240,74	Total do passivo	$ 1.053.240,74

Na sequência, o ativo deverá sofrer depreciação normalmente e os encargos deverão ser transferidos para o resultado do exercício, como vimos nos exemplos de ajuste a valor presente de contas passivas.[1]

☞ EXEMPLO 2:

Vamos imaginar os mesmos dados do Exemplo 1, só que agora a Empresa RM não é a compradora, e sim a vendedora do imóvel. Os dados são os seguintes: venda de um imóvel $ 2.000.000, sendo $ 500.000 à vista e o restante em 3 parcelas anuais de $ 500.000 cada uma. O custo do imóvel na contabilidade é de $ 800.000, portanto, o lucro da operação é de $ 1.200.000.

Também deveremos separar os recebíveis em curto prazo, ativo circulante em longo prazo, realizável a longo prazo.

a) Cálculo do valor presente da parcela 1 a ser recebida que comporá o ativo circulante:

Equação 11.4 Exemplo 2: cálculo do valor presente da 1ª parcela.

$$VP = \frac{500.000}{(1 + 0,2)} = 416.666,67$$

Dessa forma, temos o valor presente da primeira parcela: $ 416.666,67. Os juros, portanto, correspondem a $ 83.333,33.

Na HP 12C, podemos chegar a esse valor conforme Quadro 11.17.

Quadro 11.17 Exemplo 2: cálculo do valor presente da 1ª parcela na HP 12C

FUNÇÃO	TECLA
Ligar	ON
Limpar	f REG
Digite o valor futuro $ 500.000 e tecle	FV
Digite a taxa de juros 20 e tecle	i
Digite o prazo 1 e tecle	N
Tecle	PV

---
[1] Caixa deixado negativo meramente para fins didáticos, contemplando apenas as transações do exemplo.

b) Cálculo do valor presente das demais parcelas que comporão o ativo não circulante:

Equação 11.5 Exemplo 2: cálculo do valor presente das demais parcelas.

$$VP = \frac{500.000}{(1+0,2)^2} + \frac{500.000}{(1+0,2)^3} = 347.222,22 + 289.351,85 = 636.574,07$$

O valor presente das demais parcelas é de $ 636.574,07; dessa forma, será classificado no ativo não circulante. Os juros correspondem a $ 363.425,93.

Na HP 12C, teremos o apresentado no Quadro 11.18.

Quadro 11.18 Exemplo 2: cálculo do valor presente das demais parcelas na HP 12C

FUNÇÃO	TECLA
Ligar	ON
Limpar	f REG
Tecle	0 g CFJ
Digite a prestação $ 500.000 e tecle	g CFJ
Digite o prazo 2 e tecle	g NJ
Digite a taxa, 20 e tecle	i
Tecle	F NPV

c) Os lançamentos contábeis ficarão assim:
c1) Venda do imóvel:

Quadro 11.19 Exemplo 2: lançamentos contábeis da venda

LANÇAMENTO	VALOR $
Caixa/bancos	500.000
Valores a receber (ativo circulante)	500.000
Valores a receber (ativo não circulante – realizável a longo prazo)	1.000.000
a Resultado com venda de imóvel (resultado)	2.000.000

c2) Baixa do imóvel:

Quadro 11.20 Exemplo 2: lançamento contábil da baixa do imóvel

LANÇAMENTO	VALOR $
Resultado com venda de imóvel (resultado)	800.000
a Imóveis (pela baixa)	800.000

c3) Ajuste a valor presente:

Quadro 11.21 Exemplo 2: lançamento contábil do ajuste a valor presente

LANÇAMENTO	VALOR $
Resultado com venda de imóvel (resultado)	446.759,26
a AVP – Receita financeira a apropriar (redutora do Contas a receber no ativo circulante)	83.333,33
a AVP – Receita financeira a apropriar (redutora do Contas a receber no ativo não circulante)	363.425,93

Como podemos verificar nesse exemplo, o valor do lucro com a operação corresponderá a $ 753.240,74, exatamente a soma do valor recebido à vista + o valor presente das parcelas a receber – o custo do imóvel na contabilidade ($ 500.000 + $ 1.053.240,74 – $ 800.000 = 753.240,74).

Verifica-se também, no Quadro 11.21, que o ajuste a valor presente é reconhecido debitando-se o resultado com a venda do imóvel.

A receita financeira deverá ser apropriada ao resultado ao longo do tempo. A demonstração da posição financeira da Empresa RM ficará conforme Quadro 11.22.

Quadro 11.22 Exemplo 2: demonstração da posição financeira após os lançamentos

Ativo		
Circulante		
Caixa	$	500.000
Valores a receber	$	500.000
(–) AVP – Receita financeira a apropriar	$	(83.333,33)
Não circulante		
Realizável a longo prazo		
Valores a receber	$	1.000.000
(–) AVP – Receita financeira a apropriar	$	(363.425,93)
Imobilizado		
Imóvel	$	0
Total do ativo		$1.553.240,74

11.13 DIVULGAÇÃO

De acordo com o CPC 12, a divulgação em notas explicativas do ajuste a valor presente deverá seguir o seguinte rol exaustivo:

(a) descrição pormenorizada do item objeto da mensuração a valor presente, natureza de seus fluxos de caixa (contratuais ou não) e, se aplicável, o seu valor de entrada cotado a mercado;
(b) premissas utilizadas pela administração, taxas de juros decompostas por prêmios incorporados e por fatores de risco (*risk-free*, risco de crédito etc.), montantes dos fluxos de caixa estimados ou séries de montantes dos fluxos de caixa estimados, horizonte temporal estimado ou esperado, expectativas em termos de montante e temporalidade dos fluxos (probabilidades associadas);
(c) modelos utilizados para cálculo de riscos e *inputs* dos modelos;
(d) breve descrição do método de alocação dos descontos e do procedimento adotado para acomodar mudanças de premissas da administração;
(e) propósito da mensuração a valor presente, se para reconhecimento inicial; ou
(f) nova medição e motivação da administração para levar a efeito tal procedimento;
(g) outras informações consideradas relevantes. (CPC 12, item 33)

ATIVIDADES

1. A Empresa ABC adquiriu uma máquina no valor de $ 5.000.000, a serem pagos em 5 anos, em 5 parcelas anuais de $ 1.000.000. A taxa de juros anual é de 12% ao ano. Encontre o valor presente das parcelas e efetue os lançamentos contábeis.

2. A Empresa XYZ vendeu equipamentos para um cliente. O valor é de $ 1.000.000, a serem pagos da seguinte forma: entrada de $ 300.000 e o restante em 7 parcelas de $ 100.000. A taxa de juros contratada foi de 15% ao ano. Encontre o valor presente das parcelas e efetue os lançamentos contábeis.

3. A Empresa RM tem como atividade a venda de máquinas e equipamentos para indústria. Em 2016, ela vendeu uma máquina no valor de $ 5.000.000,00, para receber em 48 parcelas fixas. A taxa de juros cobrada foi de 12% ao ano. Efetue os lançamentos contábeis.

AJUSTE DE AVALIAÇÃO PATRIMONIAL 12

12.1 INTRODUÇÃO

Alguns ativos e passivos devem, de acordo com as novas normas, ser avaliados ao seu valor justo. Como exemplo, podemos citar os estoques de produtos agrícolas, reestruturações societárias, avaliações de instrumentos financeiros disponíveis para venda, ajuste de conversão em função de variação cambial de investimentos societários no exterior etc.

A medição a valor justo tem por objetivo fazer com que os ativos e passivos aproximem-se do seu real valor de troca ou de liquidação.

A Lei nº 11.941/2009 alterou a Lei nº 6.404/76, trazendo uma nova conta na estrutura do patrimônio líquido: a conta de ajuste de avaliação patrimonial. Vejamos o que diz o inciso III do § 2º do art. 178:

> § 2º No passivo, as contas serão classificadas nos seguintes grupos:
> [...]
> III – patrimônio líquido, dividido em capital social, reservas de capital, **ajustes de avaliação patrimonial**, reservas de lucros, ações em tesouraria e prejuízos acumulados. (Grifo nosso)

Em consonância, trouxe também o texto do § 3º do art. 182:

> Art. 182.
> [...]
> § 3º Serão classificadas como ajustes de avaliação patrimonial, enquanto não computadas no resultado do exercício em obediência ao regime de competência, as contrapartidas de aumentos ou diminuições de valor atribuídos a elementos do ativo e do passivo, em decorrência da sua avaliação a valor justo, nos casos previstos nesta Lei ou, em normas expedidas pela

Comissão de Valores Mobiliários, com base na competência conferida pelo § 3º do art. 177 desta Lei.

Portanto, a lei determina a avaliação de alguns ativos e passivos pelo valor justo. No entanto, faz-se necessário lembrar que a reavaliação de ativos está proibida pela mesma legislação.

A lei não especifica que ativos e que passivos devem ser avaliados ao valor justo. Esse tratamento está permeado por vários pronunciamentos técnicos do CPC. Portanto, a análise da aplicação do valor justo em ativos e passivos deve estar em conformidade com esses pronunciamentos. Exemplo: o Pronunciamento Técnico CPC 16 (R1) – Estoques disciplina, em seu item 20, que os estoques que compreendam o produto agrícola que uma entidade tenha colhido, proveniente de seus ativos biológicos, devem ser mensurados, no seu reconhecimento inicial, pelo seu valor justo deduzido dos gastos estimados no ponto de venda no momento da colheita.

12.2 CONCEITO

O ajuste de avaliação patrimonial é um ajuste que tem por finalidade fazer com que ativos e passivos se aproximem do seu real valor, ou seja, que apareçam representados na demonstração da posição financeira pelo seu valor justo.

O valor justo é o valor que se pode obter em um mercado ativo, decorrente de transação não compulsória realizada entre partes independentes.

A conta de ajuste de avaliação patrimonial foi criada no patrimônio líquido para registrar a contrapartida desses ajustes em ativos e passivos até que estes possam transitar pelo resultado do exercício.

A transferência dos valores para o resultado do exercício deve ser feita na medida da realização dos ativos e passivos que os geraram, respeitando o pressuposto básico da competência.

Os ajustes de avaliação patrimonial deverão sempre ser apresentados líquidos dos efeitos tributários, sempre que forem tributados ou dedutíveis.

Por poder receber ajustes, para mais ou para menos, tanto de ativos quanto de passivos, a conta de ajuste de avaliação patrimonial, apresentada no patrimônio líquido, poderá ficar com saldo credor ou devedor.

Cabe ressaltar que a conta de ajuste de avaliação patrimonial não representa uma conta de reserva, porque seus valores não transitaram pelo resultado do exercício. Tampouco os valores mantidos na conta de ajuste de avaliação patrimonial, no patrimônio líquido, poderão ser transferidos para reservas. Isso só poderá ocorrer depois que esses valores forem transferidos para o resultado do exercício.

Alguns exemplos de ajustes de avaliação patrimonial são os seguintes:

a. efeitos das mudanças nas taxas de câmbio e conversão de demonstrações contábeis;
b. instrumentos financeiros;
c. combinação de negócios;
d. estoques de produtos agrícolas com origem em ativos biológicos;
e. recomposição do custo do imobilizado (*deemed cost*).

Vejamos a seguir alguns exemplos de ajustes.

12.3 INSTRUMENTOS FINANCEIROS

No caso de instrumentos financeiros, há determinação expressa para que aqueles destinados à venda futura, também chamados de disponíveis para venda, sejam avaliados pelo seu valor justo.

Portanto, em todo levantamento das demonstrações contábeis, esses instrumentos deverão ser avaliados pelo seu valor de mercado ou por outro método que represente o seu valor justo.

Havendo diferença do valor registrado para o valor justo, este deverá ser ajustado e a contrapartida deverá ser a conta de ajuste de avaliação patrimonial, no patrimônio líquido. A única exceção é se esses instrumentos forem classificados como disponíveis para venda imediata ou estiverem em efetiva negociação. Nesse caso, a contrapartida é o resultado do exercício.

Vamos a um exemplo prático.

A Empresa RM adquire um instrumento financeiro, pelo valor à vista de $ 1.000.000, em março de X1. Pretende vendê-lo em X4.

Vejamos, no Quadro 12.1, como fica o lançamento contábil.

Quadro 12.1 Lançamento da aquisição do instrumento financeiro

LANÇAMENTO	VALOR $
Instrumentos financeiros (realizável a longo prazo)	1.000.000
a Caixa/bancos	1.000.000

Em X2, no encerramento do exercício, a Empresa RM fez uma avaliação do valor de mercado desse instrumento para, assim, ajustar seu valor patrimonial. O valor encontrado foi de $ 1.220.000. Dessa maneira, verificamos que houve valorização do instrumento. Porém, essa diferença não pode ainda ser transferida para o resultado do exercício como ganho, já que o instrumento não será vendido de imediato. No entanto, faz-se necessário reconhecer seu novo valor de mercado. O lançamento a ser feito é o apresentado no Quadro 12.2.

Quadro 12.2 Lançamento do ajuste de avaliação patrimonial em X2

LANÇAMENTO	VALOR $
Instrumentos financeiros (realizável a longo prazo)	220.000
a Ajuste de avaliação patrimonial (patrimônio líquido)	220.000

Em X3, a RM faz nova avaliação do instrumento e descobre que seu valor agora é de $ 1.150.000. Dessa maneira, houve redução do seu valor comparado à avaliação de X2. Devemos, portanto, novamente, ajustar seu valor, conforme apresentado no Quadro 12.3.

Quadro 12.3 Lançamento do ajuste de avaliação patrimonial em X3

LANÇAMENTO	VALOR $
Ajuste de avaliação patrimonial (patrimônio líquido)	70.000
a (-) Prov. ajuste valor patrimonial de instrumentos financeiros (realizável a longo prazo, redutor do instrumento financeiro)	70.000

Como podemos notar, dessa vez, fizemos um débito na conta de ajuste de avaliação patrimonial, já que houve desvalorização de nosso ativo.

Em X4, a Empresa RM vende o instrumento financeiro, logo no início do ano, pelo valor de $ 1.150.000. O lançamento contábil ficará conforme Quadro 12.4.

Quadro 12.4 Lançamento da venda do instrumento financeiro

LANÇAMENTO	VALOR $
Caixa/bancos	1.150.000
(−) Prov. ajuste valor patrimonial de instrumentos financeiros (realizável a longo prazo, redutor do instrumento financeiro)	70.000
a Instrumentos financeiros (realizável a longo prazo)	1.220.000

Como o ativo foi realizado, é necessário transferir o valor constante na conta de ajuste de avaliação patrimonial para o resultado do exercício. Vamos relembrar o valor que consta na conta, apresentado no Quadro 12.5

Quadro 12.5 Razão da conta de ajuste de avaliação patrimonial

FATO	DÉBITO	CRÉDITO	SALDO
Avaliação em X2		220.000	220.000 (C)
Avaliação em X3	70.000		150.000 (C)

Nota-se que a conta representa exatamente a valorização do instrumento financeiro no período, uma vez que seu valor original era de $ 1.000.000 e foi vendido por $ 1.150.000.

O lançamento contábil de transferência para o resultado é o apresentado no Quadro 12.6.

Quadro 12.6 Lançamento da transferência do ajuste de avaliação patrimonial para o resultado do exercício

LANÇAMENTO	VALOR $
Ajuste de avaliação patrimonial (patrimônio líquido)	150.000
a Outras receitas (resultado)	150.000

12.4 VARIAÇÃO CAMBIAL

Para investimentos no exterior, também é necessário fazer uma avaliação a valor justo em cada encerramento de período, de forma que sua atualização reflita o seu real valor.

Para isso, a entidade deverá guardar o histórico de todas as transações, incluindo as taxas de câmbio praticadas.

Vamos admitir que a Empresa RM realizou investimentos no exterior, no valor de US$ 100.000, em janeiro de X1; a cotação do dólar nessa data era de R$ 1,95, de tal sorte que o investimento em reais correspondia à época ao valor de R$ 195.000. O lançamento contábil ficará conforme Quadro 12.7.

Quadro 12.7 Lançamento do investimento realizado no exterior

LANÇAMENTO	VALOR R$
Investimentos no exterior	195.000
a Caixa/bancos	195.000

Em dezembro de X1, a Empresa RM faz uma avaliação do seu investimento. Como este está representado em moeda estrangeira, no caso dólar, faz-se necessária a verificação da taxa de câmbio na data do encerramento do período. O valor do dólar nessa data é R$ 1,89.

Se fizermos o cálculo, teremos: US$ 100.000 (valor original do investimento) × R$ 1,89 (cotação do dólar na data do balanço) = R$ 189.000. Portanto, verifica-se que houve redução com a nova avaliação. O registro contábil será o apresentado no Quadro 12.8.

Quadro 12.8 Lançamento do ajuste de avaliação patrimonial

LANÇAMENTO	VALOR R$
Ajuste de avaliação patrimonial (patrimônio líquido)	6.000
a (–) Variação cambial (redutor do investimento)	6.000

A transferência do valor da conta de ajuste de avaliação patrimonial para o resultado do exercício só ocorrerá na realização do investimento. No caso, na alienação. Admitindo a venda do investimento pelos R$ 189.000, teremos o apresentado nos Quadros 12.9 e 12.10.

Quadro 12.9 Lançamento da realização do investimento

LANÇAMENTO	VALOR R$
Caixa/bancos	189.000
(–) Variação cambial (redutor do investimento)	6.000
a Investimentos no exterior	195.000

Quadro 12.10 Lançamento da transferência do ajuste para o resultado do exercício

LANÇAMENTO	VALOR R$
Variação cambial (resultado)	6.000
a Ajuste de avaliação patrimonial (patrimônio líquido)	6.000

12.5 RECOMPOSIÇÃO DO CUSTO DO IMOBILIZADO (*DEEMED COST*)

O Comitê de Pronunciamentos Contábeis (CPC) emitiu, em 4 de dezembro de 2009, um pronunciamento interpretativo, denominado ICPC 10 – Interpretação sobre a Aplicação Inicial ao Ativo Imobilizado e à Propriedade para Investimento dos Pronunciamentos Técnicos CPCs 27, 28, 37 e 43. Na referida instrução técnica, o comitê permitiu às entidades a atualização do valor do seu imobilizado pelo valor justo, porém, somente na adoção inicial dos pronunciamentos.

De certa forma, foi uma permissão para uma reavaliação desses ativos. O objetivo foi, na verdade, a recomposição do valor desses ativos. É sabido que, em muitos casos, as entidades mantêm ativos substancialmente ou até totalmente depreciados, mas, na verdade, esses ativos ainda estão em plena operação, gerando benefícios econômicos. Assim, manter ativos na demonstração da posição financeira nessas condições não contribui para que esta reproduza com fidedignidade a situação patrimonial das entidades.

O ajuste a valor justo desses ativos deverá ter como contrapartida a conta de ajuste de avaliação patrimonial, no patrimônio líquido. À medida que os ativos se realizem, pela venda ou pela depreciação, os valores são transferidos para o resultado do exercício.

Vamos ver um exemplo prático.

A Empresa RM vai adotar os Pronunciamentos Técnicos do CPC em X2. Resolve rever o valor de seu imobilizado, mensurando-os pelo seu valor justo.

A empresa possui apenas três ativos relevantes, compostos conforme apresentado no Quadro 12.11.

Quadro 12.11 Composição do imobilizado e avaliação do valor justo

ATIVO	CUSTO ORIGINAL	(–) DEPRECIAÇÃO	VALOR CONTÁBIL	VALOR JUSTO
Máquina 1	325.000	97.500	227.500	415.000
Máquina 2	715.000	107.250	607.750	680.000
Máquina 3	2.000.000	400.000	1.600.000	1.750.000
Totais	3.040.000	604.750	2.435.250	2.845.000

As diferenças geradas pela avaliação a valor justo são as apresentadas no Quadro 12.12.

Quadro 12.12 Diferença apurada, item a item, entre valor contábil líquido e o valor justo dos imobilizados

ATIVO	VALOR CONTÁBIL	VALOR JUSTO	DIFERENÇA
Máquina 1	227.500	415.000	187.500
Máquina 2	607.750	680.000	72.250
Máquina 3	1.600.000	1.750.000	150.000
Totais	2.435.250	2.845.000	409.750

Os lançamentos contábeis ficam conforme Quadro 12.13.

Quadro 12.13 Lançamentos contábeis do ajuste de avaliação patrimonial

LANÇAMENTO	VALOR R$
Máquina 1 (imobilizado)	187.500
Máquina 2 (imobilizado)	72.250
Máquina 3 (imobilizado)	150.000
a Ajuste de avaliação patrimonial (patrimônio líquido)	409.750

À medida que os bens forem sendo realizados, pela venda ou pela depreciação, o valor constante em Ajuste de avaliação patrimonial deverá ser transferido para o resultado do exercício.

Lembrando que esse procedimento só é permitido uma única vez, na adoção inicial das normas do CPC. Após isso, só haverá teste de recuperabilidade desses ativos (*impairment*).[1] Lembrando, também, que o teste de recuperabilidade permite apenas a redução do valor de ativos e não o aumento.

12.6 COMBINAÇÃO DE NEGÓCIOS

Quando da combinação de negócios,[2] em que ocorra a transferência de controle, há determinação do CPC 15 (R1) no sentido de que os ativos e passivos decorrentes da transação devem ser avaliados ao seu valor de mercado.

Portanto, essa diferença entre o valor contábil e o valor de mercado gerará um ajuste de avaliação patrimonial.

Vamos a um exemplo prático.

A Empresa RM adquire o controle da Empresa JCR.

A demonstração da posição financeira da Empresa RM estava assim constituída conforme apresentado no Quadro 12.14.

Quadro 12.14 Demonstração da posição financeira da Empresa RM

ATIVO		PASSIVO	
Circulante		Circulante	
Caixa/bancos	150.000	Salários a pagar	15.000
Aplicações	100.000	Fornecedores	30.000
Estoques	30.000		
Não circulante		Não circulante	
[...]			
Imobilizado		Patrimônio líquido	
Imóveis	500.000	Capital social	600.000
		Reservas de lucros	135.000
Total do ativo	780.000	Total do passivo + PL	780.000

---

[1] No Capítulo 10 – *Impairment Test* (Redução ao Valor Recuperável de Ativos), apresentamos mais detalhes sobre o tema.
[2] O tema combinação de negócios é tratado com mais detalhes no Capítulo 4.

Na Empresa JCR, tínhamos o apresentado no Quadro 12.15.

Quadro 12.15 Demonstração da posição financeira da Empresa JCR

ATIVO		PASSIVO	
Circulante		Circulante	
[...]		Salários a pagar	5.000
Estoques	10.000	Fornecedores	5.000
Não circulante		Não circulante	
[...]			
Imobilizado		Patrimônio líquido	
Imóveis	50.000	Capital social	50.000
Total do ativo	60.000	Total do passivo + PL	60.000

Portanto, verifica-se que a Empresa JCR possui um valor contábil de $ 50.000 (patrimônio líquido).

Na avaliação a mercado dos ativos e passivos da Empresa JCR, verifica-se que o valor dos imóveis constantes na demonstração contábil está subavaliado em $ 30.000.

Dessa maneira, temos o novo patrimônio líquido, a valor de mercado, conforme apresentado no Quadro 12.16.

Quadro 12.16 Valor do patrimônio líquido da Empresa JCR

Patrimônio líquido a mercado da JCR	$ 80.000

Portanto, será necessário que a Empresa RM realize um ajuste de avaliação patrimonial em razão dessa diferença. Dessa forma, teríamos a nova demonstração da posição financeira do modo apresentado no Quadro 12.17.

Quadro 12.17 Demonstração da posição financeira da Empresa RM após a incorporação da JCR

ATIVO		PASSIVO	
Circulante		Circulante	
Caixa/bancos	150.000	Salários a pagar	20.000
Aplicações	100.000	Fornecedores	35.000
Estoques	40.000		
Não circulante		Não circulante	
[...]			
Imobilizado		Patrimônio líquido	
Imóveis	580.000	Capital social	650.000
		Reservas de lucros	135.000
		Ajuste de aval. patrimonial	30.000
Total do ativo	870.000	Total do passivo + PL	870.000

Nesse caso, como a origem do ajuste de avaliação patrimonial foi o imóvel incorporado, a transferência para o resultado do exercício se dá pela realização desses ativos, quer pela venda, quer pela baixa ou alienação.

O exemplo anterior está simplificado e desconsiderando o ajuste que deveria ser feito no capital após emissão de ações para obtenção do controle. No entanto, o objetivo era demonstrar como fica o ajuste de avaliação patrimonial em operações de combinação de negócios.

Demonstramos exemplos completos de combinação de negócios no Capítulo 4.

ATIVIDADES

1. A Empresa ABC possui em seu ativo realizável a longo prazo instrumentos financeiros com valor de $ 870.000. No encerramento do período, a cotação desses instrumentos era de $ 912.000. Contabilize o ajuste dessa operação.

2. Uma empresa possui investimentos no exterior, à época adquiridos por US$ 200.000, com cotação de R$ 1,50. No encerramento do período, a cotação do dólar era de R$ 1,35. Calcule o ajuste e faça os lançamentos contábeis.

SUBVENÇÃO E ASSISTÊNCIA GOVERNAMENTAIS 13

13.1 INTRODUÇÃO

Por vezes, as entidades recebem assistências e subvenções governamentais. Isso pode ocorrer por diversas razões, desde incentivos que se queira dar a algum segmento até a atração de investimentos para fomento da economia local e geração de empregos.

Subvenções estão ligadas a contribuições pecuniárias do governo para a entidade, mas não só restritas a ela. Geralmente, ocorrem em troca do cumprimento de determinadas exigências relacionadas à operação da empresa, por exemplo, número mínimo de funcionários, tempo de permanência etc. São diversas as formas de subvenção, podem ser por meio de subsídios, incentivos fiscais, doações, prêmios etc.

Assistência governamental envolve o fornecimento, por ações do governo, de benefícios econômicos específicos a determinada entidade ou a um grupo de entidades que atendam a critérios específicos. O propósito da assistência governamental é encorajar a entidade a seguir certo rumo que, normalmente, ela não teria tomado se não fosse pela assistência.

No Brasil, os incentivos fiscais e as subvenções eram contabilizados como reservas de capital, no patrimônio líquido. Por exemplo, quando uma entidade recebia um bem em doação, como um prédio ou terreno, reconhecia esse ativo, e em contrapartida uma reserva de capital de incentivos fiscais.

Em alguns casos, como na isenção de impostos, nem sequer havia registro contábil reconhecendo esse benefício ou incentivo.

Com o advento da Lei nº 11.638/2007, ficou proibida a constituição de reservas de incentivos fiscais como reservas de capital. O correto é reconhecer as subvenções e assistência governamentais de imediato, ou à medida de sua realização, no resultado do exercício, integrando o cálculo dos dividendos obrigatórios. O art. 195-A da Lei das Sociedades por Ações permite que a assembleia-geral possa, por proposta da administração, destinar a parcela do lucro líquido decorrente de tais subvenções ou assistências para "Reservas de Incentivos Fiscais" – porém essa conta será uma reserva de lucro –, excluindo-a da base de cálculo dos dividendos obrigatórios.

Portanto, agora as subvenções e assistências governamentais devem ser reconhecidas como uma receita da entidade.

O Comitê de Pronunciamentos Contábeis (CPC) emitiu em 2008 o Pronunciamento Técnico CPC 07, que foi revisado em 2010, resultando no Pronunciamento Técnico CPC 07 (R1), cujo conteúdo foi aprovado pela Deliberação CVM nº 646/2010, revogada pela Resolução CVM nº 96/2022, e pela Resolução do Conselho Federal de Contabilidade nº 1.305/2010, que aprovou a NBC TG 07, a qual já teve sua primeira revisão (R1).

13.2 SUBVENÇÃO GOVERNAMENTAL

Como vimos, a subvenção governamental pode ser um subsídio, um incentivo fiscal, uma doação, um prêmio etc. No entanto, ela somente poderá ser reconhecida – seja ela monetária ou não – se houver razoável certeza de que:

(a) a entidade cumprirá todas as condições estabelecidas e relacionadas à subvenção; e
(b) a subvenção será recebida. (CPC 07 (R1), item 7)

Essas duas condições deverão ser cumpridas em conjunto, pois nem sempre o recebimento da subvenção significa que a entidade cumpriu todas as condições estabelecidas pelo governo.

O método de contabilização adotado para o reconhecimento da subvenção não é influenciado pelo tipo desta.

13.2.1 Subsídios em empréstimos

Os subsídios recebidos em empréstimos pela entidade também são considerados subvenção governamental, se houver certeza de que a entidade cumprirá os compromissos assumidos.

Normalmente, essas operações envolvem taxas de juros inferiores às praticadas pelo mercado, podendo ser consideradas um financiamento subsidiado.

Esse benefício econômico obtido por determinada taxa de juros menor deverá ser tratado como uma subvenção governamental.

Em relação ao cumprimento de compromissos assumidos, poderá ser evidenciado pela administração da entidade apenas em relação a providências internas, por serem mais confiáveis e viáveis do que requisitos que envolvam terceiros ou questões de mercado.

13.2.2 Tratamento contábil

A subvenção deverá ser reconhecida como receita ao longo do período e confrontada com as despesas que pretende compensar, em base sistemática, atendidas todas as condições exigidas.

Como já mencionamos na Seção 13.1 – Introdução, a subvenção não poderá ser creditada diretamente no patrimônio líquido.

O CPC 07 (R1) explica o porquê do tratamento da subvenção governamental como receita:

(a) uma vez que a subvenção governamental é recebida de uma fonte que não os acionistas e deriva de ato de gestão em benefício da entidade, não deve ser creditada diretamente no patrimônio líquido, mas, sim, reconhecida como receita nos períodos apropriados;

(b) subvenção governamental raramente é gratuita. A entidade ganha efetivamente essa receita quando cumpre as regras das subvenções e cumpre determinadas obrigações. A subvenção, dessa forma, deve ser reconhecida como receita na demonstração do resultado nos períodos ao longo dos quais a entidade reconhece os custos relacionados à subvenção que são objeto de compensação;

(c) assim como os tributos são despesas reconhecidas na demonstração do resultado, é lógico registrar a subvenção governamental que é, em essência, uma extensão da política fiscal, como receita na demonstração do resultado. (CPC 07 (R1), item 15)

No entanto, a subvenção somente poderá ser reconhecida quando todas as condições exigidas tiverem sido cumpridas pela entidade. Enquanto isso, a contrapartida da subvenção deverá ficar registrada no passivo.

A receita somente poderá ser reconhecida de imediato no resultado do exercício se não houver base de alocação da subvenção governamental ao longo dos períodos beneficiados e cumpridas todas as condições exigidas relativas à subvenção.

Por exemplo, se a entidade receber um terreno, sem condições preestabelecidas, ela poderá reconhecê-lo de imediato no resultado; isso porque não há condição e o terreno não deprecia. Dessa forma, não há base de alocação ao longo dos períodos.

Já em outro exemplo, se a empresa receber um prédio – para instalação de sua sede –, da mesma maneira, sem condições para tal, ela somente poderá reconhecer a receita ao longo da vida útil desse prédio, pela sua depreciação ou no caso de alienação. Dessa forma, a contrapartida desse ativo ficará no passivo e será alocada sistematicamente no resultado do exercício. Vejamos, no Quadro 13.1, como fica essa representação.

Quadro 13.1 Classificação da subvenção no passivo

Ativo		Passivo	
Circulante		Circulante	
[...]		[...]	
Não circulante		Não circulante	
[...]		Receita diferida	200.000
Imobilizado		Patrimônio líquido	
Prédio	200.000		
Total do ativo		Total do passivo + Patrimônio líquido	

Lembrando que, se houver condições para o recebimento da subvenção, a receita somente poderá ser reconhecida se estas forem atendidas.

13.2.3 Ativos não monetários obtidos como subvenção governamental

A entidade poderá receber ativos não monetários como subvenção governamental, por exemplo, imóveis, terrenos etc. que servirão para o seu uso. Nesse caso, esse ativo e a subvenção governamental deverão ser reconhecidos pelo seu valor justo. Contudo, se isso for de difícil verificação, poderá ser utilizado o valor nominal para contabilização.

13.2.4 Apresentação da subvenção no balanço patrimonial

A subvenção relacionada a ativos, inclusive os não monetários, poderá ser apresentada no balanço patrimonial no passivo, como receita diferida, ou deduzindo o valor do ativo relacionado.

Voltando ao exemplo do Quadro 13.1, poderíamos ter a representação do Quadro 13.2.

Quadro 13.2 Classificação da subvenção deduzindo o ativo

Ativo		Passivo
Circulante		Circulante
[...]		[...]
Não circulante		Não circulante
[...]		
Imobilizado		Patrimônio líquido
Prédio	200.000	
(–) Receita a aprop.	(200.000)	
Total do ativo		Total do passivo + Patrimônio líquido

Se estiver classificada no passivo, deverá ser transferida para o resultado do exercício, em base sistemática e racional durante a vida útil do ativo.

Se estiver classificada como dedução do ativo, a subvenção deve ser reconhecida como receita durante a vida do ativo depreciável, por meio de crédito à depreciação registrada como despesa no resultado.

A compra de ativos e o recebimento da subvenção a eles relacionada podem causar movimentos importantes nos fluxos de caixa de uma entidade. Por essa razão, e a fim de mostrar o investimento bruto em ativos, tais movimentos devem ser frequentemente divulgados como itens separados na demonstração dos fluxos de caixa, independentemente de a subvenção ser ou não deduzida do respectivo ativo na apresentação do balanço patrimonial.

13.2.5 Apresentação da subvenção na demonstração do resultado

A apresentação da subvenção na demonstração do resultado do exercício pode ser feita seguindo dois critérios:

1. separadamente, sob um título geral como "outras receitas"; ou
2. deduzindo a despesa relacionada.

Os dois métodos são permitidos e se justificam. No primeiro caso, o argumento é que não é correto compensar elementos de receita e de despesa, e a separação da subvenção das despesas relacionadas facilita a comparação com outras despesas não afetadas pelo benefício da subvenção. No segundo caso, o argumento é que as despesas poderiam não ter sido incorridas pela entidade caso não houvesse a subvenção; dessa maneira, seria enganosa a apresentação das despesas sem a compensação com a subvenção.

Vamos verificar, no Quadro 13.3, como fica a DRE no primeiro caso, com valores hipotéticos, sendo a subvenção destacada separadamente.

Quadro 13.3   Apresentação separada da subvenção na DRE

Receita líquida	50.000
(–) CMV	(20.000)
Lucro bruto	**30.000**
(–) Despesas operacionais	(15.000)
Outras receitas	
Receitas de subv. assist. govern.	5.000
Lucro operacional	**20.000**
[...]	

Na segunda opção, a apresentação seria conforme Quadro 13.4.

Quadro 13.4   Apresentação da subvenção na DRE, deduzindo a despesa a ela relacionada

Receita líquida	50.000
(–) CMV	(20.000)
Lucro bruto	**30.000**
(–) Despesas operacionais	
[...]	(10.000)
Despesas de depreciação	(5.000)
+ Subv. assist. govern.	5.000
Lucro operacional	**20.000**
[...]	

13.2.6 Perda da subvenção governamental

Pode acontecer de a entidade perder uma subvenção governamental, por exemplo, em razão do descumprimento de alguma condição exigida para a manutenção do benefício.

Ocorrendo esse evento e a subvenção governamental tenha que ser devolvida, deverá ser contabilizada como uma revisão de estimativa contábil, devendo o seu reembolso ser aplicado em primeiro lugar contra qualquer crédito diferido não amortizado relacionado à subvenção. Se ocorrer de o reembolso exceder o crédito diferido, ou até mesmo este não existir, o reembolso deve ser reconhecido imediatamente como despesa.

Se a subvenção governamental estiver relacionada a um ativo, o seu reembolso deve ser registrado aumentando o valor escriturado do ativo ou reduzindo o saldo da receita diferida pelo montante reembolsável (dependendo do critério de apresentação escolhido, vide Seção 13.2.4). A depreciação adicional acumulada que deveria ter sido reconhecida até a data como despesa na ausência da subvenção deve ser imediatamente reconhecida como despesa.

No caso de subvenção em forma de ativos, como imóveis, máquinas etc., ressalta-se que estes podem estar sujeitos ao teste de recuperabilidade de ativos (*impairment test*).[1]

13.2.7 Exemplos práticos

Vamos agora dar alguns exemplos de contabilização e apresentação de subvenções governamentais.

☞ EXEMPLO 1: Subvenção condicional

A Empresa RM resolve se estabelecer em um determinado município. Para tanto, obtém deste, como subvenção, um prédio para instalação de sua sede. Contudo, a propriedade do imóvel somente será transferida à RM se esta permanecer no município pelos próximos cinco anos e tiver gerado no mínimo 500 empregos.

Como podemos notar, existem duas condições para que a empresa receba a propriedade do imóvel. Dessa maneira, enquanto ela não cumprir essas condições, não poderá reconhecer receita alguma de subvenção.

Contudo, não se pode ignorar o fato de que ela está de posse de um imóvel sobre o qual terá controle, e contribuirá para que fluam benefícios econômicos à empresa. Portanto, trata-se de um genuíno ativo e, como tal, deve ser reconhecido.

Em contrapartida, a Empresa RM optou por utilizar o método de registro da subvenção como passivo. O valor justo – no caso, valor de mercado – do imóvel é de $ 650.

Dessa maneira, nesse primeiro momento o lançamento contábil é o apresentado no Quadro 13.5.

Quadro 13.5 Exemplo 1: reconhecimento do ativo e da subvenção como passivo

LANÇAMENTO	VALOR $
Imóvel	650
a Receita diferida (passivo não circulante)	650

---

[1] Mais informações sobre o teste de recuperabilidade de ativos vide Capítulo 10 – *Impairment Test* (Redução ao Valor Recuperável de Ativos).

No balanço patrimonial, teremos o apresentado no Quadro 13.6.

Quadro 13.6 Exemplo 1: balanço patrimonial da RM

Ativo	Passivo
Circulante	Circulante
[...]	[...]
Não circulante	Não circulante
[...]	Receita diferida 650
Imobilizado	Patrimônio líquido
Imóvel 650	
Total do ativo	Total do passivo + Patrimônio líquido

Ao longo do tempo, deverá ser realizada a depreciação do ativo. Contudo, a receita diferida ainda não poderá ser transferida para o resultado, enquanto não decorrido o prazo condicionado, bem como o número mínimo de empregos gerados.

Decorridos cinco anos de sua chegada ao município, a Empresa RM conta com um quadro de 800 funcionários. Em razão de cumpridas as condições contratuais, ela recebe a propriedade do imóvel.

Até então, não foi reconhecida nenhuma parcela da subvenção no resultado, porque a empresa ainda não tinha cumprido as condições contratuais para tal. Agora, as condições foram cumpridas e a receita deverá ser reconhecida. No entanto, temos que atentar para o seguinte: a receita deverá ser reconhecida em base sistemática e racional ao longo da vida útil do ativo. Dessa forma, a receita diferida será transferida gradualmente para o resultado do exercício, respeitando o prazo da vida útil do ativo.

Se o objeto da subvenção fosse, por exemplo, um terreno, poderíamos ter transferido toda a receita diferida para o resultado, porque, nesse caso, não há depreciação, e, por isso, não há base sistemática para apropriação da receita.

☛ EXEMPLO 2: Subvenção incondicional

A Empresa RM recebe do município em que vai se estabelecer um imóvel para instalação da sua sede. O município não exige nada em troca: a intenção é atrair empresas e fomentar a economia local.

O valor justo do imóvel é de $ 900. A vida útil foi estimada em 20 anos e o valor residual é considerado como zero.

No primeiro momento, o registro fica conforme apresentado no Quadro 13.7.

Quadro 13.7 Exemplo 2: reconhecimento do ativo e da subvenção como passivo

LANÇAMENTO	VALOR $
Imóvel	900
a Receita diferida (passivo não circulante)	900

No balanço patrimonial, teremos o apresentado no Quadro 13.8.

Quadro 13.8 Exemplo 2: balanço patrimonial da RM

Ativo		Passivo	
Circulante		Circulante	
[...]		[...]	
Não circulante		Não circulante	
[...]		Receita diferida	900
Imobilizado		Patrimônio líquido	
Imóvel	900		
Total do ativo		Total do passivo + Patrimônio líquido	

Como não há condição a ser cumprida, podemos reconhecer a receita da subvenção; como se trata de um ativo depreciável, o reconhecimento será feito utilizando a base sistemática.

Portanto, os lançamentos ficam conforme Quadros 13.9 e 13.10.

Quadro 13.9 Exemplo 2: lançamento da depreciação do período

LANÇAMENTO	VALOR $
Despesa depreciação	45
a (–) Depreciação acumulada	45

Quadro 13.10 Exemplo 2: lançamento da receita de subvenção

LANÇAMENTO	VALOR $
Receita diferida (passivo não circulante)	45
a Receita com subvenções	45

No balanço patrimonial fica conforme Quadro 13.11.

Quadro 13.11 Exemplo 2: balanço patrimonial da RM

Ativo		Passivo	
Circulante		Circulante	
[...]		[...]	
Não circulante		Não circulante	
[...]		Receita diferida	855
Imobilizado		Patrimônio líquido	
Imóvel	900		
(−) Depreciação	(45)		
Total do ativo		Total do passivo + Patrimônio líquido	

☛ EXEMPLO 3: Perda da subvenção governamental

A Empresa RM recebe um terreno do município em que está estabelecida. Esse terreno servirá para a construção de uma nova fábrica. Como condição para a transferência da propriedade à RM, o município impõe que as instalações da nova fábrica devem estar concluídas em um ano.

O valor justo do terreno é de $ 100.

O reconhecimento inicial fica conforme apresentado no Quadro 13.12.

Quadro 13.12 Exemplo 3: reconhecimento do ativo e da subvenção como passivo

LANÇAMENTO	VALOR $
Terreno	100
a Receita diferida (passivo não circulante)	100

No balanço patrimonial, teremos o apresentado no Quadro 13.13.

Quadro 13.13 Exemplo 3: balanço patrimonial da RM

Ativo	Passivo
Circulante	Circulante
[...]	[...]

(continua)

(continuação)

Ativo		Passivo	
Não circulante		Não circulante	
[...]		Receita diferida	100
Imobilizado		Patrimônio líquido	
Terreno	100		
Total do ativo		Total do passivo + Patrimônio líquido	

Decorrido o prazo de um ano, a fábrica não foi construída e o município exige o terreno de volta, ou seja, a RM perdeu a subvenção governamental. Dessa maneira, a empresa deverá baixar esse terreno, tendo como contrapartida a receita diferida.

O lançamento será o apresentado no Quadro 13.14.

Quadro 13.14 Exemplo 3: baixa do ativo pela perda da subvenção

LANÇAMENTO	VALOR $
Receita diferida (passivo não circulante)	100
a Terreno	100

13.3 ASSISTÊNCIA GOVERNAMENTAL

Assistência governamental são ações do governo que venham a fornecer benefícios econômicos a uma entidade ou a um grupo de entidades.

13.3.1 Aplicação de parcela do imposto de renda devido em fundos de investimento regionais

Algumas entidades sujeitas ao pagamento de imposto de renda podem aplicar parte do imposto devido em fundos de investimento regionais, criados pelo Governo Federal com o objetivo de estimular o desenvolvimento de determinadas regiões.

Essa parcela destinada representa uma subvenção governamental para a entidade. Isso se explica pelo fato de que, quando a entidade optar pelo uso do incentivo, o Tesouro Nacional abre mão de parte da receita tributária, e a entidade torna-se investidora do fundo beneficiário de sua opção.

O registro dessas subvenções deve ser feito pelo seu valor justo no momento do fato gerador, desde que sejam atendidas as condições para o seu reconhecimento.

13.3.2 Redução ou isenção de tributo em área incentivada

Existem determinadas situações em que o benefício é dado pelo não pagamento do imposto, que pode se dar por meio de isenção, redução etc. Esses incentivos atendem ao conceito de subvenção governamental.

O reconhecimento contábil desse benefício deve ser feito. Para isso devemos, primeiramente, reconhecer o imposto normalmente (debitando o resultado do exercício e creditando o passivo) e, em sequência, reconhecer uma receita de subvenção, baixando o passivo e anulando o efeito no resultado.

Vamos verificar um exemplo.

A Empresa RM usufrui de uma isenção de Imposto sobre Serviço de Qualquer Natureza (ISSQN), pelo prazo de dois anos, porque acabou de se estabelecer em um determinado município que possui essa legislação para o incentivo à ida de empresas para lá.

Consideremos que a empresa realizou serviços de consultoria no mês no valor de $ 5.000. A alíquota de ISSQN é de 5%.

Os lançamentos contábeis ficam da seguinte forma:

a) pelo reconhecimento do imposto:

Quadro 13.15   Reconhecimento do imposto devido

LANÇAMENTO	VALOR $
ISSQN (redutor da receita)	250
a ISSQN a recolher	250

b) pelo reconhecimento da subvenção:

Quadro 13.16   Reconhecimento da subvenção

LANÇAMENTO	VALOR $
ISSQN a recolher	250
a Isenção ISSQN (receita)	250

A demonstração do resultado do exercício fica apresentada conforme Quadro 13.17.

Quadro 13.17   Apresentação da subvenção na DRE, deduzindo a despesa a ela relacionada

Receita bruta	
Serviços prestados	5.000
(−) Deduções	
ISSQN	(250)
(+) Assistência gov. − ISSQN	250
(=) Receita líquida	5.000
[...]	

13.4 DIVULGAÇÕES

A entidade que receber subvenção e/ou assistência governamental deverá realizar as seguintes divulgações:

(a) a política contábil adotada para as subvenções governamentais, incluindo os métodos de apresentação adotados nas demonstrações contábeis;
(b) a natureza e a extensão das subvenções governamentais ou assistências governamentais reconhecidas nas demonstrações contábeis e uma indicação de outras formas de assistência governamental de que a entidade tenha diretamente se beneficiado;
(c) condições a serem regularmente satisfeitas e outras contingências ligadas à assistência governamental que tenha sido reconhecida. (CPC 07 (R1), item 39)

ATIVIDADES

1. A Empresa ABC recebe de seu município um imóvel para suas instalações. Como condição para obter a propriedade definitiva, ela precisará permanecer por cinco anos no município, mantendo um nível médio de 500 empregos. Utilize como valor justo o valor de R$ 500.000, e a vida útil do imóvel será de 20 anos. Contabilize essa operação no momento inicial e após decorridos cinco anos, considerando duas hipóteses: (a) que ela cumpriu o contrato; e (b) que ela não cumpriu o contrato.

2. A Empresa XYZ obteve, por meio de requerimento, isenção de dois anos do ISSQN. A seguir, estão os dados referentes aos três primeiros meses de operação depois da concessão:

MÊS	RECEITA DE SERVIÇOS $	ISSQN DEVIDO $
01	150.000	3.000
02	230.000	4.600
03	540.000	10.800

Efetue os lançamentos contábeis da operação.

DEMONSTRAÇÃO DOS FLUXOS DE CAIXA 14

14.1 INTRODUÇÃO

A demonstração dos fluxos de caixa está disposta na norma internacional IAS 7 (*Statement of Cash Flows*).

Em 2008, o Comitê de Pronunciamentos Contábeis (CPC) emitiu o pronunciamento técnico denominado CPC 03, que trata do assunto. O pronunciamento foi revisado duas vezes em 2010, o que resultou no CPC 03 (R2), na Resolução CFC nº 1.296/2010 – NBC TG 03, que está em sua terceira revisão (R3) – e na Deliberação CVM nº 641/2010, revogada pela resolução CVM nº 92/2022.

A Lei das Sociedades por Ações desobriga as companhias fechadas com patrimônio líquido inferior a R$ 2 milhões de elaborar e publicar a demonstração.

A demonstração dos fluxos de caixa evidencia de forma dinâmica a geração de caixa – sua origem dentro de cada grupo de classificação, operacional, financiamento ou investimento –, bem como a utilização do caixa dentro dessa mesma classificação. Dessa forma, fica evidenciado o resultado financeiro de determinado período.

O demonstrativo é útil para entender a geração do resultado financeiro da companhia, já que o lucro contábil nem sempre coincide com o lucro financeiro no final do período.

Isso ocorre em razão de a Contabilidade considerar, além dos fatos financeiros, também os fatos econômicos ocorridos na empresa para a apuração desse resultado.

Em um exemplo bastante simples, vamos considerar o lucro em vendas a prazo:

Vamos supor que a Empresa RM tenha realizado uma venda cujo recebimento financeiro ocorrerá após o término do exercício, no valor de $ 1 milhão. Logo, teríamos o apresentado no Quadro 14.1.

Quadro 14.1 Lançamento de reconhecimento da receita

LANÇAMENTO	VALOR EM $ MILHÕES
Clientes (não circulante)	1.000
a Receita com vendas	1.000

Nota-se, nesse exemplo, que, em função do regime de competência, a contabilidade já reconhece a Receita com as vendas que serão recebidas após o término do exercício, o que faz com que o lucro contábil aumente. Se imaginarmos que temos apenas esse lançamento na contabilidade, nosso lucro contábil seria de $ 1 milhão.

Já, financeiramente, não haveria nenhum registro, porque ainda não houve o recebimento dessa venda. Portanto, se imaginarmos apenas esse fato na empresa, nosso lucro financeiro é igual a zero. Portanto, lucro contábil e lucro financeiro divergem nesse momento.

A visão que o usuário da demonstração financeira tem é estática, e não é possível entender a variação de caixa e equivalentes de caixa de um período para o outro, como no exemplo apresentado na Tabela 14.1.

Tabela 14.1 Visualização do usuário da demonstração da posição financeira

Ativo circulante	X1	X0
Caixa e equivalentes	300.000	450.000

Nota-se que houve, no exemplo, uma redução no Caixa e equivalentes da companhia, porém não é possível visualizar com clareza o fluxo percorrido pelos recursos (geração e aplicação) para culminar nesse resultado.

Com a demonstração dos fluxos de caixa, conseguimos enxergar o porquê dessa divergência.

14.2 EQUIVALENTES DE CAIXA

Quando falamos em caixa, devemos entender caixa e equivalentes de caixa.

Como equivalentes de caixa devemos entender bancos conta movimento e aplicações financeiras de curto prazo, de alta liquidez, que são prontamente conversíveis em dinheiro.

A finalidade desses equivalentes de caixa é atender a compromissos de caixa de curto prazo, e não de investimento ou de outros propósitos. Considera-se curto prazo quando seu vencimento é de três meses ou menos a contar da data da aquisição.

Os instrumentos patrimoniais não devem ser classificados como equivalentes de caixa a menos que sua substância seja essa. Nesse caso, a data de resgate desses instrumentos deve atender aos critérios de curto prazo, ou seja, três meses ou menos.

No caso de empréstimos bancários, devemos classificá-los como atividade de financiamento – conforme veremos adiante –, porém os saldos bancários a descoberto (provenientes de cheques especiais, contas garantidas etc.) devem ser considerados componentes de caixa da entidade.

14.3 OBJETIVOS

O objetivo básico desse demonstrativo é disponibilizar informações sobre as entradas e as saídas de numerário em um determinado período.

As informações contidas na demonstração dos fluxos de caixa, utilizadas em conjunto com os demais demonstrativos contábeis, podem auxiliar seus usuários – empresários, administradores, investidores, credores etc. – a:

- avaliar a geração futura de caixa para o pagamento de obrigações, de despesas correntes e de lucros ou dividendos aos sócios;
- identificar as futuras necessidades de financiamento;
- compreender as razões de possíveis diferenças entre o resultado e o fluxo de caixa líquido originado das atividades operacionais;
- evidenciar o efeito das operações e das transações de investimentos e financiamentos sobre a posição financeira da empresa.

O presente demonstrativo propicia ao administrador financeiro a elaboração de um planejamento mais adequado às necessidades reais da empresa, evitando, assim, que, eventualmente, possa haver recursos monetários inativos. Por outro lado, pode evitar também que, em determinadas circunstâncias, a empresa fique desprovida de recursos para enfrentar seus compromissos ou suas despesas correntes.

Somente com o conhecimento do que ocorreu no passado será possível uma razoável projeção do fluxo de caixa para o futuro (uma semana, um mês, um trimestre etc.).

A comparação *a posteriori* do que foi orçado com o que realmente ocorreu evidencia possíveis erros nas previsões e fornece valiosos subsídios para o aperfeiçoamento de novas projeções dos fluxos de caixa.

Na Figura 14.1, apresentamos um esquema gráfico para facilitar a compreensão dos fluxos de caixa e equivalentes de caixa.

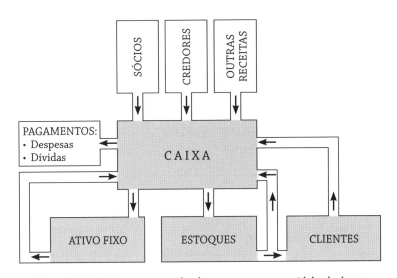

Figura 14.1 Caixa esquematizado como um reservatório de água.

14.4 SEGREGAÇÃO DOS FLUXOS

Os fluxos de caixa devem ser segregados em: (a) das atividades operacionais; (b) das atividades de investimentos; e (c) das atividades de financiamento:

a. Das atividades operacionais

Correspondem às entradas e às saídas de caixa provenientes das atividades diretamente relacionadas com as operações principais ou acessórias da empresa, tais como:

- recebimento de vendas e/ou prestação de serviços;
- pagamento de compras e/ou fornecedores de serviços;
- pagamento de despesas (salários, aluguéis etc.);
- recebimento de outras receitas (aluguéis, juros, *royalties* etc.).

Como a demonstração do resultado do exercício evidencia todas as receitas e as despesas efetivadas pela empresa no período, os dados básicos para a montagem do fluxo das atividades operacionais são extraídos desse demonstrativo.

b. Das atividades de investimentos

Correspondem às entradas e às saídas de caixa provenientes da:

- aquisição (−) ou venda (+) de ativos financeiros;
- aquisição (−) ou venda (+) de participações permanentes em outras sociedades;
- aquisição (−) ou venda (+) de bens de uso.

Como o ativo discrimina todas as aplicações (investimentos em sentido genérico) feitas pela empresa, é claro que todos os itens componentes do fluxo desse tipo de atividade devem ser extraídos basicamente da movimentação dos valores ativos.

ATIVO	(+) →	SAÍDA
	(−) →	ENTRADA

Figura 14.2 Esquema representativo de entradas e saídas de fluxo de caixa, considerando o ativo.

Assim, todo aumento de ativo corresponde a um novo ou a um reforço de um investimento que provoca saída de caixa, enquanto um decréscimo de ativo corresponde, normalmente, a uma venda, provocando entrada de recursos no caixa.

> **Observação:**
> No caso de uma **doação** ou de uma **baixa** de um valor do ativo não circulante, que não influi em movimentação de recursos numerários, temos de adotar um tratamento especial (como mostrado no item 4 do Quadro 14.3).

c. Das atividades de financiamentos

Correspondem às operações de captação de recursos próprios e de recursos alheios, bem como sua amortização e remuneração.

- entrada (+) ou pagamento (−) de empréstimos;
- aumento do capital social em dinheiro;

- entrada de reservas de capital (em dinheiro);[1]
- pagamento de juros e outros encargos sobre financiamentos;[2]
- pagamento de juros e dividendos relacionados ao capital próprio.

Considerando que no passivo estão discriminadas todas as origens de recursos que possibilitaram o financiamento do ativo, é claro que todos os itens componentes do fluxo desse tipo de atividade devem ser originados basicamente na movimentação dos valores passivos.

Assim, todo aumento de passivo corresponderia a um novo financiamento (+), e um decréscimo corresponderia a um pagamento parcial ou total de um financiamento (–).

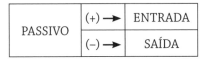

Figura 14.3 Esquema representativo de entradas e saídas de fluxo de caixa, considerando o passivo.

A classificação nos fluxos de caixa operacional, de investimento e de financiamento deve ser feita pela entidade da forma mais apropriada aos seus negócios.

Uma transação pode gerar fluxos de caixa classificados em mais de uma atividade. No pagamento de um empréstimo, por exemplo, o pagamento do principal gerará um fluxo de caixa negativo nas atividades de financiamento, porém os juros podem ser classificados nessa mesma atividade ou em atividades operacionais, o que melhor representar a essência do pagamento.

De acordo com o CPC 03 (R2), a entidade poderá também apresentar os fluxos de caixa em base líquida nas seguintes situações:

(a) recebimentos de caixa e pagamentos em caixa em favor ou em nome de clientes, quando os fluxos de caixa refletirem mais as atividades dos clientes do que as da própria entidade; e

(b) recebimentos de caixa e pagamentos em caixa referentes a itens cujo giro seja rápido, os montantes sejam expressivos e os vencimentos sejam de curto prazo. (CPC 03 (R2), item 22)

Como exemplos de recebimentos de caixa e pagamentos em caixa da letra (a), podemos citar:

(a) movimentação (depósitos e saques) em contas de depósitos à vista de banco;
(b) recursos mantidos para clientes por entidade de investimento; e
(c) aluguéis cobrados em nome de terceiros e pagos inteiramente aos proprietários dos imóveis. (CPC 03 (R2), item 23)

Como exemplos de recebimentos de caixa e pagamentos em caixa da letra (b) do item 22 do CPC 03 (R2), podemos citar:

---

[1] Os lucros acumulados e as reservas de lucros não são considerados, pois já foram incluídos pelos elementos determinantes do resultado líquido de caixa – recebimento de vendas, pagamento de compras e pagamento de despesas.
[2] Os juros e os encargos sobre financiamentos de terceiros, bem como os juros e os dividendos sobre o capital próprio, são considerados atividades de financiamento, e não, como poderia parecer à primeira vista, atividades operacionais. A explicação é que esse tipo de despesa não está relacionado às operações do ativo, mas sim aos financiamentos do passivo.

(a) pagamentos e recebimentos relativos a cartões de crédito de clientes;
(b) compra e venda de investimentos; e
(c) outros empréstimos tomados a curto prazo, como, por exemplo, os que têm vencimento em três meses ou menos, contados a partir da respectiva contratação. (CPC 03 (R2), item 23A)

14.4.1 Tratamentos especiais

Fluxo de caixa em moeda estrangeira

No caso de haver fluxo de caixa proveniente de transações em moeda estrangeira, estes devem ser registrados em moeda funcional da entidade pela aplicação, sobre o montante em moeda estrangeira, da taxa de câmbio observada na data em que ocorreu o fluxo de caixa.

Lembrando que os fluxos de caixa em moeda estrangeira deverão ser apresentados de acordo com o Pronunciamento Técnico CPC 02 (R2) – Efeitos das Mudanças nas Taxas de Câmbio e Conversão de Demonstrações Contábeis.[3]

Os ganhos e as perdas não realizados resultantes de mudanças nas taxas de câmbio de moeda estrangeira não são fluxos de caixa. No entanto, o efeito dessas mudanças sobre o caixa e equivalentes de caixa, mantidos ou devidos em moeda estrangeira, deve ser apresentado na demonstração dos fluxos de caixa com a finalidade de realizar a conciliação no início e no final do período. Esse valor deve ser apresentado separadamente dos fluxos de caixa normais e incluir diferenças, se existirem, caso tais fluxos de caixa tivessem sido divulgados às taxas de câmbio do final do período.

Juros e dividendos

Os juros pagos e recebidos e os dividendos e os juros sobre o capital próprio recebidos devem ser classificados como fluxos de caixa operacionais para as instituições financeiras.

Já para as demais entidades não há um consenso quanto à classificação. Permite-se tanto a classificação como fluxos de caixa operacionais como a classificação como fluxos de caixa de financiamento e fluxos de caixa de investimento.

Os dividendos e os juros sobre o capital próprio pagos podem ser classificados como fluxos de caixa de financiamento, porque são custos para obtenção de recursos financeiros, como podem ser classificados como componente dos fluxos de caixa das atividades operacionais, com o intuito de ajudar o usuário da demonstração a determinar a capacidade de a entidade pagar dividendos e juros sobre o capital próprio utilizando os fluxos de caixa operacionais.

O Pronunciamento Técnico CPC 03 (R2) encoraja fortemente que a classificação seja feita da seguinte forma:

a. **juros recebidos ou pagos e dividendos e juros sobre o capital próprio recebidos**: classificar como fluxos de caixa das atividades operacionais;
b. **dividendos e juros sobre o capital próprio pagos**: classificar como fluxos das atividades de financiamento.

O pronunciamento determina que, se essas classificações não forem seguidas, a empresa deverá divulgar em nota explicativa evidenciando o fato.

---

[3] Mais informações sobre o tratamento dos efeitos das mudanças nas taxas de câmbio e conversão das demonstrações contábeis e definições de termos como "moeda funcional" estão no Capítulo 8 – Mudanças nas Taxas de Câmbio e Conversão das Demonstrações Contábeis.

Imposto de renda e contribuição social sobre o lucro líquido

O imposto sobre a renda e a contribuição social sobre o lucro líquido devem ser divulgados separadamente e classificados como fluxo das atividades operacionais, a menos que se consiga identificar especificamente como atividades de financiamento ou investimento. Embora a despesa com impostos possa ser prontamente identificável com as atividades de investimento ou de financiamento, muitas vezes, torna-se impraticável identificar os respectivos fluxos de caixa dos impostos, que poderão ocorrer em período diferente dos fluxos de caixa de transação subjacente. Por essa razão é que se classifica como fluxo das atividades operacionais.

Investimento em controlada, coligada e empreendimento controlado em conjunto

Para os investimentos em coligadas, empreendimentos controlados em conjunto ou controladas cujo critério contábil basear-se no método da equivalência patrimonial ou no método de custo, a entidade investidora fica limitada a apresentar os fluxos de caixa entre ela própria e a entidade na qual participe.

No caso de entidade que apresenta seus interesses em coligada ou empreendimento controlado em conjunto, utilizando o método da equivalência patrimonial, deve incluir os fluxos de caixa referentes a seus investimentos nessas entidades e/ou empreendimentos, bem como as distribuições de lucros e outros pagamentos ou recebimentos entre a entidade e o empreendimento controlado em conjunto.

Alteração da participação em controlada e em outros negócios

De acordo com o Pronunciamento Técnico CPC 03 (R2), os fluxos de caixa agregados provenientes da obtenção ou da perda de controle de controladas ou outros negócios devem ser apresentados separadamente e classificados como atividades de investimento. Nesse caso, a entidade deverá fazer as seguintes divulgações:

(a) o montante total pago para obtenção do controle ou o montante total recebido na perda do controle;
(b) a parcela do montante total de compra paga ou de venda recebida em caixa e em equivalentes de caixa;
(c) o montante de caixa e equivalentes de caixa de controladas ou de outros negócios sobre o qual o controle foi obtido ou perdido; e
(d) o montante dos ativos e passivos, exceto caixa e equivalentes de caixa, das controladas e de outros negócios sobre o qual o controle foi obtido ou perdido, resumido pelas principais classificações. (CPC 03 (R2), item 40)

A entidade de investimento, conforme definido no Pronunciamento Técnico CPC 36 – Demonstrações Consolidadas, não precisará aplicar as letras (c) e (d), em investimento em controlada que deva ser mensurado ao valor justo por meio do resultado.

Em linhas específicas da demonstração, deverá também:

a. apresentar separadamente os efeitos dos fluxos de caixa resultantes da obtenção ou perda de controle de controladas ou de outros negócios;
b. apresentação separada dos montantes dos ativos e passivos adquiridos ou alienados.

Isso possibilita a distinção desses fluxos de caixa dos fluxos provenientes de outras atividades.

Os efeitos dos fluxos de caixa decorrentes da perda de controle não devem ser deduzidos dos efeitos decorrentes da obtenção do controle.

O montante agregado de caixa pago ou recebido em contrapartida à obtenção ou à perda de controle deve ser apresentado líquido do saldo de caixa ou equivalentes de caixa adquirido ou alienado como parte dessas transações, eventos ou mudanças de circunstâncias.

14.5 TRANSAÇÕES QUE NÃO AFETAM O CAIXA OU EQUIVALENTES DE CAIXA

As transações que não afetarem o caixa ou equivalentes de caixa deverão ser excluídas da demonstração dos fluxos de caixa. Porém, essas transações devem ser divulgadas em notas explicativas.

Vamos verificar algumas transações que não envolvem caixa ou equivalentes de caixa:

(a) a aquisição de ativos, quer seja pela assunção direta do passivo respectivo, quer seja por meio de arrendamento;

(b) a aquisição de entidade por meio de emissão de instrumentos patrimoniais; e

(c) a conversão de dívida em instrumentos patrimoniais. (CPC 03 (R2), item 44)

14.6 ESQUEMA GERAL DO DEMONSTRATIVO

No Quadro 14.2, apresentamos o demonstrativo com as entradas e as saídas separadas, apenas para fins didáticos. Na realidade, nos fluxos de caixa, as entradas e as saídas aparecem englobadas dentro dos respectivos itens – operações, financiamentos e investimentos.

Quadro 14.2 Esquema de entradas e saídas (fluxos) de caixa

FLUXOS DE CAIXA	ENTRADAS	
	DAS OPERAÇÕES	
	– Recebimento de vendas (item 1 do Quadro 14.3)	
	– Dividendos de participações	
	– Receitas financeiras	
	– Outras receitas (aluguéis, comissões etc.)	
	DOS FINANCIAMENTOS	
	– Integralização de capital, em dinheiro	
	– Empréstimos diversos	
	– Reservas de capital (em dinheiro)	
	DOS INVESTIMENTOS	
	– Venda de valores do ativo não circulante (item 4 do Quadro 14.3)	
	– Venda de outros valores do ativo	

(continua)

(continuação)

FLUXOS DE CAIXA	SAÍDAS	**DAS OPERAÇÕES**
		– Pagamento de despesas (item 3 do Quadro 14.3)
		– Pagamento de compras (item 2 do Quadro 14.3)
		DOS FINANCIAMENTOS
		– Pagamento de empréstimos
		– Pagamento de juros e outros ônus financeiros
		– Pagamento de dividendos e juros sobre o capital próprio
		DOS INVESTIMENTOS
		– Aquisição de valores do ativo não circulante (item 4 do Quadro 14.3)
		– Aplicações em outros valores do ativo

Os ajustes (Quadro 14.3) são necessários para o cálculo correto dos vários itens que vão compor o demonstrativo, principalmente no grupo "das operações", conforme apresentado no Quadro 14.3.

Quadro 14.3 Esquema de ajuste dos itens dos fluxos de caixa

NOTAS (AJUSTES)
1. RECEBIMENTO DE VENDAS
Faturamento global (demonstração do resultado) (+/–) Variação do débito de clientes (ativo circulante)
2. PAGAMENTO DE COMPRAS (empresa mercantil)
Custo da receita líquida (demonstração do resultado) (+/–) Variação dos estoques (ativo circulante) (=) Compras (+/–) Variação do crédito de fornecedores (passivo circulante)
3. PAGAMENTO DE DESPESAS
Despesas totais[1] (na demonstração do resultado → itens que possam representar saídas de caixa, inclusive imposto de renda e contribuição social) (+) Variação de despesas antecipadas (–) Provisões retificativas do ativo (quando incluídas nas despesas totais) (+/–) Variações de despesas a pagar (passivo circulante → inclusive das provisões para imposto de renda e contribuição social)
NOTAS (AJUSTES)
4. COMPRA/VENDA DE VALORES DO ATIVO NÃO CIRCULANTE
Variação da conta representativa do valor (ativo não circulante) (+) Valor contábil do bem baixado ou doado (demonstração do resultado)

(continua)

(continuação)

(–) Valor contábil do lucro na venda (demonstração do resultado)
(+) Valor contábil do prejuízo na venda (demonstração do resultado)
(–) Resultado da equivalência patrimonial (demonstração do resultado)
5. FINANCIAMENTOS (passíveis de correção cambial ou monetária)
Variação da conta representativa da dívida (passivo exigível)
(+) Variação redutora da dívida (receita → demonstração do resultado)
(–) Variação aumentativa da dívida (despesa → demonstração do resultado)
6. DEPRECIAÇÃO (em caso de baixa ou doação de bem depreciado)
Variação da conta depreciação acumulada (ativo imobilizado)
(+) Depreciação relativa ao bem doado ou baixado

Nota:
[1] Não fazem parte da despesa total, por não afetarem o caixa:
    Baixa ou doação de valores do ativo (ver item 4 deste Quadro)
    Resultado da equivalência patrimonial (ver item 4 deste Quadro)
    Variações monetárias de financiamentos (ver item 5 deste Quadro)

14.7 FORMAS DE APRESENTAÇÃO

14.7.1 Método direto

O formato direto está baseado no regime de caixa, ou seja, procura apresentar todos os pagamentos e os recebimentos ocorridos no período considerado, independentemente de eles se referirem a operações apropriáveis ao resultado de períodos anteriores ou posteriores.

Sua utilização é permitida, no Brasil, mas apenas se for realizada a conciliação com o lucro contábil. A conciliação deve apresentar, separadamente, por categoria, os principais itens a serem conciliados, à semelhança do que deve fazer a entidade que usa o método indireto em relação aos ajustes ao lucro líquido ou prejuízo para apurar o fluxo de caixa líquido das atividades operacionais.

Os quadros e os textos explicativos apresentados até aqui são relativos ao método direto.

14.7.2 Método indireto

No formato indireto, realiza-se uma reconciliação do resultado líquido, por meio de adições ou subtrações, para se chegar ao caixa líquido resultante das operações.

Na apuração do movimento de caixa originário das operações (fluxo das operações), deve-se levar em consideração, também, os acréscimos ou as diminuições nos ativos e nos passivos circulantes operacionais (ver Quadro 14.8).

14.7.3 Diferenças e semelhanças

A diferença básica está, portanto, no processo de cálculo do fluxo de caixa operacional. Embora o resultado líquido final seja igual, o caminho percorrido em cada um dos dois métodos é completamente diferente.

A semelhança acontece no cálculo dos dois outros fluxos – de investimentos e de financiamentos – e no resumo final, quando os processos, os itens e os valores apurados são exatamente os mesmos (compare os Quadros 14.7 e 14.8).

14.8 MODELO DO MÉTODO DIRETO

14.8.1 Demonstrativos básicos

Apresentamos, no Quadro 14.4, o balanço patrimonial e a demonstração do resultado da Empresa RM, que servirão de base para a confecção da demonstração dos fluxos de caixa.

Quadro 14.4 Demonstração da posição financeira da Empresa RM em 31/12/X1

ATIVO	X1	X0	+/-
CIRCULANTE			
Caixa e equivalentes de caixa	25	50	xxx
Clientes	150	180	-30
Produtos acabados	370	190	+180
Despesas antecipadas	30	---	+30
NÃO CIRCULANTE			
Realizável a longo prazo			
Investimentos	45	60	-15
Imobilizado[2]	310	375	-65
(-) Depreciação acumulada[2]	-110	-40	+70
Intangível	100	40	+60
(-) Amortização acumulada	-50	-20	+30
Total do ativo	**870**	**835**	**xxx**

PASSIVO	X1	X0	+/-
CIRCULANTE			
Fornecedores	240	195	+45
Provisão para imposto de renda	15	80	-65
Créditos de coligadas	80	210	-130
Salários a pagar	25	15	+10
Debêntures a resgatar	80	30	+50
NÃO CIRCULANTE			
PATRIMÔNIO LÍQUIDO			
Capital realizado[1]	305	130	175
Reservas de capital	20	20	0
Reservas de lucros	105	155	xxx
Total do passivo + Patrimônio líquido	**870**	**835**	**xxx**

Quadro 14.5 Demonstração do resultado do exercício da Empresa RM em 31/12/X1

DEMONSTRAÇÃO DO RESULTADO DA EMPRESA RM	
Vendas	1.600
(–) Custo da mercadoria vendida	(980)
(–) Despesas administrativas	(410)
(+) Rendas de participações societárias	10
(–) Doação de móveis e utensílios[2]	(125)
(–) Despesa financeira líquida	(20)
(–) Provisão para imposto de renda	(15)
= Lucro líquido	60

Notas dos Quadros 14.4 e 14.5:
[1] Integralização com lucros e reservas : $ 110
   Integralização em dinheiro : $ 65
[2] Valor contábil do bem doado : $ 145
   (–) Depreciação baixada : $ (20)
   Valor líquido contábil do bem doado : $ 125

Quadro 14.6 Ajustes necessários para montagem dos fluxos de caixa da Empresa RM

AJUSTES PARA MONTAGEM DO FLUXO DE CAIXA			
1. RECEBIMENTO DE VENDAS			**$ 1.630**
Faturamento global			$ 1.600
(+) Variação do débito de clientes			$ 30
2. PAGAMENTO DE COMPRAS			**$ 1.115**
Custo da receita líquida			$ 980
(+) Variação dos estoques			$ 180
(–) Variação do crédito de fornecedores			$ (45)
3. PAGAMENTO DAS DESPESAS			**$ 390**
Despesas totais (ver DRE) (ver item 3 do Quadro 14.3)			
Despesas administrativas		$ 410	
Aumento das despesas antecipadas		$ 30	
Provisão para imposto de renda		$ 15	$ 455
(–) Provisões retificadoras do ativo (ver item 6 do Quadro 14.3)			$ (120)
(+) Variação da prov. p/ imposto de renda (no passivo circulante)			$ 65
(–) Variações de salários a pagar (no passivo circulante)			$ (10)
4. COMPRA/VENDA DE BENS DO ATIVO FIXO			**$ 80**
Variação da conta representativa do bem			$ (65)
(+) Valor contábil do bem doado			$ 145
5. DEPRECIAÇÃO DO PERÍODO			**$ 90**
Aumento da depreciação acumulada			$ 70
(+) Valor contábil da depreciação baixada			$ 20

(continua)

(continuação)

> **Observações:**
> I. As despesas financeiras líquidas serão incluídas nos fluxos de financiamento.
> II. A doação de bens será ajustada na variação do imobilizado (ver item 4 do Quadro 14.6) e a depreciação respectiva será ajustada na variação da depreciação acumulada (ver item 6 do Quadro 14.6).

14.8.2 Fluxos de caixa: método direto

Quadro 14.7 Demonstração dos fluxos de caixa da Empresa RM (em 31/12/X1) – método direto

A. ATIVIDADES OPERACIONAIS	**$ 135**
Recebimento de vendas	$ 1.630
Pagamento de compras	$ (1.115)
Pagamento de despesas	$ (390)
Rendas de participações societárias (DRE)	$ 10
B. ATIVIDADES DE INVESTIMENTOS	**$ (125)**
Alienação de investimentos	$ 15
Compra de imobilizado	$ (80)
Aumento de intangíveis	$ (60)
C. ATIVIDADES DE FINANCIAMENTOS	**$ (35)**
Integralização de capital em dinheiro	$ 65
Pagamento de créditos de coligadas	$ (130)
Colocação de debêntures	$ 50
Pagamento de despesas financeiras	$ (20)
TOTAL GERADO NOS FLUXOS DE CAIXA (A + B + C)	**$ (25)**
(+) SALDO DE CAIXA E EQUIVALENTES NO INÍCIO DO PERÍODO	**$ 50**
(=) SALDO DE CAIXA E EQUIVALENTES NO FINAL DO PERÍODO	**$ 25**

14.9 MODELO DO MÉTODO INDIRETO

Para fins comparativos, vamos usar os mesmos dados referentes à Empresa RM constantes dos Quadros 14.4, 14.5 e 14.6.

Quadro 14.8 Demonstração dos fluxos de caixa da Empresa RM (em 31/12/X1) – método indireto

A. ATIVIDADES OPERACIONAIS		$ 135
1. Lucro líquido ajustado		
Lucro líquido do exercício	$ 60	
Depreciação (ver item 5 do Quadro 14.6)	$ 90	
Amortização	$ 30	
Doação de ativo imobilizado líquido	$ 125	$ 305
2. Variação de ativos circulantes operacionais		
Recebimentos de clientes	$ 30	
Acréscimos dos estoques	$ (180)	
Acréscimos de despesas antecipadas	$ (30)	$ (180)
3. Variação de passivos circulantes operacionais		
Aumento do crédito de fornecedores	$ 45	
Redução da prov. p/ imposto de renda	$ (65)	
Aumento de salários a pagar	$ 10	$ 10
B. ATIVIDADES DE INVESTIMENTO		$ (125)
Alienação de investimentos		$ 15
Compra de imobilizado		$ (80)
Aumento de intangíveis		$ (60)
C. ATIVIDADES DE FINANCIAMENTO		$ (35)
Integralização de capital em dinheiro		$ 65
Pagamento de créditos de coligadas		$ (130)
Pagamento de despesas financeiras		$ (20)
Colocação de debêntures		$ 50
TOTAL GERADO NOS FLUXOS DE CAIXA (A + B + C)		$ (25)
(+) SALDO DE CAIXA E EQUIVALENTES NO INÍCIO DO PERÍODO		$ 50
(=) SALDO DE CAIXA E EQUIVALENTES NO FINAL DO PERÍODO		$ 25

Como podemos observar comparando os Quadros 14.7 (método direto) e 14.8 (método indireto), os itens B (atividades de investimento) e C (atividades de financiamento) são exatamente iguais.

O caminho para se chegar ao total do fluxo das atividades operacionais (A) é completamente diferente, mas os respectivos totais não podem deixar de ser iguais, qualquer que seja o método adotado.

14.10 DIVULGAÇÕES

De acordo com o Pronunciamento Técnico CPC 03 (R2), a entidade deverá elaborar um conjunto de divulgações para complementar a demonstração dos fluxos de caixa. São eles:

Componentes de caixa e equivalentes de caixa

45. A entidade deve divulgar os componentes de caixa e equivalentes de caixa e deve apresentar uma conciliação dos montantes em sua demonstração dos fluxos de caixa com os respectivos itens apresentados no balanço patrimonial.

46. Em função da variedade de práticas de gestão de caixa e de produtos bancários ao redor do mundo, e com vistas a atentar para o Pronunciamento Técnico CPC 26 – Apresentação das Demonstrações Contábeis, a entidade deve divulgar a política que adota na determinação da composição do caixa e equivalentes de caixa.

47. O efeito de qualquer mudança na política para determinar os componentes de caixa e equivalentes de caixa, como, por exemplo, a mudança na classificação dos instrumentos financeiros previamente considerados como parte da carteira de investimentos da entidade, deve ser apresentado de acordo com o Pronunciamento Técnico CPC 23 – Políticas Contábeis, Mudança de Estimativa e Retificação de Erro. (CPC 03 (R2), itens 45 a 47)

Outras divulgações

Informações adicionais podem ser relevantes para que os usuários entendam a posição financeira e a liquidez da entidade. A divulgação de tais informações, acompanhada de comentário da administração, é encorajada, e pode incluir:

a. o montante de linhas de crédito obtidas, mas não utilizadas, que podem estar disponíveis para futuras atividades operacionais e para satisfazer compromissos de capital, indicando restrições, se houver, sobre o uso de tais linhas de crédito;
b. o montante agregado dos fluxos de caixa que representam aumentos na capacidade operacional, separadamente dos fluxos de caixa que são necessários apenas para manter a capacidade operacional;
c. o montante dos fluxos de caixa advindos das atividades operacionais, de investimento e de financiamento de cada segmento de negócios passível de reporte;
d. os montantes totais dos juros e dividendos e juros sobre o capital próprio, pagos e recebidos, separadamente, bem como o montante total do imposto de renda e da contribuição social sobre o lucro líquido pagos, nesse caso, destacando os montantes relativos à tributação da entidade.

As demonstrações contábeis não devem divulgar o valor dos fluxos de caixa por ação. Isso porque o lucro líquido é insubstituível como indicador de desempenho da entidade.

14.11 CASO PRÁTICO

Vamos agora apresentar um caso prático de elaboração da demonstração dos fluxos de caixa, pelos métodos direto e indireto, para facilitar a compreensão.

A Empresa RM apresenta a demonstração da posição financeira em 31/12/X1 disposta no Quadro 14.9.

Quadro 14.9 Demonstração da posição financeira da Empresa RM (em 31/12/X1)

ATIVO	X1	X0
CIRCULANTE		
Caixa e equivalentes de caixa	130.000	120.000
Clientes	200.000	36.000
Estoques	130.000	200.000
NÃO CIRCULANTE		
Realizável a longo prazo		
Investimentos	13.000	15.000
Imobilizado	230.000	200.000
(–) Depreciação acumulada	(30.000)	(20.000)
Intangível	30.000	30.000
(–) Amortização acumulada	(9.000)	(6.000)
Total do ativo	**694.000**	**575.000**

PASSIVO	X1	X0
CIRCULANTE		
Fornecedores	60.000	30.000
Pró-labore a pagar	5.000	15.000
Salários da fábrica	50.000	–
Salários do comercial e administrativo	20.000	18.000
NÃO CIRCULANTE		
Empréstimos e financiamentos	200.000	200.000
PATRIMÔNIO LÍQUIDO		
Capital social	170.000	150.000
Reservas de lucros	189.000	162.000
Total do passivo + Patrimônio líquido	**694.000**	**575.000**

A demonstração do resultado do exercício em 31/12/X1 ficou assim (apresentada de forma simplificada para fins didáticos no Quadro 14.10).

Quadro 14.10   Demonstração do resultado do exercício da Empresa RM (em 31/12/X1)

DEMONSTRAÇÃO DO RESULTADO DA EMPRESA RM	
Vendas	300.000
(–) Custo do produto vendido	(180.000)
(–) Manutenção da sede	(15.000)
(–) Pró-labore	(30.000)
(–) Salário comercial e administrativo	(20.000)
(–) Despesas financeiras	(15.000)
(–) Depreciação	(10.000)
(–) Amortização	(3.000)
= Lucro líquido	27.000

Para a elaboração da demonstração dos fluxos de caixa, precisaremos de algumas informações, a seguir apresentadas:

Notas:
[1] 40% das vendas foram recebidas à vista.
[2] Compras de mercadorias no período: $ 30.000 a prazo.
[3] Composição do CPV:
   Matérias-primas: $ 100.000
   Salários da fábrica: $ 50.000
   Energia elétrica: $ 30.000
[4] Aumento do capital em dinheiro: $ 20.000
[5] Alienação de investimentos: $ 2.000
[6] Aquisição de imobilizado: $ 30.000

Vamos agora proceder à elaboração das demonstrações dos fluxos de caixa pelos dois métodos.

Método direto

Quadro 14.11   DFC método direto da Empresa RM (em 31/12/X1)

A. ATIVIDADES OPERACIONAIS	$ 18.000
Recebimento de vendas	$ 136.000
Pagamentos de despesas	$ (118.000)
B. ATIVIDADES DE INVESTIMENTO	**$ (28.000)**
Alienação de investimentos	$ 2.000
Compra de imobilizado	$ (30.000)
C. ATIVIDADES DE FINANCIAMENTO	**$ 20.000**
Integralização de capital em dinheiro	$ 20.000
TOTAL GERADO NOS FLUXOS DE CAIXA (A + B + C)	**$ 10.000**
(+) SALDO DE CAIXA E EQUIVALENTES NO INÍCIO DO PERÍODO	$ 120.000
(=) SALDO DE CAIXA E EQUIVALENTES NO FINAL DO PERÍODO	$ 130.000

Vamos verificar como chegamos a cada um dos itens apresentados no demonstrativo:

Recebimento de vendas

Para chegarmos ao valor do recebimento de vendas, deveremos relacionar as informações da DRE e da demonstração da posição financeira, mais especificamente a conta de vendas com a conta de clientes.

Vejamos:

Em X0, constava na demonstração da posição financeira um valor para receber de clientes de $ 36.000.

A Empresa RM vendeu, em X1, $ 300.000.

Em X1, consta na demonstração da posição financeira um valor para receber de clientes de $ 200.000.

Como só nos interessa saber quanto dessas vendas efetivamente ingressaram no caixa da empresa, precisaremos descobrir esse valor por meio da conta apresentada no Quadro 14.12.

Quadro 14.12 Verificação do valor de vendas recebido por caixa

Saldo de clientes em X0	$ 36.000
(+) Vendas em X1	$ 300.000
(−) Saldo de clientes em X1	$ (200.000)
(=) Valor recebido em caixa	**$ 136.000**

Note que, dos $ 300.000 vendidos, apenas $ 164.000 ficaram em clientes ($ 200.000 (X1) − $ 36.000 (X0)); obviamente, a diferença foi recebida e está no caixa da empresa.

Pagamento de despesas

Conforme o Quadro 14.3, devemos identificar na DRE todas as despesas que possam ter envolvido desembolso de caixa.

No caso atual, chegou-se ao valor de $ 118.000. Veremos como isso foi composto.

Verificando a DRE (Quadro 14.10), vemos que o primeiro item a tratar é o custo dos produtos vendidos.

O referido custo compõe-se (conforme indicado nas notas deste caso) do apresentado no Quadro 14.13.

Quadro 14.13 Análise dos componentes do custo pagos por caixa

Matérias-primas: $ 100.000	Esse item não deverá ser considerado porque representa um consumo de matéria-prima constante no estoque da empresa e, portanto, não envolve transação com o caixa
Salários da fábrica: $ 50.000	Se verificarmos na demonstração da posição financeira (Quadro 14.9), consta no passivo circulante uma conta de "salários da fábrica", nesse exato valor, o que indica que esse componente do custo ainda não foi pago
Energia elétrica: $ 30.000	Para esse componente não temos nenhum passivo relacionado, o que nos faz crer que foi pago e, portanto, deve ser considerado para o cômputo das despesas

Então, do CPV consideraremos apenas $ 30.000 referentes ao pagamento de energia elétrica.

Passando ao outro item da DRE: Manutenção da sede: $ 15.000, verifica-se que também não há passivo relacionado a esse item. Conclui-se, portanto, que foi pago.

O próximo item é o pró-labore: $ 30.000. Nesse caso, há passivo relacionado e, portanto, deveremos efetuar o mesmo cálculo que fizemos em relação à conta clientes. Vejamos no Quadro 14.14.

Quadro 14.14 Verificação de despesas pagas por caixa

Saldo de pró-labore a pagar em X0	$ 15.000
(+) Pró-labore gerado em X1 (DRE)	$ 30.000
(–) Saldo de pró-labore a pagar em X1	$ (5.000)
(=) Valor pago pelo caixa	$ 40.000

Seguindo a DRE, temos agora despesa com Salário comercial e administrativo: $ 20.000. Para esse item, também temos passivo relacionado no Quadro 14.15.

Quadro 14.15 Verificação de despesas pagas por caixa

Saldo de salários a pagar em X0	$ 18.000
(+) Salários gerados em X1 (DRE)	$ 20.000
(–) Saldo de salários a pagar em X1	$ (20.000)
(=) Valor pago pelo caixa	$ 18.000

O item de despesas financeiras: $ 15.000 não tem passivo relacionado; então, o consideraremos pago.

Os itens de depreciação e amortização não representam saídas de caixa, porque não há desembolso; portanto, não serão considerados.

Como resumo desses passos que seguimos, temos como pagamento de despesas o apresentado no Quadro 14.16.

Quadro 14.16 Somatório das despesas pagas por caixa

DESPESA	$
Energia elétrica (CPV)	30.000
Manutenção da sede	15.000
Pró-labore	40.000
Salários comercial e administrativo	18.000
Despesas financeiras	15.000
Total	118.000

Podemos verificar que está batendo com o valor de pagamento de despesas constantes do fluxo de caixa de atividades operacionais da empresa (Quadro 14.11).

Os valores dos outros fluxos de atividades (alienação de investimentos, compra de imobilizado e integralização de capital) são facilmente checados com as informações passadas nas notas do caso prático. Dessa forma, completamos o detalhamento do procedimento para a elaboração do método direto da demonstração dos fluxos de caixa.

Agora, vamos mostrar o mesmo caso com a demonstração dos fluxos de caixa elaborada pelo método indireto.

Método indireto

Quadro 14.17   DFC método indireto da Empresa RM (em 31/12/X1)

A. ATIVIDADES OPERACIONAIS		$ 18.000
1. Lucro líquido ajustado		
Lucro líquido do exercício	$ 27.000	
Depreciação	$ 10.000	
Amortização	$ 3.000	$ 40.000
2. Variação de ativos circulantes operacionais		
Aumento em "clientes"	$ (164.000)	
Diminuição dos estoques	$ 70.000	$ (94.000)
3. Variação de passivos circulantes operacionais		
Aumento do crédito de fornecedores	$ 30.000	
Diminuição pró-labore a pagar	$ (10.000)	
Aumento de salários a pagar da fábrica	$ 50.000	
Aumento de salários comerciais e administrat.	$ 2.000	$ 72.000
B. ATIVIDADES DE INVESTIMENTO		$ (28.000)
Alienação de investimentos		$ 2.000
Compra de imobilizado		$ (30.000)
C. ATIVIDADES DE FINANCIAMENTO		$ 20.000
Integralização de capital em dinheiro		$ 20.000
TOTAL GERADO NOS FLUXOS DE CAIXA (A + B + C)		$ 10.000
(+) SALDO DE CAIXA E EQUIVALENTES NO INÍCIO DO PERÍODO		$ 120.000
(=) SALDO DE CAIXA E EQUIVALENTES NO FINAL DO PERÍODO		$ 130.000

Como visto neste capítulo, em regra, podemos dizer que os fluxos são originados da seguinte maneira:

a. **Atividades operacionais**: ativos e passivos circulantes.
b. **Atividades de investimentos**: ativos não circulantes.
c. **Atividades de financiamentos**: passivos não circulantes e patrimônio líquido.

Porém, nem sempre essa regra se aplica. Exemplo: os empréstimos de curto prazo figuram no passivo circulante, mas devem ser classificados no fluxo de atividades de financiamento.

Dessa maneira, vamos trabalhar em cada fluxo separadamente utilizando essa regra vista.

Atividades operacionais
Lucro líquido ajustado

A demonstração dos fluxos de caixa elaborada pelo método indireto inicia-se pelo resultado do período e, por meio de ajustes, chega-se ao caixa gerado ou consumido no período. No entanto, como esse resultado é contábil, precisamos ajustá-lo, retirando-se os efeitos de itens de despesas ou de receitas que não representam desembolsos ou entradas de caixa e equivalentes. Dessa forma, deveremos analisar na DRE quais são esses valores; normalmente, são apresentados em contas como: Depreciação, Amortização, Exaustão, Variação monetária etc.

No caso em análise, da Empresa RM, temos apenas a depreciação e a amortização. Verifica-se, no Quadro 14.17, que o primeiro ajuste realizado foi justamente somar a esse resultado contábil as despesas que o haviam reduzido na DRE e que não representam saídas efetivas de caixa. Dessa maneira, nosso resultado ajustado ficou composto conforme apresentado no Quadro 14.18.

Quadro 14.18 Ajuste do lucro líquido do exercício

Lucro líquido do exercício	$ 27.000
(+) Depreciação	$ 10.000
(+) Amortização	$ 3.000
(=) Lucro líquido ajustado	**$ 40.000**

Após o ajuste do resultado do exercício, procederemos à análise da variação das contas do ativo circulante.

Seguindo o Quadro 14.9 (demonstração da posição financeira), nosso trabalho consiste agora em verificar a variação de cada conta.

As variações positivas nas contas dos ativos deverão representar uma variação negativa no fluxo de caixa.

☞ EXEMPLO 1:

Se a conta de estoque aumentou é porque a empresa comprou mais e consumiu caixa para isso. Se aumenta o valor da conta clientes é porque o dinheiro que entraria para o caixa e equivalentes, caso a operação fosse à vista, ainda não entrou etc.

Já as variações negativas nas contas dos ativos deverão representar uma variação positiva no fluxo de caixa.

☞ EXEMPLO 2:

Se a conta de estoque reduziu é porque a empresa vendeu mais e gerou caixa e equivalentes de caixa. Se diminui o valor da conta clientes é porque a empresa recebeu deles e, portanto, houve ingresso de recursos no caixa e equivalentes de caixa etc.

A primeira conta do ativo circulante, caixa e equivalentes de caixa, deve ser ignorada, uma vez que é o objeto do fluxo e não componentes dos fluxos.

Vamos então passar à conta de clientes, apresentada no Quadro 14.19.

Quadro 14.19 Verificação do aumento/redução da conta

Saldo em X1	$ 200.000
(–) Saldo em X0	$ (36.000)
(=) Aumento na conta	$ 164.000

Como podemos notar, houve um aumento na conta de clientes e, portanto, essa importância deixou de ingressar no caixa e equivalentes da empresa. Portanto, a variação a ser feita no fluxo de caixa das atividades operacionais é negativa: $ (164.000) (ver item 2 do Quadro 14.17).

Passando para a próxima conta, temos os estoques apresentados no Quadro 14.20.

Quadro 14.20 Verificação do aumento/redução da conta

Saldo em X1	$ 130.000
(–) Saldo em X0	$ (200.000)
(=) Redução na conta	$ 70.000

Nesse caso, há uma redução da conta de estoques, o que indica que foi vendido e gerou caixa e equivalentes de caixa. Portanto, teremos no fluxo de caixa uma variação positiva.

Com isso, encerramos a análise do ativo circulante da Empresa RM. Passaremos agora à análise do passivo circulante para podermos concluir o fluxo das atividades operacionais.

No caso dos passivos, o esquema é o inverso dos ativos, ou seja, havendo aumento no passivo, isso gerará uma variação positiva no fluxo de caixa da empresa, e, havendo uma redução nos passivos, haverá uma variação negativa no fluxo de caixa.

Exemplo: se aumenta a conta de fornecedores é porque foi evitada uma saída de caixa e equivalentes de caixa. Se a conta de fornecedores diminui é porque houve saída de caixa e equivalentes de caixa para o pagamento.

Vamos analisar agora as contas do passivo circulante. A primeira é fornecedores, apresentada no Quadro 14.21.

Quadro 14.21 Verificação do aumento/redução da conta

Saldo em X1	$ 60.000
(–) Saldo em X0	$ (30.000)
(=) Aumento na conta	$ 30.000

Como houve aumento na conta de fornecedores em $ 30.000, reconhecemos uma variação positiva no fluxo de caixa (ver item 3 do Quadro 14.17).

A próxima conta é Pró-labore a pagar, apresentada no Quadro 14.22.

Quadro 14.22 Verificação do aumento/redução da conta

Saldo em X1	$ 5.000
(–) Saldo em X0	$ (15.000)
(=) Diminuição na conta	$ 10.000

Para o pró-labore houve redução. Isso significa que há saída de caixa ou equivalentes. Então, deveremos realizar uma variação negativa no fluxo de caixa.

A conta a ser analisada agora é salários da fábrica, apresentada no Quadro 14.23.

Quadro 14.23 Verificação do aumento/redução da conta

Saldo em X1	$ 50.000
(–) Saldo em X0	$ (0)
(=) Aumento na conta	$ 50.000

O aumento nessa conta gerará uma variação positiva no fluxo de caixa.

A última conta do passivo circulante é a conta de salários do comercial e administrativo, apresentada no Quadro 14.24.

Quadro 14.24 Verificação do aumento/redução da conta

Saldo em X1	$ 20.000
(–) Saldo em X0	$ (18.000)
(=) Aumento na conta	$ 2.000

Este aumento também gerará uma variação positiva no fluxo de caixa.

Atividades de investimento

Passaremos agora à composição do fluxo das atividades de investimento. Para isso, deveremos proceder à análise dos ativos não circulantes da empresa.

Vejamos a conta de investimentos no Quadro 14.25.

Quadro 14.25 Verificação do aumento/redução da conta

Saldo em X1	$ 13.000
(–) Saldo em X0	$ 15.000
(=) Redução na conta	$ (2.000)

A redução nos investimentos gera uma variação positiva no fluxo de caixa (ver item B do Quadro 14.17).

No ativo imobilizado, conforme Quadro 14.25.

Quadro 14.26 Verificação do aumento/redução da conta

Saldo em X1	$ 230.000
(−) Saldo em X0	$ (200.000)
(=) Aumento na conta	$ 30.000

Houve aumento na conta de imobilizado em razão de novas aquisições, o que gera variação negativa no fluxo de caixa.

As contas de depreciação e amortização acumuladas não devem ser analisadas porque já foram computadas no ajuste do resultado líquido do exercício, no fluxo das atividades operacionais (ver item 1 do Quadro 14.17).

A conta de intangível não sofreu alteração de um período para o outro, portanto, não haverá alteração no fluxo de caixa.

Dessa forma, está completa a análise do fluxo das atividades de investimentos.

Atividades de financiamento

Para a composição do fluxo das atividades de financiamento, deveremos analisar o passivo não circulante e o patrimônio líquido.

No passivo não circulante, temos apenas uma conta: empréstimos e financiamentos. Não houve alteração no saldo da conta de um período para o outro, portanto, não devemos fazer nada no fluxo de caixa.

Passando à análise do patrimônio líquido, temos a conta capital social apresentada no Quadro 14.27.

Quadro 14.27 Verificação do aumento/redução da conta

Saldo em X1	$ 170.000
(−) Saldo em X0	$ (150.000)
(=) Aumento na conta	$ 20.000

Houve aumento no capital social, o que representa um ingresso de dinheiro no caixa e equivalentes da empresa, uma vez que o aumento não foi realizado com reservas. Dessa maneira, teremos uma variação positiva no fluxo de caixa (ver item C do Quadro 14.17).

A próxima conta é a reservas de lucros, no entanto, esta não deve ser objeto de análise, já que o resultado do período já consta no início do fluxo das atividades operacionais.

Terminamos, portanto, a análise do fluxo das atividades de financiamentos.

Para a conclusão da demonstração dos fluxos de caixa, basta agora somar os totais dos três fluxos de caixa, o que resultará no caixa gerado ou consumido no período. Ao somarmos esse valor gerado ou consumido com o saldo inicial de caixa e equivalentes de caixa (final de X0), o resultado deve ser exatamente o valor do saldo de caixa e equivalentes de caixa em X1.

ATIVIDADES

1. Com base nos demonstrativos a seguir, elabore a demonstração dos fluxos de caixa pelo método direto e pelo método indireto.

BALANÇO PATRIMONIAL					
Ativo			**Passivo e PL**		
	31/12/X1	31/12/X2		31/12/X1	31/12/X2
Circulante			**Circulante**		
Disponível	800	9.600	Salários a pagar	3.000	1.500
Clientes	500	1.600			
Estoques	3.000	5.400	Fornecedores	6.000	8.400
			Pró-labore a pagar	2.500	6.000
Não circulante					
Realizável a longo prazo					
Títulos a receber	3.000	2.000	**Não circulante**		
Investimentos					
Investimento	10.000	10.000	**Patrimônio líquido**		
Imobilizado					
Imobilizados	56.000	72.000	Capital social	20.000	20.000
(−) Deprec. acumulada	(5.600)	(7.200)	Reservas de lucros	36.200	57.500
Total do ativo	67.700	93.400	**Total do passivo + PL**	7.700	93.400

DRE	31/12/X2
Vendas	250.000
(−) CPV	(200.000)
(=) Lucro bruto	**50.000**
(−) Despesas operacionais	
Depreciação	(1.600)
Desp. seguros	(500)
Manutenção sede	(15.000)
Pró-labore	(5.000)
Desp. salários	(5.000)
Multas fiscais	(1.000)
Outras despesas	(600)
(=) Lucro líquido	**21.300**

Para a elaboração do método direto, considere que os estoques foram adquiridos a prazo.

2. Com base nos demonstrativos a seguir, elabore a demonstração dos fluxos de caixa pelo método direto e pelo método indireto.

BALANÇO PATRIMONIAL						
Ativo			Passivo e PL		
	31/12/X1	31/12/X2		31/12/X1	31/12/X2
Circulante			Circulante		
Disponível	800	1	Salários a pagar	3.000	1.500
Clientes	500	21.600			
Estoques	3.000	5.400	Fornecedores	6.000	8.400
			Pró-labore a pagar	2.500	6.000
Não circulante					
Realizável a longo prazo					
Títulos a receber	3.000	–	Não circulante		
Empréstimos diretores	100.000	100.000			
Investimentos					
Investimentos	10.000	10.000	Patrimônio líquido		
Imobilizado					
Imobilizados	66.000	82.000	Capital social	130.000	130.000
(–) Deprec. acumulada	(5.600)	(7.200)	Reservas de lucros	36.200	65.901
Total do ativo	177.700	211.801	Total do passivo + PL	177.700	211.801

DRE	31/12/X2
Vendas	250.000
(–) CPV	(200.000)
(=) Lucro bruto	50.000
(–) Despesas operacionais	
Depreciação	(1.600)
Desp. seguros	(500)
Manutenção sede	(7.199)
Pró-labore	(5.000)
Desp. salários	(5.000)
Multas fiscais	(1.000)
(=) Lucro líquido	29.701

DEMONSTRAÇÃO DO VALOR ADICIONADO E BALANÇO SOCIAL 15

15.1 INTRODUÇÃO

A Contabilidade deve desempenhar cada vez mais um de seus papéis mais relevantes, que é o de ser útil à sociedade, fornecendo informações mais abrangentes e que envolvam também informes sociais e ambientais. As boas práticas contábeis, representadas por demonstrativos confiáveis, podem mudar os rumos de uma entidade e também da economia de maneira geral.

Iudícibus (2021, p. 8) comenta sobre a abordagem sociológica da contabilidade:

> É uma abordagem do tipo 'bem-estar social', no sentido de que os procedimentos contábeis e os relatórios emanados da Contabilidade deveriam atender a finalidades sociais mais amplas, inclusive relatar adequadamente ao público informações sobre a amplitude e a utilização dos poderes das grandes companhias.

Ainda de acordo com Iudícibus (2021), a Contabilidade social amplia a evidenciação contábil incluindo informações sobre o nível de emprego da entidade, tipos de treinamento, demonstração de valor adicionado etc.

Santos (2007) conta que, em 1977, foi aprovada pelo Congresso francês a lei que obrigou todas as empresas com mais de 299 empregados a prepararem e divulgarem um documento denominado balanço social. O documento é composto de sete capítulos: emprego, remunerações e encargos, condições de higiene e segurança, outras condições de trabalho, formação profissional, relações profissionais e condições de vida do assalariado e suas famílias.

Nesse contexto, o balanço social é um demonstrativo mais abrangente, com diversos níveis de divulgação. Um dos demonstrativos componentes do balanço social é a demonstração do valor adicionado, que evidencia a geração e a distribuição da riqueza pelas entidades.

No Brasil, o Conselho Federal de Contabilidade publicou a Resolução nº 1.003/2004, que dispõe sobre informações de natureza social e ambiental.

Mais recentemente, em 2008, o Comitê de Pronunciamentos Contábeis (CPC) emitiu o Pronunciamento Técnico CPC 09, que trata da demonstração do valor adicionado (DVA). O pronunciamento foi referendado pelas Resoluções CFC nº 1.138/2008 e 1.162/09 – NBC TG 09 – e pela Deliberação CVM nº 557/2008, revogada pela Resolução CVM nº 117/2022.

O objetivo principal deste capítulo é tratar sobre a demonstração do valor adicionado (DVA), porém abordaremos também, de forma sucinta, o balanço social.

15.2 DEMONSTRAÇÃO DO VALOR ADICIONADO

15.2.1 Conceito e objetivos

É um demonstrativo que procura evidenciar o valor da riqueza agregada a um produto por uma determinada empresa e de que forma esse valor agregado foi distribuído entre os fatores de produção.

Assim, podemos dizer que esse demonstrativo tem como objetivos básicos:

- informar o valor da riqueza criada e o valor e a natureza dos custos agregados pela empresa ao valor dos insumos adquiridos;
- informar a quem foi destinada essa riqueza criada (ou agregada) – empregados, investidores, governo, financiadores etc.

A demonstração do valor adicionado deve apresentar, de forma detalhada, em sua primeira parte, a riqueza gerada por ela. A seguir, veremos os componentes dessa parte do demonstrativo.

15.2.2 Custo externo

Nem todo custo é gerado dentro da própria empresa. Boa parte dele, ou até mesmo a maior parte dele, é apenas transferida de outras empresas fornecedoras de matérias-primas, mercadorias, materiais diversos e serviços.

Os custos mais comuns incorporados ao produto da empresa vendedora, mas gerados em outras empresas, são:

- matérias-primas consumidas ou o custo das mercadorias revendidas;
- materiais diversos: lubrificantes, materiais de limpeza, materiais de escritório, combustíveis etc.;
- serviços diversos: serviços de firmas de engenharia, de estabelecimentos de crédito, de escritórios de contabilidade ou auditoria, de firmas de limpeza e segurança etc.

De acordo com o CPC 09, nos valores dos custos dos produtos e mercadorias vendidos, materiais, serviços, energia etc. consumidos, diferentemente do que praticado na DRE, devem ser considerados os tributos incluídos no momento das compras, sejam eles recuperáveis ou não.

15.2.3 Insumos

Todos esses custos – gerados em outras unidades produtivas ou mercantis ou de prestação de serviços – que são incorporados ao custo do produto ou da mercadoria vendida por uma determinada empresa são chamados de "insumos", ou custos gerados externamente (ver seção anterior.)

15.2.4 Remuneração de fatores

Toda empresa utiliza fatores de produção – trabalho, natureza, capital, capacidade tecnológica e capacidade empresarial – e arca com determinado custo para a utilização desses fatores, sob a forma de salários, aluguéis, pró-labore, juros etc.

São os chamados custos internos, ou seja, custos gerados dentro da própria empresa.

15.2.5 Valor adicionado

O somatório dos custos – gerados dentro da própria empresa – que cobrem a remuneração dos fatores de produção por ela utilizados é chamado "valor adicionado"[1] ou valor agregado, no sentido de ser o custo acrescido, por essa empresa, aos custos que já vieram transferidos de outras empresas, a fim de, assim, ser determinado o valor de venda desse produto.

Assim, podemos dizer que o valor adicionado corresponde exatamente ao somatório da remuneração paga pela empresa aos diversos fatores de produção – capital, trabalho etc.

15.2.6 Produto Interno Bruto

O Produto Interno Bruto (PIB) é o principal valor agregado das contas nacionais, pois mede, de forma global, o valor monetário dos bens e dos serviços produzidos no país durante determinado período.[2]

Uma das formas de medir o PIB é justamente por meio do valor adicionado bruto. O valor do PIB do país seria o somatório do valor adicionado em determinado período por todas as unidades econômicas em atividade dentro do país.

Assim, podemos dizer que o valor adicionado bruto de uma empresa, num determinado período, representa a sua contribuição para a formação do PIB do país naquele mesmo período.

15.2.7 Valor de venda do produto

Assim, o valor de venda de um produto (em determinada empresa) seria o somatório dos custos gerados em outras empresas com o somatório do pagamento, feito pela empresa vendedora, dos fatores de produção utilizados, ou seja:

VALOR DE VENDA = CUSTO EXTERNO + CUSTO INTERNO

ou

VALOR DE VENDA = INSUMOS + VALOR ADICIONADO

15.2.8 Depreciação

Apesar de não representar remuneração de fatores, a depreciação dos bens de uso da empresa deve ser incluída no "valor adicionado", pois se trata, sem dúvida, de um custo gerado internamente. Assim, teríamos:

VALOR ADICIONADO[3] = REMUNERAÇÃO DE FATORES + DEPRECIAÇÃO

---

[1] O valor assim calculado é chamado "valor adicionado líquido a custo de fatores" ou "produto interno líquido a custo de fatores". É líquido porque não está acrescido da depreciação. É a custo de fatores porque não está acrescido dos impostos indiretos.
[2] Os valores da contabilidade nacional são considerados "brutos" quando englobam o valor da depreciação de todos os bens de produção utilizados no país durante um determinado período.
[3] Gerando, assim, o valor adicionado bruto ou produto interno bruto a custo de fatores, já que ainda não foram incluídos os impostos indiretos.

15.2.9 Impostos indiretos

Note que o somatório do VALOR ADICIONADO gerado com os INSUMOS absorvidos ainda não atinge o valor de mercado dos bens e dos serviços vendidos.

Estão faltando os "impostos indiretos" como: IPI, ICMS, ISS, PIS, Cofins etc., porque esses impostos estão incluídos no preço de venda das mercadorias ou dos serviços.

Os "impostos diretos" – sobre a renda – são considerados integrantes do lucro gerado, e por isso aparecerão dentro do item "lucros" (como remuneração do fator capital).

Dessa forma, teremos, finalmente, o apresentado na Figura 15.1.

VALOR ADICIONADO[4] = REMUNERAÇÃO DE FATORES + DEPRECIAÇÃO + IMPOSTOS INDIRETOS

Figura 15.1 Esquema do valor adicionado.

15.2.10 Receitas externas

As receitas recebidas de outras entidades jurídicas – aluguéis, dividendos, juros etc. – que foram consideradas valor adicionado na empresa que pagou aquela receita deverão aparecer no demonstrativo como um item à parte – "valor adicionado recebido em transferência" –, logo após a apuração do "valor adicionado líquido produzido pela entidade" (ver Quadro 15.1.)

15.2.11 Conceito de valor adicionado[5]

Somatório da remuneração paga a todos aqueles que participaram do processo de produção adicionada do valor correspondente ao desgaste do ativo fixo (depreciação) e mais o valor transferido ao Governo sob a forma de tributos indiretos.

VALOR ADICIONADO = REMUNERAÇÃO DOS FATORES + DEPRECIAÇÃO + TRIBUTOS INDIRETOS

---

[4] Agora, com a inclusão dos impostos indiretos, temos "o valor adicionado bruto a preços de mercado" ou "produto interno bruto a preços de mercado".

[5] No demonstrativo, quando falarmos de valor adicionado, estaremos sempre tratando do "valor adicionado bruto a preços de mercado" (remuneração de fatores + depreciação + impostos indiretos).

15.2.12 Demonstração do valor adicionado – modelo

Quadro 15.1 Modelo de apuração e distribuição do valor adicionado, adaptado do CPC 09 – Modelo de demonstração do valor adicionado para empresas em geral

DESCRIÇÃO	20X1	20X0
1. RECEITAS		
1.1) Vendas de mercadoria, produtos e serviços		
1.2) Outras receitas		
1.3) Receitas relativas à construção de ativos próprios		
1.4) Provisão para créditos de liquidação duvidosa – Reversão/(Constituição)		
2. INSUMOS ADQUIRIDOS DE TERCEIROS (inclui os valores de impostos – ICMS, IPI, PIS e Cofins)		
2.1) Custo dos produtos, das mercadorias e dos serviços vendidos		
2.2) Materiais, energia, serviços de terceiros e outros		
2.3) Perda/recuperação de valores ativos		
2.4) Outras (especificar)		
3. VALOR ADICIONADO BRUTO (1 – 2)		
4. DEPRECIAÇÃO, AMORTIZAÇÃO E EXAUSTÃO		
5. VALOR ADICIONADO LÍQUIDO PRODUZIDO PELA ENTIDADE (3 – 4)		
6. VALOR ADICIONADO RECEBIDO EM TRANSFERÊNCIA		
6.1) Resultado de equivalência patrimonial		
6.2) Receitas financeiras		
6.3) Outras		
7. VALOR ADICIONADO TOTAL A DISTRIBUIR (5 + 6)		
8. DISTRIBUIÇÃO DO VALOR ADICIONADO		
8.1) Pessoal e encargos		
8.2) Impostos, taxas e contribuições		
8.3) Remuneração de capitais de terceiros (juros, aluguéis etc.)		
8.4) Remuneração de capitais próprios (dividendos, juros s/ capital próprio)		
8.5) Lucros retidos/prejuízo do exercício		
Obs.: o total do item 8 deve ser exatamente igual ao item 7.		

15.2.13 Considerações sobre alguns itens da DVA

A seguir, apresentaremos algumas considerações sobre alguns itens do demonstrativo:

Item 2.3 – Perda/recuperação de valores ativos: deverão ser incluídos nesse item os valores relativos a ajustes por avaliação a valor de mercado de estoques, investimentos etc. Também deverão ser incluídas as perdas por desvalorização de ativos (*impairment*)[6] reconhecidas no período, bem como as reversões de perdas.

Itens de distribuição da riqueza: a seguir, apresentaremos um detalhamento dos itens de distribuição da riqueza.

Quadro 15.2 Detalhamento dos itens de distribuição da riqueza

ITEM	DETALHAMENTO
8.1) Pessoal	Devem ser incluídos a remuneração direta, benefícios e FGTS
8.2) Impostos, taxas e contribuições	Deve incluir valores relativos ao imposto de renda, contribuição social sobre o lucro, contribuição ao INSS (incluindo os valores do Seguro de Acidente do Trabalho) que sejam ônus do empregador. Os impostos compensáveis, como ICMS, IPI, PIS e Cofins, devem ser considerados apenas os valores devidos ou já recolhidos, que representem a diferença entre os impostos e contribuições incidentes sobre as receitas e os respectivos valores incidentes sobre os itens considerados "insumos adquiridos de terceiros"
8.3) Remuneração de capitais de terceiros	Nesse item, incluem-se: **Juros:** devem ser incluídas as despesas financeiras, incluindo variações cambiais passivas, relativas a empréstimos e financiamentos. Inclui os valores que tenham sido capitalizados no período **Aluguéis:** incluem-se arrendamentos mercantis operacionais
8.4) Remuneração de capitais próprios	Nesse item, incluem-se: **Juros sobre o capital próprio e dividendos:** devem ser incluídos apenas os valores distribuídos com base no resultado do próprio exercício, desconsiderando os dividendos distribuídos com base em lucros acumulados de exercícios anteriores. Isso porque já foram incluídos em "lucros retidos" na(s) DVA(s) anterior(es) **Lucros retidos e prejuízo do exercício:** incluem-se os valores relativos ao lucro do exercício destinados às reservas, inclusive os juros sobre o capital próprio quando tiverem esse tratamento. No caso do prejuízo, o valor deve ser incluído com o sinal negativo

15.2.14 Exemplo de demonstração do valor adicionado

Veremos a seguir um exemplo de elaboração da demonstração do valor adicionado (DVA).

A seguir, apresenta-se a demonstração do resultado do exercício da Empresa RM.

Quadro 15.3 Demonstração do resultado do exercício da Empresa RM

	31/12/X1
RECEITA BRUTA DE VENDAS	800.000
(–) ICMS sobre vendas	(160.000)
(=) RECEITA LÍQUIDA DE VENDAS	640.000
(–) Custo da mercadoria vendida	(330.000)
(=) LUCRO BRUTO	310.000

(*continua*)

---

[6] Para mais detalhes sobre avaliação da recuperabilidade de ativos, consultar o Capítulo 10 – *Impairment Test* (Redução ao Valor Recuperável de Ativos).

(continuação)

DEMONSTRAÇÃO DO RESULTADO DO EXERCÍCIO DA EMPRESA RM	31/12/X1
(+) Dividendos recebidos	15.000
(−) Despesas de aluguéis[1]	(19.000)
(−) Comissões passivas[2]	(22.800)
(−) Despesas com pessoal (salários e encargos)	(107.000)
(−) Despesas de fretes e carretos[3]	(8.600)
(−) Despesas de seguros[4]	(33.000)
(−) Despesas financeiras líquidas	(36.800)
(−) Despesas de depreciação	(41.500)
(−) Despesa com assistência jurídica e contábil[5]	(5.300)
(=) LUCRO OPERACIONAL	51.000
(−) Provisão para imposto de renda	(13.800)
(−) Provisão para contribuição social	(4.200)
(=) LUCRO LÍQUIDO DO PERÍODO (*)	33.000
(*) Dividendos distribuídos aos acionistas = $ 7.800	

Notas:
[1] Pagas a pessoa física.
[2] Comissões pagas a vendedores contratados pela firma.... $ 17.800.
    comissões pagas a pessoas jurídicas.................................. $ 5.000.
[3] Pagas a empresas de transporte de cargas ($ 8.600).
[4] Pagas a companhias de seguros ($ 33.000).
[5] Pagas a escritórios de contabilidade e de advocacia.

Conforme Quadro 15.4, devem ser considerados como **insumos**.

Quadro 15.4 Insumos da Empresa RM

CUSTO DAS MERCADORIAS VENDIDAS + SERVIÇOS PRESTADOS A TERCEIROS	
Custo da mercadoria vendida	$ 330.000
Comissões pagas a pessoas jurídicas	$ 5.000
Fretes pagos a empresas de transporte	$ 8.600
Assistência contábil e jurídica	$ 5.300
Despesas de seguros	$ 33.000
Total	**$ 381.900**

No Quadro 15.5 apresenta-se a demonstração do valor adicionado da Empresa RM.

Quadro 15.5 Demonstração do valor adicionado da Empresa RM

DESCRIÇÃO	31/12/X1
1. RECEITAS	$ 800.000
1.1) Receita efetiva de vendas (receita líquida + impostos)	$ 800.000
2. INSUMOS ADQUIRIDOS DE TERCEIROS (inclui os valores de impostos – ICMS, IPI, PIS e Cofins)	$ 381.900
2.1) Custo das mercadorias vendidas	$ 330.000
2.2) Serviços prestados por terceiros	$ 51.900
3. VALOR ADICIONADO BRUTO (1 – 2)	$ 418.100
4. DEPRECIAÇÃO, AMORTIZAÇÃO E EXAUSTÃO	$ 41.500
4.1) Depreciação	$ 41.500
5. VALOR ADICIONADO LÍQUIDO PRODUZIDO PELA ENTIDADE (3 – 4)	$ 376.600
6. VALOR ADICIONADO RECEBIDO EM TRANSFERÊNCIA	$ 15.000
6.1) Dividendos recebidos	$ 15.000
7. VALOR ADICIONADO TOTAL A DISTRIBUIR (5 + 6)	$ 391.600
8. DISTRIBUIÇÃO DO VALOR ADICIONADO	
8.1) Pessoal e encargos	
Despesa com pessoal (salários + encargos)	$ 107.000
Comissão para vendedores	$ 17.800
8.2) Impostos, taxas e contribuições	
Impostos indiretos	$ 160.000
Imposto de renda e contribuição social	$ 18.000
8.3) Remuneração de capitais de terceiros (juros, aluguéis etc.)	
Despesas de juros	$ 36.800
Aluguéis	$ 19.000
8.4) Remuneração de capitais próprios (dividendos, juros s/ capital próprio)	
Dividendos distribuídos	$ 7.800
8.5) Lucros retidos/prejuízo do exercício	
Parcela não distribuída (lucros) (*)	$ 25.200
(=) TOTAL DO VALOR ADICIONADO	$ 391.600
(*) $ 33.000 – $ 7.800 = $ 25.200	

15.2.15 Casos práticos

Vamos agora apresentar dois casos práticos de elaboração da DVA. O primeiro, para empresas prestadoras de serviços; e o segundo, para empresas comerciais.

Empresa prestadora de serviço

A Empresa RM apresenta sua demonstração da posição financeira, em X0, conforme apresentado no Quadro 15.6.

Quadro 15.6 Demonstração da posição financeira da Empresa RM em X0

ATIVO	X0
CIRCULANTE	
Caixa e equivalentes de caixa	110.000
NÃO CIRCULANTE	
Realizável a longo prazo	
Investimentos	
Imobilizado	30.000
(–) Depreciação acumulada	(5.000)
Intangível	
Total do ativo	135.000

PASSIVO	X0
CIRCULANTE	
NÃO CIRCULANTE	
PATRIMÔNIO LÍQUIDO	
Capital social	90.000
Reservas de lucros	45.000
Total do passivo + Patrimônio líquido	135.000

As transações ocorridas durante o período de X1 foram as apresentadas no Quadro 15.7.

Quadro 15.7 Transações da Empresa RM ocorridas em X1

Prestação de serviços		$ 500.000
Custo dos serviços prestados:		
– Mão de obra	$ 100.000	
– INSS patronal	$ 20.000	$ 238.000
– FGTS	$ 8.000	
– Férias	$ 30.000	
– 13ºs salários	$ 80.000	
Despesas administrativas		
– Manutenções na sede	$ 12.000	
– Aluguel	$ 15.000	$ 37.000
– Água e luz	$ 10.000	
Distribuição de lucros anunciada		$ 120.000
Imposto de renda e contribuição: 24% sobre o lucro líquido		
ISS: 2% sobre o valor dos serviços		
Depreciação do imobilizado: 10% a.a.		

A demonstração do resultado em X1 ficou conforme apresentado no Quadro 15.8.

Quadro 15.8 DRE da Empresa RM em 31/12/X1

Receita bruta com serviços	500.000
(–) ISS	(10.000)
(=) Receita líquida	**490.000**
(–) Custo dos serviços prestados	(238.000)
(=) Resultado bruto	**252.000**
(–) Despesas operacionais	
Administrativas (aluguel/água e luz/manutenção da sede)	(37.000)
Depreciação	(3.000)
(=) Resultado operacional	**212.000**
(–) Imposto de renda e contribuição social	50.880
= Lucro líquido	**161.120**

A demonstração da posição financeira em X1, após as operações, ficou conforme apresentado no Quadro 15.9.

Quadro 15.9 Demonstração da posição financeira da Empresa RM em 31/12/X1

ATIVO	X1	X0
CIRCULANTE		
Caixa e equivalentes de caixa	225.000	110.000
Clientes	100.000	–
NÃO CIRCULANTE		
Realizável a longo prazo		
Investimentos		
Imobilizado	30.000	30.000
(–) Depreciação acumulada	(8.000)	(5.000)
Intangível		
Total do ativo	**347.000**	**135.000**

PASSIVO	X1	X0
CIRCULANTE		
Dividendos a pagar	120.000	–
Imposto de renda e contribuição social a pagar	50.880	–

(*continua*)

(continuação)

PASSIVO	X1	X0
NÃO CIRCULANTE		
PATRIMÔNIO LÍQUIDO		
Capital social	90.000	90.000
Reservas de lucros	86.120	45.000
Total do passivo + Patrimônio líquido	347.000	135.000

Agora, deveremos proceder à elaboração da DVA, conforme apresentado no Quadro 15.10.

Quadro 15.10 Demonstração do valor adicionado da Empresa RM em 31/12/X1

DESCRIÇÃO	31/12/X1
1. RECEITAS	$ 500.000
1.1) Receita de prestação de serviços	$ 500.000
2. INSUMOS ADQUIRIDOS DE TERCEIROS (inclui os valores de impostos – ICMS, IPI, PIS e Cofins)	$ 22.000
2.1) Materiais, energia, serviços de terceiros e outros	$ 22.000
3. VALOR ADICIONADO BRUTO (1 – 2)	$ 478.000
4. DEPRECIAÇÃO, AMORTIZAÇÃO E EXAUSTÃO	$ 3.000
4.1) Depreciação	$ 3.000
5. VALOR ADICIONADO LÍQUIDO PRODUZIDO PELA ENTIDADE (3 – 4)	$ 475.000
6. VALOR ADICIONADO RECEBIDO EM TRANSFERÊNCIA	$ -
7. VALOR ADICIONADO TOTAL A DISTRIBUIR (5 + 6)	$ 475.000
8. DISTRIBUIÇÃO DO VALOR ADICIONADO	
8.1) Pessoal e encargos	
Despesa com pessoal (salários + encargos)	$ 218.000
8.2) Impostos, taxas e contribuições	
IRPJ/CSLL/ISS/INSS PATRONAL	$ 80.880
8.3) Remuneração de capitais de terceiros (juros, aluguéis etc.)	
Aluguéis	$ 15.000
8.4) Remuneração de capitais próprios (dividendos, juros s/ capital próprio)	
Dividendos distribuídos	$ 120.000
8.5) Lucros retidos/prejuízo do exercício	
Parcela não distribuída (lucros)	$ 41.120
(=) TOTAL DO VALOR ADICIONADO	$ 475.000

Vamos agora analisar cada item da DVA para entender como ela foi elaborada:

No item 1 – Receitas, ficou claro que o valor de $ 500.000 refere-se à prestação de serviços. Verifica-se que o valor apresentado é o da receita bruta, ou seja, incluindo os impostos, nesse caso o ISS.

No item 2 – Insumos adquiridos de terceiros, consideramos apenas algumas contas de despesas administrativas. Isso ocorre porque as demais contas de despesas e custos serão classificadas mais adiante em outro item da DVA. Então, para o subitem 2.1 foram considerados conforme apresentado no Quadro 15.11.

Quadro 15.11 Composição do item 2.1 da DVA

Manutenções da sede	$ 12.000
Água e luz	$ 10.000
Total	$ 22.000

O item 4.1 – Depreciação refere-se ao valor da depreciação que está na DRE.

Vamos agora tratar da análise da distribuição do valor adicionado (item 8):

No item 8.1 – Pessoal e encargos, devem ser considerados todos os salários, remunerações, gratificações pagas aos funcionários, bem como o FGTS. Vamos ver sua composição no Quadro 15.12.

Quadro 15.12 Composição do item 8.1 da DVA

Mão de obra	$ 100.000
Férias	$ 30.000
13º salário	$ 80.000
FGTS	$ 8.000
Total	$ 218.000

Passamos agora ao item 8.2 – Impostos, taxas e contribuições. A composição é a apresentada no Quadro 15.13.

Quadro 15.13 Composição do item 8.2 da DVA

INSS patronal	$ 20.000
ISS	$ 10.000
IR e CSLL	$ 50.880
Total	$ 80.880

O item 8.3 – Remuneração de capitais de terceiros, no valor de $ 15.000, refere-se a aluguéis, e o item 8.4 – Remuneração de capitais próprios refere-se aos dividendos anunciados que serão distribuídos, no valor de $ 120.000.

No último item (8.5 – Parcela não distribuída do lucro), chegou-se a esse cálculo do modo apresentado no Quadro 15.14.

Quadro 15.14 Composição do item 8.5 da DVA

Lucro líquido do exercício	$ 161.120
(–) Distribuição dividendos	$ 120.000
(=) **Lucro retido**	$ 41.120

Lembrando que, se houvesse dividendos distribuídos de períodos anteriores, estes não deveriam ser incluídos na DVA, porque já o foram, em DVAs anteriores, como "lucros retidos".

Dessa maneira, terminamos de analisar passo a passo a DVA da Empresa RM. Verifica-se que ela gerou uma riqueza de $ 475.000, que foi distribuída conforme Quadro 15.15.

Quadro 15.15 Verificação da distribuição da riqueza da Empresa RM

DISTRIBUIÇÃO DO VALOR ADICIONADO		
	$	%
Pessoal e Encargos	$ 218.000	45,89
Impostos, Taxas e Contribuições	$ 80.880	17,03
Remuneração de Capitais de Terceiros	$ 15.000	3,16
Remuneração de Capitais Próprios	$ 120.000	25,26
Lucros Retidos	$ 41.120	8,66
TOTAL	**$ 475.000**	**100,00**

No Quadro 15.15, verifica-se que mais de 45% da riqueza gerada pela Empresa RM foi destinada aos funcionários. Com isso, percebemos a importância desse demonstrativo para que essas informações passem a ser de conhecimento do público.

Diversos outros indicadores podem ser usados para analisar a DVA, por exemplo, valor adicionado *per capita*, valor adicionado pelo ativo etc.

Vamos agora a outro caso prático:

Empresa comercial

A Empresa RM, agora, é uma empresa comercial e apresenta sua demonstração da posição financeira, em X0, da maneira apresentada no Quadro 15.16.

Quadro 15.16 Demonstração da posição financeira da Empresa RM em X0

ATIVO	X0
CIRCULANTE	
Caixa e equivalentes de caixa	360.000
Estoques	200.000
NÃO CIRCULANTE	
Realizável a longo prazo	
Investimentos	
Imobilizado	500.000
(–) Depreciação acumulada	(100.000)
Intangível	
TOTAL DO ATIVO	**960.000**

PASSIVO	X0
CIRCULANTE	
Fornecedores	50.000
NÃO CIRCULANTE	
PATRIMÔNIO LÍQUIDO	
Capital social	450.000
Reservas de lucros	460.000
TOTAL DO PASSIVO + PATRIMÔNIO LÍQUIDO	**960.000**

As transações ocorridas durante o período de X1 foram as apresentadas no Quadro 15.17.

Quadro 15.17 Transações da Empresa RM ocorridas em X1

Compra de mercadorias a prazo	$ 100.000
Despesas com pessoal:	
– Salários .... $ 80.000	
– INSS patronal .... $ 16.000	$ 237.400
– FGTS .... $ 6.400	
– Férias .... $ 60.000	
– 13ºˢ salários .... $ 75.000	
Despesas administrativas	
– Energia elétrica	$ 20.000
Distribuição de lucros anunciada	$ 50.000
Imposto de renda e contribuição: 24% sobre o lucro líquido	
Depreciação do imobilizado: 10% a.a.	
Foram vendidos 80% dos estoques com ICMS de 12%	$ 750.000

A demonstração do resultado em X1 ficou conforme Quadro 15.18.

Quadro 15.18   DRE da Empresa RM em 31/12/X1

Receita bruta com vendas	750.000
(–) ICMS	(90.000)
(=) Receita líquida	**660.000**
(–) Custo das mercadorias vendidas	(230.400)
(=) Resultado bruto	**429.600**
(–) Despesas operacionais	
Salários/encargos	(237.400)
Administrativas (energia elétrica)	(20.000)
Depreciação	(50.000)
(=) Resultado operacional	**122.200**
(–) Imposto de renda e contribuição social	29.328
= Lucro líquido	**92.872**

A demonstração da posição financeira em X1, após as operações, ficou conforme Quadro 15.19.

Quadro 15.19   Demonstração da posição financeira da Empresa RM em 31/12/X1

ATIVO	X1	X0
CIRCULANTE		
Caixa e equivalentes de caixa	712.600	360.000
Estoques	57.600	200.000
NÃO CIRCULANTE		
Realizável a longo prazo		
Investimentos		
Imobilizado	500.000	500.000
(–) Depreciação acumulada	(50.000)	(100.000)
Intangível		
Total do ativo	**1.120.200**	**960.000**

PASSIVO	X1	X0
CIRCULANTE		
Fornecedores	10.000	50.000
ICMS a recolher	78.000	–

(continua)

(continuação)

PASSIVO	X1	X0
Dividendos a pagar	50.000	–
Imposto de renda e CSLL a pagar	29.328	–
NÃO CIRCULANTE		
PATRIMÔNIO LÍQUIDO		
Capital social	450.000	450.000
Reservas de lucros	502.872	460.000
Total do passivo + Patrimônio líquido	1.120.200	960.000

Agora, deveremos proceder à elaboração da DVA, conforme apresentado no Quadro 15.20.

Quadro 15.20   Demonstração do valor adicionado da Empresa RM em 31/12/X1

DESCRIÇÃO	31/12/X1
1. RECEITAS	$ 750.000
1.1) Receita de vendas	$ 750.000
2. INSUMOS ADQUIRIDOS DE TERCEIROS (inclui os valores de impostos – ICMS, IPI, PIS e Cofins)	$ 281.818
2.1) Custo das mercadorias vendidas	$ 261.818
2.2) Materiais, energia, serviços de terceiros e outros	$ 20.000
3. VALOR ADICIONADO BRUTO (1 – 2)	$ 468.182
4. DEPRECIAÇÃO, AMORTIZAÇÃO E EXAUSTÃO	$ 50.000
4.1) Depreciação	$ 50.000
5. VALOR ADICIONADO LÍQUIDO PRODUZIDO PELA ENTIDADE (3 – 4)	$ 418.182
6. VALOR ADICIONADO RECEBIDO EM TRANSFERÊNCIA	$ –
7. VALOR ADICIONADO TOTAL A DISTRIBUIR (5 + 6)	$ 418.182
8. DISTRIBUIÇÃO DO VALOR ADICIONADO	
8.1) Pessoal e encargos	
Despesa com pessoal (salários + encargos)	$ 221.400
8.2) Impostos, taxas e contribuições	
IRPJ/CSLL/INSS PATRONAL E ICMS	$ 103.910
8.3) Remuneração de capitais de terceiros (juros, aluguéis etc.)	$ –
8.4) Remuneração de capitais próprios (dividendos, juros s/ capital próprio)	
Dividendos distribuídos	$ 50.000
8.5) Lucros retidos/prejuízo do exercício	
Parcela não distribuída (lucros)	$ 42.872
(=) TOTAL DO VALOR ADICIONADO	$ 418.182

Vamos agora analisar cada item da DVA para entender como ela foi elaborada:

No item 1 – Receitas, consideramos a receita bruta com vendas, incluindo o ICMS, no valor de $ 750.000.

No subitem 2.1, consideramos o custo da mercadoria vendida, incluindo o ICMS, ao qual chegamos da maneira apresentada no Quadro 15.21.

Quadro 15.21 Composição do item 2.1 da DVA

Estoque em X0	$ 200.000
(+) Aquisições em X1 (sem ICMS)	$ 88.000
Mercadorias à disposição	**$ 288.000**
(a) Venda de 80%	$ 230.400
(b) Cômputo do ICMS (230.400/0,88)	$ 261.818

A divisão feita por 0,88 é porque a alíquota do imposto é de 12%. Dessa forma, estamos "embutindo" esse valor no custo.

O subitem 2.2 refere-se à despesa com energia elétrica.

O item 4.1 refere-se ao valor da depreciação, que está na DRE.

Vamos, agora, tratar da análise da distribuição do valor adicionado (item 8):

No item 8.1 da demonstração, devem ser considerados todos os salários, remunerações, gratificações pagas aos funcionários, bem como o FGTS. Vamos ver sua composição no Quadro 15.22.

Quadro 15.22 Composição do item 8.1 da DVA

Mão de obra	$ 80.000
Férias	$ 60.000
13º salário	$ 75.000
FGTS	$ 6.400
Total	$ 221.400

Passamos agora ao item 8.2 – Impostos, taxas e contribuições. A composição é a apresentada no Quadro 15.23.

Quadro 15.23 Composição do item 8.2 da DVA

INSS patronal	$ 16.000
ICMS	$ 58.582
IR e CSLL	$ 29.328
Total	$ 103.910

O valor do ICMS que está no Quadro 15.23 foi encontrado pelo valor líquido. Vejamos no Quadro 15.24.

Quadro 15.24 Cálculo do ICMS líquido

ICMS das vendas	$ 90.000
(–) ICMS do custo (261.818 × 12%)[7]	$ (31.418)
(=) **ICMS líquido**	**$ 58.582**

No item 8.4, o valor de $ 50.000 refere-se aos dividendos anunciados que serão distribuídos.

No último item (8.5 – Parcela não distribuída do lucro), chegou-se a esse cálculo da maneira apresentada no Quadro 15.25.

Quadro 15.25 Composição do item 8.5 da DVA

Lucro líquido do exercício	$ 92.872
(–) Distribuição dividendos	$ (50.000)
(=) **Lucro retido**	**$ 42.872**

Dessa maneira, terminamos de analisar passo a passo a DVA da Empresa comercial RM. A distribuição da riqueza ficou conforme apresentado no Quadro 15.26.

Quadro 15.26 Verificação da distribuição da riqueza da Empresa RM

DISTRIBUIÇÃO DO VALOR ADICIONADO	$	%
Pessoal e Encargos	$ 221.400	52,94
Impostos, Taxas e Contribuições	$ 103.910	24,85
Remuneração de Capitais de Terceiros	$ –	0,00
Remuneração de Capitais Próprios	$ 50.000	11,96
Lucros Retidos	$ 42.872	10,25
TOTAL	**$ 418.182**	**100,00**

15.3 BALANÇO SOCIAL

15.3.1 Conceito e objetivos

Segundo Santos (2007, p. 25), citando Santos *et al.*, o balanço social

> é um conjunto de informações que pode ou não ter origem na contabilidade financeira e tem como principal objetivo demonstrar o grau de envolvimento da empresa em relação à sociedade que a acolhe, devendo ser entendido como um grande instrumento no processo de reflexão sobre as atividades das empresas e dos indivíduos no contexto da comunidade como um todo. Será um poderoso referencial de informações nas definições de políticas sobre novos investimentos e no desenvolvimento da consciência para a cidadania.

---

[7] Ver Quadro 15.21.

15.3.2 Natureza e evidenciação das informações

A NBC T 15 do CFC[8] estabelece procedimentos para evidenciação de informações de natureza social e ambiental, com o objetivo de demonstrar à sociedade a participação e a responsabilidade social da entidade.

> 15.1.2 – Para fins desta norma, entende-se por informações de natureza social e ambiental:
> a) a geração e a distribuição de riqueza;
> b) os recursos humanos;
> c) a interação da entidade com o ambiente externo;
> d) a interação com o meio ambiente.
>
> 15.1.3 – A Demonstração de Informações de Natureza Social e Ambiental, ora instituída, quando elaborada deve evidenciar os dados e as informações de natureza social e ambiental da entidade, extraídos ou não da contabilidade, de acordo com os procedimentos determinados por esta norma.
>
> 15.1.4 – A demonstração referida no item anterior, quando divulgada, deve ser efetuada como informação complementar às demonstrações contábeis, não se confundindo com as notas explicativas.
>
> 15.1.5 – A Demonstração de Informações de Natureza Social e Ambiental deve ser apresentada, para efeito de comparação, com as informações do exercício atual e do exercício anterior. (NBC T 15, itens 15.1.2 a 15.1.5)

15.3.3 Beneficiários[9]

Os beneficiários do balanço social podem ser muitos. De acordo com o IBASE:

> O balanço social favorece a todos os grupos que interagem com a empresa. Aos dirigentes fornece informações úteis à tomada de decisões relativas aos programas sociais que a empresa desenvolve. Seu processo de realização estimula a participação dos funcionários na escolha de ações e projetos sociais, gerando um grau mais elevado de comunicação interna e integração nas relações entre dirigentes e o corpo funcional.
>
> Aos fornecedores e investidores, informa como a empresa encara suas responsabilidades em relação aos recursos humanos e à natureza [...].
>
> Para os consumidores, dá uma ideia de qual é a postura dos dirigentes e a qualidade do produto ou serviço oferecido, demonstrando o caminho que a empresa escolheu para construir sua marca. E ao Estado, ajuda na identificação e na formulação de políticas públicas.

15.3.4 Informações a serem divulgadas

A Norma Brasileira de Contabilidade Técnica nº 15 estabelece procedimentos para a evidenciação de informações de natureza social e ambiental, com o objetivo de demonstrar à sociedade a participação e a responsabilidade social da entidade. As divulgações são as seguintes:

---

[8] Aprovada pela Resolução nº 1.003/2004 do Conselho Federal de Contabilidade.
[9] ASSOCIAÇÃO DE DIRIGENTES CRISTÃOS DE EMPRESA (ADCE). *Balanço social*. Disponível em: http://www.adcemg.org.br/balanco-social/. Acesso em: 26 mar. 2017.

15.2.1 – Geração e distribuição de riqueza

15.2.1.1 – A riqueza gerada e distribuída pela entidade deve ser apresentada conforme a Demonstração do Valor Adicionado[10] [...].

15.2.2 – Recursos humanos

15.2.2.1 – Devem constar dados referentes à remuneração, benefícios concedidos, composição do corpo funcional e as contingências e os passivos trabalhistas da entidade.

15.2.2.2 – Quanto à remuneração e benefícios concedidos aos empregados, administradores, terceirizados e autônomos, devem constar:

a) remuneração bruta segregada por empregados, administradores, terceirizados e autônomos;

b) relação entre a maior e a menor remuneração da entidade, considerando os empregados e os administradores;

c) gastos com encargos sociais;

d) gastos com alimentação;

e) gastos com transporte;

f) gastos com previdência privada;

g) gastos com saúde;

h) gastos com segurança e medicina do trabalho;

i) gastos com educação (excluídos os de educação ambiental);

j) gastos com cultura;

k) gastos com capacitação e desenvolvimento profissional;

l) gastos com creches ou auxílios-creche;

m) participação nos lucros ou nos resultados.

15.2.2.3 – Estas informações devem ser expressas monetariamente pelo valor total do gasto com cada item e a quantidade de empregados, autônomos, terceirizados e administradores beneficiados.

15.2.2.4 – Nas informações relativas à composição dos recursos humanos, devem ser evidenciados:

a) total de empregados no final do exercício;

b) total de admissões;

c) total de demissões;

d) total de estagiários no final do exercício;

e) total de empregados portadores de necessidades especiais no final do exercício;

f) total de prestadores de serviços terceirizados no final do exercício;

g) total de empregados por sexo;

h) total de empregados por faixa etária, nos seguintes intervalos:

- menores de 18 anos;
- de 18 a 35 anos;

---

[10] Ver Seção 15.2 – Demonstração do valor adicionado, Quadro 15.1.

> de 36 a 60 anos;
> acima de 60 anos.

i) total de empregados por nível de escolaridade, segregados por:
> analfabetos;
> com ensino fundamental;
> com ensino médio;
> com ensino técnico;
> com ensino superior;
> pós-graduados.

j) percentual de ocupantes de cargos de chefia, por sexo.

15.2.2.5 – Nas informações relativas às ações trabalhistas movidas pelos empregados contra a entidade, devem ser evidenciados:

a) número de processos trabalhistas movidos contra a entidade;

b) número de processos trabalhistas julgados procedentes;

c) número de processos trabalhistas julgados improcedentes;

d) valor total de indenizações e multas pagas por determinação da justiça.

15.2.2.6 – Para o fim desta informação, os processos providos parcialmente ou encerrados por acordo devem ser considerados procedentes.

15.2.3 – Interação da entidade com o ambiente externo.

15.2.3.1 – Nas informações relativas à interação da entidade com o ambiente externo, devem constar dados sobre o relacionamento com a comunidade na qual a entidade está inserida, com os clientes e com os fornecedores, inclusive incentivos decorrentes dessa interação.

15.2.3.2 – Nas informações relativas à interação com a comunidade, devem ser evidenciados os totais dos investimentos em:

a) educação, exceto a de caráter ambiental;

b) cultura;

c) saúde e saneamento;

d) esporte e lazer, não considerados os patrocínios com finalidade publicitária;

e) alimentação.

15.2.3.3 – Nas informações relativas às interações com os clientes, devem ser evidenciados:

a) número de reclamações recebidas diretamente na entidade;

b) número de reclamações recebidas por meio dos órgãos de proteção e defesa do consumidor;

c) número de reclamações recebidas por meio da Justiça;

d) número de reclamações atendidas em cada instância arrolada;

e) montante de multas e indenizações a clientes, determinadas por órgãos de proteção e defesa do consumidor ou pela Justiça;

f) ações empreendidas pela entidade para sanar ou minimizar as causas das reclamações.

15.2.3.4 – Nas informações relativas aos fornecedores, a entidade deve informar se utiliza critérios de responsabilidade social para a seleção de seus fornecedores.

15.2.4 – Interação com o meio ambiente

15.2.4.1 – Nas informações relativas à interação da entidade com o meio ambiente, devem ser evidenciados:

a) investimentos e gastos com manutenção dos processos operacionais para a melhoria do meio ambiente;

b) investimentos e gastos com a preservação e/ou recuperação de ambientes degradados;

c) investimentos e gastos com a educação ambiental para empregados, terceirizados, autônomos e administradores da entidade;

d) investimentos e gastos com educação ambiental para a comunidade;

e) investimentos e gastos com outros projetos ambientais;

f) quantidade de processos ambientais, administrativos e judiciais movidos contra a entidade;

g) valor das multas e das indenizações relativas à matéria ambiental, determinadas administrativa e/ou judicialmente;

h) passivos e contingências ambientais. (NBC T 15, itens 15.2.1 a 15.2.4)

15.3.5 Informações contábeis e auditoria

A norma também esclarece a responsabilidade técnica dos profissionais da contabilidade e dos profissionais de auditoria:

15.3.1 – Além das informações contidas no item 15.2 (da NBC T 15 – *vide* Seção 15.3.4 deste capítulo), a entidade pode acrescentar ou detalhar outras que julgar relevantes.

15.3.2 – As informações contábeis, contidas na Demonstração de Informações de Natureza Social e Ambiental, são de responsabilidade técnica de contabilista registrado em Conselho Regional de Contabilidade, devendo ser indicadas aquelas cujos dados foram extraídos de fontes não contábeis, evidenciando o critério e o controle utilizados para garantir a integridade da informação. A responsabilidade por informações não contábeis pode ser compartilhada com especialistas.

15.3.3 – A Demonstração de Informações de Natureza Social e Ambiental deve ser objeto de revisão por auditor independente, e ser publicada com o relatório deste, quando a entidade for submetida a esse procedimento. (NBC T 15, itens 15.3.1 a 15.3.3)

15.3.6 Modelo Ibase

Desde 1997, o sociólogo Herbert de Souza e o Ibase já vinham chamando a atenção dos empresários e de toda a sociedade para a importância e a necessidade da realização do balanço social das empresas em um modelo único e simples. No modelo sugerido pelo Ibase, apresentado no Quadro 15.27, a sociedade e o mercado são os grandes auditores do processo e dos resultados alcançados.

Quadro 15.27 Modelo de formulário sugerido pelo Ibase

BALANÇO SOCIAL ANUAL

1. Base de cálculo	X1 valor (mil reais)			X0 valor (mil reais)		
Receita líquida (RL)						
Resultado operacional (RO)						
Folha de pagamento bruta (FPB)						
2. Indicadores sociais internos	Valor (mil R$)	% sobre FPB	% sobre RL	Valor (mil R$)	% sobre FPB	% sobre RL
Alimentação						
Encargos sociais compulsórios						
Previdência privada						
Saúde						
Segurança e medicina do trabalho						
Educação						
Cultura						
Capacitação e desenvolvimento profissional						
Creches e auxílio-creche						
Participação nos lucros ou resultados						
Outros						
Total – Indicadores sociais internos						
3. Indicadores sociais externos	Valor (mil R$)	% sobre RO	% sobre RL	Valor (mil R$)	% sobre RO	% sobre RL
Educação						
Cultura						

(continua)

(continuação)

BALANÇO SOCIAL ANUAL

	Valor (mil R$)	% sobre RO	% sobre RL	Valor (mil R$)	% sobre RO	% sobre RL
Saúde e saneamento						
Esporte						
Combate à fome e segurança alimentar						
Outros						
Total das contribuições para a sociedade						
Tributos (excluídos encargos sociais)						
Total – Indicadores sociais externos						
4. Indicadores ambientais						
Investimentos relacionados com a produção/operação da empresa						
Investimentos em programas e/ou projetos externos						
Total dos investimentos em meio ambiente						
Quanto ao estabelecimento de metas anuais para minimizar resíduos, o consumo em geral na produção/operação e aumentar a eficácia na utilização de recursos naturais, a empresa:	( ) não possui metas ( ) cumpre de 0 a 50% ( ) cumpre de 51 a 75% ( ) cumpre de 76 a 100%			( ) não possui metas ( ) cumpre de 0 a 50% ( ) cumpre de 51 a 75% ( ) cumpre de 76 a 100%		
5. Indicadores do corpo funcional						
Nº de empregados(as) ao final do período						
Nº de admissões durante o período						
Nº de empregados(as) terceirizados(as)						
Nº de estagiários(as)						

(continua)

(continuação)

BALANÇO SOCIAL ANUAL		
Nº de empregados(as) acima de 45 anos		
Nº de mulheres que trabalham na empresa		
% de cargos de chefia ocupados por mulheres		
Nº de negros(as) que trabalham na empresa		
% de cargos de chefia ocupados por negros(as)		
Nº de portadores(as) de deficiência ou necessidades Especiais		
6. Informações relevantes quanto ao exercício da cidadania empresarial	**X0**	**Metas X1**
Relação entre a maior e a menor remuneração na Empresa		
Número total de acidentes de trabalho		
Os projetos sociais e ambientais desenvolvidos pela empresa foram definidos por:	( ) direção ( ) direção e gerências ( ) todos(as) empregados(as)	( ) direção ( ) direção e gerências ( ) todos(as) empregados(as)
Os padrões de segurança e salubridade no ambiente de trabalho foram definidos por:	( ) direção e gerências ( ) todos(as) empregados(as) ( ) todos(as) + Cipa	( ) direção e gerências ( ) todos(as) empregados(as) ( ) todos(as) + Cipa
Quanto à liberdade sindical, ao direito de negociação coletiva e à representação interna dos(as) trabalhadores(as), a empresa:	( ) não se envolve ( ) segue as normas do OIT ( ) incentiva e segue a OIT	( ) não se envolve ( ) segue as normas do OIT ( ) incentiva e segue a OIT
A previdência privada contempla:	( ) direção ( ) direção e gerências ( ) todos(as) empregados(as)	( ) direção ( ) direção e gerências ( ) todos(as) empregados(as)
A participação nos lucros ou resultados contempla:	( ) direção ( ) direção e gerências ( ) todos(as) empregados(as)	( ) direção ( ) direção e gerências ( ) todos(as) empregados(as)

(continua)

(continuação)

	BALANÇO SOCIAL ANUAL	
Na relação dos fornecedores, os mesmos padrões éticos e de responsabilidade social e ambiental adotados pela empresa:	( ) não são considerados ( ) são sugeridos ( ) são exigidos	( ) não serão considerados ( ) serão sugeridos ( ) serão exigidos
Quanto à participação de empregados(as) em programas de trabalho voluntário, a empresa:	( ) não se envolve ( ) apoia ( ) organiza e incentiva	( ) não se envolverá ( ) apoiará ( ) organizará e incentivará
Número total de reclamações e críticas de consumidores(as):	na empresa _____ no Procon _____ na Justiça _____	na empresa _____ no Procon _____ na Justiça _____
% de reclamações e críticas solucionadas:	na empresa _____ % no Procon _____ % na Justiça _____ %	na empresa _____ % no Procon _____ % na Justiça _____ %
Valor adicionado total a distribuir (em mil R$):	Em X0:	Em X1:
Distribuição do valor adicionado (DVA):	_____ % governo _____ % colaboradores(as) _____ % acionistas _____ % terceiros _____ % retidos	_____ % governo _____ % colaboradores(as) _____ % acionistas _____ % terceiros _____ % retidos
7. Outras informações		

Quadro 15.28 Instruções do Ibase para o preenchimento do formulário do balanço social

ITENS DO BALANÇO SOCIAL	INSTRUÇÕES PARA O PREENCHIMENTO
Realização	Este Balanço Social (BS) deve apresentar os projetos e as ações sociais e ambientais **efetivamente** realizados pela empresa **Sugestão**: este BS deve ser o resultado de amplo **processo participativo** que envolva a comunidade interna e externa
Publicação	Este BS deve ser apresentado como complemento em outros tipos de demonstrações financeiras e socioambientais; publicado isoladamente em jornais e revistas; amplamente divulgado entre funcionários(as), clientes, fornecedores e a sociedade Pode ser acompanhado de outros itens e de informações qualitativas (textos e fotos) que a empresa julgue necessários
1. Base de cálculo	**(Itens incluídos)**
Receita líquida	Receita bruta excluída dos impostos, contribuições, devoluções, abatimentos e descontos comerciais
Resultado operacional	Este se encontra entre o lucro bruto e o Lucro Antes do Imposto de Renda (LAIR), ou seja, antes das receitas e despesas não operacionais
Folha de pagamento bruta	Valor total da folha de pagamento
2. Indicadores sociais internos	**(Itens incluídos)**
Alimentação	Gastos com restaurante, vale-refeição, lanches, cestas básicas e outros relacionados à alimentação de empregados(as)
Previdência privada	Planos especiais de aposentadoria, fundações previdenciárias, complementações de benefícios a aposentados(as) e seus dependentes
Saúde	Plano de saúde, assistência médica, programas de medicina preventiva, programas de qualidade de vida e outros gastos com saúde, inclusive de aposentados(as)
Educação	Gastos com ensino regular em todos os níveis, reembolso de educação, bolsas, assinaturas de revistas, gastos com biblioteca (excluído pessoal) e outros gastos com educação
Cultura	Gastos com eventos e manifestações artísticas e culturais (música, teatro, cinema, literatura e outras artes)
Capacitação e desenvolvimento profissional	Recursos investidos em treinamentos, cursos, estágios (excluídos os salários) e gastos voltados especificamente para capacitação relacionada com a atividade desenvolvida por empregados(as)
Creches ou auxílio-creche	Creche no local ou auxílio-creche a empregados(as)
Participação nos lucros ou resultados	Participações que não caracterizam complemento de salários
Outros benefícios	Seguros (parcela paga pela empresa), empréstimos (só o custo), gastos com atividades recreativas, transportes, moradia e outros benefícios oferecidos a empregados(as)

(continua)

(continuação)

ITENS DO BALANÇO SOCIAL	INSTRUÇÕES PARA O PREENCHIMENTO
3. Indicadores sociais externos	**(Itens incluídos)**
Total de contribuições para a sociedade	Somatório de investimentos na comunidade que aparecem discriminados. Os itens na tabela aparecem como indicação de setores importantes onde a empresa deve investir (como habitação, creche, lazer e diversão, por exemplo). Porém, podem aparecer aqui somente os investimentos focais que a empresa realiza regularmente
Tributos (excluídos encargos sociais)	Impostos, contribuições e taxas federais, estaduais e municipais
4. Indicadores ambientais	**(Itens incluídos)**
Investimentos relacionados com a produção/operação da empresa	Investimentos, monitoramento da qualidade dos resíduos/efluentes, despoluição, gastos com a introdução de métodos não poluentes, auditorias ambientais, programas de educação ambiental para os(as) funcionários(as) e outros gastos com o objetivo de incrementar e buscar o melhoramento contínuo da qualidade ambiental na produção/operação da empresa
Investimentos em programas/ projetos externos	Despoluição, conservação de recursos ambientais, campanhas ecológicas e educação socioambiental para a comunidade externa e para a sociedade em geral
Metas anuais	Resultado médio percentual alcançado pela empresa no cumprimento de metas ambientais estabelecidas pela própria corporação, por organizações da sociedade civil e/ou por parâmetros internacionais como o Global Reporting Initiative (GRI)
Investimentos em programas/ projetos externos	Despoluição, conservação de recursos ambientais, campanhas ecológicas e educação socioambiental para a comunidade externa e para a sociedade em geral
5. Indicadores do corpo funcional	**(Itens incluídos)**
Nº de negro(s) que trabalham na empresa	Considerar como trabalhadores(as) negros(as) o somatório de indivíduos classificados/autodeclarados como de pele preta e parda (conforme a RAIS)
6. Informações relevantes	**(Itens incluídos)**
Relação entre a maior e a menor remuneração	Resultado absoluto da divisão da maior remuneração pela menor
Número total de acidentes de trabalho	Todos os acidentes de trabalho registrados durante o ano
Normas	Conforme as Convenções 87, 98, 135 e 154 da Organização Internacional do Trabalho (OIT) e os itens da norma Social Accountability 8000 (SA 8000)
Valor adicionado	Mais informações, *vide* Seção 15.2 – Demonstração do valor adicionado (DVA)
7. Outras informações	Este espaço está disponível para que a empresa agregue outras informações importantes quanto ao exercício da responsabilidade social, ética e transparência

ATIVIDADES

1. A Empresa ABC precisa elaborar a demonstração do valor adicionado. Ela é uma empresa prestadora de serviços. A demonstração da posição financeira no início do período era a seguinte:

DEMONSTRAÇÃO DA POSIÇÃO FINANCEIRA DA EMPRESA ABC	
ATIVO	**X0**
CIRCULANTE	
Caixa e equivalentes de caixa	345.000
Estoque de peças	30.000
NÃO CIRCULANTE	
Realizável a longo prazo	
Investimentos	
Imobilizado	90.000
(−) Depreciação acumulada	(25.000)
Intangível	
Total do ativo	**440.000**

PASSIVO	X0
CIRCULANTE	
Fornecedores	30.000
NÃO CIRCULANTE	
PATRIMÔNIO LÍQUIDO	
Capital social	200.000
Reservas de lucros	210.000
Total do passivo + Patrimônio líquido	**440.000**

Durante o ano de X1, ocorreram diversas transações, transcritas a seguir:

Prestação de serviços	$ 600.000
Peças utilizadas	$ 150.000
Despesas com pessoal: – Salários ....$100.000 – INSS patronal ....$ 20.000 – FGTS ....$ 8.000 – Férias...$ 77.000 – 13ᵒˢ salários ....$ 90.000	$ 295.000
Despesas administrativas – Energia elétrica	$ 40.000
Distribuição de lucros anunciada	$ 70.000
Imposto de renda e contribuição: 24% sobre o lucro líquido	
ISS 2%	

Com as informações acima, elabore a DRE, a demonstração da posição financeira e a demonstração do valor adicionado de X1. Considere que as despesas administrativas e com pessoal foram pagas à vista. Para as peças utilizadas, considere que foram compradas e pagas.

POLÍTICAS CONTÁBEIS, MUDANÇA DE ESTIMATIVA E RETIFICAÇÃO DE ERRO 16

16.1 INTRODUÇÃO

Neste capítulo, trataremos das políticas contábeis e suas alterações, mudanças em estimativas contábeis e retificação de erros e omissões.

No Brasil, o tratamento dado a erros e omissões e também a mudanças em políticas contábeis era o de reconhecê-los como ajustes de exercícios anteriores, no patrimônio líquido. Além desse procedimento, não se exigia, por exemplo, a reelaboração das demonstrações contábeis de período(s) anterior(es). A Comissão de Valores Mobiliários (CVM) passou a fazer tal exigência já em 2007.

O tratamento dado a alterações de políticas contábeis, mudanças de estimativas e retificação de erros e omissões está descrito no Pronunciamento Técnico CPC 23, que foi aprovado pela Deliberação CVM nº 592/2009, revogada pela Resolução CVM nº 104/2022, e pela Resolução do Conselho Federal de Contabilidade (CFC) nº 1.179/2009, que aprovou a NBC TG 23, a qual já teve sua primeira revisão (R1).

Entre outras coisas, o pronunciamento determina que os erros e omissões de períodos anteriores devam ser ajustados no exercício corrente, no patrimônio líquido, em lucros ou prejuízos acumulados.

Outra determinação foi a representação retrospectiva, ou seja, os efeitos de mudanças de políticas contábeis e de erros e omissões devem ser verificados nos períodos anteriores que deverão ser reelaborados.

Dessa maneira, o objetivo principal do pronunciamento é estabelecer critérios contábeis para o tratamento desses eventos que, se forem aplicados, resultarão em demonstrações contábeis mais confiáveis e com maior relevância, além de permitir a comparabilidade ao longo do tempo com as demonstrações contábeis de outras entidades.

16.2 POLÍTICAS CONTÁBEIS

Políticas contábeis são princípios, bases, convenções, regras e práticas específicas aplicados por uma entidade na preparação e na apresentação de demonstrações contábeis.

São escolhas contábeis. Por exemplo, a escolha de um critério para apuração do custo das mercadorias vendidas entre média ponderada móvel (MPM), último que entra, primeiro que sai (UEPS) e primeiro que entra, primeiro que sai (PEPS) caracteriza-se como uma política contábil adotada pela entidade.

16.2.1 Seleção e aplicação

Quando um determinado pronunciamento técnico, interpretação ou orientação for aplicado especificamente a uma transação, a outro evento ou circunstância, a política ou políticas contábeis aplicadas a esse item devem ser determinadas pela aplicação desse pronunciamento, interpretação ou orientação.

O CPC 23 determina que, na ausência do pronunciamento, interpretação ou orientação, a entidade deverá exercer julgamento no desenvolvimento e na aplicação de política contábil que resulte em informação que seja:

(a) relevante para a tomada de decisão econômica por parte dos usuários; e
(b) confiável, de tal modo que as demonstrações contábeis:
  (i) representem adequadamente a posição patrimonial e financeira, o desempenho financeiro e os fluxos de caixa da entidade;
  (ii) reflitam a essência econômica de transações, outros eventos e condições e, não, meramente a forma legal;
  (iii) sejam neutras, isto é, que estejam isentas de viés;
  (iv) sejam prudentes; e
  (v) sejam completas em todos os aspectos materiais. (CPC 23, item 10)

Para o exercício do julgamento, a entidade deve consultar e considerar a aplicabilidade das seguintes fontes por ordem decrescente:

a. os requisitos e a orientação dos Pronunciamentos, Interpretações e Orientações que tratem de assuntos semelhantes e relacionados; e
b. as definições, os critérios de reconhecimento e os conceitos de mensuração para ativos, passivos, receitas e despesas contidos na Estrutura Conceitual.

16.2.2 Uniformidade

As políticas contábeis de uma entidade devem ser consistentes, e não devem ser alteradas, a menos que resultem em informação contábil mais confiável. A entidade deve selecionar e aplicar suas políticas contábeis uniformemente para transações semelhantes, outros eventos e condições. As políticas contábeis devem ser consistentes para cada categoria.

16.2.3 Mudanças nas políticas contábeis

Como mencionado, o ideal é que a entidade não mude suas políticas contábeis para que seja mantida a comparabilidade das demonstrações contábeis, e seus usuários possam analisar tendências ao longo do tempo. Contudo, a entidade deve alterar uma política contábil apenas se a mudança:

(a) for exigida por Pronunciamento, Interpretação ou Orientação; ou
(b) resultar em informação confiável e mais relevante nas demonstrações contábeis sobre os efeitos das transações, outros eventos ou condições acerca da posição patrimonial e financeira, do desempenho ou dos fluxos de caixa da entidade. (CPC 23, item 14)

Conforme o CPC 23, não são consideradas mudanças nas políticas contábeis:

(a) a adoção de política contábil para transações, outros eventos ou condições que difiram em essência daqueles que ocorriam anteriormente; e
(b) a adoção de nova política contábil para transações, outros eventos ou condições que não ocorriam anteriormente ou eram imateriais. (CPC 23, item 16)

A regra para aplicação de mudanças em políticas contábeis é a seguinte:

a. se a mudança for voluntária, a aplicação deve ser feita retrospectivamente;
b. se a mudança for exigida por um pronunciamento ou interpretação, então deverá ser verificado se nessa norma há requerimentos específicos na transição; se houver, aplicam-se os requerimentos específicos da norma, se não houver, deverá ser aplicada a mudança retrospectivamente.

16.2.3.1 *Aplicação retrospectiva*

Aplicação retrospectiva significa dizer que a aplicação de uma nova política contábil deve ser feita como se essa política tivesse sido sempre aplicada.

Para tanto, a entidade deve ajustar o saldo de abertura de cada componente do patrimônio líquido afetado, para o período anterior mais antigo apresentado e os demais montantes comparativos divulgados para cada período anterior apresentado.

16.2.3.2 *Limitações à aplicação retrospectiva*

A aplicação retrospectiva não deverá ser aplicada se:

a. for impraticável determinar o efeito de período específico; nesse caso, deverá aplicar a nova política contábil no início do período mais recente no qual a aplicação retrospectiva é praticável;
b. for impraticável determinar o efeito acumulado da mudança; nesse caso, deverá aplicar a nova política contábil de forma prospectiva a partir da data mais recente que for praticável, e ajustar a informação comparativa.

A aplicação prospectiva determina que o reconhecimento dos efeitos da mudança seja feito nos períodos corrente e futuro afetados.

16.2.4 Divulgações

Quando a aplicação inicial de uma norma ou interpretação tem efeito, a entidade deve divulgar:

(a) o título do Pronunciamento, Interpretação ou Orientação;
(b) quando aplicável, que a mudança na política contábil é feita de acordo com as disposições da aplicação inicial do Pronunciamento, Interpretação ou Orientação;

(c) a natureza da mudança na política contábil;
(d) quando aplicável, uma descrição das disposições transitórias na adoção inicial;
(e) quando aplicável, as disposições transitórias que possam ter efeito em futuros períodos;
(f) o montante dos ajustes para o período corrente e para cada período anterior apresentado, até ao ponto em que seja praticável:
  (i) para cada item afetado da demonstração contábil; e
  (ii) se o Pronunciamento Técnico CPC 41 – Resultado por Ação se aplicar à entidade, para resultados por ação básicos e diluídos.
(g) o montante do ajuste relacionado com períodos anteriores aos apresentados, até ao ponto em que seja praticável; e
(h) se a aplicação retrospectiva exigida pelos itens 19(a) ou (b) for impraticável para um período anterior em particular, ou para períodos anteriores aos apresentados, as circunstâncias que levaram à existência dessa condição e uma descrição de como e desde quando a política contábil tem sido aplicada. (CPC 23, item 28)

Nos períodos subsequentes, essas divulgações não deverão ser repetidas.

Quando a mudança de políticas contábeis for voluntária e tiver efeito no período corrente ou em qualquer período anterior, a entidade deverá divulgar:

(a) a natureza da mudança na política contábil;
(b) as razões pelas quais a aplicação da nova política contábil proporciona informação confiável e mais relevante;
(c) o montante do ajuste para o período corrente e para cada período anterior apresentado, até o ponto em que seja praticável:
  (i) para cada item afetado da demonstração contábil; e
  (ii) se o Pronunciamento Técnico CPC 41 – Resultado por Ação se aplicar à entidade, para resultados por ação básicos e diluídos.
(d) o montante do ajuste relacionado com períodos anteriores aos apresentados, até ao ponto em que seja praticável; e
(e) as circunstâncias que levaram à existência dessa condição e uma descrição de como e desde quando a política contábil tem sido aplicada, se a aplicação retrospectiva for impraticável para um período anterior em particular, ou para períodos anteriores aos apresentados. (CPC 23, item 29)

Da mesma maneira, essas divulgações não precisam ser repetidas nas demonstrações contábeis subsequentes.

Quando a entidade não aplica uma nova norma ou interpretação que já foi emitida, mas a aplicação ainda não é obrigatória, deve divulgar:

(a) tal fato; e
(b) informação disponível ou razoavelmente estimável que seja relevante para avaliar o possível impacto da aplicação do novo Pronunciamento, Interpretação ou Orientação nas demonstrações contábeis da entidade no período da aplicação inicial. (CPC 23, item 30)

Cumprindo essas divulgações, a entidade também deverá divulgar:

a. o título do novo Pronunciamento, Interpretação ou Orientação;
b. a natureza da mudança ou das mudanças iminentes na política contábil;
c. a data em que é exigida a aplicação do Pronunciamento, Interpretação ou Orientação;
d. a data em que ela planeja aplicar inicialmente o Pronunciamento, Interpretação ou Orientação; e
e. a avaliação do impacto que se espera que a aplicação inicial do Pronunciamento, Interpretação ou Orientação tenha nas demonstrações contábeis da entidade ou, se esse impacto não for conhecido ou razoavelmente estimável, da explicação acerca dessa impossibilidade.

16.3 MUDANÇA NAS ESTIMATIVAS CONTÁBEIS

Estimativas contábeis são julgamentos realizados acerca da mensuração de determinados itens das demonstrações contábeis. O julgamento é realizado com base em informações e fatos disponíveis naquele momento para a entidade. Com base nessas informações, as estimativas são realizadas. Contudo, elas podem sofrer alterações, não se concretizarem etc.

Vamos imaginar, por exemplo, uma máquina fabril que, ao ser adquirida, projetamos, com base em informações e dados disponíveis, que sua vida útil será de 15 anos. No entanto, no décimo ano verifica-se que a estimativa não será alcançada, e a máquina terá apenas mais dois anos de vida útil.

Portanto, diante de novos fatos, os valores dessa estimativa deverão ser ajustados; no entanto, apenas prospectivamente.

De acordo com o CPC 23, mudança de estimativa é um ajuste nos saldos contábeis de um ativo ou de um passivo, ou nos montantes relativos ao consumo periódico de um ativo, decorrente da avaliação da situação atual e das obrigações e dos benefícios futuros esperados associados aos ativos e passivos. Suas alterações decorrem de nova informação ou inovações e, portanto, não são retificações de erros.

Exemplo de estimativas, nas quais é necessário o exercício de julgamento:

(a) ajuste para perdas de crédito esperadas, aplicando o CPC 48;
(b) valor líquido realizável de um item de estoque, aplicando o CPC 16;
(c) valor justo de um ativo ou passivo, aplicando o CPC 46;
(d) despesa de depreciação para um item do ativo imobilizado, aplicando o CPC27; e
(e) uma provisão para obrigações decorrentes de garantias, aplicando o CPC 25. (CPC 23, item 32)

A utilização de estimativas razoáveis não reduz a confiabilidade das demonstrações contábeis.

O efeito de mudança na estimativa contábil deve ser reconhecido prospectivamente, incluindo-os nos resultados do:

(a) período da mudança, se a mudança afetar apenas esse período; ou
(b) período da mudança e futuros períodos, se a mudança afetar todos eles. (CPC 23, item 36)

Se a mudança na estimativa contábil resultar em mudanças em ativos e passivos, ou relacionar-se a componente do patrimônio líquido, ela deve ser reconhecida pelo ajuste no correspondente item do ativo, do passivo ou do patrimônio líquido no período da mudança.

Na aplicação prospectiva, determinados itens podem não somente afetar o período corrente, como também períodos futuros, por exemplo, mudança na vida útil de ativos. Nesse caso, a mudança deverá ser reconhecida no resultado do exercício do período corrente e também deverá ser reconhecida no resultado de períodos futuros.

Se houver dificuldade em distinguir entre a mudança em uma estimativa contábil e em uma política contábil, a mudança deverá ser tratada como uma mudança de estimativa contábil.

16.3.1 Divulgações

A entidade deverá realizar as seguintes divulgações em relação a mudanças de estimativas contábeis: a natureza e o montante da mudança em uma estimativa: (i) que tenha efeito no período atual; ou (ii) seja esperado que tenha efeito nos períodos futuros.

Se for impraticável quantificar o montante, a entidade deve divulgar esse fato.

16.4 ERROS E OMISSÕES

No processo de elaboração e apresentação das demonstrações contábeis, podem ocorrer erros relativos a registro, mensuração etc. Dessa maneira, os demonstrativos contábeis não estariam representados fidedignamente, e sua qualidade ficaria prejudicada. Além de erros, omissões também contribuem para essa situação. O ideal é que esses erros e omissões possam ser corrigidos antes da publicação das demonstrações contábeis; porém, se forem descobertos depois, a solução é a correção na informação comparativa apresentada nas demonstrações contábeis do período subsequente.

Omissões e declarações incorretas nas demonstrações contábeis da entidade de um ou mais períodos anteriores são decorrentes da falta de uso, ou uso incorreto, de informação confiável que:

a. estava disponível quando as demonstrações contábeis desses períodos foram autorizados para publicação; e
b. pudesse ter sido razoavelmente obtida e levada em consideração na preparação e na apresentação dessas demonstrações contábeis. Como já mencionado, os erros podem incluir os efeitos de erros matemáticos, erros de aplicação de políticas contábeis, fraudes etc.

A entidade deve corrigir erros materiais de períodos anteriores de forma retrospectiva no primeiro conjunto de demonstrações contábeis a ser publicada após a descoberta de tais erros:

(a) por reapresentação dos valores comparativos para o período anterior apresentado em que tenha ocorrido o erro; ou
(b) se o erro ocorreu antes do período anterior mais antigo apresentado, da reapresentação dos saldos de abertura dos ativos, dos passivos e do patrimônio líquido para o período anterior mais antigo apresentado. (CPC 23, item 42)

16.4.1 Limitação à reapresentação retrospectiva

Um erro de período anterior dever ser corrigido de forma retrospectiva, salvo se:

a. for impraticável determinar o efeito de período específico; nesse caso, reapresente os saldos de abertura dos ativos, passivos e patrimônio líquido do período mais recente ao qual for possível retroagir (podendo ser o período corrente);

b. for impraticável determinar o efeito acumulado do erro no início do período corrente; nesse caso, reapresente a informação comparativa para corrigir o erro de forma prospectiva a partir da data mais recente que for praticável.

A retificação de erro de período anterior deve ser excluída dos resultados do período em que o erro é descoberto. As informações sobre períodos anteriores, incluindo resumos históricos de dados financeiros, devem ser retificadas para períodos tão antigos quanto for praticável.

16.4.2 Divulgações

As seguintes divulgações devem ser realizadas pela entidade, em relação a erros e omissões:

(a) a natureza do erro de período anterior;
(b) o montante da retificação para cada período anterior apresentado, na medida em que seja praticável:
  (i) para cada item afetado da demonstração contábil; e
  (ii) se o Pronunciamento Técnico CPC 41 – Resultado por Ação se aplicar à entidade, para resultados por ação básicos e diluídos;
(c) o montante da retificação no início do período anterior mais antigo apresentado; e
(d) as circunstâncias que levaram à existência dessa condição e uma descrição de como e desde quando o erro foi corrigido, se a reapresentação retrospectiva for impraticável para um período anterior em particular. (CPC 23, item 49)

Não será necessário a repetição das divulgações em períodos subsequentes.

16.5 EXEMPLO PRÁTICO

Vamos a um exemplo prático de erro e omissão. Vamos imaginar que a Empresa RM apresenta, em X1, os demonstrativos a seguir, elaborados antes da identificação de erros e omissões:

Quadro 16.1 Exemplo: balanço da Empresa RM

ATIVO	X1	X0	PASSIVO	X1	X0
Circulante			Circulante		
Bancos	35.800	10.000	Salários	15.000	20.000
Estoques	120.000	100.000	Fornecedores	23.000	40.000
			IR a pagar	7.500	4.500
			CSLL a pagar	4.500	2.700
Não circulante					
Realizável a longo prazo			Não circulante		
Investimentos					

(continua)

(continuação)

ATIVO	X1	X0	PASSIVO	X1	X0
Imobilizado			Patrimônio líquido		
Máquinas	200.000	200.000	Capital social	240.000	240.000
(-) Depreciações	(50.000)	(30.000)	Reservas de lucros	60.800	22.800
Veículos	60.000	60.000			
(-) Depreciações	(15.000)	(10.000)			
Intangível					
TOTAL DO ATIVO	350.800	330.000	TOTAL DO PASSIVO + PL	350.800	330.000

Quadro 16.2 Exemplo: demonstração do resultado do exercício da Empresa RM

	X1	X0
Receita líquida	200.000	180.000
(-) CMV	(120.000)	(120.000)
(=) Lucro bruto	80.000	60.000
(-) Despesas operacionais	(30.000)	(30.000)
(=) Lucro operacional	50.000	30.000
(-) Imposto de renda (15%)	(7.500)	(4.500)
(-) CSLL (9%)	(4.500)	(2.700)
(=) Lucro líquido	38.000	22.800

A empresa descobre uma omissão e um erro nas despesas operacionais de X0. Na verdade, o valor de $ 30.000 está errado; o correto é $ 40.000.

A empresa vai proceder à retificação. Para isso, deve efetuar lançamento contábil de correção no momento da descoberta do erro e/ou omissão.

Isso significa que, além do ajuste da despesa, diretamente em lucros ou prejuízos acumulados, deverá reconhecer também os ajustes nos impostos, uma vez que estes seriam menores se o erro/omissão não tivesse acontecido. Portanto, isso gerará um crédito de impostos para entidade. Vejamos o lançamento no Quadro 16.3.

Quadro 16.3 Exemplo: lançamento de correção do erro

LANÇAMENTO	VALOR $
Reserva de lucros	10.000
a Contas a pagar	10.000

Nesse lançamento, reconhecemos as despesas operacionais que haviam sido esquecidas, bem como reconhecemos a dívida para o pagamento dessas despesas.

Agora, vamos proceder ao ajuste dos impostos com o reconhecimento dos créditos fiscais, apresentado no Quadro 16.4.

Quadro 16.4 Exemplo: Lançamento de correção do erro

LANÇAMENTO	VALOR $
Imposto de renda a recuperar (ativo circulante)	1.500
CSLL a recuperar (ativo circulante)	900
a Reserva de lucros	2.400

Agora, com o erro corrigido, a Empresa RM deverá publicar seus demonstrativos, e é agora que, segundo o CPC 23, ela deve reelaborar a apresentação dos saldos do exercício anterior. No Quadro 16.5, vejamos como fica (alterações em itálico).

Quadro 16.5 Exemplo: balanço patrimonial da RM em X1, com reelaboração do ano de X0

ATIVO	X1	X0 *Reelaborado*	PASSIVO	X1	X0 *Reelaborado*
Circulante			Circulante		
Bancos	35.800	10.000	Salários	15.000	20.000
Estoques	120.000	100.000	Fornecedores	23.000	40.000
Imposto de renda a recuperar	–	*1.500*	IR a pagar	6.000	4.500
CSLL a recuperar	–	*900*	CSLL a pagar	3.600	2.700
Não circulante			Contas a pagar	10.000	10.000
Realizável a longo prazo					
			Não circulante		
Investimentos					
Imobilizado			Patrimônio líquido		
Máquinas	200.000	200.000	Capital social	240.000	240.000
(–) Depreciações	(50.000)	(30.000)	*Reservas de lucros*	*53.200*	*15.200*
Veículos	60.000	60.000			
(–) Depreciações	(15.000)	(10.000)			
Intangível					
TOTAL DO ATIVO	**350.800**	**332.400**	**TOTAL DO PASSIVO + PL**	**350.800**	**332.400**

A demonstração do resultado do exercício também deve ser apresentada com o ano de X0 reelaborado (alterações em itálico), conforme Quadro 16.6.

Quadro 16.6 Exemplo: DRE da RM em X1, com reelaboração do ano de X0

	X1	X0
		Reelaborado
Receita líquida	200.000	180.000
(−) CMV	(120.000)	(120.000)
(=) Lucro bruto	80.000	60.000
(−) *Despesas operacionais*	(30.000)	*(40.000)*
(=) Lucro operacional	50.000	20.000
(−) Imposto de renda (15%)	(7.500)	(3.000)
(−) CSLL (9%)	(4.500)	(1.800)
(=) Lucro líquido	38.000	15.200

Também deverão ser ajustadas a demonstração das mutações do patrimônio líquido e a demonstração dos fluxos de caixa.

Como podemos verificar nesse exemplo, a publicação das demonstrações contábeis, com a reelaboração do período em que ocorreu a omissão, reestabelece a comparabilidade, tornando-as íntegras, como se essa omissão e erro nunca tivessem ocorrido.

Também deverá ser feita toda divulgação necessária, em notas explicativas, com o intuito de dar amplo esclarecimento sobre o fato ocorrido e de como foi procedido seu ajuste, bem como os reflexos existentes.

ATIVIDADES

1. A Empresa ABC apresenta, no encerramento do período de X1, os seguintes demonstrativos contábeis:

DEMONSTRAÇÃO DA POSIÇÃO FINANCEIRA EMPRESA ABC					
ATIVO	**X1**	**X0**	**PASSIVO**	**X1**	**X0**
Circulante			Circulante		
Bancos	200.000	88.000	Salários	40.000	50.000
Estoques	66.000	26.000	Fornecedores	50.000	25.000
			IR a pagar	13.500	7.500
Não circulante			CSLL a pagar	8.100	4.500
Realizável a longo prazo					
			Não circulante		
Investimentos					

(continua)

(continuação)

DEMONSTRAÇÃO DA POSIÇÃO FINANCEIRA EMPRESA ABC					
ATIVO	X1	X0	PASSIVO	X1	X0
Imobilizado			Patrimônio líquido		
Máquinas	500.000	500.000	Capital social	470.000	470.000
(-) Depreciações	(150.000)	(100.000)	Reservas de lucros	106.400	38.000
Veículos	90.000	90.000			
(-) Depreciações	(18.000)	(9.000)			
Intangível					
TOTAL DO ATIVO	**688.000**	**595.000**	**TOTAL DO PASSIVO + PL**	**688.000**	**595.000**

A demonstração do resultado do exercício era a seguinte:

DEMONSTRAÇÃO DO RESULTADO DO EXERCÍCIO EMPRESA ABC		
	X1	X0
Receita líquida	450.000	300.000
(-) CMV	(270.000)	(180.000)
(=) Lucro bruto	180.000	120.000
(-) Despesas operacionais	(90.000)	(70.000)
(=) Lucro operacional	90.000	50.000
(-) Imposto de renda (15%)	(13.500)	(7.500)
(-) CSLL (9%)	(8.100)	(4.500)
(=) Lucro líquido	68.400	38.000

Antes que publicasse os demonstrativos de X1, a Empresa ABC descobriu um erro nos lançamentos contábeis de X0. Uma despesa foi lançada com valor errado, um erro de digitação. Essa despesa operacional que possuía valor de $ 1.000 foi lançada por $ 10.000.

Realize os lançamentos de ajuste do erro em X1 e reelabore a demonstração da posição financeira e a demonstração do resultado do exercício de X0, para reestabelecimento da comparabilidade e a correta publicação do exercício de X1.

BIBLIOGRAFIA

BRASIL. *Decreto nº 9.850, de 22 de novembro de 2018*. Regulamenta a tributação, a fiscalização, a arrecadação e a administração do Imposto sobre a Renda e Proventos de Qualquer Natureza.

BRASIL. *Decreto-lei nº 1.598, de 26 de dezembro de 1977*. Altera a legislação do imposto sobre a renda.

BRASIL. *Decreto-lei nº 2.065, de 26 de outubro de 1983*. Altera a Legislação do Imposto sobre a Renda, Dispõe sobre o Reajustamento dos aluguéis Residenciais, sobre as Prestações dos Empréstimos do Sistema Financeiro da Habitação, sobre a Revisão do Valor dos Salários, e dá outras Providências.

BRASIL. *Lei nº 6.404, de 15 de dezembro de 1976*. Lei das Sociedades por Ações. Lei nº 10.303, de 31 de outubro de 2001. Altera e acrescenta dispositivos da Lei nº 6.404, de 15 de dezembro de 1976, que dispõe sobre as sociedades por ações.

BRASIL. *Lei nº 9.249, de 26 de dezembro de 1995*. Altera a legislação do imposto de renda das pessoas jurídicas, bem como da contribuição social sobre o lucro líquido, e dá outras providências.

BRASIL. *Lei nº 11.638, de 28 de dezembro de 2007*. Altera e revoga dispositivos da Lei nº 6.404, de 15 de dezembro de 1976, e da Lei nº 6.385, de 7 de dezembro de 1976, e estende às sociedades de grande porte disposições relativas à elaboração e divulgação de demonstrações financeiras.

BRASIL. *Lei nº 11.941, de 27 de maio de 2009*. Altera a legislação tributária federal relativa ao parcelamento ordinário de débitos tributários; concede remissão nos casos em que especifica; institui regime tributário de transição e dá outras providências.

BRASIL. *Medida Provisória nº 612/2013, de 2 de abril de 2013*. Reestrutura o modelo jurídico de reorganização dos recintos aduaneiros de zona secundária e dá outras providências.

BRASIL. *Lei nº 12.973, de 13 de maio de 2014*. Altera a legislação tributária federal relativa ao Imposto sobre a Renda das Pessoas Jurídicas – IRPJ, à Contribuição Social sobre o Lucro Líquido – CSLL, à Contribuição para o PIS/Pasep e à Contribuição para o Financiamento da Seguridade Social – Cofins; revoga o Regime Tributário de Transição – RTT, instituído pela Lei nº 11.941, de 27 de maio de 2009; dispõe sobre a tributação da pessoa jurídica domiciliada no Brasil, com relação ao acréscimo patrimonial decorrente de participação em lucros auferidos no exterior por controladas e coligadas; altera o Decreto-lei nº 1.598, de 26 de dezembro de 1977 e as Leis nºs 9.430, de 27 de dezembro de 1996, 9.249, de 26 de dezembro de 1995, 8.981, de 20 de janeiro de 1995, 4.506, de 30 de novembro de 1964, 7.689, de 15 de dezembro de 1988, 9.718, de 27 de novembro de 1998, 10.865, de 30 de abril de 2004, 10.637, de 30 de dezembro de 2002, 10.833, de 29 de dezembro de 2003, 12.865, de 9 de outubro de 2013, 9.532, de 10 de dezembro de 1997, 9.656, de 3 de junho de 1998, 9.826, de 23 de agosto de 1999, 10.485, de 3 de julho de 2002, 10.893, de 13 de julho de 2004, 11.312, de 27 de junho de 2006, 11.941, de 27 de maio de 2009, 12.249, de 11 de junho de 2010, 12.431, de 24 de junho de 2011, 12.716, de 21 de setembro de 2012, e 12.844, de 19 de julho de 2013; e dá outras providências.

BRASIL. *Instrução Normativa nº 1.700/2017, de 14 de março de 2017*. Dispõe sobre a determinação e o pagamento do imposto sobre a renda e da contribuição social sobre o lucro líquido das pessoas jurídicas e disciplina o tratamento tributário da Contribuição para o PIS/Pasep e da Cofins no que se refere às alterações introduzidas pela Lei nº 12.973, de 13 de maio de 2014.

CARVALHO, L. Nelson; LEMES, Sirlei. *Contabilidade internacional para graduação*: textos, estudos de casos e questões de múltipla escolha. São Paulo: Atlas, 2010.

CARVALHO, L. Nelson; LEMES, Sirlei; COSTA, Fábio Moraes da. *Contabilidade internacional*: aplicação das IFRS 2005. São Paulo: Atlas, 2009.

COMISSÃO DE VALORES MOBILIÁRIOS (CVM). *Deliberação nº 207, de 13 de dezembro de 1996*. Dispõe sobre a contabilização dos juros sobre o capital próprio previstos na Lei nº 9.249/95 (revogada).

COMISSÃO DE VALORES MOBILIÁRIOS (CVM). *Deliberação nº 557, de 12 de novembro de 2008*. Aprova o Pronunciamento Técnico CPC 09 do Comitê de Pronunciamentos Contábeis – CPC sobre demonstrações do valor adicionado (revogada).

COMISSÃO DE VALORES MOBILIÁRIOS (CVM). *Deliberação nº 564, de 22 de dezembro de 2008*. Aprova o Pronunciamento Técnico CPC 12 do Comitê de Pronunciamentos Contábeis – CPC, que trata de Ajuste a Valor Presente (revogada).

COMISSÃO DE VALORES MOBILIÁRIOS (CVM). *Deliberação nº 592, de 15 de setembro de 2009*. Aprova o Pronunciamento Técnico CPC 23 do Comitê de Pronunciamentos Contábeis, que trata de políticas contábeis, mudança de estimativa e retificação de erro (revogada).

COMISSÃO DE VALORES MOBILIÁRIOS (CVM). *Deliberação nº 599, de 15 de setembro de 2009*. Aprova o Pronunciamento Técnico CPC 32 do Comitê de Pronunciamentos Contábeis – CPC, que trata de tributos sobre o lucro (revogada).

COMISSÃO DE VALORES MOBILIÁRIOS (CVM). *Deliberação nº 639, de 7 de outubro de 2010*. Aprova o Pronunciamento Técnico CPC 01(R1) do Comitê de Pronunciamentos Contábeis – CPC sobre redução ao valor recuperável de ativos (revogada).

COMISSÃO DE VALORES MOBILIÁRIOS (CVM). *Deliberação nº 640, de 7 de outubro de 2010*. Aprova o Pronunciamento Técnico CPC 02(R2) do Comitê de Pronunciamentos Contábeis sobre efeitos das Mudanças nas Taxas de Câmbio e Conversão de Demonstrações Contábeis (revogada).

COMISSÃO DE VALORES MOBILIÁRIOS (CVM). *Deliberação nº 641, de 7 de outubro de 2010*. Aprova o Pronunciamento Técnico CPC 03(R2) do Comitê de Pronunciamentos Contábeis – CPC sobre demonstrações dos fluxos de caixa (revogada).

COMISSÃO DE VALORES MOBILIÁRIOS (CVM). *Deliberação nº 642, de 7 de outubro de 2010*. Aprova o Pronunciamento Técnico CPC 05(R1) do Comitê de Pronunciamentos Contábeis – CPC sobre divulgação de partes relacionadas (revogada).

COMISSÃO DE VALORES MOBILIÁRIOS (CVM). *Deliberação nº 644, de 2 de dezembro de 2010*. Aprova o Pronunciamento Técnico CPC 04(R1) do Comitê de Pronunciamentos Contábeis – CPC sobre ativo intangível (revogada).

COMISSÃO DE VALORES MOBILIÁRIOS (CVM). *Deliberação nº 646, de 2 de dezembro de 2010*. Aprova o Pronunciamento Técnico CPC 07(R1) do Comitê de Pronunciamentos Contábeis, que trata de subvenção e assistência governamentais (revogada).

COMISSÃO DE VALORES MOBILIÁRIOS (CVM). *Deliberação nº 665, de 4 de agosto de 2011*. Aprova o Pronunciamento Técnico CPC 15(R1) do Comitê de Pronunciamentos Contábeis, que trata de combinação de negócios (revogada).

COMISSÃO DE VALORES MOBILIÁRIOS (CVM). *Deliberação nº 675, de 13 de dezembro de 2011*. Aprova o Pronunciamento Conceitual Básico do Comitê de Pronunciamentos Contábeis – CPC, que dispõe sobre a Estrutura Conceitual para Elaboração e Divulgação de Relatório Contábil-Financeiro (revogada).

COMISSÃO DE VALORES MOBILIÁRIOS (CVM). *Deliberação nº 676, de 13 de dezembro de 2011*. Aprova o Pronunciamento Técnico CPC 26(R1) do Comitê de Pronunciamentos Contábeis, que trata da Apresentação das Demonstrações Contábeis (revogada).

COMISSÃO DE VALORES MOBILIÁRIOS (CVM). *Deliberação no 683, de 30 de agosto de 2012*. Aprova a Interpretação Técnica ICPC 08 (R1) do Comitê de Pronunciamentos Contábeis, que trata da contabilização da proposta de pagamento de dividendos.

COMISSÃO DE VALORES MOBILIÁRIOS (CVM). *Deliberação nº 698, de 20 de dezembro de 2012*. Aprova o Pronunciamento Técnico CPC 36 (R3) do Comitê de Pronunciamentos Contábeis – CPC sobre demonstrações consolidadas (revogada).

COMISSÃO DE VALORES MOBILIÁRIOS (CVM). *Deliberação nº 762, de 22 de dezembro de 2016*. Aprova o Pronunciamento Técnico CPC 47 do Comitê de Pronunciamentos Contábeis – CPC sobre receita de contrato de cliente (revogada).

COMISSÃO DE VALORES MOBILIÁRIOS (CVM). *Resolução nº 93, de 20 de maio de 2022*. Aprova a Consolidação do Pronunciamento Técnico CPC 04 (R1) do Comitê de Pronunciamentos Contábeis – CPC, que trata de ativo intangível.

COMISSÃO DE VALORES MOBILIÁRIOS (CVM). *Resolução nº 71, de 22 de março de 2022*. Aprova a Consolidação do Pronunciamento Técnico CPC 15 (R1) do Comitê de Pronunciamentos Contábeis – CPC, que trata de combinação de negócios.

COMISSÃO DE VALORES MOBILIÁRIOS (CVM). *Resolução nº 112, de 20 de maio de 2022*. Aprova a Consolidação do Pronunciamento Técnico CPC 36 (R3) do Comitê de Pronunciamentos Contábeis – CPC, que trata de demonstrações consolidadas.

COMISSÃO DE VALORES MOBILIÁRIOS (CVM). *Resolução nº 116, de 20 de maio de 2022*. Aprova a Consolidação do Pronunciamento Técnico CPC 47 do Comitê de Pronunciamentos Contábeis – CPC, que trata de receita de contrato com cliente.

COMISSÃO DE VALORES MOBILIÁRIOS (CVM). *Resolução nº 109, de 20 de maio de 2022*. Aprova a Consolidação do Pronunciamento Técnico CPC 32 do Comitê de Pronunciamentos Contábeis – CPC, que trata de tributos sobre o lucro.

COMISSÃO DE VALORES MOBILIÁRIOS (CVM). *Resolução nº 91, de 20 de maio de 2022*. Aprova a Consolidação do Pronunciamento Técnico CPC 02 (R2) do Comitê de Pronunciamentos Contábeis – CPC, que trata sobre efeito das mudanças nas taxas de câmbio e conversão de demonstrações contábeis.

COMISSÃO DE VALORES MOBILIÁRIOS (CVM). *Resolução nº 95, de 20 de maio de 2022*. Aprova a Consolidação do Pronunciamento Técnico CPC 06 (R2) do Comitê de Pronunciamentos Contábeis – CPC, que trata de arrendamentos.

COMISSÃO DE VALORES MOBILIÁRIOS (CVM). *Resolução nº 90, de 20 de maio de 2022*. Aprova a Consolidação do Pronunciamento Técnico CPC 01 (R1) do Comitê de Pronunciamentos Contábeis – CPC, que trata de redução ao valor recuperável de ativos.

COMISSÃO DE VALORES MOBILIÁRIOS (CVM). *Resolução nº 138, de 15 de junho de 2022*. Ratifica o Pronunciamento Técnico CPC 12 do Comitê de Pronunciamentos Contábeis – CPC, que trata de ajuste a valor presente.

COMISSÃO DE VALORES MOBILIÁRIOS (CVM). *Resolução nº 96, de 20 de maio de 2022*. Aprova a consolidação do Pronunciamento Técnico CPC 07 (R1) do Comitê de Pronunciamentos Contábeis – CPC, que trata de subvenção e assistência governamentais.

COMISSÃO DE VALORES MOBILIÁRIOS (CVM). *Resolução nº 92, de 20 de maio de 2022*. Aprova a Consolidação do Pronunciamento Técnico CPC 03 (R2) do Comitê de Pronunciamentos Contábeis – CPC, que trata sobre demonstração dos fluxos de caixa.

COMISSÃO DE VALORES MOBILIÁRIOS (CVM). *Resolução nº 117, de 03 de junho de 2022*. Aprova a consolidação do Pronunciamento Técnico CPC 09 do Comitê de Pronunciamentos Contábeis – CPC, que trata sobre demonstração do valor adicionado.

COMISSÃO DE VALORES MOBILIÁRIOS (CVM). *Resolução nº 104, de 20 de maio de 2022*. Aprova a Consolidação do Pronunciamento Técnico CPC 23 do Comitê de Pronunciamentos Contábeis – CPC, que trata de políticas contábeis, mudança de estimativa e retificação de erro.

COMISSÃO DE VALORES MOBILIÁRIOS (CVM). *Resolução nº 94, de 20 de maio de 2022*. Aprova a Consolidação do Pronunciamento Técnico CPC 05 (R1) do Comitê de Pronunciamentos Contábeis – CPC, que trata de divulgação sobre partes relacionadas.

COMISSÃO DE VALORES MOBILIÁRIOS (CVM). *Resolução nº 136, de 15 de junho de 2022*. Ratifica o Pronunciamento Técnico CPC 00 (R2) do Comitê de Pronunciamentos Contábeis – CPC, que trata da Estrutura Conceitual para Relatório Financeiro.

COMISSÃO DE VALORES MOBILIÁRIOS (CVM). *Resolução nº 106, de 20 de maio de 2022*. Aprova a Consolidação do Pronunciamento Técnico CPC 26 (R1) do Comitê de Pronunciamentos Contábeis – CPC, que trata da Apresentação das Demonstrações Contábeis.

COMITÊ DE PRONUNCIAMENTOS CONTÁBEIS (CPC). *Pronunciamento Conceitual Básico (R2)*. Estrutura Conceitual para Elaboração e Relatório Financeiro.

COMITÊ DE PRONUNCIAMENTOS CONTÁBEIS (CPC). *Pronunciamento Técnico CPC 01(R1)*. Redução ao Recuperável de Ativos.

COMITÊ DE PRONUNCIAMENTOS CONTÁBEIS (CPC). *Pronunciamento Técnico CPC 02(R2)*. Efeitos das Mudanças nas Taxas de Câmbio e Conversão de Demonstrações Contábeis.

COMITÊ DE PRONUNCIAMENTOS CONTÁBEIS (CPC). *Pronunciamento Técnico CPC 03(R2)*. Demonstração dos Fluxos de Caixa.

COMITÊ DE PRONUNCIAMENTOS CONTÁBEIS (CPC). *Pronunciamento Técnico CPC 04 (R1)*. Ativo Intangível.

COMITÊ DE PRONUNCIAMENTOS CONTÁBEIS (CPC). *Pronunciamento Técnico CPC 05(R1)*. Divulgação sobre Partes Relacionadas.

COMITÊ DE PRONUNCIAMENTOS CONTÁBEIS (CPC). *Pronunciamento Técnico CPC 06(R1)*. Operações de Arrendamento Mercantil.

COMITÊ DE PRONUNCIAMENTOS CONTÁBEIS (CPC). *Pronunciamento Técnico CPC 07(R1)*. Subvenção e Assistência Governamentais.

COMITÊ DE PRONUNCIAMENTOS CONTÁBEIS (CPC). *Pronunciamento Técnico CPC 12*. Ajuste a Valor Presente.

COMITÊ DE PRONUNCIAMENTOS CONTÁBEIS (CPC). *Pronunciamento Técnico CPC 15(R1)*. Combinação de Negócios.

COMITÊ DE PRONUNCIAMENTOS CONTÁBEIS (CPC). *Pronunciamento Técnico CPC 16(R1)*. Estoques.

COMITÊ DE PRONUNCIAMENTOS CONTÁBEIS (CPC). *Pronunciamento Técnico CPC 23*. Políticas Contábeis, Mudança de Estimativa e Retificação de Erro.

COMITÊ DE PRONUNCIAMENTOS CONTÁBEIS (CPC). *Pronunciamento Técnico CPC 26(R1)*. Apresentação das Demonstrações Contábeis.

COMITÊ DE PRONUNCIAMENTOS CONTÁBEIS (CPC). *Pronunciamento Técnico CPC 28*. Propriedade para Investimento.

COMITÊ DE PRONUNCIAMENTOS CONTÁBEIS (CPC). *Pronunciamento Técnico CPC 32*. Tributos sobre o Lucro.

COMITÊ DE PRONUNCIAMENTOS CONTÁBEIS (CPC). *Pronunciamento Técnico CPC 36(R3)*. Demonstrações Consolidadas.

COMITÊ DE PRONUNCIAMENTOS CONTÁBEIS (CPC). *Pronunciamento Técnico CPC 39*. Instrumentos Financeiros: Apresentação.

COMITÊ DE PRONUNCIAMENTOS CONTÁBEIS (CPC). *Pronunciamento Técnico CPC 47*. Receita de Contrato de Cliente.

CONSELHO FEDERAL DE CONTABILIDADE (CFC). *Resolução nº 1.003/2004*. Aprova a NBC T 15: Informações de natureza social e ambiental.

CONSELHO FEDERAL DE CONTABILIDADE (CFC). *Resolução nº 1.138/2008*. Aprova a NBC TG 09 – Demonstração do Valor Adicionado.

CONSELHO FEDERAL DE CONTABILIDADE (CFC). *Resolução nº 1.145/2008*. Aprova a NBC T 17 – Partes Relacionadas.

CONSELHO FEDERAL DE CONTABILIDADE (CFC). *Resolução nº 1.151/2009*. Aprova a NBC TG 12 – Ajuste a Valor Presente.

CONSELHO FEDERAL DE CONTABILIDADE (CFC). *Resolução nº 1.162/2009*. Altera o item 3 da NBC T prova a NBC T 3.7 – Demonstração do Valor Adicionado.

CONSELHO FEDERAL DE CONTABILIDADE (CFC). *Resolução nº 1.179/2009*. Aprova a NBC TG 23 – Políticas Contábeis, Mudança de Estimativa e Retificação de Erro.

CONSELHO FEDERAL DE CONTABILIDADE (CFC). *Resolução nº 1.189/2009*. Aprova a NBC TG 32 – Tributos sobre o Lucro.

CONSELHO FEDERAL DE CONTABILIDADE (CFC). *Resolução nº 1.255/2009*. Aprova a NBC TG 1000 – Contabilidade para Pequenas e Médias Empresas.

CONSELHO FEDERAL DE CONTABILIDADE (CFC). *Resolução nº 1.292/2010*. Aprova a NBC TG 01 – Redução ao Valor Recuperável de Ativos.

CONSELHO FEDERAL DE CONTABILIDADE (CFC). *Resolução nº 1.295/2010*. Aprova a NBC TG 02 – Efeitos das Mudanças nas Taxas de Câmbio e Conversão de Demonstrações Contábeis.

CONSELHO FEDERAL DE CONTABILIDADE (CFC). *Resolução nº 1.296/2010*. Aprova a NBC TG 03 – Demonstração dos Fluxos de Caixa.

CONSELHO FEDERAL DE CONTABILIDADE (CFC). *Resolução nº 1.297/2010*. Aprova a NBC T 17 – Partes Relacionadas.

CONSELHO FEDERAL DE CONTABILIDADE (CFC). *Resolução nº 1.305/2010*. Aprova a NBC TG 07 – Subvenção e Assistência Governamentais.

CONSELHO FEDERAL DE CONTABILIDADE (CFC). *Resolução nº 1.350/2011*. Dá nova redação à NBC TG 15 – Combinação de Negócios.

CONSELHO FEDERAL DE CONTABILIDADE (CFC). *Resolução nº 1.374/2011*. Dá nova redação à NBC TG ESTRUTURA CONCEITUAL – Estrutura Conceitual para Elaboração e Divulgação de Relatório Contábil-Financeiro.

CONSELHO FEDERAL DE CONTABILIDADE (CFC). *Resolução nº 1.376/2011*. Altera a NBC TG 26 – Apresentação das Demonstrações Contábeis e a ITG 01 – Contratos de Concessão.

CONSELHO FEDERAL DE CONTABILIDADE (CFC). *Resolução nº 1.418/2012*. Aprova a ITG 1000 – Modelo Contábil para Microempresa e Empresa de Pequeno Porte.

CONSELHO FEDERAL DE CONTABILIDADE (CFC). *Resolução nº 1.426/2013*. Dá nova redação à NBC TG 36 – Demonstrações Consolidadas.

CONSELHO FEDERAL DE CONTABILIDADE (CFC). NBC TG 47 – Dispõe sobre a receita de contrato com cliente.

CONSELHO FEDERAL DE CONTABILIDADE (CFC). NBC TG 04 (R3) – Dispõe sobre o ativo intangível.

CONSELHO FEDERAL DE CONTABILIDADE (CFC). NBC TG 1002 – Dispõe sobre a contabilidade para microentidades.

CONSELHO FEDERAL DE CONTABILIDADE (CFC). NBC TG 1000 (R1) –

MARION, José Carlos. *Análise das demonstrações contábeis*. 7. ed. São Paulo: Atlas, 2012.

MARION, José Carlos. *Contabilidade empresarial*. 19. ed. São Paulo: Atlas, 2022.

MARION, José Carlos et al. *Normas e práticas contábeis*: uma introdução. 2. ed. São Paulo: Atlas, 2013.

NIYAMA, Jorge Katsumi. *Contabilidade internacional*. 2. ed. São Paulo: Atlas, 2010.

RIBEIRO, Osni de Moura. *Contabilidade avançada*. 3. ed. São Paulo: Saraiva, 2012.

SANTOS, Ariovaldo dos. *Demonstração do valor adicionado*: como elaborar a DVA. 2. ed. São Paulo: Atlas, 2007.

SANTOS, José Luiz dos; SCHMIDT, Paulo; FERNANDES, Luciane Alves. *Introdução à contabilidade internacional*. São Paulo: Atlas, 2006.

VICECONTI, Paulo; NEVES, Silvério das. *Contabilidade avançada e análise das demonstrações financeiras*. 17. ed. São Paulo: Saraiva, 2013.

ÍNDICE ALFABÉTICO

A
Abatimentos, 29
Abordagem
 de avaliação de mercado ajustada, 147
 do custo esperado mais margem, 147
 residual, 147
Ágio por expectativa de rentabilidade futura (*goodwill*), 96, 126, 227
Ajuste
 acumulado de conversão, 185
 contábil, 155
 de avaliação patrimonial, 255
  combinação de negócios, 261
  conceito, 256
  instrumentos financeiros, 257
  recomposição do custo do imobilizado, 259
 de avaliação patrimonial variação cambial, 258
 de exercícios anteriores, 66
 a valor presente, 239
  conceito, 239
  custo × benefícios, 243
  de contas
   ativas, 245
   passivas, 247
  fórmula, 244
  inaplicabilidade, 241
  mensuração, 240
  passivos não contratuais, 244
  relevância e confiabilidade, 242
  taxa de desconto, 242
Alteração(ões)
 da participação em controlada e em outros negócios, 283
 no "patrimônio líquido" das investidas, 65
Amortizações, 31
Apresentação
 das demonstrações contábeis, 3
  frequência de, 16
  características qualitativas
   de informações financeiras úteis, 12
   fundamentais, 12
   de melhoria, 14
  considerações gerais para, 10
  do resultado
   abrangente, 33
   do exercício, 28
  de transação em moeda estrangeira na moeda funcional, 179
  e divulgação, 42
  no balanço patrimonial, 149
Apuração de imposto de renda e contribuição social no Brasil, 156
Aquisição
 /alienação de controle, 83
 como parte de combinação de negócios, 74
 de controle, 61

por meio de subvenção ou assistência governamentais, 74
separada, 73
Arrendamento(s), 193
  classificação, 203
  conceito, 194
  divulgação
    no arrendador, 207
    para o arrendatário, 199
  identificação, 194
  mensuração subsequente, 197
    do arrendamento no arrendador, 206
  mercantil
    classificação do, 204
    financeiro, 204, 205
    operacional, 204, 205
  reconhecimento
    inicial do arrendamento
      no arrendador, 205
      no arrendatário, 196
    no arrendador, 203
    no arrendatário, 196
  separação de componentes do contrato, 196
    no arrendatário, 196
    no arrendador, 196
  transações de venda e *leaseback*, 208
Assistência governamental, 274
  aplicação de parcela do imposto de renda devido em fundos de investimento regionais, 274
  redução ou isenção de tributo em área incentivada, 274
Atividades
  de financiamento, 300
  de investimento, 299
  operacionais, 297
Ativo(s), 19
  circulante, 22
  contábil, 160, 166
  de indenização, 96, 100
  financeiros, 54
  fiscal(is), 160, 166
    diferidos, 173
  intangível, 71, 72, 226

alcance, 72
baixa e alienação, 77
com elementos físicos, 73
custo de ativo intangível gerado internamente, 75
gerado internamente, 74
identificação, 73
mensuração
  após o reconhecimento, 74
  no momento inicial, 73
reconhecimento, 73
revisão do período e do método de amortização, 76
valor residual, 76
vida útil, 75
mantido para venda, 96
não circulante, 23
  imobilizado, 24
  intangíveis, 24
  investimentos, 24
  realizável a longo prazo, 23
não monetários obtidos como subvenção governamental, 268
Aumento
  das reservas de capital, 66
  do capital social na coligada e controlada, 65
Avaliação pela equivalência patrimonial, 62
Averbação da sucessão, 86

B

Baixa total ou parcial de entidade no exterior, 184
Balanço
  patrimonial, 18, 136
    informações constantes no, 21
  social, 320
    beneficiários, 321
    conceito e objetivos, 320
    informações
      a serem divulgadas, 321
      contábeis e auditoria, 324
    modelo Ibase, 324
    natureza e evidenciação das informações, 321

Base(s)
  fiscal, 159
  contábil, 159
  diferenças permanentes entre bases fiscal e contábil, 160
Benefícios a empregados, 96

C

Cancelamentos de receitas, 29
Capacidade de verificação, 14
Circulante, 22
Cisão, 61, 82, 87
  parcial, 87
  total, 87
Coligadas, 60
Combinação
  de contrato, 143
  de negócios, 81, 92, 261
    aspectos legais, 83
    custos de aquisição, 99
    data de aquisição, 93
    determinação do que é parte da operação da combinação de negócios, 98
    exceções, 95
    formas e conceitos, 82
    identificação do adquirente, 92
    mensuração, 95
    e contabilização subsequentes, 99
    método a ser aplicado, 92
    período de mensuração, 98
    realizada
      em estágios, 97
      sem a transferência de contraprestação, 97
    reconhecimento, 93
Comitê de Pronunciamentos Contábeis (CPC), 3
Companhia duplamente listada, 98
Comparabilidade, 14
Compensação
  de prejuízos fiscais, 172
  de valores, 16
Compra vantajosa, 97
Compreensibilidade, 14

Confiabilidade, 4
Conjunto completo de demonstrações contábeis, 8
Consistência de apresentação, 17
Consolidação das demonstrações
  contábeis, 109
  aplicabilidade, 110
  conceito, 109
    de lucro não realizado, 115
  controle, 110
  data-base e período de abrangência, 112
  lucro ou prejuízo
    em investimentos, 123
    na venda de ativo imobilizado, 121
  não aplicabilidade, 111
  perda de controle, 111
  requisitos contábeis para elaboração, 112
  técnicas de elaboração da consolidação, 112
  transações com mercadorias, 115
  tratamento
    contábil, 115
    das partes minoritárias, 136
    de impostos, 130
    dos resultados não realizados, 115
Contabilidade para pequenas e médias empresas, 9
Continuidade, 15
Contraprestação contingente, 100
Contrato(s), 143
  com clientes não abrangidos pela nova norma, 142
Contribuição Social sobre o Lucro, 134
  líquido, 31, 283
Controladas, 60
Conversão das demonstrações contábeis, 177, 183, 186
Critérios para o reconhecimento, 36
Custo(s)
  corrente, 38
  da receita líquida, 30
  de ativo intangível gerado internamente, 75
  do contrato, 149
  externo, 304
  histórico, 37

D

Data-base, 112
Debêntures, 32
Dedução(ões), 29
  da receita bruta, 31
Demonstração
  das mutações do patrimônio líquido, 43
  do resultado
    abrangente, 27
    do exercício, 138
  do valor adicionado, 47, 304, 307, 308
    e balanço social, 303
  dos fluxos de caixa, 47, 277
    demonstrativos básicos, 287
    formas de apresentação, 286
      método direto, 286, 287, 289
      método indireto, 286, 289
      diferenças e semelhanças, 286
Denominação da companhia, 90
Depreciação, 31, 197, 305
Descontos, 29, 148
Despesas
  administrativas, 30
  e perdas, 28
  financeiras líquidas, 31
  mercantis, 30
  operacionais, 30
  tributárias, 31
Desreconhecimento, 37
Determinação do valor recuperável, 219
Deveres do liquidante, 90
Direito
  a retornos, 111
  de retirada, 85
  do(s) credor(es)
    na cisão, 85
    na incorporação ou fusão, 85
    não satisfeito, 91
  dos debenturistas, 85
  readquirido, 96, 99
  substantivo de substituição, 195
Distribuição de dividendos, 66
Divulgação de políticas contábeis, 48
Dual-listed company, 98

E

Efeitos fiscais das variações cambiais, 185
Elementos do balanço patrimonial, 18
Empreendimento controlado em conjunto, 283
Empresa
  comercial, 315
  prestadora de serviço, 310
Equivalência patrimonial, 69
Equivalentes de caixa, 278
Esquema geral do demonstrativo, 284
Estimativa de fluxos de caixa futuros, 221, 222
Estrutura Conceitual, 4
  finalidade da, 6
  mudanças na, 5
  nova revisão 2019, 4
Evidência
  de perda de continuidade, 61
  de realização, 61

F

Fase
  de desenvolvimento, 74
  de pesquisa, 74
Fluxo de caixa em moeda estrangeira, 282
Fontes de incerteza na estimativa, 49
Formas de extinção e dissolução, 89
Frequência de apresentação das demonstrações contábeis, 16
Fusão, 61, 82, 88

G

Gerenciamento do uso do ativo subjacente, 195

I

Identificação das demonstrações contábeis, 17
Impairment test (redução ao valor recuperável de ativos), 217
  ágio por expectativa de rentabilidade futura (*goodwill*), 227
  aplicação
    do teste de recuperabilidade, 218
    em ativos financeiros, 218

ativos intangíveis, 226
conceito, 217
determinação do valor recuperável, 219
divulgação em notas explicativas, 229
não aplicabilidade, 218
periodicidade, 225
reconhecimento e mensuração da perda por desvalorização, 224
reversão da perda por desvalorização, 226
unidade geradora de caixa, 223
Imposto(s), 29, 32
   correntes, 159
   de renda, 31, 134, 283
      e contribuição social sobre o lucro, 134
   diferido
      ativo, 166, 170
      passivo, 160
   indiretos, 306
   não recuperáveis, 132
   recuperáveis (ICMS, IPI, PIS e Cofins), 130
Incorporação, 61, 82, 86
   de companhia controlada, 87
Indicadores
   externos de desvalorização do ativo, 219
   internos de desvalorização do ativo, 219
Informação(ões)
   comparativa, 17
   completa, 12
   e divulgações, 26
   sobre o capital, 49
Instrução CVM nº 78/2022, 83
Instrumentos financeiros com opção de venda classificados no patrimônio líquido, 50
Insumos, 304
Interpretação técnica (ICPC), 3
Investimento(s), 53
   em companhias no exterior, 69
   em controlada, coligada, 283
   em outra sociedade, 125
   líquido em entidade no exterior, 183
   permanentes, 58
   temporários, 53
      classificação e contabilização de, 55
Isenções, 195

Itens
   de ativo e passivo, provenientes da combinação de negócios, 94
   de distribuição da riqueza, 308
   monetários, 183
   não monetários, 183

J

Juros e dividendos, 282

L

Leaseback, 208
Lei das Sociedades por Ações, 86, 277
Lei nº
   6.404/76, 61, 71, 83, 109, 217
   11.638/2007, 55, 74, 89, 226, 265
   11.941/2009, 55, 239, 255
   12.973/2014, 155
Liquidação
   judicial, 89
   pelos órgãos da companhia, 89
Lucro
   antes do imposto de renda (LAIR), 156
   bruto, 30
   líquido, 32
      ajustado, 297
      por ação, 27
   não realizado, 115, 130
   operacional, 31
   ou prejuízo
      acumulado, 27
      em investimentos, 123
   na venda de ativo imobilizado, 121
   presumido, 157
   real, 157

M

Mais-valia, 126
Materialidade e agregação, 16
Mensuração, 37
   da satisfação da obrigação, 146
   inicial do
      ativo de direito de uso, 196
      passivo de arrendamento, 197
   subsequente do

ativo de direito de uso, 197
passivo de arrendamento, 197
Método
  da equivalência patrimonial, 59, 60
  do custo, 59
  do valor
    esperado, 146
    mais provável, 146
Modelo de balanço patrimonial, 25
Modificações de contrato, 144, 148, 198
Moeda funcional, 178
  alteração na, 183
Mudança nas estimativas contábeis, 337
  divulgações, 338
Mutações do patrimônio líquido, 27

N
Não circulante, 22
Neutralidade, 13
Notas explicativas, 47

O
Obrigações de desempenho, 144
Ordem, 47
Orientação técnica (OCPC), 3

P
Pagamento
  de despesas, 294
  do passivo, 91
Partes beneficiárias, 32
Participação
  de terceiros, 32
  permanente em outras sociedades, 58, 59
  recíproca, 61
Partilha do ativo, 91
Passivo(s), 19, 20
  circulante, 24
  contábil, 165
  contingente, 99
  de restituição, 147
  financeiros, 54
  fiscal(is), 165, 170
    diferidos, 173
  não circulante, 25

não contratuais, 244
Patrimônio líquido, 19, 21
Pequenas e médias empresas e micro e
  pequenas empresas
  contexto histórico, 9
  mudanças a partir de 2023, 9
Perda(s)
  da subvenção governamental, 270
  efetivas, 62
  potenciais, 62
  /recuperação de valores ativos, 307
Período de abrangência, 112
Permuta de ativos, 74
Poder(es)
  do liquidante, 90
  sobre a investida, 110
Políticas contábeis, 333
  divulgações, 335
  mudanças nas políticas contábeis, 334
  seleção e aplicação, 334
  uniformidade, 334
Preço da transação, 146, 147
Prejuízo em casos de fusões, incorporações e
  cisões, 88
Prestação de contas, 91
Produto Interno Bruto (PIB), 305
Pronunciamento Técnico (CPC), 3
  00, 4
  01, 217
  02, 177, 178
  03, 277
  04, 72
  06, 193
  07, 266
  09, 303
  12, 240, 242
  15, 55, 81, 95, 100
  16, 26, 72, 256
  17, 141
  18, 142, 218
  19, 139
  22, 227, 229
  23, 76, 103, 291, 333, 334
  25, 95

26, 5, 7, 8
26, 8, 47, 48
27, 208
30, 141
31, 21, 72, 218
32, 72, 96, 104
36, 60, 93, 109
40, 48
41, 336, 339
46, 230, 231, 232
47, 100, 141, 142, 143, 147, 149, 150, 208
50, 21, 28, 72, 218
Propriedades para investimento, 58, 123
Provisão para perdas, 62

R
Reavaliação do passivo de arrendamento, 198
Receita(s), 148
    bruta, 29
    de contrato com cliente, 141
    e ganhos, 27
    externas, 306
    líquida, 29
Recomposição do custo do imobilizado (*deemed cost*), 259
Reconhecimento
    da receita, 142
    de variação cambial, 183
    e desreconhecimento dos elementos das demonstrações contábeis, 35
    e mensuração da perda por desvalorização, 224
Regime
    de competência, 15
    Tributário de Transição/Escrituração Contábil Fiscal, 158
Relação
    de substituição, 88
    entre poder e retornos, 111
Relatório financeiro, 3
    para fins gerais objetivo do, 7
Remuneração de fatores, 304
Representação fidedigna, 36
Responsabilidade
    na liquidação, 91
    pelas dívidas tributárias, 86
Restrição do custo sobre relatórios financeiros úteis, 15
Reversão da perda por desvalorização, 226

S
Satisfação de obrigação de *performance*, 145
Segregação dos fluxos, 279
Simples Nacional, 157
Sociedades controladas em conjunto, 139
Subsídios em empréstimos, 266
Substituição na incorporação, 88
Subvenção governamental, 265, 266
    apresentação
        na demonstração do resultado, 268
        no balanço patrimonial, 268
    ativos não monetários obtidos como subvenção governamental, 268
    perda da subvenção governamental, 270
    tratamento contábil, 266

T
Taxa(s)
    de câmbio, 177
    de desconto, 223, 242
Técnicas de elaboração da consolidação, 112
Tempestividade, 14
Teste de recuperabilidade, 218
Transações
    com mercadorias, 115
    com pagamento baseado em ações, 96
    de venda, 208
    que não afetam o caixa ou equivalentes de caixa, 284
    separadas, 99
Tratamento
    contábil, 115
    de impostos, 130
Tributos
    e lucros não realizados, 130
    sobre o lucro, 96, 155

U
Unidade geradora de caixa, 219, 223

V

Valor
- adicionado, 305, 306
- atual, 38
- de cumprimento, 38
- de venda do produto, 305
- em uso, 38, 220
- justo, 38
  - líquido de despesas de um ativo, 220
- patrimonial, 125

Variação cambial, 69, 258